AF318798

TABLE

DES CHAPITRES ET DES ARTICLES

Contenus dans le second Volume de l'Architecture Françoise.

LIVRE TROISIEME.

Des principaux Edifices du Quartier du Luxembourg.

LIVRE QUATRIEME.

Des principaux Edifices de la Cité, du Quartier de S. Antoine, & du Marais.

AVIS AU RELIEUR

Pour placer les cent quarante-huit Planches de ce second Volume.

LIVRE TROISIEME.

LIVRE QUATRIEME.

Total 148 Planches.

ARCHITECTURE
FRANÇOISE.

LIVRE TROISIEME.
DES PRINCIPAUX EDIFICES
DU QUARTIER DU LUXEMBOURG.

CHAPITRE PREMIER.

Description du College Mazarin, connu sous le nom de College des Quatre Nations, situé sur le bord de la Seine, vis-à-vis le Louvre.

E College a été fondé vers l'an 1660 par le Cardinal Mazarin dont il porte le nom, celui des Quatre Nations ne lui ayant été donné par le public qu'à cause qu'il a été destiné par son fondateur pour l'éducation d'un certain nombre de Gentils-Hommes ou autres de bonne famille, qui auroient pris naissance à Pignerol, son territoire, & à ses environs; aux Provinces d'Alsace & aux pays d'Allemagne contigus; en Flandres, en Artois, en Hainaut & en Luxembourg; en Roussillon, en Sardagne, &c, qui étoient réduites en partie sous l'obéissance de Louis XIV par le Traité de Munster du 24 Octobre 1648, & par celui fait en l'Isle *des Faisans*, le 7 Novembre 1659.

Le terrain sur lequel ce College & les bâtimens qui en dépendent furent élevés faisoit autrefois partie des grand & petit Hôtel de Nesle (*a*), & le monument

College Mazarin.

(*a*) Ces Hôtels & leurs emplacemens ne furent possédés par les Seigneurs qui en portoient le nom que jusques en 1308 qu'Amaulry de Nesle les vendit au Roi Philippe le Bel. Alors ces édifices & les bâtimens qui en dépendoient, leurs jardins, &c, resterent successivement jusqu'en 1552 à la Couronne de France, après lequel

qui fait ici notre objet, y fut bâti fur les deſſeins de Louis le Veau (*b*) premier Architecte du Roi, & conduit par les ſoins de François Dorbay (*c*) ſon éleve.

Plan général de l'Egliſe & du College Mazarin. Planche premiere.

La diſtribution générale de ce College conſiſte en trois cours de difiérente grandeur; la premiere marquée E, d'une forme irrégulierement réguliere, eſt entourée de bâtimens dont l'entrée principale donne dans une des tours creuſes qui forme une des ailes du frontiſpice de l'Egliſe de ce College. A la droite & à la gauche de cette cour ſont élevés deux grands avant-corps percés de trois arcades & décorés d'un Ordre Corinthien, (voyez la Planche VI,) celui F donne une entrée de dégagement à l'Egliſe, & celui G au grand eſcalier qui conduit au premier étage, où eſt la Bibliotheque.

La Cour H, beaucoup plus grande que les autres, n'a qu'une aile de bâtiment donnant ſur la rue Mazarine, & qui contient au rez-de-chauſſée les Claſſes de ce College (*d*) dont on a marqué les différens noms dans ce plan.

La cour I eſt celle des cuiſines & des offices ; elle a une iſſue particuliere dans la rue Mazarine ; les bâtimens de ces cours ſont fort élevés & d'une décoration aſſez uniforme, ils contiennent dans chaque étage des logemens pour les principaux Officiers du College. Attenant la cour des cuiſines eſt un jardin particulier marqué K, pour l'intérieur de la maiſon.

Les maſſes de bâtiment marquées L ſont des maiſons à loyer appartenant au College, & dont la décoration extérieure a la même ordonnance que tout cet édifice. Le pavillon M n'eſt loué qu'au rez-de-chauſſée, au-deſſus il fait partie de la Bibliotheque ; celui N eſt loué dans ſa totalité, & eſt connu ſous le nom de pavillon des Arts. Ces deux maſſifs de bâtiment font aſſez bien quant à la forme générale de ce monument, mais on ne peut diſconvenir qu'ils ne nuiſent extrêmement à la largeur du quai ſur lequel ils ſont élevés. Sans doute quelques conſidérations particulieres ont déterminé à avancer ce bâtiment ſi près de la riviere, autrement il eût été plus à propos de ſupprimer ces pavillons & de reculer tout l'édifice, afin que la largeur d'un des plus beaux Quais de Paris n'en fût pas interrompue. Il eſt vrai que de l'autre côté de la riviere, l'enſemble de cet édifice conſidéré à part préſente un aſpect ſatisfaiſant, & que ces pavillons, dont la ſaillie eſt ſi incommode pour la voye publique, ſervent à unir tout cet édifice par le revêtiſſement du parapet qui lui ſert de ſoutien & d'empattement général. (Voyez la Planche IV.) Ces différentes conſidérations ſemblent excuſer l'Architecte d'en avoir uſé ainſi ; & même comme ce frontiſpice eſt en face du Louvre, on pourroit croire que le Veau a voulu procurer à la demeure du plus grand Roi du Monde, le coup d'œil d'un des beaux monumens qui ſe ſoyent élevés ſous ſon Regne. Cette idée eſt bien digne de ce célebre Architecte, mais il n'en eſt pas

---

tems ils furent répartis & diviſés de maniere qu'on y bâtit l'Hôtel de Nevers, nommé depuis l'Hôtel de Guénégaud, aujourd'hui l'Hôtel de Conty ; que l'on y a élevé le College dont nous parlons, percé des rues, conſtruit pluſieurs bâtimens particuliers, &c.

(*b*) Louis le Veau, premier Architecte du Roi, a été conſidéré comme un des plus habiles hommes de ſon tems; il a eu la direction des bâtimens du Louvre depuis l'an 1653 juſqu'à ſa mort, & c'eſt ſur ſes deſſeins que fut bâtie la principale porte de l'entrée de ce Palais, auſſi bien qu'une partie du Château des Thuilleries, les deux grande ailes de celui de Vincennes, le Château de Veau-le Vicomte, celui de Bercy, l'Hôtel de M. de Colbert, l'Hôtel de Lionne, la Maiſon du Préſident Lambert, celle de Mr. Heſſelin, &c. Cet Architecte eſt mort en 1670, âgé de 58 ans.

(*c*) François Dorbay, qui égala les talens ſupérieurs de ſon maître, conduiſit l'édifice dont nous faiſons la deſcription, l'Egliſe des Prémontrés de la Croix Rouge, & continua une partie des ouvrages du Louvre & des Thuilleries que le Veau avoit commencés. Il mourut en 1697, & laiſſa un fils qui eſt mort Controleur des bâtimens du Roi, & qui avoit auſſi une très-grande capacité.

(*d*) Les Régens ou Profeſſeurs de ce College ſont toujours choiſis dans le nombre des plus habiles gens qui profeſſent les Belles-lettres ou les ſciences. M. Varignon, Profeſſeur de Philoſophie Grecque & Latine & très-grand Mathématicien, y a enſeigné les Mathématiques avec un applaudiſſement univerſel. Il mourut le 3 Décembre 1722 dans ce College où il eſt enterré. Sa Chaire eſt occupée aujourd'hui par Mr. l'Abbé de la Caille, de l'Académie Royale des Sciences.

moins vrai que dans un édifice de cette efpece, il faut toûjours préférer la com-
modité publique, la beauté des iffues, la fimplicité des formes, la grandeur des
maffes, & faire en forte que ces mêmes maffes ne rendent pas néceffaires les petites parties.

On a exprimé fur ce plan les maffifs des bâtimens & des nouvelles rues qui environnent ce College : l'on a auffi défigné par des lettres de renvoy, les différentes finuofités que formoit la riviere avant que le nouveau parapet, dont nous
venons de parler, fut bâti. Enfin l'on y a marqué la fituation de l'ancienne porte
& de la tour de Nefle, fur le terrein defquels cet édifice a été érigé. (Voyez
les renvois de la Planche premiere.)

Au milieu de la tour creufe, en face de la Riviere, eft enclavée l'Eglife de ce
College; mais comme nous en donnons le plan plus détaillé, Planche III, nous
y renvoyons, ce monument méritant à bien des égards une defcription particuliere.

Plan du premier étage du College Mazarin. Planche II.

Les pieces de ce premier étage, ainfi que celles qui font élevées au-deffus, font
deftinées pour les principaux Officiers du College, les Regents, les Profeffeurs,
les Bourfiers, les Sou-Maîtres, &c. La plupart de ces pieces font diftribuées dans
l'aile du côté de la rue Mazarine; mais celle qui mérite le plus de confidération
eft la bibliotheque, (e) non par fa forme, qui eft affez irréguliere, mais par la quantité d'excellens Livres qu'elle contient, au nombre environ de 40000 Volumes.
Sur cette Planche on a répeté le plan de l'Eglife de ce College pris à la hauteur
du milieu de l'Ordre Corinthien. L'emplacement marqué A eft le terrein que nous
avons déja obfervé être occupé par des particuliers, mais dont les murs de face font
affujettis à l'ordonnance extérieure de cet édifice.

Plan de l'Eglife du College Mazarin. Planche III. Figure 1.

Cette Eglife, qui proprement n'eft qu'une Chapelle, eft renfermée dans un court
efpace, n'ayant environ que 15 toifes en quarré hors œuvre, néanmoins la diftribution de fon plan eft très-ingénieufe, & compofe un total dont la décoration
intérieure tire un très-grand relief ; attention qu'il faut avoir lorfqu'il s'agit d'un
monument, dans l'ordonnance duquel il convient de répandre de la grandeur, de
la majefté, & de la richeffe, quoique l'on foit reftreint à un diamétre d'une moyenne
étendue. Le Sanctuaire de cette Eglife eft de forme elliptique : fon grand diamétre eft terminé dans toute la largeur par deux Chapelles; fon axe perpendiculaire eft borné dans le fond par un Autel de même forme & grandeur que les
deux Chapelles dont nous venons de parler. En face de cet Autel eft la principale porte d'entrée donnant du côté de la riviere ; elle a fon iffue dans un veftibule formant un grand avant-corps fur la place, & qui dégage par des portes collatérales marquées A par lefquelles on entre ordinairement dans cette Eglife, la
porte du frontifpice ne s'ouvrant que dans des occafions extraordinaires. Une autre
iffue marquée B donne entrée de l'intérieur du College dans cette Eglife. C'eft
en face de cette porte que l'on a élevé le tombeau du Cardinal Mazarin marqué C.

Ce fuperbe Maufolée eft un des chef-d'œuvres de Coifevox ; le Cardinal
y eft repréfenté en marbre blanc à genoux fur un tombeau de marbre noir
orné de bronze ; le tout élevé fur deux gradins de marbre blanc veiné, fur lefquels font affifes trois figures de 6 pieds de proportion exécutées en bronze,
dont l'une repréfente la Prudence, l'autre la Paix, & la troifiéme la Fidélité;
derriere ce tombeau, dans le revêtiffement du mur contre lequel il eft adoffé, eft

(e) Cette Bibliothéque eft publique deux fois la femaine, fçavoir le Lundi & le Jeudi.

pratiquée une table contenant l'épitaphe de ce Miniſtre ; au-deſſus de cette table
ſont placées ſes armes en bronze accompagnées de deux Figures de marbre blanc
en bas-relief, repréſentant la Religion & la Charité. Voyez l'intention du deſſein de
ce Mauſolée dans la coupe, Planche V.

Tout le ſol de cette Egliſe eſt comparti de pavés de marbre de diverſes couleurs ; & dans les quatre maſſifs du dôme ſont quatre eſcaliers qui conduiſent à deux
tribunes pratiquées dans l'intérieur de cet édifice, & dont deux montent dans la
charpente & dans la lanterne élevée au-deſſus du dôme extérieur de ce monument.

La Figure 2 offre le plan du dôme pris ſur la ligne AB, Planche V, ſa forme
intérieure eſt elliptique, & ſon extérieure preſque ſphérique ; je dis preſque, parce
qu'il faut remarquer que ſon axe perpendiculaire eſt à ſon horiſontal, comme 15 eſt
à 16 ; différence qui ne s'obſerve point en dehors, cet édifice étant dans ſon voiſina-
ge entouré de bâtimens. L'inégalité de ces deux courbes intérieure & extérieure
a été faite ainſi, pour pouvoir dans la plus grande épaiſſeur des murs placer les
eſcaliers dont nous avons parlé : ce moyen eſt fort ingénieux & montre la capacité de l'Architecte de ce monument. Cependant il ſemble que le grand diamétre de l'ellipſe intérieure du dôme auroit dû ſe préſenter en face du veſtibule ,
(Voyez la Figure 3) du moins eſt-ce une attention qu'on doit avoir dans les bâtimens civils. La ſeule raiſon qui pourroit en diſpenſer ici eſt la grande ouverture
des arcades, qui par leur grand eſpace laiſſent jouir des Chapelles, qui par-là ſe
réuniſſent au Sanctuaire, mais le même avantage n'en ſeroit pas moins arrivé ſi l'on
eut fait cette ellipſe oblongue au lieu de la faire barlongue, il en ſeroit même réſulté
un bien pour l'extérieur, car cela auroit rendu le diamétre du dôme (f) plus étroit,
& la coupole moins peſante. Voyez la Planche IV.

La Fig. 3 indique le plan de la lanterne marquée A, pris ſur la ligne CD dans
la Planche V, le trottoir A entouré d'un balcon de fér E, le plan du dôme vû
par-deſſus, où ſont exprimés les compartimens ou arcs doubleaux F qui tombent
à plomb de chaque pilaſtre, les guirlandes G, le plan des yeux de bœuf ou lucarnes
H qui éclairent l'intérieur de la charpente, le cheneau I qui reçoit les eaux de
ce comble, & enfin la ſaillie de la corniche K.

*Elévation extérieure de l'Egliſe & des bâtimens du College Mazarin du côté de la
Riviere.*

Le frontiſpice de ce monument, qui differe par ſon ordonnance de tous ceux
qu'on voit à Paris dans ce genre, nous préſente un exemple qu'on devroit imiter
dans tous les édifices ſacrés, & où un ſeul Ordre coloſſal devroit former la décoration extérieure. Il eſt vrai que celui dont nous parlons étant peu conſidérable dans
ſon étendue, paroît en général exiger peu de hauteur ; ce qui ſans doute a déterminé l'Architecte à n'en introduire qu'un ſeul pour le frontiſpice & un autre pour
la coupole ; celui-ci Compoſite, l'autre Corinthien.

Les reſſauts que fait tout cet avant-corps au rez-de-chauſſée produiſent un bel
effet, & l'art avec lequel les pilaſtres ſont alliés avec les colonnes eſt très-ingénieux. Cependant quelques Architectes blâment la diminution trop ſenſible des pilaſtres qui forment les extrêmités du premier avant-corps, parce que ces parties an-
gulaires paroiſſent en talud, & que ce genre d'Architecture eſt peu propre à la
décoration d'un édifice de l'eſpece dont nous parlons. Pour éviter ce talud, il auroit fallu, comme on l'a pratiqué à Paris dans une infinité d'occaſions, faire porter

(f) Quelques-uns prétendent que cette partie eſt de
François Dorbay ; Brice aſſure même que tout cet édifice
eſt de lui, mais Piganiol de la Force qui a écrit depuis,
ainſi que l'Abbé Lambert qui vient de donner la vie des
plus célébres Architectes du Regne de Louis XIV, en
donnent la compoſition à Louis le Veau, & l'exécution
ſeulement à François Dorbay.

l'entablement

l'entablement de trois parties en retraite fur le pilaftre, & de trois parties en fur-plomb fur la colonne, parce que la faillie des chapiteaux Corinthiens auroit maf-qué cette erreur. Ce qui eft de certain, c'eft que fi la beauté d'une colonne con-fifte dans une diminution & un renflement heureufement entendu, cette diminu-tion ne réuffit pas également à un pilaftre, fon fuccès dépendant au contraire de l'égalité de fon diamétre, principalement lorfqu'il eft angulaire ; car lorfqu'il eft feulement placé derriere une colonne fans faire retour, il n'y a point de doute que le pilaftre diminué eft préférable, parce qu'il évite d'une part l'inégalité réelle de la largeur & de la hauteur du chapiteau, & de l'autre le porte à faux dont nous avons parlé.

Ce premier avant-corps eft terminé par un fronton dans le tympan duquel eft un cadran accompagné de deux figures affifes, qui paroiffent repréfenter d'un côté la Science, & de l'autre la Vigilance ; le grand entrecolonnement de deffous eft oc-cupé par la principale porte d'entrée, laquelle eft feinte en arcade renfermant une baye quarrée qui s'éleve jufques deffous l'impofte. Sans doute il auroit été préféra-ble que cette ouverture eût occupé l'efpace de toute l'arcade feinte, ou au moins que cet efpace eût été fermé par une porte de menuiferie qui auroit pû ne s'ou-vrir réellement que jufqu'au deffous de l'impofte ; cette porte alors auroit formé une plus grande maffe, & auroit diminué en apparence la hauteur du claveau, enfin cette ordonnance auroit répondu avec plus de fuccès à la grandeur coloffale de l'Ordre Corinthien qui préfide dans ce frontifpice. Les percés des deux croifées l'une au-deffus de l'autre qui font dans chaque arriere-corps de ce portail, paroif-fent auffi trop peu confidérables ; ce qui donne un air de péfanteur à ces arriere-corps qui eft démenti & par le caractere de l'Ordre délicat qui compofe cette or-donnance & par l'élégance des reffauts dont fon plan eft compofé. De plus ces jours extérieurs ne paroiffent pas pouvoir affez procurer de lumiere au-dedans, & donnent à ce monument un air antique qui s'accorde mal avec l'accouplement de cet Ordre, les pilaftres ployés, & la diftribution des ornemens, qui expriment une décoration moderne. Ce n'eft pas qu'on ne puiffe allier enfemble la méthode des anciens avec le fiftême des Architectes de nos jours, mais il n'en eft pas moins vrai qu'il faut choifir ce que l'une & l'autre Architecture ont de plus excellent, pour ne prendre de ces deux genres que ce qui peut bien s'allier enfemble ; autre-ment fi par un mauvais choix on cherche à unir les contraires on ne peut en efpé-rer un heureux fuccès.

Au-deffus de ce premier Ordre regne une baluftrade non évuidée dont la hau-teur égale celle de l'entablement ; fur les piédeftaux de cette baluftrade, à plomb de chaque accouplement de l'Ordre de deffous, font fix grouppes de figures *(g)* affifes, repréfentant les quatre Evangéliftes, les Peres de l'Eglife Grecque, & les principaux Docteurs de l'Eglife Latine. Dans la frife de l'Ordre Corinthien, on lit cette infcription.

JUL. MAZARIN. S. R. E. CARD. BASILICAM. ET GYMNAS. F. C. A.
M. DC. LXI.

Au-deffus & derriere ce frontifpice s'éleve la coupole de l'Eglife décorée d'un Ordre Compofite en pilaftres accouplés. Dans les grands entrepilaftres font diftri-buées des arcades d'une affez heureufe proportion, mais il feroit à fouhaiter que toute cette coupole fut élevée fur un foubaffement dont la hauteur permit que du parapet, point de diftance donné, l'on apperçût la totalité de l'Ordre Compofite, qui autrement ne paroît être qu'un Attique. Cet Ordre eft couronné d'un entablement

____

(g) Ces figures font fculptées par Desjardins, & ont été pofées en 1677.

qui foutient le dôme, lequel eft terminé par un amortiffement fervant de platte-
forme à une lanterne fur laquelle s'éleve une croix.

Tout cet édifice a de hauteur vingt-trois toifes & demie, non-compris celle
du parapet qui a été conftruit dans le même-tems que ce bâtiment, avec des avant-
corps, une baluftrade non évuidée & des ornemens dont on voit l'ordonnance
dans cette Planche. La largeur du principal avant-corps du frontifpice eft à peu
près égale à fa hauteur; l'Ordre fupérieur eft à l'inférieur comme 4 eft à 5, &
la largeur du dôme eft à fa hauteur comme 1 eft à 2.

Aux deux côtés de ce frontifpice font deffinées géométralement les touts creufes dont nous avons parlé; leur hauteur, y compris la baluftrade qui les couronne, eft égale à celle de l'Ordre Corinthien y compris l'entablement. Ces ailes
de bâtiment, partie circulaires & partie droites, font compofées de deux étages,
fçavoir d'un petit Ordre Ionique & d'un Attique au-deffus; la corniche du premier Ordre qui eft architravée, eft de même hauteur que l'impofte de l'arcade
du milieu, & celle de l'Ordre Attique, qui eft auffi architravée, égale la hauteur
de l'architrave du frontifpice, de maniere que le deffus de la baluftrade de ces ailes alligne celui du grand entablement. Ces deux étages font ainfi pratiqués parce
que le mur de face contient intérieurement des logemens particuliers, & que fa
décoration femble faite feulement pour accompagner & donner de l'étendue à
ce monument. Cependant l'ordonnance de ces ailes n'a aucune analogie avec la
proportion de l'avant-corps du milieu de cet édifice ni avec les pavillons qui le terminent: l'Ordre Ionique y paroît chétif, les arcades trop confidérables pour la grandeur de cet Ordre, l'étage Attique trop élevé, les croifées trop grandes, & la baluftrade trop exhauffée, de maniere que n'y ayant aucun rapport de proportion entre
la décoration de ces ailes & les maffes principales de ce monument, ces tours creufes
ne paroiffent point appartenir à cet édifice, & fi l'on y remarque quelque relation,
ce n'eft que parce que les gros pavillons qui forment les extrémités de cette façade
font de la même ordonnance que le frontifpice. C'eft pourquoi à la place de ces ailes
baffes, qui femblent n'avoir été faites ainfi que pour donner un air de fupériorité aux
parties capitales annoncées par la difparité des Ordres qui les compofent, on auroit dû
préférer la continuité de l'Ordre coloffal, principalement les arcades étant par-tout
les mêmes. Je dis plus, non-feulement on auroit dû fuivre cette même ordonnance
pour donner à ce monument une expreffion uniforme, mais auffi parce qu'étant fitué
dans un lieu vafte & devant être apperçu de l'autre côté de la riviere, il étoit important que les parties qui le compofent fuffent proportionnées & à l'étendue du
bâtiment & aux différens points de diftance dont il doit être apperçu.

Au-deffus de l'entablement des deux gros pavillons & à plomb de chaque pilaftre Corinthien s'éleve un vafe dont la naiffance prife dans l'égout du comble
eft condamnable; il eut été plus à propos de couronner cet avant-corps d'un
piédeftal continu pareil à celui qui fe remarque dans le frontifpice. Ces trois manieres de couronner dans une même façade les différens corps d'un bâtiment font
une irrégularité qui n'eft pas pardonnable, & quelque intention qu'on ait eu de
vouloir donner un air piramidal aux parties principales de cet édifice, on auroit
dû au moins chercher des moyens moins licencieux. D'ailleurs il n'étoit pas poffible de craindre une uniformité trop parallele, puifque par le fecours de l'optique il étoit évident que la faillie des avant-corps, aidée des portions circulaires
dont ce plan eft compofé, devoit produire dans les élévations des inégalités de
hauteur, qui en effet dans l'éxécution ont tout le fuccès qu'on en pouvoit attendre.

Coupe & profils de l'Eglise & du College Mazarin. Planche V.

Cette Planche donne le développement de l'intérieur de l'Eglise dont nous par- College Mazarin.
lons, prise sur la ligne F G, Planche III. On y voit le sanctuaire sur son petit dia-
mètre, car ainsi que nous l'avons dit, sa forme est une ellipse percée de quatre
grands arcs entre lesquels s'élevent 8 pilastres d'Ordre Corinthien, dont les chapiteaux sont de feuilles d'olivier, & le fust cannelé seulement dans les deux tiers supérieurs, avec une base Attique. Cet Ordre est couronné d'un entablement dans
la frise duquel est cette Inscription :

SEDEBIT SUB UMBRACULO EJUS IN MEDIO NATIONUM.

Ezechiel, Chap. 31. V. 17.

La plus grande partie de la cimaise de la corniche supérieure est supprimée ;
ainsi que cela se pratique ordinairement dans l'intérieur des Temples, pour découvrir les parties qui sont élevées au-dessus ; toutes les moulures de cet entablement
sont taillées d'ornemens, ce qui auroit dû exiger que les feuilles des chapiteaux
eussent été d'un travail plus recherché, & que les cannelures fussent traitées avec
moins de simplicité. Dans les petits entrepilastres sont pratiquées des especes de
niches en plein ceintre qui descendent jusques dessus le pavé de l'Eglise, & au-
dessus desquelles sont quatre tables rentrantes où sont placées autant d'inscriptions
Latines. Au-dessus de ces inscriptions regne une imposte qui soutient d'autres especes de niches aussi en plein ceintre, servant de tribunes. Cette imposte en recevant l'arc des grandes arcades sert aussi de corniche à un entablement qui couronne un petit Ordre Corinthien qui regne dans tout le pourtour intérieur de ce
monument. Sur les archivoltes des quatre grands arcs de ce Sanctuaire sont placées huit figures en bas-relief représentant les huit béatitudes ; ces figures sont de
l'ouvrage de Desjardins, aussi bien que les douze Apôtres en médaillons placés
sous l'entablement supérieur du dôme. Dans l'ouverture de la grande arcade qui
se voit ici est exprimée l'une des Chapelles placée à l'une des extrémités de la
croisée de l'Eglise marquée E, Planche III, Figure premiere. A gauche se voit le
tombeau du Cardinal Mazarin, dont nous avons parlé, & à droite la décoration
du vestibule qui donne entrée à cette Eglise. Aux deux extrémités de cette coupe, d'un côté est désigné le profil du principal portail, & de l'autre celui de l'Autel qui lui est opposé, & sur lequel se remarque un tableau d'Alexandre Veronèse
représentant une Annonciation. La Chapelle qui renferme cet Autel est éclairée
par une lanterne, laquelle procure peu de lumiere, & l'on peut dire en général
que cette Eglise a le défaut d'être assez obscure, le Sanctuaire n'étant éclairé que
par huit croisées pratiquées dans l'Ordre supérieur du dôme, dont quatre sont
quarrées & beaucoup plus petites que les autres qui sont en plein ceintre. Entre
ces croisées sont distribués des pilastres d'Ordre Composite qui répondent à l'axe
de ceux de dessous. Sur cet Ordre supérieur régne un entablement couronné d'un
petit Attique sur lequel s'éleve une calotte en plein ceintre construite en charpente & revêtue de maçonnerie. Au-dessus de cette calotte est exprimé le développement de la charpente & de la lanterne qui termine extérieurement la partie
supérieure de ce monument.

Sur cette Planche est aussi exprimée l'élévation en racourci de la tour creuse du
côté de la riviere, avec le retour d'un des gros pavillons dont nous avons parlé
Planche IV.

Elévation d'une des ailes de bâtiment qui donne entrée de la premiere cour du College dans l'Eglise de cet édifice. Planche VI.

La décoration de cette façade confiſte dans un grand avant-corps décoré d'un Ordre Corinthien de même diamétre que celui du frontifpice extérieur de l'Eglife de ce College. Cet avant-corps eſt percé au rez-de-chauffée par trois arcades qui donnent entrée à un petit périſtyle qui communique à l'intérieur de l'Eglife. (Voyez ce périſtyle marqué E , Planche premiere.) Ces arcades , dont la hauteur fans doute a été affujettie à celle du plancher du premier étage de l'intérieur du College , ont une proportion vicieufe; il femble qu'on auroit pû les feindre beaucoup plus grandes, ainfi qu'on l'a obfervé dans la décoration du côté de la riviere , & percer dans ces arcades feintes des portes d'une moindre largeur. En effet, le grand art dans l'ordonnance des dehors d'un bâtiment, eſt de mafquer les fujettions de la diſtribution des dedans, de maniere que fi on ne parvient pas à détruire abfolument les obſtacles qui fe rencontrent dans la compofition générale d'un édifice , du moins faut-il s'appercevoir que l'Architeête a cherché à les furmonter, ou à mafquer d'une maniere ingénieufe les licences qu'il n'a pû éviter.

Ce qui contribue encore à rendre la proportion de ces arcades trop écrafée c'eſt la grandeur des croifées de deſſus , lefquelles quoiqu'affujetties à l'Ordonnance des autres bâtimens de cette même cour , auroient mieux réufli fi elles avoient été réduites à une moindre élévation, la décoration de cet avant-corps n'ayant rien de commun avec les façades qui l'environnent , qu'un pareil avant-corps qui lui eſt oppofé, & dont l'ordonnance auroit pû être affujettie à celle que nous propofons. Cet avant-corps eſt couronné d'un entablement régulier furmonté d'un fronton triangulaire , dans le tympan duquel font les armes du Fondateur : fur le fommet de ce fronton eſt un amortiffement qui eſt une répétition des mêmes armes qui fe trouvent peut-être réïtérées en trop d'endroits dans la décoration extérieure & intérieure de cet édifice ; affeêtation que nous avons plus d'une fois blâmée & dont on devroit ufer avec plus de modération.

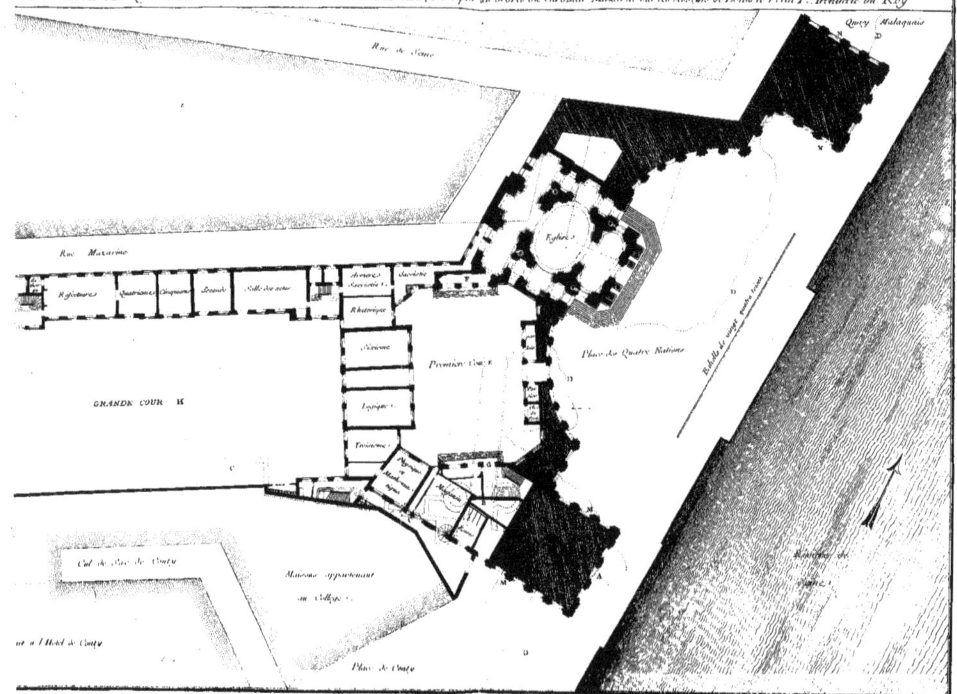

DU COLLEGE DES QUATRE NATIONS, AVEC SES DEPENDANCES, Bâti par les ordres du Cardinal Mazarin sur les desseins de Louis le Veau 1er Architecte du Roy
LIVRE III. N° 3. Pl. 1er
Rue de Seine
Quay Malaquais
Rue Mazarine
Réfectoire
Quatrieme
Cinquieme
Seconde
Salle des actes
Arenes
Sacristie
Rhetorique
Sixieme
Logique
Troisieme
Premiere Cour
Physique et Mathematiques
Medaille
Eglise
Place des Quatre Nations
Echelle de vingt quatre toises
GRANDE COUR
Cul de Sac de Conty
Maisons appartenant au Collège
ent a l'Hotel de Conty
Place de Conty
Riviere de Seine
IMPRIMERIE de JOMBERT Rue Dauphine
143

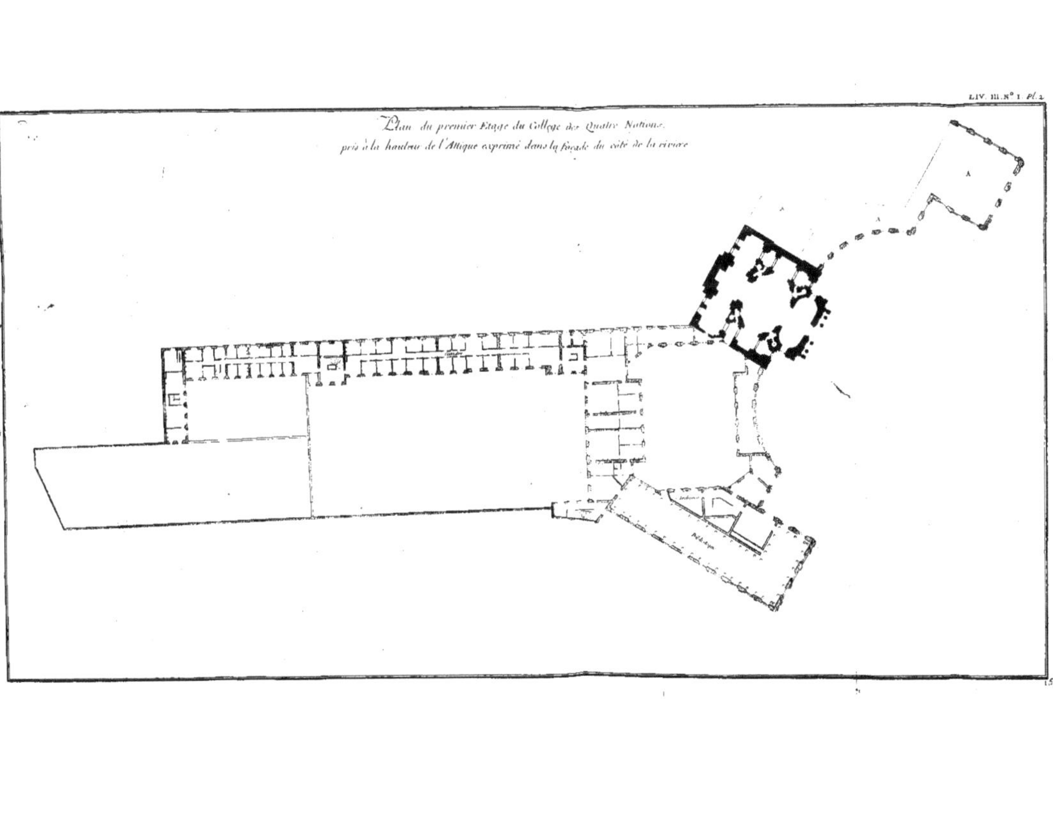

Plan du premier Etage du College des Quatre Nations,
pris à la hauteur de l'Attique exprimé dans la façade du côté de la rivière

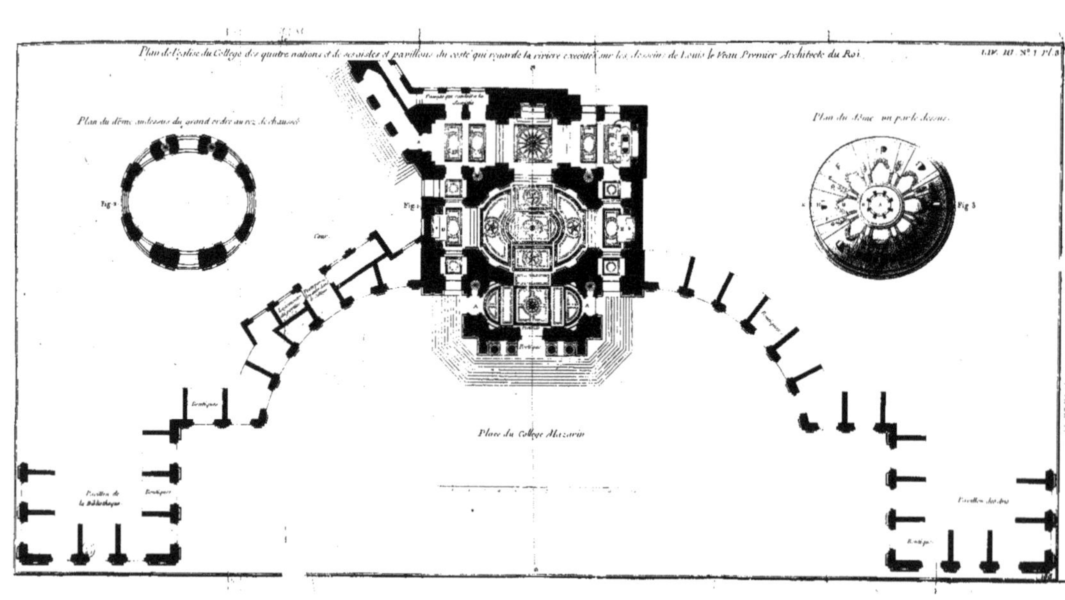

Plan de l'église du Collège des quatre nations et de ses aisles et pavillons du costé qui regarde la rivière exécuté sur les desseins de Louis le Veau Premier Architecte du Roi.
LIV. III. N° 1. Pl. 3
Plan du dôme au dessous du grand ordre au rez de chaussée
Fig 2
Plan du dôme vu par le dessus.
Fig 3
Fig 1
Rampe qui conduit à la Sacristie
Cour
Portique
Place du Collège Mazarin
Boutiques
Pavillon de la Bibliothèque
Boutiques
Pavillon des Arts
Boutiques

CHAPITRE II.

Description de l'Hôtel de Conty, situé sur le Quay de ce nom, proche le College des Quatre Nations.

CET Hôtel dont nous ne donnons ici que le dessein de la porte, étoit autre-fois l'*Hôtel de Nevers*, & passa ensuite à *Mr. de Guenegaud*, Sécretaire d'Etat, qui connoissant & ayant beaucoup de goût pour les beaux Arts, fit choix de François Mansard pour embellir cet Hôtel qu'il venoit d'acheter. Cet habile Archi-tecte, dans les augmentations considérables qu'il y fit, fut chargé de construire à neuf la porte dont nous parlons ici. Quelques années après que cet Hôtel fût re-tabli dans l'Etat qu'on le voit aujourd'hui, Mr. de Guenegaud l'échangea, aussi-bien qu'une assez belle maison qu'il venoit de faire bâtir attenant cet Hôtel, sur les desseins du même Architecte, avec *Anne Marie Martinozzi*, Princesse de Conty, qui lui donna sa belle maison du Bouchet & son Hôtel situé sur le Quai Ma-laquais. (*a*) Ces deux Bâtimens ont toûjours été occupés depuis par cette illustre mai-son; mais en 1751 Mr. le Prince de Conty, aujourd'hui Grand-Prieur de France, les vendit treize cent mille livres, à la Ville, & c'est dans l'emplacement de ces Hôtels, qui contiennent près de trois mille toises de superficie, y compris quelques maisons particulieres qui en dépendent, que le Corps de Ville compte faire bâtir un Hôtel de Ville, celui qui existe aujourd'hui étant trop resserré, & situé dans un quartier peu favorable à l'aspect d'un édifice public, qui doit répondre par sa gran-deur, sa magnificence, & l'étendue de ses bâtimens, à l'importance de cette Ca-pitale.

Hôtel de
Conty.

Décoration de la Porte de l'Hôtel de Conty.

Cette Porte (*b*) qui par son ordonnance s'est attirée l'estime de tous les connois-seurs, est enfermée dans une grande niche en voussure, formant deux piédroits chargés de refends ainsi que la niche, le tout portant un entablement Composite & orné de modillons mutulaires accouplés deux à deux. Au-dessus de cet entable-ment s'éleve un comble qui contribue à donner à la décoration de cette Porte une assez belle proportion, ce qui joint à la diversité des ressauts & des renfoncemens de son plan, lui a sans doute mérité le suffrage des amateurs en Architecture. Ce-pendant l'on ne peut disconvenir qu'en général il faut éviter autant qu'il est possi-ble, lorsque la nécessité n'exige pas réellement une grande ouverture de Porte, d'en affecter une seconde dont la capacité excede le double de la baye effective, dans l'intention de donner, disent quelques-uns, à leur ouvrage une apparence de grandeur, mais qui en effet n'étant pas réelle, ne sert souvent qu'à rendre les mas-ses trop subdivisées, & à donner aux spectateurs une fausse idée de toute l'or-donnance. En effet, ils ne remarquent dans le cas dont il s'agit qu'une grande mu-raille assez ornée, dans laquelle ils n'apperçoivent qu'une petite ouverture, d'où ils conçoivent que cette issue ne doit les conduire qu'à un édifice médiocre; idée contraire à celle qu'on doit se former de l'entrée d'un Hôtel élevé pour la de-meure d'un grand Seigneur. D'ailleurs il semble qu'on auroit dû éviter l'imposte qui se remarque ici; sa saillie interrompt la continuité des réfends, & ne sert qu'à diviser la hauteur des piédroits de l'arcade feinte. L'on peut observer aussi en gé-

---

(*a*) Cet Hôtel, après avoir changé plusieurs fois de maitre, est enfin rentré dans la Maison de *Bourbon-Conty*; la Duchesse de Lauzun à qui il étoit passé en dernier lieu l'ayant vendu à *Louise-Adelaïde de Bourbon-Conty*, con-nue sous le nom de Mademoiselle de la Roche-sur-Yon.

(*b*) L'on trouve dans l'Œuvre de Marot cette porte en petit, gravée en perspective & accompagnée des bâtimens extérieurs de cet Hôtel.

Tome II.　　　　　　　　　　　　　　　　　　C

néral que cette arcade eſt trop peu élevée ; néanmoins comme l'expreſſion de cette ordonnance eſt ſimple, cette proportion peut être tolérable, quoique nous ayons reconnu ailleurs qu'il étoit contraire aux préceptes de l'art de faire la hauteur de leur ouverture au-deſſous du double de leur largeur, à l'exception d'une porte Toſcane Ruſtique, qui peut avoir un ſixiéme de moins, ainſi qu'on l'a obſervé à la porte réelle de la Planche dont nous parlons, & qui, eu égard aux membres d'Architecture qui l'environnent & aux ornemens qui l'accompagnent, ſembloit exiger une baye de proportion Ionique, de concert avec le grand entablement Compoſite qui couronne tout ce frontiſpice.

Les obſervations que nous venons de faire ſur cette porte qui d'un commun accord eſt eſtimée des connoiſſeurs, paroîtront peut-être hazardées, mais comme nous écrivons ici ſans prévention, & qu'en général nous nous ſommes propoſé de parler dans cet ouvrage relativement aux principes que nous avons établis dans notre Introduction & qui ſont les mêmes que ceux qui ont été approuvés par les plus grands maîtres, quoiqu'ils n'ayent pas toujours obſervé à la rigueur ces mêmes préceptes dans leurs édifices, l'on doit s'attendre que toutes les fois que nous rencontrerons l'occaſion de faire quelques obſervations utiles & intéreſſantes, nous les propoſerons, ſans vouloir néanmoins leur donner le poids d'une autorité inconteſtable, mais ſeulement comme des réflexions fondées ſur les loix de la convenance, de la proportion, & du bon goût.

Dans l'intérieur de cet Hôtel, au rez-de-chauſſée, l'on voit deux beaux plafonds peints par Jouvenet (c) qui ſont dignes de l'admiration des connoiſſeurs, & qui méritent bien qu'on ait l'attention, avant que de démolir ce bâtiment, d'enlever ces chefs-d'œuvres de l'Ecole Françoiſe, puiſqu'en France l'on a trouvé le moyen de conſerver (d) les peintures les plus anciennes.

Le jardin de cet Hôtel, qui eſt aſſez vaſte, donne ſur la rue *Guenegaud*, ainſi nommée parce que le Miniſtre de ce nom, à qui a appartenu cet Hôtel, la fit percer, & y fit élever la plupart des bâtimens que nous y voyons.

(c) Jean Jouvenet, un des plus excellens Peintres du dernier ſiécle, nâquit à Rouen en 1644, & eſt mort à Paris en 1717.

(d) Le ſieur Picault, célébre Artiſte, a trouvé le ſecret d'enlever la peinture à l'huile de deſſus toutes ſortes de ſurfaces, & de l'appliquer à neuf ſur une toile. On voit au Luxembourg dans le nombre des tableaux du Roi un de ces chef-d'œuvres de l'art, revivifié par cette invention. Certainement l'on peut dire qu'il n'eſt point de découverte plus utile pour le progrès de la peinture, ni qui ſoit plus ſatisfaiſante pour les amateurs. Il ſemble qu'on ne fait pas aſſez de cas de ce merveilleux moyen de tranſmettre à la poſtérité la plus reculée les ouvrages des plus grands maîtres.

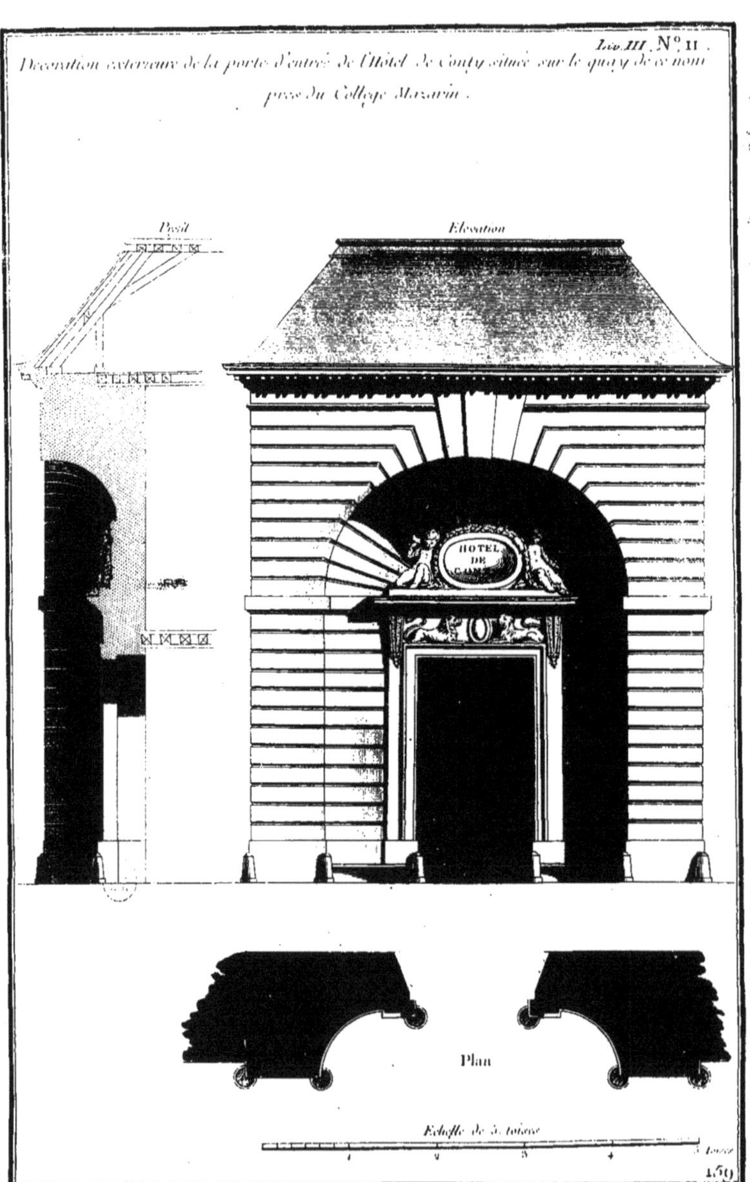

Decoration exterieure de la porte d'entrée de l'Hôtel de Conty situé sur le quay de ce nom près du College Mazarin.

CHAPITRE III.

Description du Pont Neuf, à Paris.

NOUS avions promis dans le *Prospectus* de cet Ouvrage la description & les desseins du Pont-Royal (*a*) ; mais comme depuis cette promesse nous avons appris que M. Belidor a inséré les développemens de ce pont dans le second Volume de la seconde Partie de son Architecture Hydraulique, & que d'ailleurs plusieurs personnes ont paru désirer de préférence qu'on leur donnât ceux du Pont-Neuf qui selon le sentiment des Connoisseurs, est un des plus beaux qui soit exécuté en Europe, nous nous sommes rendus d'autant plus volontiers à ces représentations que ce Pont est beaucoup plus orné qu'aucun de ceux qui sont à Paris, & que cela nous donnera occasion de dire quelque chose de la Place de Henry IV, aussi-bien que du bâtiment de la Samaritaine qui décore l'une des extrêmités de ce Pont.

Le Pont-Neuf fut commencé sous le Regne de Henry III, qui en posa la premiere pierre le 30 May 1578, sur les desseins de Jacques Adrouet du Cerceau, Architecte. (*b*) Les troubles qui survinrent en France furent cause que cette entreprise si

(marginal note: Pont neuf.)

(*a*) Dans le nombre des principaux ponts qui sont élevés dans cette Capitale & dont nous allons donner une legere idée, le *Pont Royal* est celui qui a été construit le dernier, & le seul à Paris qui traverse toute la largeur de la riviere sans être séparée par aucune Isle.

Il fut bâti à la place d'un pont de bois connu sous le nom de Pont rouge, qui avoit été exécuté en 1632, avant lequel tems on passoit la riviere en cet endroit par bateaux. Ce premier pont fut emporté par le dégel de 1684, ce qui donna occasion d'élever en pierre celui qu'on voit aujourd'hui dont les fondations furent jettées le 25 Octobre 1685. Ce pont fut érigé sur les desseins de *Jules Hardouin Mansard* alors premier Architecte du Roi, sous la conduite du Frere *François Romain* pour ce qui regarde les travaux hydrauliques, & construit par *M. Gabriel* qui en fut l'Entrepreneur. Tout ce pont, qui a environ 72 toises de longueur sur 8 toises 4 pieds de largeur, y compris les banquettes qui sont à côté de chaque parapet, consiste en quatre piles & deux culées qui forment 5 arches.

Le Pont Notre-Dame, fut achevé en mil cinq cens sept, & fut substitué à un autre qui tomba en 1499. Ce fut Joconde Dominicain, de Verone, Peintre & Architecte, qui donna les desseins de celui dont nous parlons, aussi bien que de celui nommé *le petit Pont* qui après avoir été réédifié plusieurs fois, le fut enfin tel qu'on le voit aujourd'hui après l'incendie de 1718.

Au milieu du Pont Notre-Dame sont deux pompes qui élevent l'eau de la riviere pour la distribuer à plusieurs fontaines de la Ville. Ces pompes sont enclavées dans un bâtiment dont la façade du côté du pont (lequel est tout couvert de maisons) est décorée d'un Ordre Ionique Au-dessus de la porte d'entrée sont deux figures en bas-relief sculptées par Jean Goujon, un des plus excellens Artistes de son tems ; voyez la description de cette machine dans l'Architecture Hydraulique de Mr. Belidor, premiere Partie, Tome II, Liv. III, Chap. V.

Le Pont au Change ne fut d'abord bâti qu'en bois ; il fut plusieurs fois entraîné par le débordement des eaux, par les glaces, & enfin consumé par le feu le 24 Octobre 1621. En 1639 on commença à le bâtir en pierre, & il fut fini tel qu'on le voit à présent l'an 1647. A l'une des extrémités de ce pont l'on a élevé une espece d'arc de triomphe composé de deux Ordres d'Architecture & d'un Attique. Dans l'arcade du premier étage de ce monument est représentée la statue de Louis XIV à l'âge de 10 ans, couronnée par la Victoire ; cette statue est élevée sur un piédestal à côté duquel Louis XIII & la Reine Anne d'Autriche sont représentés. Ces figures sont de bronze, de grandeur naturelle & de ronde bosse, posées sur un fond de marbre noir. Au-dessous de ces statues on voit des Esclaves, soutenus sur l'archivolte du premier Ordre de cet édifice, qui sont d'une très-grande beauté. A l'autre extrémité de ce pont on a pratiqué un Méridien, en 1738, par les ordres & sous la Prévôté de Mr. Turgot, Conseiller d'Etat & Prévôt des Marchands, à l'occasion d'un élargissement considérable qu'on fit alors au Quay des Morfondus, qui aboutit par une de ses extrémités au Pont au Change dont nous parlons, & de l'autre au Pont neuf. Cet élargissement qui procure une banquette à ce Quay est porté par une trompe en voussure dont toute la saillie donne du côté de la riviere. Cet ouvrage peut être considéré comme une des entreprises les plus hardies qui se soient encore faites dans ce genre.

Le Pont St. Michel, qui avant 1378 se nommoit le Pont neuf St. Michel, a eu le même sort que les précédens, c'est-à-dire qu'il a été plusieurs fois emporté par le débordement de la Seine, & qu'il le fut enfin pour la derniere fois le 30 Janvier 1616, ce qui détermina en 1618 à le rebâtir en pierre tel qu'on le voit. Il est composé de trois arches chargées de bâtimens simétriquement disposés, mais dont l'aspect masque la plus belle vûe de Paris, ainsi que les maisons qui sont élevées au-dessus du Pont Notre-Dame & du Pont au Change, dont nous venons de parler.

Le Pont Marie fut commencé en 1613 & achevé en 1635 ; il a 50 toises de longueur sur 12 de largeur & est composé de 5 arches, de 4 piles & de deux culées. Ce pont étoit, lors de sa construction, couvert de bâtimens, mais en 1658 un débordement considérable ayant emporté deux arches de ce pont & 22 maisons qui étoient au-dessus de ces arches, il a été rétabli depuis, mais l'on n'y a pas réédifié les bâtimens détruits par le débordement.

Le Pont de la Tournelle fut d'abord bâti en bois, mais ayant été emporté par les glaces en 1637, l'an 1656 on le réédifia en pierre comme il se voit à présent.

Nous ne parlerons point ici de plusieurs autres ponts qui traversent une partie de la riviere de Seine ou quelques-uns de ses bras, tels que le pont de bois dans l'Isle, le pont aux doubles proche l'Archévêché, &c ; n'ayant même donné cette courte description des principaux ponts de Paris, qu'à propos du Pont Royal que nous avions promis.

(*b*) Cet Architecte a donné en 1611 un Livre d'Ar-

Pont-neuf. utile fut difcontinuée jufqu'au regne de Henry IV qui le fit achever , en 1604, tel qu'on le voit aujourd'hui, fous la direction de Guillaume Marchand. Ce Pont a de longueur 170 toifes, fur 12 de largeur divifée en trois parties ; celle du milieu pour les caroffes a 30 pieds , & les deux autres ont chacune 21 pieds , & font occupées par des banquettes de deux pieds d'élévation pour les gens de pied , ce qui eft d'une commodité infinie à caufe du paffage continuel de ce pont qui traverfe Paris, & qui communique du quartier St. Honoré au Faubourg St. Germain.

Plan du Pont-Neuf vû par-deffus, Figure 1.

Ce plan préfente la furface du deffus du Pont-Neuf & de fes banquettes, l'Efplanade où eft placée la ftatue équeftre de Henry IV, le bâtiment de la Samaritaine , &c. Comme ce Pont fe trouve fitué à l'extrêmité d'une Ifle qui partage en cet endroit la riviere de Seine en deux bras, fur le maffif de cette Ifle on a pratiqué une Efplanade qui avance de 75 pieds fur la riviere. C'eft fur cette Efplanade que l'on a placé la ftatue de Henry IV, qui fait face au Pont-Neuf & à la Place Dauphine (c) à laquelle on arrive par le Carrefour du Quay des Morfondus & du Quai des Orphevres. Cette ftatue, qui eft de Dupré, habile Sculpteur, fut commencée en 1614, & ne fût achevée qu'en 1635 , & le cheval eft de Jean de Boulogne : c'eft un préfent que le Grand Duc de Tofcane fit à Marie de Medicis pour lors Régente du Royaume. Cette figure équeftre eft de bronze & eft élevée fur un piédeftal de marbre blanc aux angles duquel font placés quatre efclaves auffi de bronze, les ornemens de même métal font du deffein & de l'exécution de Francheville; tout cet enfemble avec les bas-reliefs & les infcriptions qui défignent les principales actions de ce Monarque , achevent de rendre ce monument une curiofité de Paris très-intéreffante. La figure du Heros entr'autres eft un chef-d'œuvre , mais le cheval eft beaucoup moins eftimé , au contraire de celui de la Place Royale qui eft un miracle de l'Art, pendant que la figure de Louis XIII eft d'une exécution affez médiocre.

Sur chaque pile de ce pont font élevées des tourelles de la hauteur du parapet , elles forment autant de demi-lunes qui élargiffent les banquettes (d) pratiquées à chaque côté de la chauffée deftinée au paffage des voitures.

Sur la feconde arche de ce pont du côté du Louvre eft conftruit un bâtiment Hydraulique connu fous le nom de la Samaritaine, parce que fur une de fes faces eft un groupe de figures de bronze fculptées par Bertrand & Fremin, qui repréfentent le Seigneur & la Samaritaine auprès du puits de Jacob. Ce puits eft défigné par un baffin qui continuellement jette de l'eau dans une cuvette , après avoir été élevée par des corps de pompe vers le fommet de cet édifice , d'où elle eft enfuite conduite par des tuyaux fouterrains dans un château d'eau ou grand réfervoir placé en face du Palais Royal, pour être diftribuée dans les bâtimens du Louvre, des Thuileries, &c. Ce bâtiment hydraulique fut conftruit d'abord fous le regne d'Henry III, & ayant été détruit par vetufté en 1712 il fut réédifié tel qu'il exifte aujourd'hui. Voyez-en la defcription les plans, coupes, élévations & développemens

---

chitecture contenant 50 bâtimens de différens genres, avec des explications & une defcription de chacun de ces édifices qui fait voir combien depuis ce tems (qui à la vérité eft déja affez reculé du nôtre) l'Architecture a changé de face en France.

(c) Cette Place eft de forme triangulaire : le plan en a été donné par Henri IV , qui l'a nommée ainfi en mémoire de la naiffance de Louis XIII, lequel en 1608 n'étoit que Dauphin. Elle eft fituée fur l'extrémité de l'Ifle du Palais en face duquel elle eft élevée , les bâtimens qui l'entourent font uniformes & bâtis de brique ; les cordons & les piédroits feulement font de pierre de taille,

ainfi qu'on le pratiquoit anciennement. Cette Place n'a que deux ouvertures, l'une au fommet du triangle & en face de la ftatue dont nous avons parlé , & l'autre fur la bafe de ce triangle en face de la principale porte du Palais par la rue de Harlay.

(d) Par tolérance, on a fouffert fur ces banquettes des échopes qui font des efpeces de tentes où tous les jours ouvrables on étale diverfes marchandifes, denrées , de forte que d'un côté la voye publique fe trouve embarraffée , & que de l'autre on eft privé du coup d'œil de la riviere & principalement des bâtimens du Louvre qui rendent la vûe de ce pont une des plus belles qui foit à Paris.

dans

dans l'Architecture Hydraulique de Mr. Belidor, Première Partie, Tome II, Li- _{Pont neuf}
vre III, Chapitre 4, Planches VIII, IX, X, XI & XII.

Elévation du Pont-Neuf, vû du côté du Louvre. Figure 2.

Le terre-plein ou maſſif de maçonnerie qui ſoutient la ſtatue équeſtre & qui,
comme nous l'avons dit, forme l'extrémité de l'Iſle du Palais du côté du Louvre, diviſe ce Pont en deux parties, dont l'une eſt percée de 5 arches, & l'autre de 7. Ce maſſif appellé vulgairement *l'éperon* du Pont-Neuf, a de longueur 118
pieds ſur 75 de largeur, & a 39 pieds d'élévation ; il eſt décoré de boſſages, &c.
Sur toute la longueur de ce Pont à la hauteur des banquettes & au-deſſus des arches eſt exprimé en dehors une corniche ornée de conſoles enrichies de têtes de
Satyres,ce qui joint à l'élégance des piles, à la cherche des arches & à la régularité de
l'appareil, compoſe un tout enſemble très-agréable pour ce genre d'Architecture.
On a exprimé ici la hauteur des grilles qui ſervent d'enceinte à la ſtatue de Henry
IV, & dont l'intérieur forme un petit jardin particulier. Comme cette figure
équeſtre eſt expoſée dans un lieu dont les environs ſont d'un eſpace immenſe, &
que ſon piédeſtal eſt un peu trop petit, il auroit été à déſirer qu'on eût continué de
niveau les banquettes afin d'en élever le ſol, ce qui auroit fait piramider tout ce
monument de deſſus ce Pont, au lieu qu'il paroît un peu enterré ; les banquettes
deſtinées aux gens de pied étant beaucoup plus élevées que le rez-de-chauſſée
où il eſt placé.

A l'une des extrêmités de ce pont, on voit du côté du Couchant le bâtiment
de la Samaritaine (e) dont nous avons déja parlé, au-deſſus duquel s'éleve une campanille, dans la lanterne de laquelle eſt un carillon qui ſonne à toutes les heures
du jour & dans les réjouiſſances publiques. Ce bâtiment eſt tout de charpente
couverte d'un enduit de plâtre, ſa décoration eſt aſſez élégante & dans un genre
analogue à ſon uſage.

Plan des Piles. Figure 3.

Ce plan donne le développement & la conſtruction des différentes piles de ce
pont : dans les unes on remarque la maçonnerie, dans d'autres les pilotis, les
chapeaux, les palplanches, &c ; le terre-plein ou maſſif dont nous avons déja parlé y eſt auſſi exprimé. Nous n'entrerons pas dans un plus grand détail à cet égard,
un Traité particulier de ce genre de conſtruction devant paroître inceſſamment
d'après les mémoires & les deſſeins de feu M. Pitrou, homme d'une très-grande
réputation, qui étoit Ingénieur des Ponts & Chauſſées ; d'ailleurs Mr. Belidor ſemble avoir épuiſé cette matiere dans la ſeconde Partie de ſon *Architecture Hydrauli-*
que, à laquelle on peut avoir recours pour la conſtruction de tous les ouvrages
qui ſe bâtiſſent dans l'eau.

Coupe & profil de ce Pont. Figure 4.

Ce profil eſt pris ſur la ligne AB des figures 1 & 3, de maniere qu'on voit la
coupe du pont priſe ſur ſa largeur, le profil du maſſif qui ſoutient l'Eſplanade où
eſt placé la ſtatue équeſtre, & la trompe qui a été nouvellement conſtruite pour
procurer un rélargiſſement au quai des morfondus, ainſi qu'on l'a pratiqué à l'autre extrémité du côté du pont au Change dont nous avons parlé au commencement de ce Chapitre (note *a*) à l'occaſion du Pont au Change, en décrivant le
Méridien placé vis-à-vis l'Horloge du Palais.

(e) Ce bâtiment hydraulique appartient au Roi, & in- | le logement du Gouverneur qui l'habite continuellement,
dépendamment des machines qui ſont placées au-deſſous | & qui préſide à l'entretien de cet édifice, auſſi bien qu'à
du niveau du Pont neuf, de plein-pied à ce pont & dans | celui de la Statue de Henri IV.
un étage au-deſſus ſont diſtribués des appartemens pour

CHAPITRE IV.

Description des Bâtimens & du Théâtre de la Comédie Françoife, rue des Foffés St. Germain des Prés.

Comédie
Françoife. CE que l'Hiftoire nous apprend fur la grandeur & la magnificence des Théâtres des anciens, les veftiges qui nous reftent encore de plufieurs de ces monumens, & les Théâtres qui depuis fe font élevés en Italie, tels que ceux de *Tordinona*, *d'Argentine*, *d'Aliberti* à Rome ; celui de l'*Académie Philharmonique* à Veronne ; celui de *St. Chryfoftome* & celui de *St. Samuel* à Venife ; le Théâtre de Parme, par le Cavalier Bernin ; celui de Vicence, par Palladio ; celui de Turin ; celui de Milan, & enfin celui de Reggio dans le Modenois, fans parler de ceux qu'on voit en Angleterre, en Allemagne & ailleurs, fembleroient devoir nous difpenfer de donner la defcription d'aucun de nos Théâtres en France, fçachant bien que ce n'eft point par ce genre d'édifices que notre Architecture Françoife mérite quelque eftime. Cependant comme ce recueil doit comprendre, fuivant le *Profpectus* que nous en avons publié, un des monumens de chaque efpece de ceux qui font élevés dans cette Capitale & dans fes environs, nous avons cru ne pouvoir nous difpenfer dans le nombre des bâtimens que nous avons à Paris dans ce genre, tel que celui de la Comédie Italienne (*a*), la Comédie Françoife (*b*), & de l'Opéra (*c*), ainfi que les

---

(*a*) Le Théâtre aujourd'hui nommé la Comédie Italienne, eft le premier ftable qu'il y ait eu à Paris ; les bâtimens furent élevés fur le terrain de l'Hôtel de Bourgogne dont il porte encore le nom, fitué rue Mauconfeil & près des murs de la Ville, que Philippe Augufte avoit fait bâtir. François I par fon Edit du 20 de Septembre 1543, ordonna la vente à rente de cet Hôtel, ainfi que de celui d'Artois qui lui étoit contigu : une partie de ce terrain fut acheté par Jean Rouvet bourgeois de Paris, qui le 30 Août 1548 le céda aux confreres de la Paffion ; ils y firent bâtir une falle & des dépendances pour y repréfenter leurs fpectacles, les feuls permis alors à Paris, & qui ne furent abolis qu'en 1676 par un Edit de la Cour enregiftré au Parlement le 4 Février 1677, qui fupprima cette Confrérie de la Paffion, & unit les bâtimens & fes revenus à ceux de l'Hôpital, & c'eft à ce titre que les Comédiens Italiens lui payent le loyer de leur Hôtel.

Il faut obferver que les Comédiens Italiens n'ont commencé à repréfenter leurs pieces fur ce Théâtre que vers 1680, ce qu'ils ont continué jufqu'en 1697, que ce Spectacle fut interrompu par les ordres du Roi, & ce ne fut que le premier Juin 1716 qu'ils furent rétablis fous la protection de Mr. le Duc d'Orléans, Régent du Royaume, après la mort duquel Sa Majefté en fit fes Comédiens, & il leur fut permis de mettre fur la porte de l'Hôtel de Bourgogne une infcription conçue en ces termes : *Hôtel des Comédiens Italiens ordinaires du Roi, entretenus par Sa Majefté, rétablis à Paris en l'année 1716.*

(*b*) Les différentes Troupes des Comédiens François ayant été réunies en une feule, ils s'établirent dans un jeu de paume rue Mazarine, où ils jouerent jufqu'en 1687, mais comme cette falle de Spectacle nuifoit au concours du Collège Mazarin qui venoit d'être bâti, le Roi ordonna aux Comédiens de chercher à Paris un lieu propre à leurs Repréfentations, & ils acheterent en 1687 deux maifons rue des Petits Champs. Etant encore furvenu des difficultés touchant cette acquifition & plufieurs autres, il leur fut donné ordre d'acheter le jeu de paume de l'Etoile fitué dans la rue des Foffés St. Germain des Prés, ce qu'ils firent avec une maifon qui étoit à côté, lefquels enfemble leur coûterent 72000 livres ; c'eft là qu'ils firent bâtir la falle qu'on voit aujourd'hui ; on affu-

re que ce bâtiment, les machines, &c, auffi bien que les frais de l'acquifition du terrain ont coûté cent quatre-vingt-dix-huit mille quatre cens trente-trois livres 15 fols. On divifa cette fomme en vingt-trois parts fuivant l'état qui en fut arrêté, & ceux des Comédiens qui ont une part entiere dans la recette entrent auffi pour une part dans la dépenfe ; ceux qui n'ont qu'une demie part ou un quart de part, à proportion. Nous donnerons la defcription de cette falle de Spectacle dans fon lieu.

(*c*) Le Théâtre de l'*Opera* fut conftruit au Palais Royal par ordre du Cardinal de Richelieu, qui ayant un goût décidé pour la Poëfie Dramatique, y fit conftruire deux falles de Spectacle, l'une pour contenir environ 600 perfonnes, l'autre pour en contenir près de 3000 ; celle-ci eft le Théâtre dont nous parlons, qui avant 1673 ou environ fervoit aux Comédiens Italiens & à la Troupe de Moliere pour jouer la Comédie, mais depuis cette année elle a fervi fans difcontinuation aux repréfentations des *Opera*, nom qu'on a donné aux Poëmes Dramatiques mis en mufique, accompagnés de danfes, fimphonie & machines. Ce genre de Spectacle a le titre d'Académie Royale de Mufique, & la profeffion des Acteurs ne leur fait point déroger aux titres de Nobleffe, non plus que les Comédiens du Roi, dont nous venons de parler, ainfi qu'il fut décidé par un Arrêt du Confeil rendu à St. Germain en Laye le 10 Septembre 1688 en faveur de *Jofias de Soulas*, Ecuyer Sieur de *Floridor*, Comédien de Sa Majefté.

Depuis que l'Opera a pris naiffance, il y a toujours eu un Directeur chargé de la recette & de la dépenfe, à fes frais, fous l'adminiftration de quelque perfonne du premier ordre, (c'eft aujourd'hui Mr. d'Argenfon) de maniere que les Acteurs de ce Spectacle font apointés par le Directeur, mais comme cette entreprife eft fort confidérable, & que peu de particuliers font en état de s'en charger, en 1750 le Roi a donné cette direction au Prévôt des Marchands, & c'eft à préfent le Bureau de l'Hôtel de Ville de Paris qui fait les dépenfes néceffaires pour l'entretien de ce Spectacle, & qui en fait la recette.

Avant que Mr. d'Argenfon fut protecteur de ce Spectacle, c'étoit Mr. le Prince de Carignan qui avoit été nommé par Sa Majefté. Ce Prince de fon tems avoit pro-

Salles de fpectacle de nos Maifons Royales, comme celle des Machines (*d*) au Château des Thuilleries, celle de Fontainebleau, (*e*) & celle de Verfailles, (*f*) de choifir le Théâtre où fe repréfentent nos Tragedies, non-feulement parce que cette falle a été conftruite à cet effet, mais encore parce que le Théâtre François eft connu de toute l'Europe par la fupériorité des talens de la plupart des Acteurs, & par le grand nombre d'excellens Auteurs dans tous les genres, qui tour à tour brillent fur la fcene, & qui font les délices des Citoyens & des Etrangers.

Néanmoins connoiffant notre infuffifance concernant nos Théâtres, & pour éclairer les Artiftes qui fe deftinent à ce genre d'édifices, en fatisfaifant en même-tens à la curiofité des perfonnes qui veulent remonter à la fource & à l'origine de ceux des anciens; nous allons rapporter ce que le célebre *Fontana* a donné de cette origine dans l'introduction qui précede la defcription du fameux Amphi-théâtre Flavien, (*g*) connu fous le nom de *Collifée*. On m'en fçaura peut-être d'au-tant plus de gré, que cet excellent Ouvrage n'a point été traduit (*h*) en Fran-çois, & que les traits Hiftoriques dont il eft rempli, font capables d'éle-ver le génie & d'enfeigner des principes utiles à tous ceux qui font profeffion de cette Architecture, ou qui s'intéreffent aux beaux Arts.

pofé à la Cour de faire bâtir une nouvelle Salle dans le jardin de fon Hôtel, qui auroit été beaucoup plus vafte que n'eft celle d'aujourd'hui, & à cet effet je fus chargé de la part de ce Seigneur de faire des deffeins, des devis & des marchés de cet édifice, & les fondations en furent commencées en Mars 1742, mais des raifons particu-lieres ont empêché la continuation de ce monument.

Depuis la mort de ce Prince fon Hôtel a été démoli, & il n'en refte aujourd'hui que l'emplacement, à l'excep-tion d'une colonne coloffale d'Ordre Dorique que la Ville vient d'acquérir dans l'intention de conferver à la pofté-rité ce monument qui fut élevé par les ordres de la Reine Catherine de Médicis, lorfque dégoûtée du Château des Thuilleries, elle fit bâtir *l'Hôtel de la Reine*, nommé de-puis *l'Hôtel de Soiffons*, où le Prince de Carignan faifoit fa réfidence.

(*d*) La falle des Machines eft un des plus grands Théâ-tres qu'il y ait à Paris; elle fut conftruite par ordre de Louis XIV pour la repréfentation des Ballets & des Co-médies, fur les deffeins & fous la conduite de *Vigarani* Ita-lien. Charles le Brun a donné les deffeins de la décora-tion des loges & du plafond qui font d'une très-grande richeffe, & ce fut Noël Coypel qui exécuta les peintures du plafond fur les deffeins de le brun; nous ne parlerons point ici des dimenfions de ce Théâtre, devant en don-ner les deffeins & la defcription en parlant du Château des Thuilleries.

(*e*) La falle de Spectacle du Château de Fontaine-bleau a été bâtie fous le regne de Louis XIV, & quoi-qu'elle foit peu fpacieufe, elle peut être confidérée com-me un des plus jolis Théâtres qui foit exécuté dans ce genre. Nous en donnerons la defcription dans le Tome V, en parlant du Château de Fontainebleau.

(*f*) La falle de Spectacle du Château de Verfailles, dans laquelle fe font les repréfentations des Comédies Françoifes & Italiennes qui fe jouent à la Cour devant leurs Majeftés, eft fituée dans l'aile du Midi, attenant la cour des Princes; mais comme cette falle eft fort petite, n'ayant de largeur que 29 pieds fur 56 de longueur dans œuvre, Sa Majefté vient d'en ordonner une que l'on bâtit actuel-lement à l'extrémité de l'aile du Nord. Nous aurons oc-cafion d'en parler dans le Tome IV de cet Ouvrage en faifant la defcription du Château de Verfailles.

(*g*) L'Amphithéâtre Flavien a été nommé ainfi de la famille Flavia, & fut dédié à l'Empereur Flavius Vefpa-fien par Titus fon fils & fon fucceffeur qui perfectionna cet ouvrage que fon pere avoit commencé. On verra dans la fuite l'origine du nom de Colifée que le vulgaire lui donna, voyez auffi ce que nous en avons dit dans l'hif-toire de l'Architecture, page 10 Note *q*, d'après Defgo-dets.

(*h*) La traduction que nous allons donner eft rendue affez fidelement d'après le texte original, à l'exception de quelques legeres omiffions, éclairciffemens & citations auxquelles nous avons renvoyé & que nous avons mar-qué en note. Nous nous fommes crus d'autant plus obli-gés de donner cette origine des Théâtres & Amphithéâ-tres, auffi bien que celle du Théâtre François, que nous avons pris foin dans ce Recueil de parler de celle de l'Ar-chitecture en général, de l'Agriculture, de la Peinture & de la Sculpture, de l'origine de cette Capitale, ainfi que de fes monumens, & que dans le huitiéme Volume nous parlerons de celle des Ordres.

DE L'ORIGINE ET DE LA CONSTRUCTION DES THEATRES DES ANCIENS,

DE CEUX QUI EN ONT FAIT BATIR, &c.

Traduit de l'Introduction que le Chevalier Charles *Fontana* a mise à la
tête de la defcription & des deffeins de l'Amphithéâtre Flavien.

De la premiere invention ou du premier établiffement des Théâtres.

Des Théâtres des Anciens.

„ Tout ce que les Auteurs difent fur cette matiere fait croire que l'invention
„ des Théâtres eft plus ancienne que celle des Amphithéâtres ; les premiers ont
„ commencé dans d'autres états avant qu'il fut queftion de la puiffance Romaine.
„ Selon Caffiodore, dans le Livre X de fes Epitres, elle fut trouvée par les Payfans
„ de la Grece qui avoient coutume de s'affembler les jours de Fêtes dans les Villes
„ & dans les bois, pour y faire toutes fortes de facrifices & de jeux en l'honneur
„ de leurs Dieux. Ils donnoient à ces Théâtres différentes formes dont les plus grandes
„ étoient obliques, & difpofées de façon que chacun pût voir tout ce que l'on fai-
„ foit au milieu : avec le tems on en érigea dans les Villes des Athéniens avec plus
„ d'ordre & de goût ; peu de tems après Denis les perfectionna en y ajoutant bien
„ des chofes, on en conftruifit quelques-uns dans l'Ifle d'Antirode près d'Alexan-
„ drie & en d'autres lieux, fur lefquels on célébroit certains jeux, mais feule-
„ ment en l'honneur de Bacchus.

„ L'invention des Théâtres paffa des Grecs (i) chez les Romains, l'an de leur
„ Ville 391, fous les Confulats de C. Licinus Stolon & de C. Sulpitius. Il régnoit
„ alors une maladie incurable à Rome, à laquelle l'efprit humain ne trouvant au-
„ cun remede, les Romains s'aviferent de recourir à leurs faux Dieux ; ils inftitue-
„ rent différentes Fêtes pour appaifer la Divinité qu'ils croyoient irritée. Ces Fêtes
„ fe célébroient fur des Théâtres, & afin qu'elles le fuffent avec plus de pompe
„ & de cérémonie, on fit venir à cet effet des gens de la Tofcane qui danfoient
„ certains ballets au fon de plufieurs fortes d'inftrumens. Le Peuple prit tant de
„ goût à cette nouveauté & en fut fi poffédé, que ne fe fouciant prefque plus des
„ exercices Militaires, il commença à s'adonner avec paffion à de pareilles vani-
„ tés ; on y récitoit des vers fans chant, & cet ufage continua pendant cent vingt-
„ deux-ans ; après lefquels le goût augmentant, L. Andronicus y ajouta la Fable,
„ enforte que ce qui étoit au commencement un fimple jeu devint un Art, qui
„ felon la qualité des fujets qui y étoient traités fe divifoit en différentes efpeces.
„ Car fi l'on introduifoit dans la Fable des Rois & de grands Seigneurs, elle étoit
„ appellée *Tragedie*, & les vers étoient, fuivant le fentiment d'Ovide, d'un ftile
„ plus grave ; fi c'étoient des pieces amoureufes, gayes & divertiffantes, on les
„ nommoit *Comédies* : & les autres où il y avoit de la critique & de la fatyre por-
„ toient le nom de *Paftorales.*

De la différence qu'il y a entre le Théâtre & l'Amphithéâtre.

„ La différence qu'il y a entre le Théâtre & l'Amphithéâtre, confifte en ce que,
„ felon Varron, le Théâtre eft compofé de la figure d'un demi cercle & d'un pa-

---

(i) Voyez ce que Vitruve rapporte fur la maniere de conftruire les Théâtres des Grecs, Liv. V. Ch. VIII. p. 170.
Plan. XLV. & ce qu'il dit de ceux des Romains, Liv. V, Chap. III, IV, V, VI, VII, p. 148 & fuiv. Plan. XLII,
XLIII & XLIV.

rallelograme

„ rallelogramme (*k*) *dont la largeur est la quatriéme partie de la ligne diamétrale tirée*
„ *d'un point de la circonférence à l'autre* ; la partie circulaire fervoit pour les Spectateurs
„ & pour l'Orcheftre, & l'autre fervoit pour la Scene. Deux Théâtres mis enfem-
„ ble forment l'Amphithéâtre ; Caffiodore l'attefte en difant que *l'Amphithéâtre est*
„ *comme deux points de vûe joints enfemble ;* Ifidore dit pareillement, *l'Amphithéâtre*
„ *a été ainfi nommé parce qu'il est fait de deux Théâtres.* Ovide & Calphurnius confir-
„ ment la même chofe, & d'autres écrivains comparent l'Amphithéâtre à une figure
„ ovale, & difent que ce qui fert dans les Théâtres de Scene & d'Orcheftre, fert
„ en partie dans les Amphithéâtres d'arène pour les combats, & d'échaffaut pour
„ les fupplices.

De la matiere dont les Théâtres étoient conftruits & de leur couverture dans leur
origine.

„ Les matieres dont les Théâtres étoient compofées étoient différentes felon
„ la différence des tems & des lieux, & leur étendue plus ou moins grande fe-
„ lon le nombre & le befoin des Peuples. Au rapport de Caffiodore, Livre IV,
„ Epitre V, tous les Théâtres dans la Grece étoient conftruits de marbre & de
„ planches. (*l*) A Athenes cependant ils étoient tout de bois, parce que l'on pou-
„ voit les détruire & les refaire en d'autres lieux avec plus de facilité. Vitruve dans
„ le cinquiéme (*m*) Livre, Chapitre 5, dit que pour la même raifon il y en avoit
„ auffi à Rome plufieurs de bois.

„ On fçait que chez les Anciens les Théâtres étoient nuds & découverts, on
„ les défendoit de la pluye & du foleil par le moyen de quelques voiles de Vaif-
„ feaux tendus par deffus. Une des plus grandes preuves de ce que les Théâtres
„ étoient découverts dans ces premiers tems, fe tire de la qualité des jeux que l'on y
„ repréfentoit, dans lefquels on laiffoit quelquefois envoler des pigeons & d'autres
„ oifeaux qui en fortoient librement.

„ Dans la fuite des tems, le luxe & le fafte augmentant dans la Grece, on com-
„ mença à les couvrir de Planches. Philoftrate dans Herode dit que les Athéniens
„ avoient élevé un Théâtre à leurs Dieux, dont le toit étoit compofé de bois de
„ Cedre ; les Corinthiens les imiterent en ce point, & couvrirent auffi les Théâ-
„ tres d'un toit. Pline dit au trente-fixiéme Livre, Chapitre 15, que Valere d'Of-
„ tie, Architecte, a été le premier à Rome qui ait couvert les Théâtres de toiles &
„ & de planches fort minces & mobiles.

„ L'orgueil s'empara à la fin des anciens Romains ; non contens de les couvrir
„ comme on l'a dit de toiles de lin & de voiles, ils y mirent de très-belles étoffes
„ de foye. Cefar au rapport de Dion fut le premier qui mit cette magnificence en
„ ufage, que les Campaniens imiterent comme nous l'apprenons encore d'Am-
„ mian Marcellin.

„ On fçait par le témoignage de Pline que Lentulus-Spintrius a le premier in-
„ venté la maniere d'attacher les voiles aux antennes des Vaiffeaux, & après d'en
„ couvrir les Théâtres. Voyez la deffus Lucrece, Properce, Martial, & leurs
„ Commentateurs, de même que Pline cité ci-deffus qui en parle amplement.

(*k*) Il faut dire, dont le petit côté eft la quatriéme partie du diamétre du demi cercle.

(*l*) Il faudroit dire, conftruits de marbre & de menuiferie.

(*m*) Vitruve à la vérité parle, Liv. V. Ch. V. p. 160,
de Théâtres conftruits de bois, mais il ne dit point que ce
fût pour la facilité du tranfport, & fait entendre feulement qu'on les conftruifoit ainfi parce que les planchers de
bois raifonnent aifément, fur-tout lorfque la conftruction
des Théâtres eft faite de matiere folide, telle que de pierre
ou de marbre.

De la définition de la Scene & de fes qualités.

Des Théâ-
tres des
Anciens.

„ Caffiodore donne la définition de la Scene, & il dit *que la Scene eft le front du* „ *Théâtre, ou le lieu par où les Acteurs fortoient & s'avançoient jufqu'à l'avant-fcene pour* „ *jouer leurs rôles.* Ifidore, Liv. 17. Chap. 43, dit *que la Scene eft un lieu fur le Théâ-* „ *tre qui eft bâti & élevé comme une maifon avec le pupitre, lequel eft auffi nommé Or-* „ *cheftre.* Les Acteurs comiques & les tragiques y chantoient, & les Hiftrions y „ danfoient ; aujourd'hui on appelle ce lieu *anti-fcene* ou *avant-fcene.*

„ Les définitions rapportées par les deux Auteurs que nous avons nommés, doi- „ vent s'entendre de l'ufage & de la coutume des Grecs, que les Romains ont „ après imités en partie. Cependant nous ne manquerons pas d'obferver que la „ Scene a eu des commencemens foibles & conformes à l'ancienne & originaire „ fimplicité des Théâtres, enforte que Virgile dit dans le premier Livre de l'Enéi- „ de, que les Scenes étoient faites de feuilles & de branches d'arbres qui fervoient „ à garantir du foleil ; fi nous en croyons Ariftide, on commença bien-tôt à les „ faire de planches, & après on les conftruifit avec des murailles bien diftribuées, „ afin qu'elles fuffent plus commodes & qu'elles euffent un air plus noble. Pour „ orner davantage ces murailles, on y peignoit diverfes chofes qui fe rappor- „ toient, ou étoient néceffaires à ce que l'on récitoit. Ces ornemens furent „ enfuite changés felon les pieces que l'on y repréfentoit, c'eft-à-dire aux Tra- „ giques, elles étoient ornées de colonnes, & de ftatues, avec les attributs de la „ Royauté ; aux Comiques, elles l'étoient de maifons de particuliers, de balcons, „ de vûes, de fenêtres, de galleries ouvertes d'un côté, de rues, de places, de tours „ & de chofes pareilles ; & aux Satyriques, on les ornoit d'arbres, d'antres, de „ montagnes, de cavernes, de marais, de fleuves, de rochers & de forêts.

Des Machines dont on avoit coutume de fe fervir dans les Théâtres.

„ Les Théâtres dans lefquels on étoit accoûtumé de repréfenter les actions Tra- „ giques, pouvoient avoir trois machines, c'eft-à-dire une à droite, une à gauche, „ & une au milieu ; ces machines tenoient dans les Tragedies lieu de portes ou „ d'entrées avec des veftibules ornés d'images de Heros, par lefquels paffoient les „ Acteurs qui jouoient les grands rôles ; l'on a vû que cela s'eft mis en exécution „ dans la Grece, lorfque l'on y a joué l'Orefte d'Euripide, de même que dans „ l'Amphitrion de Plaute.

„ Les anciens Auteurs de Tragédies avoient la coutume d'introduire fur des ma- „ chines les Dieux des eaux : tels étoient Acheloüs, Thetis, Prothée & Arethufe, „ comme on le voit dans l'Œdipe de Sophocle, & dans tous les autres Grecs qui „ ont compofé des Tragedies. Par ce peu d'érudition que nous venons de rapporter „ à propos des machines, on découvre la grande différence qu'il y a entre celles „ dont les grecs fe fervoient, & celles que les Latins inventerent après, lefquelles „ font encore bien différentes des nôtres dans le Tragique auffi-bien que dans le „ Comique & dans le Satyrique ; cependant elles avoient une apparence plus „ grande & plus agréable.

Des moyens que les Anciens employoient pour faire entendre les sons & les voix dans les Théâtres.

„Du tems de Vitruve (n) il y avoit beaucoup de Théâtres Publics à Rome, Des Théâtres des Anciens.
„dans lesquels cet Auteur dit, *qu'il n'y avoit aucun vase qui ne résonnât.* Pour bien
„entendre ce trait d'érudition, il faut sçavoir que les Théâtres étant construits de
„matieres solides, comme de pierre, de marbre, de ciment, & d'autres choses
„semblables qui n'avoient point les qualités requises pour rendre le son, il étoit
„nécessaire d'y placer des vases qui eussent la propriété de le faire retentir & de
„le répandre par toute l'étendue du Théâtre, afin que la voix fut distinctement
„entendue partout. L. Mummius rend témoignage de cet usage, car après avoir ruiné
„le Théâtre des Corinthiens, il en tira les vases de bronze, les porta à Rome & les
„fit mettre dans le Théâtre de Diane. De plus, Vitruve, Liv. V, Chap. V, rappor-
„te que plusieurs Architectes sages & prudents, ayant à construire quelques
„Théâtres moins magnifiques & à moins de frais, y faisoient, à la place des va-
„les de cuivre ou de bronze, mettre de gros vases de poterie dans les murailles,
„pour faire retentir la voix. Aristote parle aussi de ces vases dans ses problêmes,
„en disant qu'ils sont très-propres pour faire raisonner les murs & porter les ac-
„cents de la voix à l'oüie. Ce Philosophe assure encore qu'avec ces instruments on
„peut dans une maison faire un écho artificiel. C'est pour la même raison que
„les anciens Architectes laissoient dans les Théâtres quelques espaces ouverts, qu'ils
„appelloient des *cellules*, & quoiqu'ils servissent encore à d'autres usages, ils étoient
„faits pour que la repercussion de l'air vint à former le son & le rétentissement
„plus grand, afin de porter aux oreilles des Spectateurs les articulations des mots
„plus clairement & plus distinctement.

*De l'Orchestre, des Sieges, & de la maniere de s'arranger & de s'asseoir dans les Théâtres,
usitée chez les Romains.*

„L'Orchestre chez les Anciens étoit une partie du bas du Théâtre contigue à
„la Scene : les Poëtes Tragiques & Comiques y descendoient pour chanter
„tour à tour les compositions qu'ils avoient faites l'un à l'envi de l'autre, & tan-
„dis que ceux-ci chantoient les autres faisoient des gestes. Suidas en définissant
„l'Orchestre, dit que c'est le lieu dont le sol est de planches, & où les Comé-
„diens jouent leurs rôles. Les Modernes pratiquent aujourd'hui un lieu semblable,
„dont une partie seulement sert d'*Orchestre*, & le reste s'appelle *Auditoire*, tandis
„que les Anciens l'y employoient tout entier.
„Selon Suetone on remarqua à Rome comme une chose singuliere & surpre-
„nante l'action de Caligula, qui fit asseoir les Chevaliers & leurs femmes dans
„l'Orchestre. La bisarrerie de ce Prince eut avec le tems des imitateurs dans cet
„usage, comme nous le dirons ci-après : c'est pour cela que Pline dit, *j'ai déja
„observé qu'à Rome les Senateurs étoient assis dans l'Orchestre.* Pour ôter cependant
„l'occasion des bruits & des disputes que cette grande foule de monde pouvoit
„exciter dans les Théâtres, on avoit à Rome assigné à tous les Etats des places
„pour y être assis ; ce qui se nommoit entr'eux *le droit d'être assis dans le Théâtre* :
„ainsi les Senateurs étoient assis dans l'Orchestre, & derriere eux les quatorze
„Ordres des Chevaliers, après ceux-ci & au milieu des sieges susdits étoient pla-
„cés les Citoyens, & tous les autres hommes de quelqu'état qu'ils fussent qui
„assistoient à de tels Spectacles ; les Dames étoient au-dessus des gradins, placées

---

(n) Voyez ce que Vitruve dit, Liv. V. Ch. V. p. 158. touchant les vases d'airain que les Anciens plaçoient entre les sieges du Théâtre, & que Perrault a expliqué plus positivement Note 2.

„ felon leur rang & leur qualité. Il y avoit outre cela un lieu féparé pour les
„ étrangers & les voyageurs, de même qu'il y en avoit un de diftingué pour les
„ Tribunitiens.

„ Les Siéges même fur lefquels on étoit affis, étoient différents felon la diffé-
„ rence des Dignités & des Charges de ceux qui affiftoient aux Spectacles. C'eft
„ là la raifon pour laquelle le Senat ordonna à Marcellus pendant la folemnité des
„ jeux de faire apporter la chaife curule, pour que Jules-Cefar fût affis deffus dans
„ le Théâtre; cette chaife au rapport de Suetone, étoit placée dans l'Orcheftre
„ fur une eftrade. Sejan & Tibere firent porter dans le Théâtre des Sieges nommés
„ par les Romains, *les chaifes dorées*, pour s'y affeoir; on voit par-là que felon l'élé-
„ vation du rang, les fieges étoient différents.

De l'ornement des Théâtres.

„ Tous les Théâtres étoient dans leur commencement fans ornement, parce
„ qu'ils étoient de bois, comme nous l'avons déja remarqué, pour qu'on pût les
„ tranfporter dans les lieux où l'on vouloit célébrer les Fêtes; on les embellit
„ néanmoins avec beaucoup de dépenfe, & Claudius Pulcher introduifit l'ufage de
„ peindre la Scene & de l'orner de différentes manieres: fous Formius de Syracufe
„ elle fut couverte de peaux rouges, on l'argenta par ordre de C. Antoine, Petreïus
„ la fit dorer, Q. Catulus incrufter d'ébene, & M. Antoine la fit conftruire d'ar-
„ gent en un jour de fpectacle; ils ornerent de même les murailles qui étoient
„ à l'entour du bas du Théâtre & des Gradins; les ornemens répondoient à la
„ nature des Fêtes, enforte que quelquefois on les revêtiffoit de guirlandes de
„ fleurs.

„ Il y a eu dans la Grece beaucoup de Théâtres fort fimples & de charpente:
„ le premier entre les plus ornés étoit celui que Policlete avoit fait en Arcadie,
„ & que Paufanias vante beaucoup dans fon premier Livre. Le fecond fe voyoit
„ à Athenes, il y avoit des ftatues peintes de plufieurs Comédiens Tragiques &
„ Comiques, une caverne qui de loin repréfentoit une femme affligée & en lar-
„ mes, &c. Tous ces Théâtres étoient portatifs, & les pieces dont ils étoient
„ compofés fe joignoient enfemble, de façon que l'on pouvoit aifément les de-
„ faire & les remettre avec tant de régularité qu'ils fervirent de modeles aux Ro-
„ mains.

*De la confécration & de la dédicace des Théâtres dans les premiers tems de leur
origine.*

„ Le Théâtre a été inventé par les Anciens, pour y repréfenter divers genres
„ de Spectacles; mais une de leurs fins principales étoit d'honorer les Dieux; Va-
„ lere Maxime nous l'explique ainfi par ces paroles, *afin de rendre un Culte aux*
„ *Dieux & de procurer du plaifir aux hommes.* Tertullien nomme les Théâtres, des
„ fiéges d'impudicité, parce qu'ils étoient confacrés à Bacchus & à Venus. Arifti-
„ de nous confirme la même chofe, avec cette diftinction pourtant que les jeux
„ que l'on donnoit fur les Théâtres, étoient dédiés à Bacchus, & que le lieu où
„ on les célébroit étoit confacré à Venus; c'eft pour cette même raifon que Lac-
„ tance conclut que Pompée a donné à fon Théâtre le nom de Venus Victo-
„ rieufe.

„ Cyprien dans la cent troifiéme Epitre, veut que Romulus ait inftitué le
„ Théâtre pour le dédier à Conus, Dieu du Confeil, à Cerés, & à Bacchus. Ariftide,
„ que nous avons déja cité, & qui parmi les Grecs eft un Auteur véridique, af-
„ fûre que le Théâtre a été dédié à Apollon, à Diane, à Minerve & aux Mu-

fes

„ fes. Il y a différentes raifons par lefquelles on prétend que le Théâtre eft confa-
„ cré aux Divinités que nous venons de nommer ; mais comme elles ne font pas
„ de notre fujet nous les paffons fous filence, en difant pourtant que les uns en
„ attribuoient la caufe aux Scenes, les autres aux Théâtres, & d'autres encore
„ aux actions que l'on y repréfentoit. Il y a même des Auteurs dont l'autorité eft
„ de poids, qui font entendre que le Théâtre a été dédié à Diane, nommée par
„ eux la Déeffe Eleufine, à caufe de différents mouvemens que l'on faifoit dans
„ les chœurs qui étoient une partie effentielle des Spectacles des Grecs.

Des Théâ-
tres des
Anciens.

De ceux qui ont fait batir des Théatres chez les Romains.

„ Q. Gallus a été le premier qui ait fait élever un Théâtre ftable à Rome ; le
„ témoignage de Tertullien en eft la preuve. Plutarque dans la vie de Pompée, &
„ Pline dans fon huitiéme Livre, Chapitre 7, prétendent que le premier Théâtre
„ ftable a été élevé par le grand Pompée dans le Cirque Flaminien, fitué dans
„ le neuviéme quartier de la Ville, enforte qu'il y avoit quatre Théâtres proches
„ l'un de l'autre, le premier defquels étoit celui de Pompée, le fecond de Marcel-
„ lus, le troifiéme de Balbus, dont Claudius a fait la Dédicace, le quatriéme de
„ Trajan fitué dans le champ de Mars, & détruit par Adrien, felon le témoignage
„ de Lampridius.

Du Théatre de Marcus Scaurus.

„ Ce fut M. Scaurus qui éleva le premier Théâtre (o) conftruit avec pompe & ma-
„ gnificence ; outre fa vafte étendue, il étoit fort élevé & orné de gradins environ-
„ nés de galeries ouvertes foutenues de 360 colonnes. Le front du Théâtre avoit,
„ felon les Auteurs, trois ordres de Scenes l'une pofée fur l'autre, & toutes trois
„ difpofées majeftueufement & avec un grand art. La Scene d'en bas étoit de co-
„ lonnes de marbre, celles du milieu de criftal, & la troifiéme, qui étoit au-def-
„ fus des deux autres, avoit les colonnes de bois doré, entre lefquelles on avoit
„ difpofé trois cens ftatues de bronze. Ce Théâtre pouvoit contenir quatre-vingt
„ mille perfonnes, le refte étoit ajufté & orné avec de très-belle peintures & des
„ tapifferies fuperbes ; c'eft là, du moins, la defcription que Pline fait du Théâtre de
„ M. Scaurus, Liv. XXXVI. Chap. 2.

Du Théatre de M. Curius.

„ M. Curius qui mourut dans le tems de la Guerre Civile entre Cefar & Pom-
„ pée, fit à la mort de fon pere conftruire deux Théâtres de charpente, élevés de
„ terre par un mécanifme fort ingénieux & faits avec tant d'art que l'on pouvoit
„ en même-tems y repréfenter différentes Comédies, fans que ceux qui étoient
„ dans l'un puffent entendre ce que l'on récitoit dans l'autre. On tournoit après
„ les têtes des deux Théâtres avec tout le Peuple, de façon qu'ils formoient un
„ Amphithéâtre, dans lequel on repréfentoit des chaffes &c ; ce qui a été re-
„ gardé comme un ouvrage merveilleux, dont néanmoins la dépenfe énorme, &
„ le peu de jugement des Sénateurs & de leur Peuple qui fe rifquoient ainfi fur
„ ces machines mobiles furent blâmés de leurs Contemporains, & de Pline même
„ qui en eft l'Hiftorien.

(o) Nous avons parlé de ce Théâtre dans l'hiftoire de l'Architecture, premier Volume, page 10, mais malgré l'autorité des Auteurs qui ont parlé de ce même Théâtre, nous n'avons pas crû devoir citer alors les colonnes de criftal pofées fur le premier Ordre conftruit de marbre, & au-deffus defquelles étoit un troifiéme Ordre de bois do-ré, quoique Vitruve & la citation que nous fait Fontana en faifent mention.

Du Théatre de Pompée & de sa vraie situation.

Des Théâ-
tres des
Anciens,

,, Tous les Auteurs anciens conviennent que le Théâtre de Pompée étoit situé
„ au Champ des Fleurs, dans la Place qu'occupe le Palais des Ursins, lequel est
„ aujourd'hui possédé par la Maison des Princes Pie. Plusieurs Ecrivains du siécle
„ passé ont vû les restes de ce superbe Théâtre dans le même lieu où l'on admi-
,; re encore aujourd'hui quelques vestiges d'un de ses murs. L'étendue de ce grand
„ Palais bâti dans les anciennes murailles du Théâtre en prouve l'immensité, qui,
„ comme on sçait, étoit si grande qu'il contenoit jusqu'à 80000 places pour les
„ Spectateurs.

„ En faisant des recherches sur la position & les différentes vûes de ce Théâtre,
„ nous avons trouvé par le moyen de ces vestiges & de quelques fragments par-
„ ticuliers, que le sol ou le bas avoit été vers les *Chiavari*, & l'Orchestre vers la
„ Place du Champ des Fleurs. Ce sentiment est confirmé par l'autorité de Nardini,
,, qui assûre que la Scene étoit vers ladite place, & le sol, comme nous l'avons
„ dit ci-dessus, & que le Temple de Venus y étoit joint en face de la tête du Cir-
„ que Flaminien, lequel étoit justement vis-à-vis de lui entre l'Orme & la Place
„ des Mattée. Il convient donc pour donner au Théâtre un espace suffisant pour
„ contenir une multitude si prodigieuse de Spectateurs, de supposer qu'il occu-
„ poit tout ce qu'il y a entre la rue des *Chiavari* & le Champ des Fleurs, & peut
„ être encore une partie de ce même Champ.

„ Ce que nous venons de dire touchant la situation du Théâtre de Pompée, re-
„ çoit une nouvelle force du témoignage de Fulvius, d'autant plus digne de foi
„ que c'est un témoin occulaire : cet Auteur dit, *il reste encore à la vûe de tout le monde*
„ *quelques vestiges de Théatre, à côté du Champ appellé le Champ des Fleurs, où est à*
„ *présent le Palais des Ursins, derriere lequel étoit le sol ou le bas du Théatre, vers l'Au-*
„ *rore, &c.*

De la magnificence & du dessein du Théatre de Pompée.

,; Le grand Pompée voyant que les dépenses excessives que l'entretien & le
„ transport des Théâtres portatifs exigeoient continuellement, épuisoient les tré-
„ sors de la République, représenta au Sénat les torts inévitables qu'elles lui fai-
„ soient ; il couvrit la grandeur de son ambition du voile de l'œconomie, & al-
„ légua des raisons si vives & si pressantes, qu'il obtint la permission d'élever sous son
„ nom dans la Ville de Rome le premier Théâtre stable & de marbre. Il l'exécuta
„ avec toute la pompe & tout le faste imaginable : Plutarque & même Tacite en
„ blâmerent l'excès ; mais le Sénat lui donna des louanges à cause de la magnifi-
„ cence de son ouvrage, & parce qu'il l'avoit par-là déchargé du poids des dépen-
„ ses particulieres.

„ Pompée avoit pris cette idée du fameux Théâtre qu'il avoit vû à Mytilene ;
„ il le fit plus magnifique & plus vaste, pour faire voir qu'aucun autre ne lui avoit
,; servi de modele, & selon Plutarque, il n'y épargna aucuns frais, quelques considé-
„ rables qu'ils fussent, afin que ce monument fut digne de sa grandeur & de sa
„ générosité.

„ Ce que Dion rapporte dans son trente-neuviéme Livre est remarquable, il
„ prétend que ce Théâtre n'a pas été fait par Pompée, mais que c'est Demetrius
„ son affranchi qui l'a si richement construit avec les sommes acquises à la guer-
„ re, en combattant sous le commandement de Pompée, & qu'il lui a donné le
„ nom de son Maître, soit pour lui faire honneur, soit pour ne pas donner occa-
„ sion aux murmures & à la surprise où l'on auroit été en voyant un affran-
„ chi en si peu de tems en état d'avancer tant d'argent. Nous ne sçaurions dire où

,, cet Auteur a pris une opinion si peu vraisemblable, mais nous sçavons bien que
,, les Auteurs cités ci-dessus, bien plus dignes de foi, l'attribuent à Pompée, qui
,, pour rendre une dépense si terrible plus respectable par un titre de piété, ajouta
,, au Théâtre le Temple du Venus Victorieuse.

,, Tertullien assure dans son Livre des Spectacles, que Pompée voulant faire la dédi-
,, cace de son Théatre, dit en y invitant le Peuple, qu'il alloit consacrer un Temple à
,, Venus. Ecoutons ses paroles, *& invitant le Peuple par un Edit à la dédicace, il ne s'est*
,, *pas servi du nom de Théatre, mais de celui de Temple de Venus.* En lisant le susdit
,, Ecrivain, on y trouve assez de raisonnemens pour pouvoir conclure avec cer-
,, titude que le Temple de Venus n'étoit pas au-dessus de la Scene, comme plu-
,, sieurs l'ont crû, mais bien au-dessus du bas du Théâtre auquel on montoit par des
,, degrés en cercle, qui étant principalement faits pour le Théâtre, sembloient
,, l'être pour le Temple. Outre Tertullien nous avons Suetone, qui dans la vie
,, de Claudius, prouve clairement la même chose, en disant que Claudius le jour
,, même de la nouvelle dédicace du Théâtre qu'il avoit rétabli, passa par le mi-
,, lieu du bas dans lequel étoit le Temple mentionné. Gellius au premier Chapitre
,, du dixiéme Livre, appelle néanmoins ce même Temple de Venus le Temple de
,, la Victoire, en disant *lorsque Pompée alloit faire la dédicace du Temple de la Victoire.*
,, Ce sentiment de Gellius est entierement opposé au témoignage de Marciano,
,, qui dit avoir vû l'an 1525, déterrer derriere l'Eglise de Ste. Marie *in grotta pinta*
,, jointe au Palais des Ursins, un marbre avec ces paroles, VENERIS VICTRICIS,
,, c'est-à-dire de Venus Victorieuse; avec l'observation de Donati aussi sage que sça-
,, vante, on peut concilier l'une & l'autre opinion. Cet Auteur remarque que Plutarque
,, parlant de ce Temple se sert du nombre pluriel & dit, *les Temples de Venus Victo-*
,, *rieuse,* d'où Donati conclut qu'il y a eu dans le Théâtre de Pompée deux Tem-
,, ples, l'un consacré à la Victoire, & l'autre dédié à Venus Victorieuse; de cette
,, façon le texte de Gellius se trouve corrigé, & le témoignage de Marciano rap-
,, proché de la croyance publique.

De la Scene du Théatre de Pompée & de ses réparations.

,, La Scene du Théâtre de Pompée a été refaite plusieurs fois; Tacite dans le cin-
,, quiéme Livre des Annales, dit qu'elle a été faite par Tibere, d'où l'on pourroit in-
,, férer que Pompée n'avoit pas élevé une Scene stable; mais Suetone prend sa dé-
,, fense bien sagement; en remarquant que l'on peut supposer la Scene consumée
,, par le feu & refaite par Tibere. Cette remarque prouve l'erreur de ceux qui se
,, persuadent que ce Théâtre laissé imparfait par Pompée, avoit reçû sa derniere
,, perfection sous l'Empire de Caligula; il est vrai que selon le même Suetone,
,, Caligula mit la derniere main aux réparations du Théâtre, & il dit de lui, *il a*
,, *achevé les ouvrages qui sont restés imparfaits sous Tibere, comme le Temple d'Auguste &*
,, *le Théatre de Pompée.* C'est de cette façon que le nom de son premier Auteur en
,, fut presque ôté par Tibere & par Caligula; mais suivant le sentiment de Dion au
,, cinquante-huitiéme Livre, Claudius a rendu à Pompée l'honneur de son Théâtre,
,, que peut-être Caligula lui avoit ôté en mettant le nom de Tibere dans la Sce-
,, ne qu'il avoit réparée, & en y faisant mettre le sien comme simple Consécra-
,, teur.

,, On lit dans Pline au trente-troisiéme Livre dans le soixante-troisiéme de Dion,
,, & dans Xiphilin, que lorsque Tiridate Roi d'Armenie fut arrivé à Rome, Ne-
,, ron fit en un jour dorer tout ce Théâtre avec la Scene pour faire parade de la
,, puissance Romaine, qui en un seul jour pouvoit dépenser de si grands tré-
,, fors.

,, Dion & Xiphilin disent outre cela, que cette Scene a été de nouveau brû-

„ lée fous Titus ; & felon Eufebe dans fa Chronique, le feu y prit auffi fous Philip-
„ pe, pendant les jeux féculaires de la millieme année de la Ville de Rome. Donati
„ fait encore la remarque fuivante ; fi l'incendie rapporté par Vopifcus *in carino* eft
„ arrivée dans la Scene de ce Théâtre, il approche beaucoup du vrai, en difant qu'il
„ n'entend parler d'aucune autre Scene que de celle dont il eft ici queftion. Caffio-
„ dore dans la cinquante-uniéme Epitre du quatriéme Livre, affure que ce Théâ-
„ tre encore fameux de fon tems, a été pour la derniere fois réparé par le Roi
„ Théodoric. Nous avons des preuves que ce Prince a été grand amateur de pareils
„ édifices, puifque l'an 1691 en creufant dans les jardins dits les *Sette Sale*, contigus
„ à l'Amphithéâtre, on trouva une pierre dans les ruines, fur laquelle on voyoit des
„ marques de leur réparation & de celle de l'Amphithéâtre. Cette pierre que
„ M. *Ciampini* retira chez lui, confirme ce que Caffiodore dit touchant ces répara-
„ tions.

Du Théatre de Marcellus. (p)

„ Les reftes que nous voyons encore aujourd'hui du fameux Théâtre de Mar-
„ cellus, font affez confidérables pour nous faire connoître la beauté de fa compo-
„ fition, puifque la partie qui refte vers l'Orient nous découvre une fi belle ftruc-
„ ture que l'on y reconnoît le vrai goût de la bonne Architecture avec lequel il
„ a été bâti ; en forte que l'on peut dire, que parmi les édifices anciens il a été le
„ plus beau & le plus digne d'admiration. En effet on voit une intelligence fi gran-
„ de dans cette partie extérieure, qu'elle fait juger de l'excellence avec laquelle
„ les intérieures ont été difpofées, & il nous paroît que nous pouvons affûrer
„ qu'entre les ouvrages des anciens dans ce genre, ce bâtiment eft le plus régulier
„ & le mieux entendu, vû la belle proportion que les parties acceffoires ont en-
„ tr'elles, fi bien qu'on pourroit le nommer l'exemple & le modele de l'Archi-
„ tecture.

„ Ce Théâtre foutient à préfent le Palais des Seigneurs *Savelli*, & felon Pline
„ il fut élevé dans l'endroit où étoit le Temple de la Piété. Pour purger Augufte
„ du reproche d'impiété, il faut dire que ce Temple étoit tombé en ruine avant
„ la conftruction du Théâtre, ou au moins qu'il a été bâti dans fon voifinage, &
„ & qu'il étoit fur pied après l'élévation du Théâtre.

„ Les Antiquaires prétendent qu'Augufte a pris le Théâtre de Pompée pour
„ modele, & qu'il a fait bâtir le fien dans le marché aux herbes, fous le nom de
„ Marcellus, à qui il avoit donné fa fille Octavia en mariage. On dit que ce Théâ-
„ tre étoit affez étendu pour contenir 80000 perfonnes affifes.

„ C'étoit une ancienne coûtume chez les Romains, lorfqu'on faifoit folemnelle-
„ ment la dédicace d'un Temple ou d'un Théâtre, d'y produire toûjours quelque
„ nouveauté, afin de donner plus d'attrait aux Spectateurs. Pour preuve de cela
„ nous lifons que M. Scaurus étant Edile, fit voir un Hippopotame, ou Cheval ma-
„ rin, un Crocodile, & les os du Poiffon auquel Andromede fut expofée. Toutes
„ ces chofes ont été conduites à Rome de Joppé Ville de Judée. Les os de ce
„ monftre avoient 40 pieds de longueur, & ils étoient bien plus haut que ceux
„ d'un éléphant. Augufte pour fe conformer à cet ufage fut le premier qui à la
„ dédicace du Théâtre de Marcellus expofa un tigre aprivoifé dans une cage d'une
„ grandeur énorme ; c'eft Pline qui en rend témoignage dans le huitiéme Livre
„ Chapitre XVII, &c.

Fontana rapporte la difcuffion ou la contrariété qui fe rencontrent entre Pline,
Feftus & Victor, fur la fituation des édifices & des rues qui environnoient ce
Théâtre, mais nous l'avons fupprimée comme étrangere à notre fujet.

____

(p) Voyez-en les deffeins & ce que Defgodets en a dit Chap. XXIII, page 290.

Du

Du Théatre de Balbus.

„ Cornelius Balbus, defcendant de ce Balbus Gaditanus qui triompha le pre-
„ mier des étrangers, fit faire un Théâtre à Rome pour complaire à Augufte,
„ parce qu'il fçavoit combien cet Empereur aimoit que la Ville fut ornée de beaux
„ édifices. On ne peut pas déterminer pofitivement la véritable fituation de ce
„ Théâtre ; l'on dit qu'il a été bâti dans l'endroit où eft aujourd'hui le Palais des
„ *Cefarini*, parce que l'on prétend y avoir reconnu je ne fçais quel veftige théâ-
„ tral. Nous fommes cependant d'un fentiment contraire, vû que l'étendue du
„ champ des Fleurs, de la Place de *Mattei* & de celle de *Cefarini*, peut bien
„ contenir le Théâtre de Pompée, celui de Marcellus & le Cirque Flaminien
„ avec fes Temples, mais non pas celui de Balbus comme on le fuppofe, parce
„ que cela étant, il faudroit, à caufe de la longueur & de la largeur qui leur étoient
„ néceffaires, que ces trois édifices fuffent joints l'un à l'autre. *Nardini* même, à
„ caufe de l'incertitude des antiquités de ce tems & de la difficulté qu'il y a de
„ pouvoir ajoûter foi à ceux qui difent les avoir vûes, craint d'affurer quelque
„ chofe touchant la fituation de ce Théâtre, à l'égard de laquelle Dion difant
„ dans fon cinquante-quatriéme Livre que ce Théâtre étoit fitué dans un lieu bas
„ & près du Tibre, confirme qu'il n'a pas été bâti du côté de *Cefarini*, d'autant
„ plus qu'il rapporte qu'au tems de fa dédicace il étoit venu une fi grande inon-
„ dation que même Augufte n'avoit pas pû y entrer.

„ Les différentes opinions de tant d'Ecrivains touchant la fituation de ce Théâtre
„ nous obligent d'abandonner le deffein d'en faire des recherches.

Des Amphithéatres placés en différens lieux & Provinces.

„ C'étoit une ancienne coutume des Romains victorieux d'établir dans les Pro-
„ vinces qu'ils avoient conquifes des Théâtres, des Cirques & des Stades, comme
„ s'ils vouloient que ces peuples fubjugués reçuffent leurs jeux en recevant leur
„ domination.

„ L'Amphithéâtre a été le bâtiment qui a le plus attiré les Nations barbares &
„ étrangeres, parce qu'on y célébroit des Fêtes guerrieres, & qu'on y faifoit des
„ jeux enfanglantés : d'où il eft arrivé qu'il n'y a pas de Province conquife par
„ les Romains dans laquelle on n'ait élevé un Amphithéâtre ; c'eft pourquoi Hé-
„ rode même s'appliqua à faire faire des Amphithéâtres jufques dans la Judée,
„ conformément au témoignage de Lipfe. Il en conftruifit même dans la Ville de
„ Cefarée & dans la Cité Sainte, comme Jofephe l'affure dans fes antiquités.

„ Il ne fera donc pas hors de propos de rapporter dans une fuite diftincte les
„ lieux, foit Villes foit Provinces, dans lefquels les Amphithéâtres compofoient
„ des monumens fi fuperbes, quoiqu'aucun d'eux n'approchât de la fublime ma-
„ gnificence de celui qu'on avoit conftruit à Rome.

„ Il exifte encore aujourd'hui en Italie une partie confidérable d'un Amphithéâ-
„ tre, dans la campagne près du *Garigliano*, qu'on nommoit autrefois le Fleuve
„ Liris ; il étoit de briques.

„ On voit pareillement un Amphithéâtre de briques à Pozzol.

„ On en admire un magnifique à Capoue, & ce qui eft furprenant c'eft qu'il eft
„ tout conftruit de marbre.

„ Il s'en voyoit un autre à Albe, ville de l'ancien *Latium*, on n'eft pas encore par-
„ venu à fçavoir dequelle matiere il étoit conftruit, le très-fçavant Lipfe même
„ l'ignore. Ayant fait des recherches fur les lieux, nous en avons trouvé les vefti-
„ ges aux Capucins, & l'on reconnoît que les fiéges étoient taillés dans une pierre
nommée *Piperino*.

Tome II.   G

„ A Otrecoli, ville de l'Ombrie, on voyoit un autre Amphithéâtre. Ses vesti-
„ ges sont près du Tibre.

„ A Verone on voyoit un très-bel Amphithéâtre, mais il est nécessaire d'en faire
„ une description particuliere.

„ Ce sont là les Amphithéâtres qui ornoient l'Italie. A l'égard de la Grece, il
„ n'y a eu que la ville d'Athénes qui ait été enrichie d'un pareil bâtiment, à la
„ verité magnifique & fort considérable, puisqu'il étoit tout de marbre.

„ Dans l'Istrie, la ville de Paule, située sur la mer Adriatique, fut ornée d'un Amphi-
„ théâtre dont le dehors étoit tout bâti de pierres quarrées avec des colomnes rus-
„ tiques, & les parties interieures, c'est-à-dire, les Entrées, les Degrés, les Siéges,
„ & les Balcons étoient de bois. Il n'en reste à présent que le simple mur & tout
„ le dedans est vuide.

„ En Espagne, c'est Hispalis qui se vante d'avoir un pareil édifice hors de ses
„ murs, destiné à ces Spectacles.

„ Dans les Gaules il y a un Amphithéâtre (q) superbe, on le voit presque en entier.
„ Il a été construit de marbre, la longueur de son Arêne étoit de 30 perches & sa
„ largeur de vingt.

De l'Amphithéâtre de marbre bati à Verone.

„ Dans le Territoire de Verone, Ville très-ancienne & très-renommée, il y a
„ un Amphithéâtre qui après celui de Rome est le plus digne d'admiration & le plus
„ remarquable qu'il y ait eu. Il faut sçavoir que tous les Amphithéâtres dont nous
„ avons parlé, ainsi que celui dont il est ici question, sont appellés vulgairement
„ *Arenes*, ensorte qu'ils retiennent encore aujourd'hui le terme des Anciens.

„ L'opinion de Torelli, qui dit que cet Amphithéâtre a été bâti par Auguste,
„ est croyable, vû la qualité des Marbres & sa grandeur, qui le rendent si ma-
„ gnifique. Cet Auteur se fonde sur ce que la figure d'un Taureau se trouve
„ sculptée sur quelques unes de ses pierres. Cet animal est le simbole d'Auguste,
„ & on le voit de même gravé sur les anciennes Monnoies & Médailles. La
„ raison de ce simbole est au raport de Suétone, qu'Auguste nâquit *Ad capita*
„ *bubula*, aux têtes de Bœufs. Ce raisonnement donne un nouveau degré de cer-
„ titude à l'opinion de ceux qui prétendent que ce grand Edifice est un ou-
„ vrage d'Auguste, d'autant plus qu'il a été presque le premier qui ait intro-
„ duit l'usage de construire des bâtiments qui fussent tout entiers de Marbre.

„ Nous passons à présent à la description de cet Amphithéâtre (r) qui est conforme
„ à celle que differents Auteurs en ont faite. Tout le mur exterieur, que l'on
„ nomme vulgairement aile, est, disent-ils, fait de marbre à la rustique. Les Ar-
„ cades se divisent en trois Ordres posés l'un sur l'autre, & chacun d'eux conte-
„ noit soixante & douze arcades. Il y avoit dans l'Ordre superieur une très-grande
„ quantité de colomnes sur lesquelles on avoit posé des statuës, comme les vestiges
„ & les parties qui restent le demontrent évidemment. Au-dessus du même Ordre
„ s'élevoit une muraille, dans laquelle il y avoit 72 fenêtres bien grandes & quarrées.
„ On suppose que ces fenêtres servoient à donner plus d'air & de jour à l'Amphi-
„ théatre, qui étoit couvert de voiles, ou qu'elles étoient faites pour donner entrée
„ aux vents, afin que leur passage fit evaporer l'air chargé de tant d'haleines, &
„ qu'en Eté il procurât du rafraichissement.

Ce que nous venons de rapporter de l'origine des Théâtres & des Amphithéâtres, & que nous avons dit avoir été traduit de l'Introduction qui précéde la
description de l'Amphithéâtre Flavien par *Fontana*, nous engage à donner seu-

---

(q) Sans doute c'est celui de Nismes dont *Fontana* veut parler.
(r) Voyez les desseins de cet Amphithéâtre dans Desgodets, Chap. XXII. p. 279.

lement un extrait des avant-propos qui precédent les livres I & III, & celui du Chapitre I, Livre III, de la defcription de cet Amphithéâtre, renvoyant à cet Auteur pour les autres détails, d'autant plus qu'il s'eft fort étendu fur ce fujet en nous donnant les defleins & les développemens qu'on peut voir dans fon livre & qui font affez differens de ceux *de l'Amphithéatre de Rome appellé le Colifée* qu'on trouve dans Defgodets ch. 21. p. 246.

Extrait de l'Avant-propos du Livre premier.

,, Il nous refte encore aujourd'hui, une affez grande partie de notre célébre
,, Amphithéâtre Flavien pour que par fon moyen on puiffe fe former une idée
,, du tout. Il eft tel que de nos jours il paroîtroit incroyable, fi la partie qui
,, en refte ne faifoit foi, & ne rendoit un témoignage certain de ce que l'on en
,, dit. On découvre tant de chofes dans ce refte, que par elles on peut connoî-
,, tre l'étenduë entiére de cette grande machine, & démontrer toutes les parties
,, dont elle étoit compofée, en forte que par celles que l'on voit, on parviens
,, à une connoiffance affez exacte de celles qu'on ne voit plus.
,, Nous ne devons donc pas nous plaindre de la tyrannie du tems & des bar-
,, bares, puifqu'il nous en ont laiffé un refte qui fuffit pour pouvoir en tirer & dé-
,, velopper la grandeur démefurée du tout....

Extrait de l'Avant-propos du Livre troifiéme.

,, Afin que la defcription de cet Amphithéâtre devienne intereffante, il ne faut
,, pas négliger de lire celle que le grand Jufte Lipfe en a faite, d'un ftile très-
,, élégant & d'une profonde érudition, ainfi que celle de *Donati*, qui a auffi
,, très-fçavamment écrit fur cette matiére, nous attachant plus particuliérement
,, ici à décrire l'ingénieufe difpofition de ce bâtiment, & l'ordre admirable ob-
,, fervé dans une étenduë capable de contenir un prodigieux nombre de Peuple,
,, qui avec tant de facilité, pouvoit fans aucun embarras librement entrer & fortir;
,, nous ne négligerons cependant pas de donner en paffant quelques traits d'érudition.
,, &c.

Extrait du Chapitre premier du Livre troifiéme.

,, Dans les premiers tems de la Republique Romaine, on avoit déja la coutume
,, de conftruire des Théâtres, pour y célébrer toutes fortes de fêtes & de jeux,
,, que l'on préfentoit à la vuë de tout un Peuple frappé d'étonnement. L'admi-
,, ration que ces fpectacles caufoient étoit encore augmentée par la magnanimité
,, avec laquelle les Souverains faifoient diftribuer des prix (*f*) à ceux qui rempor-
» toient la victoire dans les combats, & ces recompenfes étoient regardées comme
» une preuve de la grandeur d'ame du Prince qui faifoit la dédicace du Théâtre.
» On avoit auffi commencé à conftruire des Amphithéatres avec des frais énor-
» mes. La puiffance & les richeffes de Vefpafien & de Titus les furpafferent
» tous par la magnifique & fuperbe conftruction du fameux Amphithéâtre dont

(1) Les prix qu'on diftribue dans nos Colleges à Paris, font fans doute une imitation de ceux des Anciens, puifqu'à l'occafion de la diftribution de ces prix on éleve des Théâtres, on repréfente des Tragédies pour exercer les jeunes gens tant à la déclamation qu'aux exercices de la danfe, &c, ainfi que cela fe pratique au College de Louis le Grand, aux quatre Nations, à Harcourt, &c, les premiers jours d'Août de chaque année. De tous ces Théâtres celui des Jéfuites eft le plus confidérable, & il s'éleve dans la grande cour de leur College, que l'on couvre d'une toile à la maniere de ceux des Anciens Ro-mains. En 1748 ces RR. Peres firent faire à ce fujet une décoration fur leur Théâtre, laquelle a 102 pieds de longueur fur 48 d'élévation & 30 de profondeur, qui repréfente un Temple confacré aux beaux Arts, fous les aufpices & la protection de Sa Majefté. Cette décoration qui paroît avoir été bien reçue du public, a été peinte par les fieurs Tremblin & Labbé fur mes defleins. Voyez la defcription qui en a été publiée, & les Mémoires de Trévoux fur l'hiftoire des Sciences & des beaux Arts, du mois de Septembre 1748, p. 2079.

» nous parlons. On compte entre ces autres prérogatives, que par son éleva-
» tion il ressembloit ax montagnes, & que son étendue étoit égale à celle des
» vallées. On l'avoit revêtu & orné d'un assemblage de travaux qui étoient autant
» de chefs-d'œuvres.

   » Pendant la celébration des fêtes, il étoit selon la qualité du sujet orné de
» tapisseries & de meubles d'une richesse immense, dont la magnifique tente qui
» le couvroit fait preuve, puisqu'elle étoit d'or & de pourpre. La situation même
» de ce grand édifice lui donnoit un nouveau rélief : élevé au milieu des sept
» Collines de la grande Ville de Rome, il sembloit en être la Couronne & re-
» cevoir leurs hommages. Le Capitole & une partie du mont Quirinal étoient du
» côté du Nord, le Palatin, & assez près de là, l'Aventin y confinoient du côté
» du couchant, le Celien & une partie de l'Esquilin du côté du Midi, & le
» Viminal avec le reste des Esquilies étoient vers l'Orient.

   » Dans la suite des tems cet Amphithéâtre changea de nom. On lui donna
» celui de *Colosseum* à cause de la statue enorme de Neron, qui étoit placée au de-
» vant & que sa grandeur demesurée avoit fait nommer Colosse, d'où le nom
» de *Colosseum* lui est venu, qui a fait naître celui de Colisée. Quand à l'endroit
» veritable où cette statue colossale à été posée, il est certain qu'elle n'a pas eu
» d'autre place que celle où les bains de Neron étoient auparavant. Voyez
» Martial.

Origine du Théatre François.

   Suivant plusieurs Auteurs les Gaulois & les Francs avoient des jeux & des
spectacles pour l'exercice du corps & celui de l'esprit. Dès le quator-
zieme siécle il y avoit des Bouffons, des Chanteurs & des Joueurs d'instrumens,
auxquels se joignirent des Troubadours ou Poëtes Provençaux qui alloient par
troupes jouer en public dans les differentes Villes, Châteaux &c. Sous
Charles V. parurent de nouveaux Poëtes, qui composerent des Pastorales, des
Ballades & des Chansons, ce qui donna occasion en France de célébrer des jeux
Floraux, & c'est de là, selon ce que quelques-uns prétendent, qu'ont pris naissance ces jeux mêlés d'episodes, & accompagnés de personnages qui animoient ces
piéces par l'action & la déclamation. C'est aussi de là que nos piéces Dramatiques prirent leur origine, quoique très-imparfaites dans leurs commencemens,
ce qui a fait donner à ceux qui les réprésentoient le nom de *Pelerins*. Ils firent
leurs premiers essais près de Paris : mais le Prevôt s'étant opposé, en 1398, à
leurs réprésentations, cela obligea ces Acteurs de s'adresser au Roi à qui ils pro-
poserent d'eriger leur troupe en confrairie, ce qui leur fut accordé le 4. Décembre
1402, où leur établissement fut autorisé sous le nom qu'ils portoient *de Maîtres,
Gouverneurs & Confreres de la Confrèrie de la Passion & Resurrection de Notre Seigneur.*
Ils s'établirent dans la grande Salle de l'Hôpital de la Trinité, qu'ils louerent
des Religieux Prémontrez, & y réprésenterent pendant 150 ans des piéces de
piété, sous le nom de *Moralités*. Au bout de ce tems, pour des raisons particulieres,
ils furent obligés de s'établir ailleurs, & ayant acheté l'Hôtel d'Artois ou de
Bourgogne, dont nous avons parlé (note *a*), ils présenterent une Requête au
Parlement pour obtenir la continuation de leur spectacle ; ce que le Parlement leur
accorda le 17 Novembre 1548, par un privilege exclusif, aux conditions néanmoins
de n'y plus représenter les Mistéres de la Passion de Notre Seigneur, ni aucun autre Mistére sacré, mais seulement des piéces profanes, qui n'eussent rien de contraire aux bonnes mœurs. Alors ne voulant pas passer du sacré au profane, ils ne
firent usage que de leur privilége, qu'ils louerent ainsi que l'Hôtel de Bourgogne
à une troupe de Comédiens qui le présenta, & ce fut sur ce nouveau Théâtre,
que *Jodelle* fit jouer des Comédies & des Tragedies : sous Henri II, *Baïf* : sous
Charles

Charles IX. *Robert Garnier* : fous Henri III & Henri IV. *Hardi, Mairet, Triftan,* & *Pierre Corneille* fous Louis XIII & Louis XIV, ainfi que *Racine* fous le regne de ce dernier Prince. C'eft ainfi que par degrés nos piéces Dramatiques fe font perfectionnées (*t*), & que Pierre Corneille & Racine ont porté la Tragédie à un très-haut point de perfection.

Origine du Théâtre François.

Nous apprenons aufli que Henri III, vers 1577, fit venir de Venife une troupe de Comédiens nommée *li Gellofi*, ayant trouvé les repréfentations des troupes de l'Hôtel de Bourgogne trop ferieufes; mais le Parlement s'oppofa à la continuation de ce fpectacle, & ce ne fut que vers 1584 qu'une troupe de Comédiens François vint s'établir à Paris, fur un Théâtre qu'elle fit bâtir à l'Hôtel de Clugny près les Mathurins, & qui fut encore empêché par le Parlement, jufqu'à ce qu'en 1588 une autre troupe de Comédiens François & Italiens tenta d'ouvrir un nouveau fpectacle, qui fut encore interrompu par la même autorité, jufqu'à ce qu'enfin quelques Comédiens de Province vinrent à Paris, & leverent un Théâtre en faveur des priviléges de la Foire St. Germain (*u*). Ces derniers furent maintenus contre ceux de l'Hôtel de Bourgogne, pendant le tems de la Foire feulement; mais enfin l'accroiffement de cette Ville, & la mefintelligence qui fe mit dans la troupe de l'Hôtel de Bourgogne, obligea ces Comédiens en 1601 de fe partager en deux bandes, dont l'une refta à l'Hôtel de Bourgogne, & l'autre fut s'établir au Marais. Ils fe réunirent vers 1619, faute de fpectateurs; mais la Comédie de *Melite*, qui eft la premiere piéce de Pierre Corneille, eut un fi grand fuccès & attira tant de monde à fes repréfentations, que les Comédiens fe féparerent de nouveau & rétablirent leur Théâtre du Marais.

Ces deux troupes furent les feules à Paris jufques vers 1653, que *Jean-Baptifte Poquelin*, furnommé *Moliere*, né avec un penchant invincible pour le Théâtre, forma avec quelques Bourgeois de Paris, une troupe qui après plufieurs tentatives fut enfin protégée par Monfieur, frere unique du Roi, & ce fut le 24 d'Octobre 1658 qu'elle joua *Nicomede* devant toute la Cour, fur un Théâtre que Sa Majefté avoit fait élever exprès dans la Salle des Gardes, au Vieux-Louvre. Le Roi lui accorda enfuite la Salle du petit Bourbon, pour y repréfenter la Comédie alternativement avec les Italiens, ce qu'ils continuerent jufqu'à ce que cette Salle fût démolie pour la conftruction de la grande porte du Louvre. A la place de cette Salle, en 1661, le Roi accorda à Moliere la Salle du Palais-Royal, jufqu'à ce qu'elle fut donnée à Lully pour la repréfentation des Tragédies en mufique, & il ordonna que la troupe du Marais, & le refte de celle de Moliere (cet Acteur étant mort le 18 Février 1673) feroit réunie, & qu'ils s'établiroient dans le jeu de paume de la rue Mazarine, dont nous avons parlé (note *b*). Ainfi le Théâtre du Marais fut pour lors fupprimé pour toujours, & il n'y eut plus que deux troupes de Comédiens François à Paris, fçavoir celle de l'Hôtel de Bourgogne nommée *la Troupe*

(*t*) Voyez l'Hiftoire Littéraire du Théâtre François depuis fon origine jufqu'à préfent par MM. Parfait, dans laquelle un goût judicieux & une critique fage & mefurée caractérifent l'eftime qu'on doit faire de ces Ecrivains.

(*u*) La Foire St. Germain eft fi ancienne que fon origine nous eft inconnue; ce que l'on fçait de plus pofitif à cet égard, c'eft que Geoffroy Floreau, Abbé de Saint Germain des Prés, en 1481, préfenta une Requête à Louis XI pour lui demander la permiffion d'établir une Foire franche femblable à celle de St. Denys en France, ce qui lui fut accordé. Il fit alors conftruire, dans une grande halle couverte, 340 loges qui furent louées à plufieurs marchands au profit de l'Abbaye. Cette halle, fous laquelle fe tient la Foire, peut être confidérée comme un ouvrage très-important dans l'art de la Charpenterie: elle eft compofée de neuf rues couvertes, bien alignées, & qui dans leurs maffifs contiennent les loges dont nous venons de parler. Ces loges font compofées d'une boutique au rez-de-chauffée & d'une chambre au-deffus; derriere quelques-unes d'elles on a ménagé des cours où il y a des puits en cas d'incendie; on y a pratiqué aufli une Chapelle où l'on dit tous les jours la Meffe pendant la tenue de la Foire.

Ce grand & vafte bâtiment eft enclos extérieurement par un grand Préau dans lequel fe rangent les voitures des perfonnes que la curiofité attire aux différens Spectacles qui fe donnent pendant le tems de la franchife de cette Foire. La plus grande partie de ce Préau a été convertie en 1726 en un marché public, contenant 600 toifes de fuperficie où font environ 400 échoppes & quelques bâtimens affez confidérables que le Cardinal de Biffi y a fait conftruire aufli bien que la porte qui y donne entrée en face de la rue de Buffy, élevée fur les deffeins du fieur Bofcrit, Architecte de réputation.

Origine du Théâtre François.

Royale, & celle de la rue Mazarine nommée celle *du Roi*, jusqu'à ce qu'enfin le 18 Août 1680 le Roi ordonna que ces deux spectacles fuffent réunis, pour qu'il n'y eut plus à Paris qu'une troupe de Comédiens François, de forte que par cet arrangement le Théâtre de l'Hôtel de Bourgogne étant vacant, le Roi permit à la troupe des Comédiens Italiens de s'y établir. Voyez ce que nous avons rapporté de ce Théâtre (note *a*).

Après avoir dit quelque chofe de l'origine du Théatre François, nous allons donner la defcription, les plans, élevations, coupes & profils du Théatre & des bâtimens de la falle de Spectacle de la Comédie Françoife, qui furent élevés fur les deffeins de François Dorbay, habile Architecte, (*x*) & qui, comme nous l'avons déja obfervé, eft fituée rue des Foffés Saint Germain des Prés, connue fous le nom de rue de la Comédie Françoife.

L'aquifition du jeu de paume de l'Etoile que les Comédiens du Roi furent obligés de faire (*y*) rue des Foffés St. Germain des Prés, pour bâtir leur Spectacle, avec une maifon qui lui eft contigue donnant fur la rue des mauvais Garçons, ont rendu le terrain de cet emplacement fort irrégulier, fans que depuis ce tems il ait été poffible à cette compagnie de pouvoir aggrandir de nouveau leur Hôtel, les bâtimens particuliers entre lefquels il fe trouve élevé, & ce quartier en général étant fi peuplé, qu'il n'eft pas poffible d'efperer de pouvoir non-feulement jamais rendre cette Salle plus fpacieufe, mais même de procurer aux Acteurs des commodités intérieures pour leur ufage perfonnel.

Plan au rez-de-chauffée de l'Hôtel des Comédiens du Roi. Planche Premiere.

Comédie Françoife.

Ce bâtiment a 9 toifes de largeur dans œuvre, fur environ 18 toifes de longueur, non compris les deux enclaves V, X, qui fans doute font partie du terrain de la maifon qui a été unie au jeu de paume dont nous venons de parler. Tout cet étage au rez-de-chauffée, à l'exception du Parterre, qui contient 27 pieds un quart de longueur fur 35 de largeur, & dont le fol eft en talud de 23 pouces, (*z*) eft compofé de différens dégagements, bureaux, magafins, cours &c. Le bureau G eft celui de la recette pour la diftribution des billets du Parterre ; celui H pour celle des premieres, fecondes & troifiémes Loges, ainfi que pour le Théatre, & ceux I font deftinés pour diftribuer les contremarques : l'efcalier K eft deftiné pour monter & defcendre aux fecondes & troifiémes Loges, celui L fert de dégagement à ces mêmes Loges lorfqu'on fort du Spectacle, celui M eft le grand efcalier qui conduit les fpectateurs aux premieres Loges & au Théatre, les marches N font celles qui du rez-de-chauffée de la rue, par le paffage O, montent au Parterre, qui vers P au pied de l'Amphithéatre, eft plus élevé de 23 pouces (comme nous venons de le dire), que dans la partie Q proche l'Orcheftre. Les marches R fervent pour le dégagement du Parterre, en cas d'une trop grande multitude, ou en cas d'incendie : les efcaliers S, pour monter aux loges des balcons, font deftinés à la communication du Théatre à l'Orcheftre, celui T eft à l'ufage des loges

---

(*x*) Nous avons parlé de cet homme illuftre dans la defcription du College des Quatre Nations, page 2.

(*y*) Voyez ce que nous en avons dit, page 14. note *b*.

(*z*) Ce parterre, dans les commencemens que cet Hôtel fut bâti, s'élevoit les jours de bal au niveau du Théatre & de l'Amphithéâtre, comme il fe pratique aujourd'hui à l'Opéra ; mais depuis que les Comédiens François ont fait leur capital du Tragique, & que leurs grandes Comédies font devenues plus férieufes, par la même raifon qu'ils ont retranché les ballets de leurs Spectacles, ainfi que les machines, ils ont ceffé de donner des bals ; conféquemment ce parterre eft devenu immobile, quoiqu'on voye encore à préfent entre les piliers de fer marqués 8 qui foutiennent le devant des premieres loges, quatre pieces de charpente avec les mortaifes, les rainures & les mouffles qui fervoient à ce mécanifme.

Ce parterre eft un peu moins grand & a moins de talut que celui de la Comédie Italienne. celui-ci ayant 28 pieds & demi de longueur fur deux pieds 9 pouces de pente ; celui de l'Opéra n'a de longueur que 23 pieds 6 pouces fur deux pieds 4 pouces de talut. Cette pente néceffaire pour faciliter la vûe du Spectacle, eft très-incommode néanmoins pour les Spectateurs ; ce qui a fait dire à un de nos célébres Auteurs modernes dans fes obfervations fur les Théâtres de Paris « *les falles de tous les Spectacles de Paris font fans magnificence, fans goût, fans commodité ; ingrates pour la voix, incommodes pour les Acteurs & pour les Spectateurs. Ce n'eft qu'en France qu'on a l'impertinente coutume de faire tenir de bout la plus grande partie de l'Auditoire.* »

particulieres des Acteurs, pratiquées au premier étage sur les bâtimens de l'enclave Comédie Françoise. marquée X, les Acteurs ont leur entrée & leur sortie par la rue des mauvais Garçons. La piéce marquée Y est destinée au corps de garde des Gardes Françoises ; (*aa*) la piéce Z est un endroit pratiqué sous l'Amphithéâtre, lequel est destiné à contenir des rafraichissemens pour le public.

Le numero 1 .marque l'emplacement de l'Orchestre pour les spectateurs ; il étoit destiné avant 1751 aux Gentilhommes (*bb*) de la Chambre, qui depuis se font conservés une seconde loge dans laquelle le public n'a pas d'accès. Le chiffre 2 marque l'emplacement de l'Orchestre pour la musique, qui joue des piéces de symphonie un peu avant la représentation du Spectacle, pendant les intermédes, & entre les deux piéces ; étant d'usage au Théâtre François, après la Tragédie, de donner une petite piéce comique, pour égayer le spectateur. Le numero 3 désigne la loge du soufleur ; celui 4 exprime des retranchemens destinés à ferrer les pupitres, les instrumens & autres ustenciles des Musiciens ; celui 5 marque une séparation, qui contient les lampions appellés biscuits, qui éclairent le devant du Théâtre, & qui s'élevent & s'abaissent, selon que l'on a besoin de procurer de l'obscurité ou une très-grande lumiere, dans les différentes piéces tragiques & comiques. Le chiffre 6 marque l'emplacement du dessous du Théâtre, qui contient un très-grand nombre de machines, la plupart fort ingénieuses, à l'usage des changemens de décorations propres aux Scenes infernales, aux Dieux Marins &c ; mais qui ne servent plus aujourd'hui, le Théâtre François, depuis Moliere, ayant changé de face, puisque même lorsqu'on donne les piéces de cet Auteur, on en retranche la plus grande partie des agrémens. Le numero 7 marque des petites cours fort étroites, pratiquées pour donner du jour aux corridors qui conduisent aux premieres loges, (voyez ces corridors Planche II.) Les numeros 9 expriment des poëles pour échauffer les spectateurs pendant l'hyver, lesquels s'allument en dehors du Parterre où ils font placés. Les piéces distribuées dans les deux enclaves V, X font des cours, des magasins &c ; ces derniers font pratiqués au-dessous des loges des Acteurs & destinés pour le service du Spectacle.

Les dimensions de toutes les différentes piéces dont nous venons de parler, n'ont aucunes proportions déterminées, ici comme dans tout autre genre de spectacle, elles doivent être assujeties à la grandeur de l'emplacement ; à propos de quoi nous dirons en général, que lorsque l'on est le maître de la situation d'un Théâtre, il convient de choisir l'endroit de la Ville le plus spacieux, & de faire enforte que ses murs de face donnent sur plusieurs rues, afin de procurer aux spectacles diverses entrées & forties pour la commodité publique. Il faut aussi que quelque colonnade, porche ou péristyle, amene à couvert le spectateur dans l'interieur de cet édifice, qu'il y ait de grands foyers, des cours spacieuses & aërées, des reservoirs en cas d'incendie, & qui fournissent une eau abondante pour

---

(*aa*) Ce n'est qu'au mois d'Avril 1750 que Sa Majesté ordonna que ce feroit ses Gardes Françoises commandées par un Officier qui auroient soin de maintenir le bon ordre dans le spectacle de la Comédie Françoise, comme c'est l'usage depuis long-tems à l'Opéra, sur la représentation que cette Compagnie fit à la Cour au sujet du trouble & du tumulte que le peuple causoit à ce spectacle, principalement à la représentation des nouvelles pieces, au début des nouveaux Acteurs, &c. Avant cette Garde c'étoit la Robe-Courte & un Exempt de la Police qui étoient chargés de ce soin. Il en fut ordonné autant pour la Comédie Italienne, & l'on peut dire à cette occasion que les Spectacles à Paris n'ont jamais été si bien disciplinés, & que fous aucun regne il n'a été observé tant de décence dans nos Théâtres publics, tant de la part des spectateurs que par l'attention que le Gouvernement a de ne permettre aux Acteurs que la représentation des pieces qui n'ont

rien de contraire à la Religion, à la politique & aux bonnes mœurs.

Indépendamment de la Garde Françoise dont nous venons de parler, pour le bien public, il y a toujours dans ces Spectacles un Officier supérieur des Mousquetaires, des Gendarmes, Chevaux-legers, &c, pour empêcher que la jeunesse militaire de la Maison du Roi n'y apporte aucun trouble.

(*bb*) Les quatre premiers gentils-hommes de la Chambre du Roi sçavoir M. le Duc de Richelieu, le Duc d'Aumont, le Duc de Gêvres, & M. le Duc de Fleury, font les personnes commises par Sa Majesté pour veiller au gouvernement de cette Troupe comme Comédiens du Roi, de maniere que ce font ces quatre Seigneurs qui au nom de Sa Majesté reçoivent les Acteurs, ordonnent leur début, les voyages de la Cour, & font chargés de son département pour ce qui regarde les plaisirs du Roi seulement.

la propreté & la salubrité des dépendances de ces bâtimens; que la solidité de
ces monumens soit regardée comme une des parties des plus essentielles, à cause
de la sûreté des spectateurs; & enfin que la grandeur de ces spectacles soit proportionnée à la multitude des citoyens, seul moyen capable de procurer le bon
ordre & la decence dûe à un lieu public, sans pour cela néanmoins tomber dans
l'excès opposé de faire ces spectacles trop vastes, dans la crainte que la moitié
des spectateurs ne puisse entendre l'Orchestre ou le recit des Acteurs, ni voir
commodément les principales actions de la Scene, les ballets, décorations, machines &c.

Plan du premier Etage. Planche II.

Ce plan qui est pris à la hauteur du Théâtre, a les mêmes murs mitoyens &
les mêmes principaux murs de réfend que le précedent, à l'exception de l'espace
qu'occupent les piéces marquées W, dont le terrain de dessous n'appartient point
à cet Hôtel, ainsi que cela se pratique dans bien des occasions, le vendeur, par un
titre particulier, se reservant le dessous lors de l'aquisition, & l'acquereur se con-
tentant du dessus; ce qui ne se peut néanmoins que par une convention expresse.
» La coutume de Paris, article 187, portant que *quiconque a le sol, appellé le rez-de-*
» *chaussée, d'aucun héritage, peut & doit avoir le dessus & le dessous de son sol.*

Les escaliers exprimés ici par différentes lettres, sont les mêmes que ceux dont
nous avons parlé, en décrivant le plan du rez-de-chaussée, & servent aux mêmes usages que nous venons d'expliquer *page 30*, ainsi sans repéter ce que nous
avons dit ailleurs, nous observerons que celui M arrive à cet étage seulement &
que par les passages, les dégagemens & les corridors marqués N, l'on a une communication générale au Théâtre, aux foyers, aux premieres loges, aux balcons,
à l'amphithéâtre &c. Ce dernier marqué O est nommé ainsi, non-seulement à cause qu'il est élevé entre le parterre & les premieres loges (*cc*), mais aussi parce
qu'il est en talud & garni de banquetes dans toute son étendue. Ses places sont
considérées les mêmes que celles des premieres loges & du théâtre, quoiqu'assez
communément c'est le lieu où les Comédiens donnent l'entrée aux Acteurs & aux
Auteurs, aux Comédiens de Provinces & aux différentes personnes avec lesquelles
ils sont en rélation. Le devant de cet amphithéâtre donne sur le parterre, & le
fond, qui est de forme circulaire, se termine au bas du devant des premieres loges
marquées P, lesquelles sont au nombre de 19, y compris celle du Roi marquée
Q & celle de la Reine marquée R. Toutes ces loges sont distribuées au pourtour
intérieur du mur de réfend marqué T, qui détermine le lieu nommé la salle de
Spectacle, & que les anciens appelloient l'*Aréne*. Cette salle, pour procurer un
point de vûe commode aux spectateurs, & faciliter la voix des Acteurs de s'étendre, est non-seulement tenue plus large de 3 pieds sur le devant du théâtre que
vers l'amphithéâtre, mais elle est aussi terminée en demi cercle, ce qui donne lieu
à la circulation du son; raison pour laquelle l'on observe cette portion circulaire
dans le chevet de nos Temples, nommé vulgairement le rond-point de l'Eglise.
Cette même considération sembleroit exiger que cette portion circulaire dans nos
salles de Spectacle fût aussi terminée dans sa partie superieure en cul de four,
ainsi que je l'avois proposé dans celle dont je donnai les desseins pour l'Hôtel de
Soissons, dont il est parlé (note *c pag.* 14 & 15,) & à l'effet de quoi je consultai
tout ce que Paris avoit de Musiciens plus célébres, qui se trouverent de cet avis.

(*cc*) On paye ordinairement à ce Spectacle, ainsi qu'à
la Comédie Italienne, aux premieres loges, au théâtre,
aux balcons, à l'orquestre & à l'amphithéâtre 4 livres, aux
secondes loges 2 liv. aux troisiémes une liv. dix sols, & au
parterre une livre; mais lors d'une piece nouvelle, ou de
quelque début important, les Comédiens tiercent ces places, à l'exception de celles du parterre. Le quart de cette
recette en général, & qui lorsque le Spectacle est rempli
se monte très-souvent à près de 4000 liv. par représentation, appartient au Bureau des Pauvres; il en est de
même des recettes de toutes les autres Spectacles de Paris.

Toutes

Toutes les loges qui font diftribuées dans l'intérieur de cette falle, font compri-
fes en trois rangs élevés l'un fur l'autre, & contiennent huit places chacune;
ces loges font divifées par des cloifons évuidées, pour laiffer jouir le fpeétateur de
la vûe du théâtre. L'ufage de féparer chacune de ces loges, afin que dans une af-
femblée publique chaque focieté ait fon particulier, rend la diftribution & la
décoration de ces loges fufceptibles de formes défagréables; fans doute il feroit
mieux de voir les premieres loges continues formant faillie de deux pieds, de ma-
niere que les fecondes fiffent retraite fur les premieres, & les troifiémes fur les fe-
condes, ce qui donneroit à nos fpeétacles un tout autre coup d'œil pour l'affem-
blée, & une forme pyramidale & amphitéatrale convenable à ces fortes d'édi-
fices. Ces loges en particulier pourroient être feulement féparées intérieurement
par des chantournés de peu d'élevation, & marquées à l'extérieur par quelques
ornemens, dont la réiteration pourroit contribuer à la décoration du devant de
ces loges continuées en apparence.

Les loges V qui font auffi élevées au nombre de trois rangs l'un fur l'autre,
font nommées balcons, parce qu'elles font placées au-deffus du théâtre & au-
deffus des balcons marqués U, lefquels balcons renferment des bancs pour les
fpeétateurs, ces places tiennent le premier rang dans ce fpeétacle, & dans celui
de la Comédie Italienne; il n'y en a point à l'Opéra à caufe des changemens con-
tinuels, & des machines, qui font un des principaux mérites de ce Speétacle.
Sans doute que le goût que la Nation Françoife a pris pour le Théâtre dont
nous faifons la defcription, tant pour l'excellence de nos piéces dramatiques, que
par la fupériorité des Aéteurs, eft la caufe que les Comédiens François ont fup-
primé leurs machines, cette falle étant devenue beaucoup trop petite pour le
nombre des fpeétateurs; ce qui les aura déterminé dans la fuite à multiplier les
places par ces bancs placés fur le théâtre & enfermés par le balcon U, dont nous
venons de parler; de maniere que ce théâtre eft réduit à 15 pieds fur le devant,
& à 11 dans fon extrémité oppofée. Les décorations mobiles de ce théâtre ne
commencent qu'après les pilaftres marqués X, nommés *Profcenium*, & ne font com-
pofées que de fix couliffes de chaque côté, marquées Y, lefquelles ne changent feu-
lement que lorfqu'après avoir donné une piéce tragique, l'on en donne une co-
mique, féparée par un interméde, laquelle exige une décoration particuliere. Les
Fermes Z, dont la plupart ne font que des toiles qui s'élevent ou s'abbaiffent, fer-
vent quelquefois pendant la même piéce à procurer divers changemens dans les
différentes Scénes d'une piéce tragique ou comique; néanmoins on peut dire en
général de ce fpeétacle, fort eftimé d'ailleurs, qu'il fembleroit exiger de la part
des Comédiens une attention particuliere pour les décorations, qui répondît à
l'attente du public & à l'eftime que les hommes de confidération & les connoif-
feurs portent à ce fpeétacle. On ne peut reprocher cette négligence aux Comé-
diens Italiens, qui à la verité ont peut être befoin de cet acceffoire pour attirer la
curiofité des fpeétateurs.

L'efpace marqué (&) eft deftiné à recevoir le dépôt des décorations qui ne fer-
vent que par intervalles. Dans les deux enclaves dont nous avons parlé page 30,
font diftribués deux foyers, piéces deftinées à raffembler les Aéteurs & les per-
fonnes qui prennent leurs places au théâtre, & qui pendant l'hiver s'y retirent
commodément, en atendant que le fpeétacle commence, auffi bien que dans le
tems des intermédes. Les autres piéces diftribuées dans ces enclaves, expriment
une partie des loges particulieres des Aéteurs, & au-deffus defquelles en font pra-
tiquées d'autres qui dégagent par l'efcalier qui leur eft commun & qui conduit au
théâtre par les foyers.

Elevation de la façade de ce batiment du côté de la rue des Fossés Saint Germain des Prés. Planche III.

Comédie
Françoise.

Cette façade de bâtiment est d'une architecture fort simple, mais réguliere ; le rez-de-chauffée en est occupé par un foubassement dont la hauteur est assujettic à celle des premieres loges placées dans l'intérieur de ce spectacle ; quatre portes y font exprimées & y donnent entrée ; on y voit aussi les guichets où le public prend extérieurement les billets. Au-dessus de ce foubassement regne un grand balcon soutenu par des armatures de fer, support peu convenable à l'ordonnance de la décoration d'un édifice public, qui auroit exigé, si la rue avoit plus d'espace, que ce balcon eût été porté par des colonnes ou des arcades, en forme de porche, periftyle, ou colonnade ruftique, qui auroit fervi à mettre le public à couvert. Au-dessus de ce balcon s'éleve un premier étage, qui intérieurement comprend la hauteur de deux rangs de loges, (voyez la coupe de cet édifice, Planche IV). Ce premier étage est couronné d'un Attique furmonté d'un entablement au-dessus duquel est une manfarde. Toute cette façade, qui a 10 toifes un pied, du milieu de chaque mur mitoyen, & 6 toifes & demie de hauteur, depuis le fol jufqu'au-dessus de l'entablement, est compofée d'un grand avant-corps terminé par un fronton, dans le timpan duquel est une figure de Minerve en bas-relief. Au-dessous de ce fronton, dans un grand trumeau placé dans le milieu de cet avant-corps, font, dans l'étage attique, les Armes de France, & plus bas dans le premier étage un médaillon en cartel, dans lequel est une infcription en ces termes.

HOTEL DES COMEDIENS
DU ROY,
ENTRETENUS PAR SA MAJESTÉ.
M. DC. LXXXVIII.

Toute cette façade, fans doute comme édifice public, a été tenue fimple, ainfi que nous venons de l'obferver ; néanmoins ce bâtiment fembloit exiger extérieurement une architecture moins grave. Ce feroit même ici le lieu, plus que dans toute autre occafion, & fans blesser les loix de la convenance, d'annoncer dans les dehors d'une falle de Spectacle, fon ufage intérieur, foit par des attributs rélatifs à l'édification du bâtiment, foit par des allégories ingénieufes, qui exprimaffent tour à tour le féjour de Thalie, de Melpomene, & de Terpficore ; & en affectant même qu'un Edifice de ce genre annonçât par fon frontifpice, non-feulement la fuperiorité du fpectacle, mais aussi la magnificence & l'opulence de la Capitale où il est élevé.

Coupe & profil de ce Spectacle prife dans les plans fur la ligne AB.
Planche IV.

En parlant des plans, nous avons déja expliqué la plus grande partie des lieux & des développemens que cette Planche nous préfente, tels que la réiteration des trois rangs de loges élevées les unes au-deffus des autres ; la longueur du Parterre, fon talud ; celui de l'Amphithéâtre, l'Orcheftre ; le Théâtre, la façade extérieure &c. En fuppofant au Lecteur la connoiffance de la rélation des plans d'un bâtiment avec fes élevations & fes coupes, nous ne repéterons point ici ce que nous en avons dit, & nous allons paffer à la defcription des parties que nous n'avons pû détailler qu'à mefure qu'elles fe préfenteroient à nous felon l'afpect des Planches ; & j'avertis que fi je continue d'ufer de digreffions dans le refte de cette description, c'est non-seulement dans l'esprit de satisfaire les personnes qui n'ont Comédie Françoise. pas d'idée de nos Spectacles en France, mais encore pour éclairer la plupart des hommes qui se vouant à la profession d'Architecte, ont un besoin égal de s'instruire des regles de l'art de bâtir & des usages qu'il convient d'observer dans chaque genre d'édifices.

La partie A exprime les souterrains, dont la hauteur sert à contenir les contre poids & à recevoir la descente des machines, lorsqu'anciennement dans ce Spectacle l'on représentoit le Palais de Pluton, celui de Neptune &c. Celle B est le dessous du Théâtre, dans laquelle sont contenues les machines dont nous avons parlé, page 31; C exprime les coulisses & les fermes de la décoration du Théâtre; & la lettre D indique les ciels peints sur des toiles, aussi-bien que les plafonds, les ceintres &c, qui s'élevent ou s'abaissent selon la diversité des changemens. E sont les rideaux du fond du Théâtre, qui paroissent tour à tour selon que les pieces sont tragiques ou comiques; F marque les lieux où sont posés les machines de mécanique, tant pour faire mouvoir les décorations, que pour monter & descendre les lustres qui pendant le Spectacle éclairent le Théâtre & l'Amphithéâtre; ces lieux comprennent l'espace de toute la largeur de la Salle, aussibien que la hauteur intérieure des combles, dont l'assemblage de la charpente est faite avec beaucoup d'art.

Tout l'intérieur de cette salle au-dessus des loges, est terminé par un plafond marqué G, dont la surface est peinte par Bon Boulogne (*dd*); cet ouvrage est fort estimé des connoisseurs, mais les beautés s'en remarquent à peine, ce plafond étant extrémement noirci par les lumieres qui éclairent ce Spectacle, & par la poussiere qui s'y éleve, lorsque la représentation des pieces y attire une assemblée fort nombreuse.

Comme nos Spectacles à Paris, ainsi que nous l'avons déja observé, sont fort resserrés, & que l'Eté l'on a peine à supporter la chaleur qu'une multitude considérable de spectateurs procure dans ces assemblées, en 1744 on imagina, lorsqu'on restaura l'intérieur de la Comédie Italienne, de percer une partie du plafond qui regne au-dessus du parterre, de maniere que par le moyen de deux chassis qui se levent & s'abaissent, on donne de l'air aux spectateurs; méthode ingénieuse qui devroit être imitée dans tous les Théâtres publics, dont l'espace trop borné rend dans la belle saison ces lieux inhabitables.

Le devant de toutes les loges du Théâtre dont nous parlons a été peint avec beaucoup de goût & de discretion, ce qui prouve que dans le dernier siécle, dans les choses mêmes qui sembloient permettre qu'on s'abandonnât au feu de l'imagination, l'on s'éloignoit cependant de la frivolité des ornemens, pour lesquels il semble aujourd'hui que nous n'ayons que trop de penchant, puisque l'on remarque très-souvent dans les ouvrages où la severité des régles devroit avoir la préférence à tout ce que le génie peut avoir d'atrayant, que l'illusion a le pas, malgré l'opinion dans laquelle la plupart des hommes sont, que l'esprit de convenance doit prévaloir sur ce que quelques-uns appellent invention, nouveauté, élégance, &c.

Coupe vûe du côté du Théâtre, prise dans les plans sur la ligne CD.
Planche V.

Cette Planche montre le profil des trois rangs de loges qui regnent au pourtour de la salle de Spectacle que nous décrivons, la largeur du Théâtre vû de face, le dossier de l'Orchestre qui limite le Parterre par l'une de ses extrêmités,

(*dd*) Bon Boulogne, nommé par quelques-uns le Dominiquin de son siécle, étoit né à Paris en 1649, & y est mort en 1717. Cet habile homme avoit un frere nommé Louis de Boulogne, qui étoit aussi un Peintre très-célébre; il est mort en 1733, âgé de 80 ans.

cet orcheftre eft marqué A, & la lettre B exprime les corridors qui donnent entrée aux loges, & qui font pris en faillie dans les cours marquées C, dont nous
avons parlé en décrivant les plans. Au-deffus de ces corridors font exprimés des
refervoirs D, dans lefquels les eaux des combles viennent fe réunir, tant pour le
fervice de l'intérieur de cet Hôtel, que dans le cas d'incendie ; E eft la coupe
du plafond, qui regne fur toute la longueur de la falle, & que nous avons dit
être peint par *Bon Boulogne* ; F eft une vouffure qui divife & fépare cette falle
d'avec le plafond de l'avant-fcéne, qui s'étend jufqu'au *Profcenium* feulement.
(voyez la Planche IV.) C'eft au bas de cette vouffure, que s'abaiffe & s'éleve une toile au commencement & à la fin du Spectacle, & qui lorfqu'elle eft
élevée fe trouve retrouffée au-deffus du plafond de l'avant-fcene, ce plafond étant
dans l'endroit marqué I, Planche IV, percé dans toute fa longueur de la largeur
d'environ 2 pieds, de forte que cette ouverture lorfque la toile eft élevée fe
ferme par un trapillon pour empêcher la voix de s'échapper par cet endroit
& pour du lieu de la fcene ôter la communication de l'air exterieur qui nuiroit
au recit des Acteurs. C'eft fur cette toile que l'on a exprimé ici une décoration en
perfpective, fur laquelle néanmoins l'on ne peint ordinairement que les Armes du
Roi. G exprime la coupe & le dévelopement du comble qui fert intérieurement
pour les machines, & extérieurement de couverture à la falle de Spectacle feulement, au lieu que les combles marqués H, occupent toute la largeur du Théâtre entre les deux murs mitoyens, dont les dévelopemens font exprimés dans la Planche précédente.

Coupe vûe du côté de l'Amphithéâtre, prife dans les plans fur la ligne EF.
Planche VI.

Cette coupe différe de celle dont nous venons de parler, en ce qu'elle eft
de forme circulaire, & qu'elle eft oppofée au Théâtre. On remarque dans
cette coupe la continuité des trois rangs de loges qui regnent au - deffus de
l'Amphithéâtre, auffi bien que le profil géométral de celles qui font continuées
dans les deux côtés de cette falle de Spectacle, qui font les mêmes que celles
exprimées dans la Planche V, & dans lefquelles on a marqué la forme & la hauteur des bancs I qui fervent de fiéges dans toutes les loges de ce Spectacle. La
lettre A exprime la hauteur du devant de l'Amphithéâtre, qui limite le haut du
Parterre en face de l'Orcheftre ; celle B montre les corridors dont nous avons
parlé ; celle C l'intérieur du comble, & enfin les lettres D indiquent les murs
mitoyens qui, comme on le voit ici, par leur grande élevation rendent les cours
E fort obfcures, & qui, ainfi que nous l'avons marqué ailleurs, refferrent tout ce
bâtiment d'une maniere peu propre à fon ufage : ce qui donne à connoître que
lorfqu'il s'agit d'élever un édifice public de l'efpéce de celui dont nous parlons,
non-feulement il convient de lui procurer un efpace convenable, mais encore
de lui menager une fituation & des iffues proportionnées au concours des perfonnes que la curiofité attire à ces Spectacles.

CHAP.

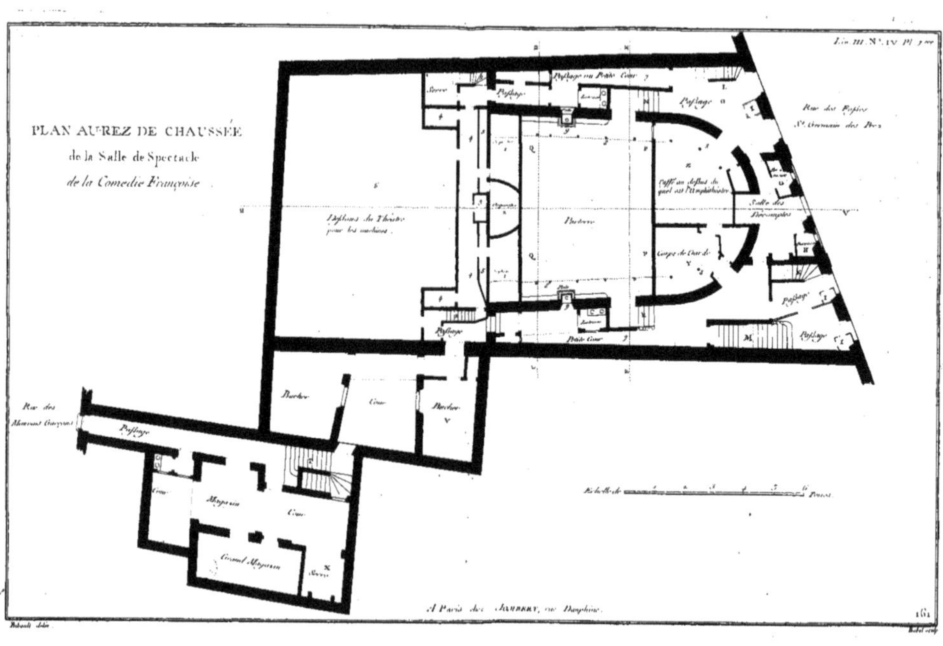
PLAN AU REZ DE CHAUSSÉE
de la Salle de Spectacle
de la Comedie Françoise
Rue des Fossez
St. Germain des Prez
Passage ou Petite Cour
Passage
Serre
Passage
Caffé au deſſus du
quel eſt l'Amphithéatre
Salle des
Proc.
Parterre
Corps de Char de
Déplions du Théatre
pour les machines
Petite Cour
Passage
Passage
Rue des
Mauvais Garçons
Passage
Magazin
Cour
Cour
Bucher
Cour
Bucher
Grand Magazin
Serre
Echelle de
Toises
A Paris chez JOMBERT, rue Dauphine.

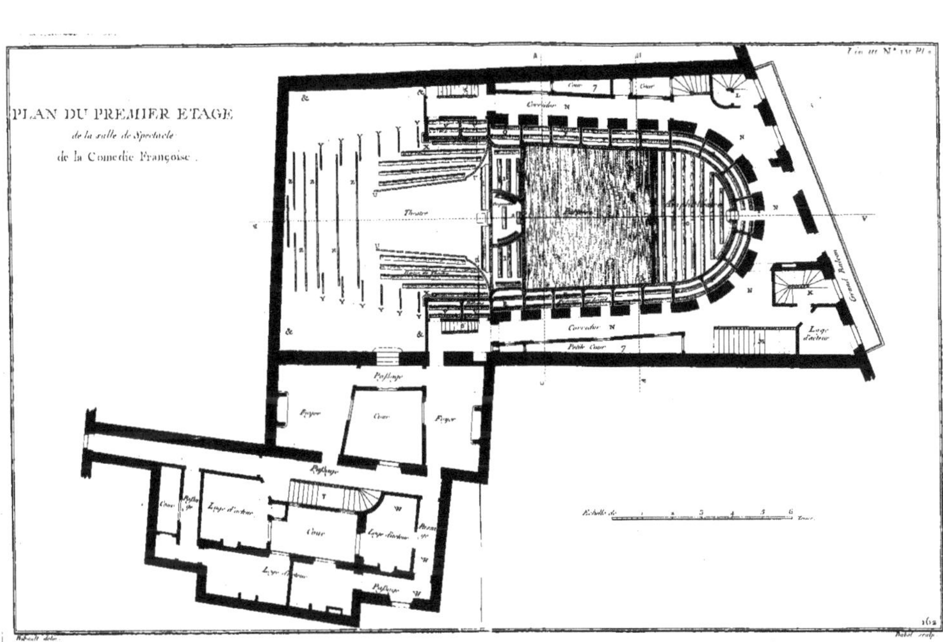

PLAN DU PREMIER ETAGE
de la salle de Spectacle
de la Comedie Françoise.
Tom. III N.° IV. Pl.

Elevation du côté de l'entrée du batiment de la Comedie Françoise

Bibault delin.   Rabel sculp.

CHAPITRE V.

Description de l'Eglise Paroiffiale de St. Sulpice, Faubourg St. Germain.

DES l'an 1211, à la place de l'Eglife que nous allons décrire, il y en avoit une connue fous le nom de *St. Pere* ou St. Pierre, qui a fubfifté jufqu'en 1646. Alors étant devenue trop petite & tombant de vétufté, on en érigea une nouvelle fur les deffeins du fieur Gamare, un des meilleurs Architectes de fon tems; la premiere pierre en fut pofée par Gafton de France, Duc d'Orléans, frere unique de Louis XIII. Enfin ce Faubourg fe trouvant fort peuplé, on s'apperçut bientôt que cette Paroiffe n'étoit pas fuffifante, & en 1655 la Reine Anne d'Autriche pofa la premiere pierre de celle qu'on voit aujourd'hui. Elle fut élevée fur les deffeins de Louis le Veau, premier Architecte du Roi, & on en confia la conduite après fa mort à Daniel Gittard, qui fit bâtir le chœur, les bas côtés & la plus grande partie de la croifée à gauche, ainfi que fon portail. Les travaux de cette Eglife fe trouverent fufpendus depuis 1675 jufqu'en 1719, que feu M. Languet de Gergy entreprit de la finir par le moyen d'une Loterie que le Roi lui accorda en 1721; néanmoins avant ce fecours il fit élever le portail du côté de la rue des Foffoyeurs, & la premiere pierre en fut pofée le 5 Décembre 1719, par Mr. le Duc d'Orléans, Régent du Royaume. Après la conftruction de ce portail, en 1722 on éleva la nef, qui fut entierement achevée en 1736. Pendant ce tems l'on commença le grand portail de cette Eglife dont la premiere pierre fut pofée le 11 Mars 1733, fur les deffeins & fous la conduite de Mr. Servandoni (a), auffi excellent Peintre que célébre Architecte.

Eglife de S. Sulpice.

Plan général de l'Eglife Paroiffiale de St. Sulpice. Planche premiere.

Cette Eglife eft une des plus grandes Paroiffes modernes qui foit à Paris, mais fes iffues font trop ferrées pour la quantité prodigieufe d'habitans qui y abondent de tout le Faubourg St. Germain qui n'a point d'autre Eglife Paroiffiale. En général fa diftribution eft fort fimple & fa conftruction n'a rien que de fort ordinaire, non plus que la plus grande partie de fa décoration tant intérieure qu'ex-

---

(a) Jean Servandoni, Chevalier de l'Ordre de Chrift, eft né à Florence le 2 Mai 1695; il eft actuellement vivant & jouit d'une réputation que fa haute capacité, fon expérience, & le nombre confidérable de travaux qu'il a fait exécuter dans différens genres, lui ont juftement acquife. Il fut éleve de *Jean-Paul Panini* pour la Peinture, & de *Jean-Jofeph de Roffi* pour l'Architecture, tous deux d'un mérite univerfellement reconnu, & dont le fieur Servandoni a mis les préceptes à profit d'une maniere à illuftrer fes maîtres, les arts qu'il profeffe, & le goût des Nations où cet excellent génie a été appellé pour exercer fes talents. Entre les bâtimens que nous avons de cet Artifte en France, tels que l'Eglife Paroiffiale de Coulange en Bourgogne, le grand Autel de la Métropolitaine de Sens, celui des Chartreux de Lyon, fon grand efcalier de l'Hôtel d'Auvergne à Paris, dont nous avons parlé dans le premier Volume, page 261; on admire fur-tout le portail de l'Eglife que nous décrivons, & dont la conduite lui fut adjugée fur fes deffeins & modeles, dans le concours qui fe fit à cette occafion en 1732; ce monument fe conduit encore fous fes ordres moyennant 4000 livres de penfion annuelle, qui lui a été accordée par les Curés de cette Paroiffe. Nous ne parlons point ici des édifices qu'il a fait élever en Efpagne, ni de ceux dont il a été chargé pour le Prince de Galles, à Londres, pour les honoraires defquels ce Prince lui avoit accordé 8000 liv. de penfion.

A l'égard des ouvrages de peinture concernant la décoration, l'on peut parler à jufte titre, indépendamment des décorations du Théâtre de l'Opera de Paris, dont il a été chargé pendant plufieurs années avec un applaudiffement unanime, des repréfentations qu'il nous a donné fur différens fujets auffi intéreffans qu'ingénieux, au Théâtre de la Salle des machines du Palais des Thuilleries, fans oublier les fêtes publiques qu'il a ordonnées pour la Ville de Paris lors de la naiffance du Dauphin, pour le mariage de Madame Premiere, &c, auffi bien que les fêtes qu'il a fait à Bordeaux pour le paffage de Madame la Dauphine, celles de la paix derniere à Londres, & une autre à Lisbonne, où cet habile Artifte a montré autant de fagacité & d'intelligence que de goût. Nous avons auffi de lui, dans plufieurs de nos beaux Hôtels à Paris, quantité de tableaux de chevalet dans le genre de celui qu'il a fait pour fa réception à l'Académie Royale de Peinture, & que les amateurs des beaux arts voyent toujours avec un plaifir égal à l'eftime qu'ils portent aux talens fupérieurs de cet excellent Artifte.

Eglife de
S. Sulpice.

térieure ; nous en excepterons néanmoins le principal portail, dont la grandeur, la magnificence & la folidité ont de quoi étonner.

Ce portail eft compofé d'un porche en périftyle de feize toifes de largeur dans œuvre fur quatorze pieds de profondeur, ouvert par cinq entrecolonnemens, dont les colonnes font accouplées les unes derriere les autres, afin de n'avoir pas trop pris fur la largeur de ce frontifpice, & afin de procurer cependant une folidité fuffifante à l'Ordre & au mur de face qui s'éleve au premier étage (voyez le profil de ce portail Planche V). Aux deux extrémités de ce périftyle font pratiqués d'un côté la Chapelle des Fonds & de l'autre un grand efcalier pour monter à une gallerie voûtée qui fe trouve élevée au-deffus du porche, auffi bien qu'à des pieces particulieres pratiquées en entrefole, & prifes dans les maffifs des murs de ce portail. La conftruction de cet efcalier, auffi bien que toute celle de ce frontifpice, eft d'une folidité qui fait honneur à la haute capacité de Mr. Servandoni & à l'expérience de Mr. Bénard (b), qui jufqu'à l'année derniere a été chargé de l'appareil de ce monument. La Chapelle des Fonds eft fituée de maniere qu'elle n'a aucune communication avec l'intérieur de l'Eglife, & cette précaution devroit être obfervée dans toutes nos Paroiffes, l'ufage de ces Chapelles exigeant fouvent des entrées libres autant de jour que de nuit.

Pour arriver à ce portail, il faut monter 14 marches, dont les girons aujourd'hui font pris dans la profondeur de l'accouplement des colonnes, le Seminaire de cette Paroiffe étant trop proche, pour en avoir ufé autrement : mais lorfqu'il fera abbatu, (car il eft à croire qu'il ne peut fubfifter dans cette fituation) l'on formera un grand perron devant ce frontifpice, qui donnera de l'empattement à fa bafe, rélargira le fol de fon periftyle & procurera à ce monument une entrée beaucoup plus convénable.

L'ufage de ce porche extérieur, à l'imitation des colonnades que les Grecs plaçoient au devant de leurs Temples, eft une des commodités & une des beautés principales de ce monument. Non-feulement il donne beaucoup de jeu à la compofition de fon ordonnance, mais il eft d'une convenance indifpenfable à l'entrée de cette Eglife pour donner au peuple le loifir de s'y annoncer avec décence. Au furplus on a toujours fenti la néceffité d'un pareil efpace extérieur, puifque de tous les tems, au deffaut de ces colonnades, on a pratiqué des tambours dans l'intérieur des Temples, ainfi qu'on le remarque aux portails collatéraux de la croifée de cet édifice, auffi-bien que dans la plupart de toutes nos Eglifes ; ce qui à beaucoup près n'a ni la majefté ni la dignité des porches dont nour parlons.

A l'entrée de la nef, derriere ce porche, eft une petite colonnade portant une tribune fur laquelle doit être placé l'orgue : la faillie que forme cette colonnade, dont la hauteur & la largeur mafquent la plus grande partie des deux premieres arcades de la nef, ne paroît pas faire un bon effet, & femble ici avoir été ajoutée après coup, deffaut qu'il faut éviter dans la réunion des parties d'un tel édifice. Toutes les Chapelles qui font diftribuées le long des bas côtés de cette Eglife font affez bien difpofées ; mais la plupart de leurs décorations ne peuvent être applaudies, & ici plus que par tout ailleurs, on peut appliquer le réproche que nous avons fait plus d'une fois, en difant que la frivolité des ornemens de ce fiécle s'eft introduite jufques dans nos édifices facrés, contre toute idée de convenance & de vraifemblance.

La chapelle de la Vierge, placée à l'extrêmité de cette Eglife, eft beaucoup trop petite, pour un auffi grand vaiffeau ; c'eft pour cette raifon que lorfque Da-

---

(b) M. Bénard eft confidéré comme un des premiers de notre fiécle pour ce qui regarde la coupe des pierres relativement à la théorie & à la pratique. Sa grande expérience lui a mérité la confiance des Controlleurs des bâtimens du Roi, qui viennent de le choifir pour la conduite & l'appareil de l'Ecole Militaire, que l'on fe propofe d'ériger dans la plaine de Grenelle proche les Invalides,

niel Gittard fut chargé de la continuation de ce monument, il propofa de l'aggrandir. Cependant comme elle fe trouvoit déja élevée jufqu'à la corniche, fur les
deffeins de le Veau, les Marguilliers ne voulurent point entrer dans cette dépenfe, de maniere qu'elle fut continuée telle qu'on la remarque ici; mais pour fup-
pléer à ce peu d'étendue, l'on vient de pratiquer une nouvelle chapelle dans le
maffif marqué A, fur les deffeins de M. Laurent Architecte. M. Dulau Dallemant,
(c) (aujourd'hui Curé de St. Sulpice & digne fucceffeur de M. Languet de Gergy)
fe propofe inceffamment de faire conftruire une autre chapelle à l'endroit marqué
B où fe voit actuellement celle de la Communion, & il y a apparence qu'elle ré-
pondra à la grandeur de cet édifice. Le maître autel eft fitué entre les deux gros
piliers où commence le chœur de cette Paroiffe, de maniere que le Clergé eft
derriere l'autel. Il eft à la Romaine & fa forme eft une efpéce de tombeau ifolé
conftruit de marbre bleu turquin, enrichi de bronze d'oré d'or moulu, & furmonté d'un tabernacle d'Anges adorateurs &c. auffi de bronze, du deffein de Gilles
Oppenor, Architecte de feu M. le Duc d'Orleans, & un des plus grands deffi-
nateurs de ce fiécle : au-deffus de ce maître autel eft fufpendu un dais ou baldaquin de carton doré. On peut voir le deffein en petit de ce maître-autel dans les
coupes de cette Eglife (Planches 5 & 6).

Dans les fondations de ce monument font pratiquées des caves pour la fépulture des paroiffiens, & deffous le chœur eft diftribuée une Eglife fouterraine à laquelle on defcend par des efcaliers marqués *.

Grand Portail de l'Eglife de Saint Sulpice. Planche II.

Ce frontifpice peut être regardé comme un des ouvrages le plus coloffal qui
foit à Paris ; il eft compofé de deux Ordres d'Architecture, qui contiennent enfemble 21 toifes d'élevation, y compris la baluftrade qui couronne l'Ordre fuperieur, & non compris deux campanilles élevées à chaque extrémité de ce portail. Elles ont chacune 22 toifes en y comprenant les figures qui leur fervent
d'amortiffement, lefquelles auront chacune 23 pieds de proportion.

Un periftyle (ainfi que nous l'avons remarqué, Planche premiere) décore le
rez de chauffée de cet édifice ; il eft percé de cinq entrecolonnemens d'Ordre Dorique de 42 pieds d'élevation, couronnés d'un entablement regulier, du quart de
la hauteur des colonnes. Aux deux extrémités de ce périftyle s'élevent deux maffifs
de maçonnerie, dont l'un contient, comme on l'a vû ci-devant, la chapelle des
fonds, & l'autre l'efcalier qui monte jufques dans la campanille. Au-deffus de ce
périftyle eft une grande gallerie couverte, au-devant de laquelle, à plomb des
premieres colonnes Doriques, eft pratiquée une colonnade Ionique ; & à plomb des
fecondes, font des arcades dont les impoftes font foutenues par de plus petits Ordres
Ioniques, fuivant la méthode des anciens.

Sur toute la colonnade Ionique, devoit s'élever un fronton de 20 toifes de longueur, fur 26 pieds de hauteur. (Voyez le portail de cette Eglife que M. Servandoni a fait graver en 1742.) Cependant à la place de ce fronton l'on vient
de déterminer la baluftrade qui fe voit ici, & l'on a projetté de conftruire un
troifiéme Ordre en arriere-corps fur le mur qui fépare le porche d'avec l'Eglife ;
cet Ordre doit avoir la hauteur du Corinthien fur lequel s'élevent les campanilles. Sur trois arcades de ce nouvel Ordre, doit s'élever un fronton moins con-

---

(c) Ce zélé Pafteur vient d'ordonner auffi la Chaire qui
va être placée en face de l'œuvre, & qui fera exécutée
toute de marbre précieux orné de bronze doré, par Mr.
Michel Ange Slodtz, Sculpteur d'une très-grande capacité. Cet excellent Artifte travaille actuellement au tombeau de Mr. l'ancien Curé, qui fera placé dans la Chapelle de St. Jean-Baptifte, à l'endroit marqué C.

Il faut obferver que le coffre d'Autel de cette Chapelle, auffi bien que celui de celle qui lui eft oppofée, eft
placé en D : fituation beaucoup plus avantageufe que
celle de tous ceux qui fe remarquent dans ce plan.

fidérable que celui dont nous venons de parler. Cet édifice, à cause de son immensité, a subi jusqu'à présent divers changemens, ce qui fait que nous n'avons pas
cru devoir exprimer dans cette Planche ce troisiéme Ordre qu'on se propose d'exécuter, nous réservant de l'y ajouter après son entiere perfection.

Ce monument qui tient tout son mérite de l'Architecture, & dont la grandeur
annonce à nos Architectes François une route presque nouvelle, a excité plusieurs
esprits de parti, qui sans doute ne balanceront pas à se réunir en sa faveur, si l'on
parvient, comme il y a tout lieu de l'attendre, à procurer au-devant de ce frontispice une place publique dont on sent la nécessité, & dans l'esperance de laquelle
le célébre Architecte dont nous parlons a crû devoir composer l'ordonnance col-
lossale de ce somptueux édifice.

Portail collateral de Saint Sulpice du côté du Septentrion. Planche III.

Ce portail fut élevé jusqu'au premier entablement sur les desseins de Gittard,
& continué sur ceux de feu M. Oppenor. Le premier Ordre est Corinthien &
le second est composite. Ce dernier est d'une proportion trop courte par rapport à
celui de dessous, & les ornemens qui en occupent les entrecolonnemens ne sont
pas assez graves; le tympan du fronton circulaire qui le couronne est rempli de
membres d'Architecture d'un genre Gothique. L'ordonnance de l'Ordre inférieur n'est
guere traitée avec plus de succès : une petite porte quarrée, un grand œil de bœuf
& deux croisées en plein ceintre très-considérables, annoncent une Architecture
peu refléchie : les niches qui sont placées dans les petits entrecolonemens, quoique
contenant des figures de neuf pieds de proportion, paroissent beaucoup trop petites
eu égard à la grandeur colossale de l'Ordre, & sont beaucoup trop élevées : néanmoins ces figures sont d'une assez belle exécution, aussi bien que les groupes d'enfans placés aux extrêmités du fronton de ce portail, & ont été sculptées par feu
François Dumont, Sculpteur d'une assez grande reputation.

Portail collateral de Saint Sulpice du côté du Midi. Planche IV.

Ce portail est du dessein de M. Oppenor & fut commencé en 1719 : il est composé de deux Ordres d'Architecture élevés l'un sur l'autre, celui du rez-de-chaussée
est Dorique, & celui de dessus Ionique. Comme l'Ordre Dorique n'est point accouplé, la distribution des metopes est assez réguliere : mais les colonnes sont engagées & non isolées. Pour éviter l'irrégularité du sophite de la corniche, on a supprimé
les mutules, & on a même évité d'y mettre des denticules. L'ordonnance des entrecolonnemens est traitée d'une maniere plus convenable aux regles de la bonne Architecture que le frontispice dont nous venons de parler : & si dans la grande arcade
du milieu, l'on avoit voulu feindre une porte de menuiserie pour masquer la petitesse de la porte réelle, & le trop grand diamétre de l'œil de bœuf, toute cette
Architecture seroit assez bonne à imiter. Les grandes arcades des bas côtés sont aussi
d'une beaucoup meilleure forme que celles de la Planche III, & si les piédroits
étoient un peu plus nourris, leur proportion en seroit encore devenue plus svelte
& plus en rapport avec celle du milieu, dont la largeur est à la hauteur, comme
12 est à 26. Le percé du grand entrecolonnement Ionique n'est pas à beaucoup
près d'une aussi bonne forme, & si la nécessité de l'intérieur, qui paroît avoir obligé de faire ce percé en plein ceintre dans son extrêmité superieure, semble ici être
une autorité, du moins falloit-il preferer une archivolte & une imposte, & enfermer cette baye dans une niche quarrée, en affectant de la faire descendre jusque
sur le socle qui reçoit les bases des colonnes Ioniques. Ce socle est tenu trop bas,
la saillie de la corniche en cache la plus grande partie, le point de distance de ce

frontispice

frontiſpice étant très-borné. Le fronton triangulaire qui couronne ce portail, pa- *Egliſe de S. Sulpice.*
roît auſſi faire un meilleur effet que le circulaire que nous avons obſervé dans la
Planche précédente : mais il ſeroit à deſirer que ſur les arrieres-corps qui accotent
ce fronton, on eût élevé un ſocle qui couronnât cette partie du frontiſpice. Les
figures qui ſe voyent dans les niches ſont auſſi de François Dumont, & ſembloient
exiger un peu plus de richeſſe dans toute l'ordonnance de ce portail ; principalement dans la partie ſuperieure, qui paroît être terminée avec trop de ſimplicité.

Coupe ſur la longueur de l'Egliſe. Planche V.

On voit ſur cette Planche, du côté de l'entrée de cette Egliſe, le profil du
grand portail, & au deſſus l'élevation en retour de l'Ordre Corinthien qui porte
l'une des campanilles qui ſont élevées ſur les deux tours dont nous avons parlé.
On n'a pû exprimer ici tout cet amortiſſement, la hauteur de la Planche ne l'ayant
pas permis ; mais comme ces campanilles ſont iſolées & quadrangulaires, le deſſein qu'on en voit ſur le grand portail ſemble ſuffire.

Derriere ce portail, au rez-de-chauſſée de la Nef, eſt exprimée la petite colonnade ſur laquelle eſt la tribune qui doit porter l'orgue, & dont nous avons déjà
dit quelque choſe. Il ſemble que la grandeur du vaiſſeau auroit pû permettre d'élever cette tribune juſqu'à l'entablement de l'Ordre Corinthien, puiſqu'il reſtoit encore 36 pieds juſqu'à la voute : par ce moyen cette colonnade auroit eu plus de
rapport & avec la grandeur coloſſale du portail & avec la hauteur de ce temple qui a 92 pieds ſous clef ; d'ailleurs la premiere arcade de la Nef, ainſi que
nous l'avons déja obſervé, n'auroit point été maſquée par cette colonnade.

On peut dire à la gloire de le Veau, ſur les deſſeins duquel l'interieur de
ce monument a été érigé, que ſa décoration eſt traitée avec aſſez de nobleſſe
& de regularité ; tous les ornemens qui ſe remarquent ici appartenant à la ſe-
verité de l'Ordre Corinthien, ornemens toujours preferables aux formes captieu-
ſes & tourmentées qu'on a affecté dans quelques unes de nos Egliſes à Paris, &
particulierement dans pluſieurs des Chapelles de cette Egliſe.

La décoration de la croiſée de cette Egliſe eſt traitée avec bien moins de retenue, & la voute du milieu de cette croiſée peut même être regardée comme
une des plus défectueuſes qui ſoit à Paris, ainſi que la plupart des ornemens
qui décorent l'interieur des portails collateraux de ce monument, quoiqu'exécutés
ſur les deſſeins de Gilles Oppenor.

Derriere le chœur ſe remarque la largeur des bas côtés, qui dans cet endroit
ſont éclairés en lanterne, mais dans tout le pourtour de cette Egliſe ils tirent leur
jour par des yeux de bœuf, genre de croiſée peu propre à la décoration d'un
édifice ſacré.

A l'extrêmité de cette coupe ſe remarque l'intérieur de la Chapelle de la
Vierge, dont la décoration a été (dit-on) exécutée ſur les deſſeins de feu M.
le Moine, Premier Peintre du Roi, qui a peint le plafond de cette Chapelle.

Au-deſſus & dans toute la longueur de cette coupe eſt exprimée la charpente
formant croupe ſur ſes extrêmités : au-deſſus de la voute de la croiſée avoit été
pratiqué un clocher ſur les deſſeins d'Oppenor, mais on a été obligé de le démolir quelques années après ſa conſtruction, à cauſe de ſa trop grande peſanteur.

Nous avons parlé de la décoration du maître-autel, on en voit ici, à l'endroit
marqué A, le profil en petit, ainſi que l'enceinte du ſanctuaire, les ſtalles, les
grilles &c ; on y voit auſſi une partie des figures qui ſont adaptées au pied des
pilaſtres Corinthiens & portées par des conſoles en cul de lampe ; ce qui rend
leur ſituation poſtiche, auſſi bien que l'ordonnance de leur décoration peu réguliere, malgré la beauté de leur exécution.

Tome II.   L

Coupe fur la largeur de l'Eglife. Planche VI.

Eglife de
S. Sulpice.   Cette Planche donne le développement de la longueur de la croifée, repéte la voute du milieu, & annonce la décoration interieure du chevet de l'Eglife, à travers de l'arcade du milieu duquel s'apperçoit l'autel de la Chapelle de la Vierge : dans les arcades B eft exprimée la décoration des bas côtés, qui ont 24 pieds de largeur fur 46 de haut, & qui font ornés d'un Ordre Corinthien, dont Daniel Gittard s'étoit propofé de faire un Ordre François.

La lettre A exprime le fanctuaire & le maître-Autel, dont nous avons parlé ainfi que du baldaquin marqué E. La lettre D exprime des tribunes, dont l'ordonnance tout à fait vicieufe fe reffent de la frivolité de la plupart des ornemens dont nous avons blâmé la décoration dans quelque partie de l'interieur de cette Eglife, comme étant contraire à la majefté & à la retenue qu'on doit affecter dans le choix des ornemens deftinés à l'embeliffement d'un monument de cette efpece.

La coupe marquée I exprime le profil collateral du côté du Septentrion : celle H celui du côté du Midi.

Nous ne nous fommes points étendus dans cette defcription, fur le détail de la décoration de la plus grande partie des Chapelles de cette Eglife ; quelques unes, principalement celles qui viennent d'être exécutées nouvellement, font d'un deffein & d'une ordonnance fi peu convenable, que ce feroit fixer l'attention des lecteurs fur des objets qu'il feroit à fouhaiter qu'ils puffent ignorer. Les autres au contraire font d'une décoration fi pefante, qu'il eft inutile d'en parler ici : nous obferverons feulement, que l'on a enrichi plufieurs de ce ces dernieres, auffi bien que la Chapelle de la Vierge, d'excellens tableaux de l'ecole Françoife moderne. Il fe trouve auffi quelques ornemens répandus en différens endroits, qui méritent une certaine attention ; mais comme la plupart font fans convenance, & ne peuvent être décrits avec une forte de liaifon, nous nous fommes déterminés à les paffer ici fous filence.

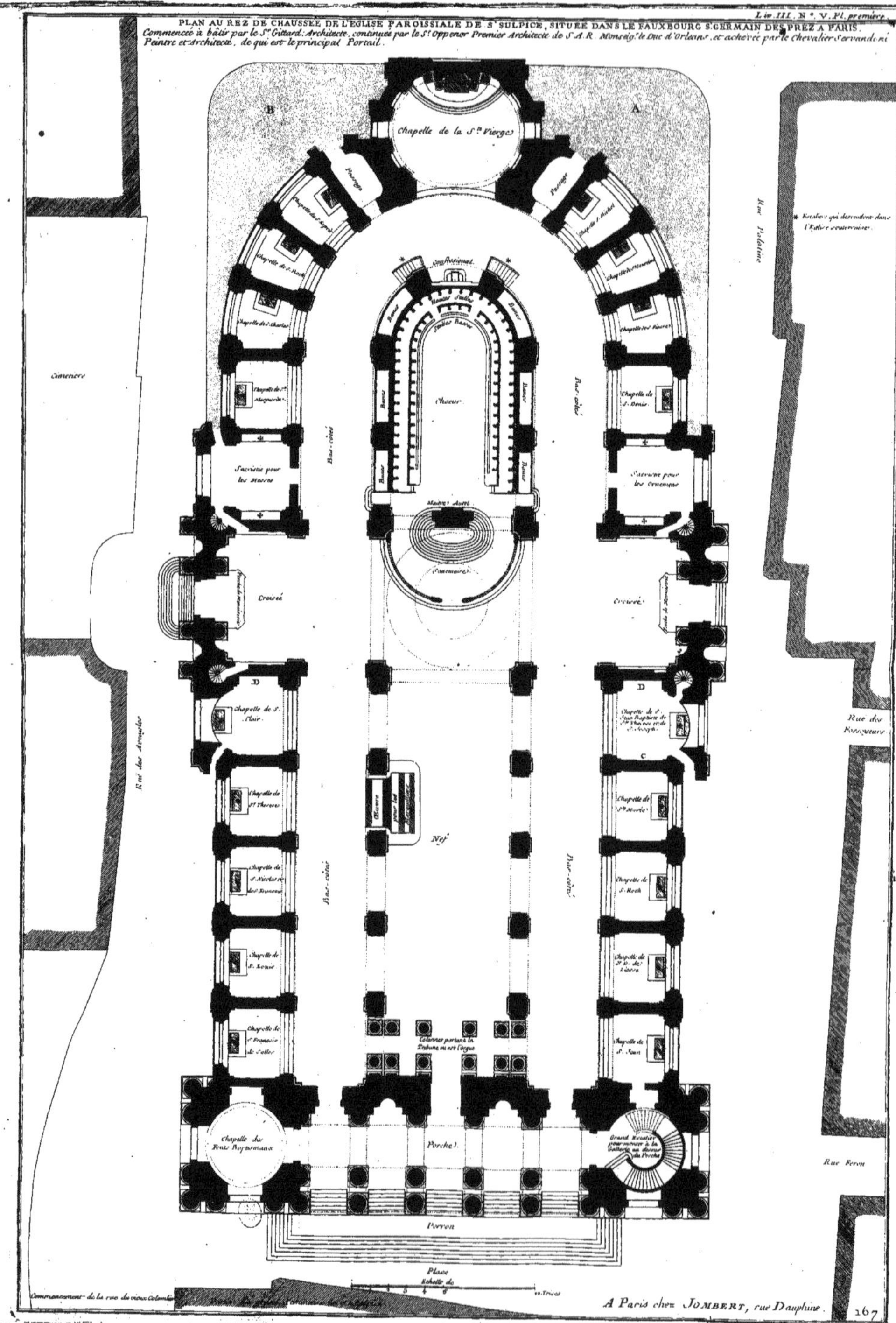

PLAN AU REZ DE CHAUSSÉE DE L'ÉGLISE PAROISSIALE DE S.t SULPICE, SITUÉE DANS LE FAUXBOURG S.t GERMAIN DES PREZ A PARIS.
Commencée à bâtir par le S.r Gittard, Architecte, continuée par le S.r Oppenor Premier Architecte de S. A. R. Monseig.r le Duc d'Orléans, et achevée par le Chevalier Servandoni
Peintre et Architecte, de qui est le principal Portail.
B
A
Chapelle de la S.te Vierge
Chœur
Maître Autel
Ossuaire
Chapelle de S.t Michel
Chapelle de S.t Denis
Sacristie pour les Ornemens
Sacristie pour les Messes
Croisée
Croisée
D
D
C
Chapelle de S.t Clair
Chapelle de S.t Jean Baptiste de S.t Vincent et de S.t Joseph
Chapelle de S.te Thérèse
Chapelle de S.te Marie
Chapelle de S.t Nicolas et des S.ts Romains
Chapelle de S.t Roch
Chapelle de S.t Louis
Chapelle de N.D. de Liesse
Chapelle de S.t François de Salles
Chapelle de S.t Jean
Colonnes portans la Tribune où est l'Orgue
Nef
Bas côté
Bas côté
Chapelle du Fonts Baptismaux
Grand Escalier pour monter à la Gallerie au dessus du Porche
Porche
Perron
Place
Echelle de
Toises
Commencement de la rue du vieux Colombier
Rue Palatine
Rue des Évesques
Rue Féron
Cimetiere
Rue des Aveugles
* Escaliers qui descendent dans l'Église souterraine.
A Paris chez JOMBERT, rue Dauphine.

CHAPITRE VI.

Description du Séminaire de St. Sulpice, situé rue du Vieux Colombier.

CE Séminaire (*a*) fut institué en 1642 par Jacques Olier, Curé de St. Sulpice, & ses bâtimens furent commencés en 1647, sur les desseins du sieur Dubois Architecte.　*Séminaire de S. Sulpice.*

Nous avons preferé de donner le plan de ce Séminaire à tout autre, non-seulement à cause qu'il est un des plus spacieux qui soit à Paris, mais aussi parce qu'il y a tout lieu de croire que pour donner une place convenable au devant de l'Eglise de St. Sulpice, cet édifice un jour sera démoli, & c'est cette esperance qui nous a déterminés à faire passer ce monument à la posterité par le secours de la gravure (*b*). D'ailleurs ce Séminaire s'est acquis une grande réputation, par le nombre d'excellens Ecclésiastiques qui y ont été élevés, & par les soins, le bon ordre, & la haute capacité de M. l'Abbé Couturier, qui en est aujourd'hui le Superieur.

Plan au rez-de-chaussée. Planche Premiere.

Le bâtiment de ce Seminaire ayant été élevé dans des tems différens, selon que le quartier & l'Eglise de St. Sulpice se sont aggrandis, il se trouve planté assez irregulierement, la plupart du terrain ayant été acquis partie par partie; mais ce qui lui procure des dégagemens considérables, ce sont des issues donnant dans les differentes rues entre lesquelles cet édifice se trouve enclavé. Il est distribué en trois principaux corps de logis, sçavoir, celui cotté A appellé le grand Seminaire, celui B connu sous le nom de petit Seminaire, & celui D nommé petite Communauté, lequel comprend un bâtiment marqué C, pour l'étude de la Philosophie. Tous ces bâtimens communiquent entr'eux, mais ils ont chacun une entrée particuliere: le grand Seminaire par la rue du Vieux-Colombier; le petit Seminaire, par la rue Férou; la petite Communauté, par le cul de sac de Férou, & le bâtiment des Philosophes, par la rue du Pot-de-Fer.

Chacun de ces corps de logis a un jardin particulier: nous ne parlerons point ici séparement de l'usage de chaque piece, les noms qui sont écrits sur cette Planche semblent suffire pour avoir une idée distincte de la distribution d'un édifice de cette espéce, dont le point essentiel consiste dans la convenance, la

---

(*a*) Après ce Séminaire, ceux de S. Magloire & de S. Nicolas du Chardonnet sont les plus considérables; ce fut Henri de Gondi, Cardinal de Retz, Evêque de Paris, qui en 1618 forma le Seminaire de St. Magloire d'une Abbaye de ce nom, qui auparavant avoit été un Hôpital appellé l'Hôpital de St. Jacques du haut pas. A l'égard du Seminaire de St. Nicolas du Chardonnet, avant l'année 1644 ce n'étoit qu'une Communauté que Jean-François de Gondi, premier Archévêque de Paris, érigea en Séminaire. En 1730 on y éleva une maison assez regulierement bâtie, destinée à l'éducation des jeunes gens qui se dévouent à l'état Ecclésiastique.

(*b*) La gravûre est un des moyens dont on devroit user lorsque par nécessité ou autrement on se trouve obligé de détruire quelque ouvrage de réputation; ce moyen a été trop négligé jusqu'à présent, & l'on grave une quantité de choses peu intéressantes, tandis que la plupart des édifices utiles restent dans l'oubli faute de secours. Cependant nous nous voyons privés jusqu'à présent de la plus grande partie des édifices antiques, parce que les anciens n'ont connu l'usage de la gravûre que très-imparfaitement, & les connoissances que nous pouvons avoir de ces monumens ne nous sont parvenues que par des traditions souvent fort incertaines.

Aujourd'hui que l'art de la Gravûre est poussé au plus haut point de perfection, cette négligence n'est guéres pardonnable, & presque personne n'ignore que cet art est capable de contribuer beaucoup dans les siécles à venir à illustrer celui de Louis XIV, en transmettant à la postérité un nombre infini de monumens qui ont été érigés sous son regne, dont quelques-uns ont déja été gravés, & qui offrent aux yeux des Etrangers & des Citoyens des chefs-d'œuvres de toute espece. Cette vérité que l'on ne peut contester sera sans doute un des principaux mérites de ce Recueil, & rendra chere la mémoire de feu M. Mariette qui l'avoit commencé: de même on ne peut qu'applaudir au zèle & aux lumieres du Sr. Jombert, qui par amour pour le bien public s'est porté à continuer cet Ouvrage & à le rendre le plus intéressant qu'il lui a été possible.

folidité & la fimétrie, la décoration devant faire place à une fimplicité raifonnable, qui bien loin d'être un deffaut dans un monument de ce genre, lui ajoute un plus grand merite, parce qu'on s'eft éloigné d'autant moins de l'efprit de convenance, qui eft une des parties effentielles de l'Architecture.

Cette même convenance, qui indique une fimplicité uniforme dans l'exterieur, ainfi qu'on l'a affectée dans ce bâtiment, au Seminaire de Saint Nicolas du Chardonnet, au College de la Sorbonne, à celui de Mazarin que nous avons décrit, auffi bien que dans une infinité d'autres de même efpece, n'empêche pas néanmoins que felon l'ufage des différentes pieces qui compofent leur interieur, on n'enrichiffe celles qui exigent une forte de magnificence. De ce nombre font les Chapelles, leurs Sacrifties, les Salles publiques, les Refectoires &c, qui peuvent être révêtus de menulferie & ornés de fculpture & de peinture. Nous remarquerons à cette occafion, que la Chapelle du grand Seminaire, dont nous faifons la defcription eft un chef d'œuvre du fameux le Brun (c), qui dans le plafond a repréfenté l'Affomption de la Vierge, & fur le tableau de l'autel, la defcente du St. Efprit. Cette Chapelle monte de fond, & l'on y a pratiqué un tribune qui répond au premier étage de ce bâtiment.

Plan du Premier Etage. Planche II.

Cette Planche offre la diftribution des appartemens des Superieurs de ces trois principaux bâtimens, la plus grande partie des falles publiques néceffaires dans un édifice de cette efpece, les chambres des Seminariftes, les corridors, & les efcaliers qui montent aux différens étages qui regnent fur tous les bâtimens du grand Seminaire, dont nous allons feulement donner la décoration des façades, le petit Seminaire & la Communauté n'ayant rien de régulier dans leur exterieur.

Elevation du côté de la rue. Planche III.

L'ordonnance de cette élevation n'a rien de remarquable, mais fi l'on veut remonter aux premiers principes de l'Architecture, qui confiftent dans la convenance, ainfi que nous l'avons expliqué dans notre Introduction, on verra que ce feroit agir contre les regles de l'art, que de répandre une richeffe indifcrette dans la décoration d'un édifice où non-feulement la fimplicité doit être la bafe fondamentale, mais auffi dont la deftination & l'ufage femblent exiger que la folidité & la commodité en faffent tout le mérite. Il n'en eft pas moins vrai pour cela qu'on auroit dû affecter plus de fimétrie dans cette décoration; d'ailleurs la porte qui, parce qu'elle donne entrée à un grand bâtiment, eft tenue affez fpacieufe, pêche contre les loix de l'ordonnance, les membres d'Architecture qui l'accompagnent n'ayant aucun rapport avec fa maffe; ce qui nous montre évidemment que l'Architecte de ce bâtiment, entendoit mieux la conftruction & la diftribution que la partie de la décoration. Pour faire du fimple, on n'en eft pas plus difpenfé d'obferver une correfpondance de proportion dans tou-

---

(c) Ce célébre Artifte étoit né à Paris le 22 Mars 1619, & eft mort le 12 Février 1690, il a été enterré à St. Nicolas du Chardonnet où eft fon maufolée & celui de fon époufe, deux des plus beaux ouvrages de Coizevox. Pour donner une idée précife de la fupériorité de ce grand Peintre, voici l'Epitaphe qui eft gravée fur fon tombeau : *A LA MEMOIRE DE CHARLES LE BRUN, Ecuyer, Sr. de Thionville, premier Peintre du Roi, Directeur des Manufactures Royales des Gobelins, Directeur Chancelier de l'Académie Royale de Peinture & Sculpture.*

Son genie vafte & fupérieur le mit en peu de tems audeffus de tous les Peintres de fon fiecle ; ce fut lui qui forma la celebre Académie de Peinture & de Sculpture que Louis le Grand a depuis honorée de fa Royale protection & qui a fourni des Peintres & des Sculpteurs à toute l'Europe où elle a toujours tenu le premier rang.

L'Académie du Deffein de cette fuperbe Rome qui avoit eu jufqu'à préfent l'avantage des beaux arts fur toutes les autres Nations, le reconnut pour fon Prince en 1676 & en 1677. Ce font fes deffeins qui ont répandu le bon goût dans tous les arts, & fous fa direction les fameufes Manufactures des Gobelins ont fourni les plus précieux meubles & les plus magnifiques ornemens des Maifons Royales.

Pour marque éternelle de fon mérite, Louis le Grand le fit fon premier Peintre, lui donna des Lettres authentiques de Nobleffe, & le combla de fes bienfaits, &c.

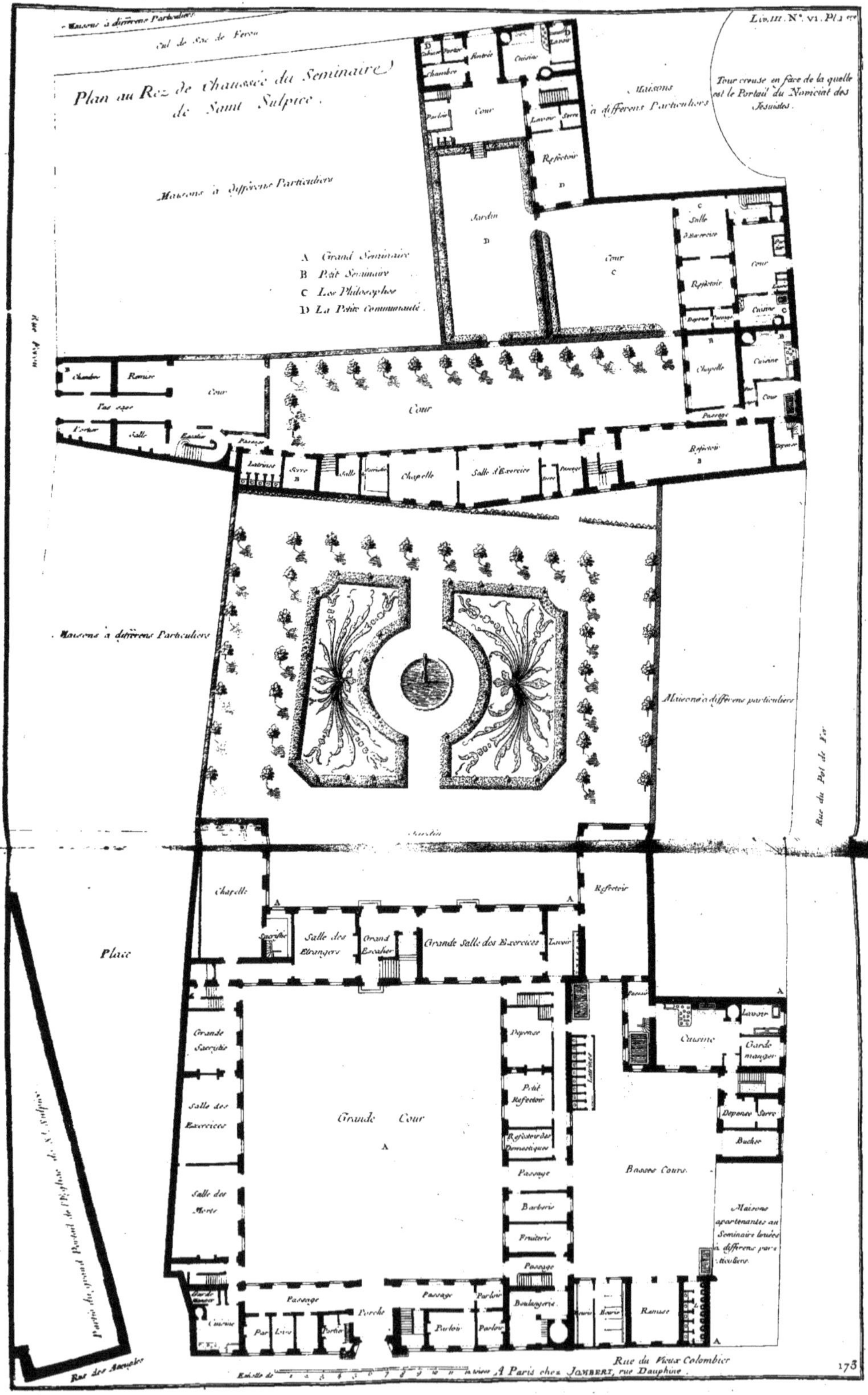
Liv. III. N°. VI. Pl. 1ere.
Plan au Rez de Chaussée du Seminaire de Saint Sulpice.
Maisons à differens Particuliers.
Cul de Sac de Ferou
Maisons à differens Particuliers
Tour creuse en face de la quelle est le Portail du Noviciat des Jesuistes.
A Grand Seminaire
B Petit Seminaire
C Les Philosophes
D La Petite Communauté
Chambre
Rentrée
Cuisine
Parloir
Cour
Lavoir
Serre
Refectoir
D
Jardin
D
Salle d'Exercice
Cour
C
Cour
Refectoir
Dépense Passage
Cuisine
Chapelle
Cuisine
Cour
Passage
Refectoir
B
Dépense
Chambre
Remise
Cour
Cour
Vac eque
Serre
Salle
L'Ecurie
Salle
Escalier
Passage
Latrine
Serre
Salle
Escalier
Chapelle
Salle d'Exercice
Passage
Maisons à differens Particuliers
Maisons à differens particuliers
Jardin
Rue du Pot de Fer
Chapelle
Refectoir
Sacristie
Salle des Etrangers
Grand Escalier
Grande Salle des Exercices
Lavoir
Place
Passage
Cuisine
Lavoir
Grande Sacristie
Dépense
Garde manger
Salle des Exercices
Cuisine
Dépense Serre
Petit Refectoir
Bucher
Grande Cour
A
Refectoir des Domestiques
Salle des Morts
Passage
Basses Cours
Maisons appartenantes au Seminaire louées à differens particuliers
Barberie
Fruiterie
Passage
Partie du grand Portail de l'Eglise de S.t Sulpice
Garde Manger
Cuisine
Passage
Parloir
Porche
Parloir
Parloir
Boulangerie
Parloir
Parloir
Ecurie
Remise
Ruë des Aveugles
Echelle de
A Paris chez JOMBERT, rue Dauphine.
Rue du Vieux Colombier
173

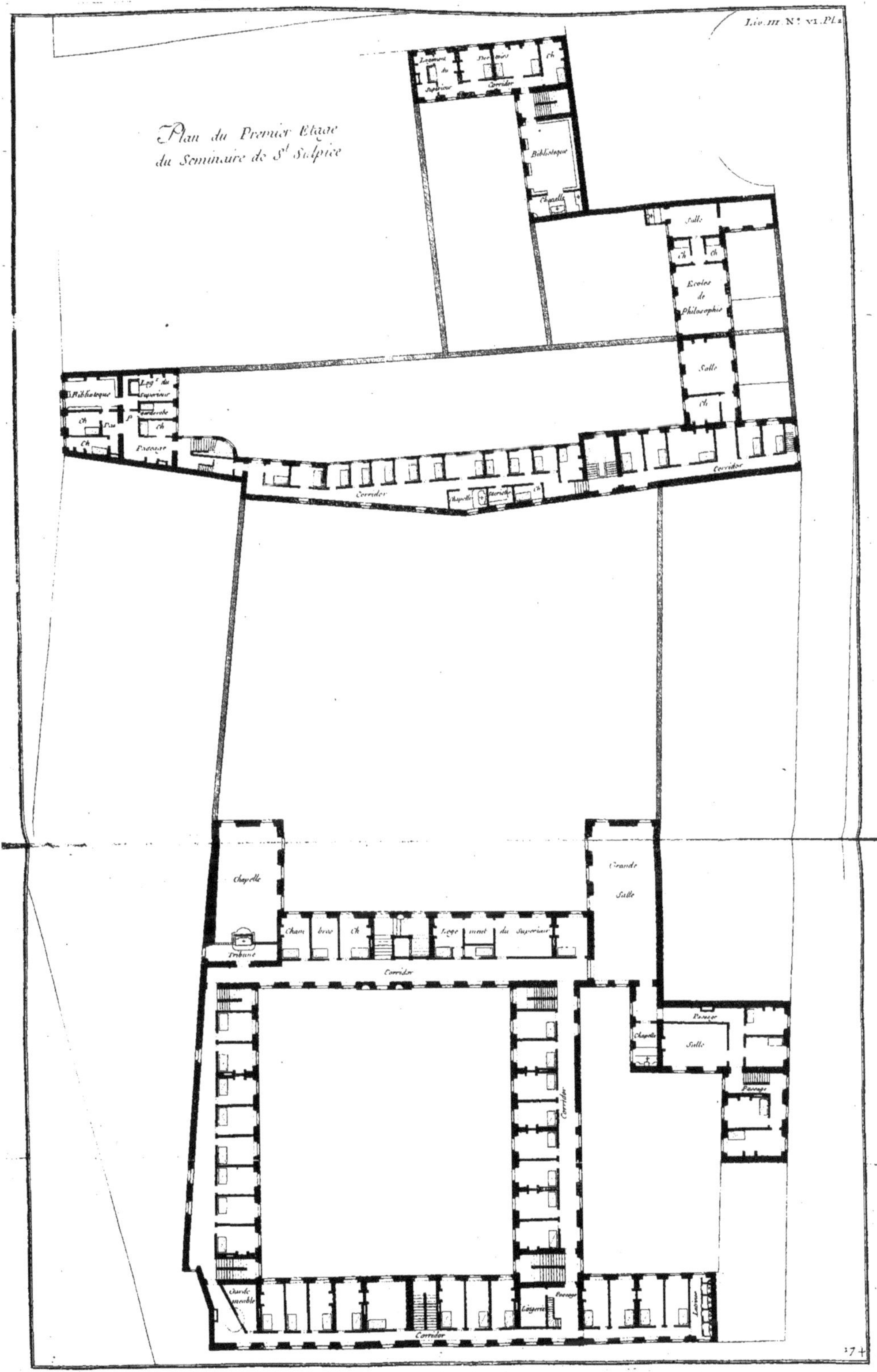

Liv. III. N°. VI. Pl. 2
Plan du Premier Etage
du Seminaire de St Sulpice
Logement du Superieur
Dortoirs
Corridor
Ch.
Bibliotheque
Chapelle
Salle
Ch.
Ch.
Ecoles de Philosophie
Salle
Ch.
Bibliotheque
Log.t du Superieur
Garderobe
Ch.
Ch.
P.
P.
Passage
Corridor
Chapelle
Sacristie
Ch.
Corridor
Chapelle
Chambres
Ch.
Logement du Superieur
Grande Salle
Tribune
Corridor
Corridor
Chapelle
Salle
Passage
Passage
Garde meuble
Chauffoir
Lingerie
Passage
Lavoir
Corridor
Bibliotheque

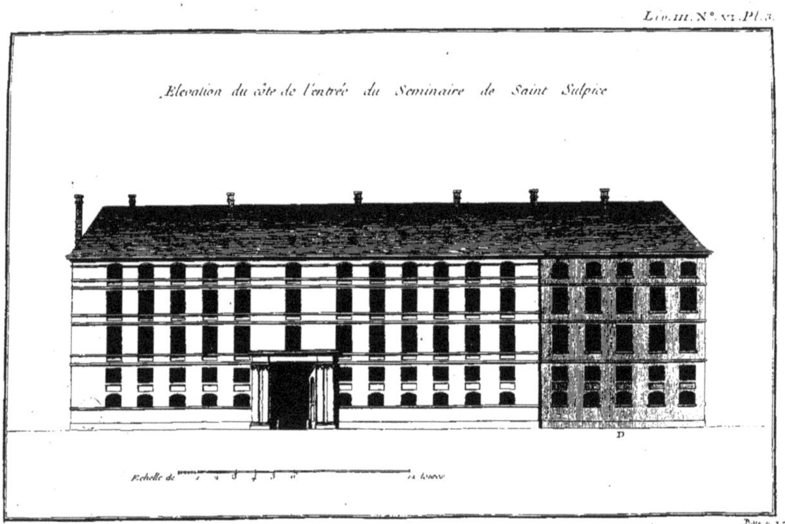

Elevation du côte de l'entrée du Seminaire de Saint Sulpice
Echelle de
D

te son ordonnance, & une expression rélative aux loix du bon goût. La convenance dont nous venons de parler, exige sans doute que dans un édifice on fasse choix du simple ou du composé, du délicat ou du solide ; mais cette convenance est insuffisante si d'une part on n'observe pas la simetrie, & de l'autre les proportions analogues à chacune de ces différentes expressions.

Il auroit donc fallu pour satisfaire à ces principes, composer une toute autre ordonnance de porte, dans le genre de celles de l'Hôtel de Conty & du Coll=ge d'Harcourt, éviter de mettre deux rangs de soupiraux l'un au-dessus de l'autre dans l'étage du rez-de-chaussée, en ayant preferé une seule croisée dans la hauteur de laquelle auroient été compris les entresoles. L'entablement supérieur de toute cette façade auroit dû être plus mâle, alors les mézzanines auroient pû être distribuées dans la hauteur de la frise, comme on vient de le pratiquer à l'Hôpital des Enfans-Trouvés. La largeur des trumeaux qui se trouvent élevés au-dessus des piédroits de la porte, sont beaucoup trop massifs, & sans doute quoiqu'il n'eût pas été mieux de mettre un trumeau à plomb du vuide, pour placer deux croisées dans cette grande largeur, il n'en est pas moins vrai en considérant la distribution interieure, qu'il étoit absolument indifférent de changer la distribution de tous les percés de cette façade, puisque le rez-de-chaussée de ce bâtiment du côté de la rue n'est occupé que par des piéces subalternes, & que les croisées du premier étage, aussi bien que celles de toute la hauteur de cet édifice, n'éclairent que des corridors qui n'exigent aucune sujettion intérieure. (Voyez la coupe marquée A Planche IV.)

Le grand arriere-corps marqué D dans cette façade paroît assez inutile ici ; premierement, la principale porte ne s'en trouve pas plus dans le milieu de l'avant-corps, & les écoinçons des extrémités de ce dernier n'en sont pas plus simétriques ; ces défauts sont trop essentiels pour pouvoir accorder quelque estime à la décoration de ce bâtiment du côté de la rue.

Coupe du grand Seminaire de St. Sulpice du côté de la cour. Planche IV.

Cette façade qui représente une des aîles du bâtiment du côté de la cour, est décorée avec plus de simetrie que celle dont nous venons de parler, & il est aisé de concevoir par son aspect, quoiqu'elle soit dépourvûe d'ornemens, combien la seule simétrie a droit de plaire aux yeux intelligens. La coupe marquée A montre le développement du corps de logis sur la rue, & le profil de la porte qui donne entrée à ce bâtiment, laquelle est d'une structure singuliere, formant extérieurement une embrasure dans son extrémité supérieure, aussi bien que dans ses deux piédroits ; ce qui ajoute à la réalité de la perspective de sa décoration, une perspective effective plus extraordinaire qu'ingénieuse. La coupe B offre le profil du bâtiment entre cour & jardin, pris au milieu du grand escalier qui monte au premier étage ; & l'élevation marquée C exprime la saillie d'un des pavillons du côté du jardin.

Elevation du côté du Jardin. Planche V.

Quoique cette façade offre des percés inégalement espacés, cette inégalité est néanmoins simétrique ; ce qui est moins condamnable que de n'observer aucune régularité dans l'ordonnance d'un bâtiment. Cette licence cependant doit être regardée comme un défaut qu'il est essentiel d'éviter, principalement dans une façade dénuée de corps d'Architecture formant des ressauts, qui ordinairement sont de quelque autorité pour corriger les intervalles dissemblables des croisées dans un bâtiment. De-là il est aisé de concevoir que la simétrie est plus indispensable dans un édifice tenu, par convenance, d'une grande simplicité, que dans ceux où cette même convenance paroît exiger une ordonnance plus composée.

Plan et Elevation du Portail de l'Eglise du Noviciat des Jesuites, au fauxbourg S. Germain, bâti en 1630. sur les desseins du Frere Martel-Ange Jesuite.

Profils en grand des principaux membres d'Architecture du Portail de l'Eglise
du Noviciat des Jesuites, scituée rue du Pot de Fer.

180

pas paru de quelque utilité pour l'intelligence du difcours. Comme les détails de la Planche III font fort exacts, nous ne nous étendrons pas davantage à cet égard, ayant pris foin feulement de marquer par les lettres A, B, C, D la relation de ces parties avec la totalité de ce frontifpice, Planche II.

Coupe fur la largeur de cette Eglife. Planche premiere, Figure 3.

L'Ordre Dorique préfide dans la longueur intérieure (*b*) de cette Eglife, la diftribution de la frife en eft affez réguliere & la corniche en eft denticulaire. Au-deffus de cette corniche, à plomb de chaque pilaftre, s'élévent des arcs doubleaux dans lefquels font diftribuées des caffettes & des tables qui ornent la voûte de ce monument. Dans chaque arcade eft placée une tribune, ainfi que nous l'avons déja remarqué, & qu'on en voit le profil en C dans cette Figure troifiéme. Le rétable d'Autel D eft du deffein de Jules Hardouin Manfard, & a été exécuté en 1709 fous la conduite de Robert de Cotte qui lui fuccéda dans les bâtimens du Roi. Les colonnes de ce rétable font de marbre de verd campan, & les chapiteaux & les bafes de marbre blanc; c'eft peut-être le feul exemple que nous ayons dans ce genre, étant d'ufage lorfque ces différentes parties de la colonne changent de matiere, de faire les bafes & les chapiteaux de bronze doré, comme au Val-de-Grace, à St. Germain des Prés, &c; tout le revêtiffement de ce rétable eft de marbre de diverfes efpeces d'une agréable variété & d'un affez bon goût de deffein. Dans le grand entrecolonnement de cet Autel eft placé un très-beau tableau du Pouffin, qui mérite une attention particuliere; au-deffous de ce tableau eft un bas-relief de bronze doré d'or moulu, & exécuté par *Villiers*, Orfévre des Gobelins.

On voit auffi dans la Chapelle de la Congrégation de cette Eglife deux excellens tableaux de *Mignard*; le plafond de cette Chapelle eft peint par *Girardini*, de l'Ecole d'Italie, lequel y a repréfenté l'Affomption de la Vierge.

(*b*) Nous ne donnons point ici la coupe fur la longueur qui fe trouve dans le petit Marot, ayant même héfité de donner la Planche premiere qui eft gravée d'une grandeur & d'une maniere peu diftinéte, mais nous n'avons pû trouver le loifir de la recommencer; d'ailleurs le public a été averti qu'une partie des Planches de cet Auteur feroit inferée dans ce Recueil.

CHAPITRE VIII.

Defcription du Palais d'Orléans, nommé le Luxembourg.

Palais du Luxembourg.

CE Palais fut bâti par ordre de Marie de Medicis, veuve de Henri IV, laquelle fe trouvant trop étroitement logée au Louvre acheta, en 1611, pour la fomme de 90 mille livres, l'Hôtel du Luxembourg dont ce Palais porte le nom. On joignit au terrain de cet Hôtel celui de plufieurs maifons voifines, & ce fut Jacques de Broffe qui fut choifi pour Architecte, & à qui il fut recommandé d'imiter autant qu'il lui feroit poffible le Palais *Pitti*, à Florence, où le Grand Duc de Tofcane fait fa réfidence. Auffi ce bâtiment tient-il beaucoup dans l'ordonnance de fa décoration extérieure du genre ruftique que l'on remarque dans celui du Grand Duc, que nous venons de nommer.

Plan général des Jardins & Bâtimens du Palais du Luxembourg.
Planche Premiere.

Tout le terrain qu'occupent aujourd'hui le jardin & les bâtimens de ce Palais contient 58763 toifes. D'abord il étoit moins fpacieux, une partie de celui des Chartreux venant jufqu'au baffin N, placé au milieu des parterres : mais dans la fuite Marie de Medicis acquit de ces Religieux environ 90 toifes de leur terrain fur toute la longueur de ce jardin, qu'elle leur échangea pour des terres du côté de la campagne. Malgré cette nouvelle acquifition, il feroit à fouhaiter que toute l'étendue de ce terrein, qui fe trouve en largeur, fût en profondeur & en face de cet édifice.

Vis-à-vis de ce Palais eft pratiquée une affez grande efplanade A formant une demie-lune à l'une de fes extrémités. Cette partie découverte eft entourée d'une double terraffe, revêtue de murs de maçonnerie, dont la plus haute B devoit être terminée par une baluftrade de marbre blanc, ainfi qu'il s'en remarque quelques parties, qui fans doute ont été pofées pour en connoître l'effet, ou qui font les veftiges de fa totalité. Sur la terraffe C, qui eft moins élevée, eft une tablette de pierre fur la furface de laquelle eft pratiquée une rigole continue avec des petits baffins en coquille de diftance en diftance & de la profondeur d'environ 6 pouces, dont il n'eft gueres poffible de deviner quel pouvoit être l'ufage. Ces petits baffins font enclavés dans des piédeftaux qui font exprimés dans ce plan ; l'on monte à ces terraffes par différens efcaliers ; ceux D, dont il eft parlé dans la *Théorie du Jardinage* font de marbre blanc, ceux E font de pierre, & au milieu de la demi-lune, au lieu d'efcalier, eft un talud ou pente douce marquée F.

La lettre G indique un jardin, nommé le jardin du petit Luxembourg, féparé du grand par une grille de fer, & par un mur qui le rend particulier au petit Hôtel du Luxembourg dont l'entrée eft rue de Vaugirard, & où demeure préfentement Madame la Princeffe de Carignan. Cet Hôtel a non-feulement la communication de ce jardin marqué G, mais auffi la liberté de la promenade du jardin de ce Palais par une porte pratiquée à la grille dont nous venons de parler.

De l'autre côté du principal corps du bâtiment eft un jardin fleurifte H fermé de murs, & deftiné à la promenade des appartemens du rez-de-chauffée, placés à la gauche de cet édifice. Attenant ce jardin H font exprimés les bâtimens des baffe-cours contenant les écuries, les remifes, les cuifines, les offices, &c, qui ont leur dégagement dans la rue de Vaugirard.

La grande allée I eft la promenade la plus fréquentée de ce jardin ; à l'une
des

des extrémités de cette allée est élevé un magnifique morceau d'Architecture marqué K, & dont nous donnons le dessein Planche IX.

Toute la surface de ce jardin est occupée par de grandes allées & des contre-allées dans les intervalles desquelles sont pratiqués des bosquets, des quinquonces, des tapis verds qui, quoique négligés, ne laissent pas que de rendre cette promenade très-peuplée, par le bon air qu'on y respire & la commodité que l'on y trouve d'avoir des allées solitaires en tout tems, malgré la multitude. Cet agrément rendroit ce lieu une des promenades de Paris la plus agréable s'il y avoit des eaux jaillissantes; mais on ne trouve dans ce jardin que le bassin N, quoiqu'il soit à croire que le grand boulingrin circulaire marqué O avoit été fait pour en former un, & que selon le rapport de quelques-uns il y en devoit avoir un autre dans le centre de la demi-lune vers P, qui se feroit alligné avec celui O.

Indépendamment de la principale entrée qui traverse les bâtimens en face de la rue de Tournon, il y en a encore deux autres, sçavoir celle de la rue d'Enfer, marquée L, & celle vis-à-vis des Carmes déchaussés, marquée M.

Plan au rez-de-chaussée. Planche II.

Ce Palais qui fut commencé en 1615 & achevé en 1620, peut être regardé comme un édifice très-important, tant par la quantité des corps de bâtimens & des ailes qui le composent, que par leur grande élévation. Ce bâtiment est de l'espece nommée simple; en général on peut dire que sa distribution se ressent du peu de commodité qu'on affectoit dans l'intérieur des édifices au commencement du dernier siécle. La forme de la cour n'est pas non plus d'une proportion aussi élégante qu'on les fait aujourd'hui, & l'on peut remarquer que les galleries A paroissent ici plus propres à la magnificence qu'à la commodité, leurs issues B ne conduisant que très-imparfaitement dans les appartemens, ce qui auroit été cependant très-essentiel, puisque les équipages ne peuvent arriver au pied du grand escalier C à cause de la terrasse D. (*a*)

Le porche E est une des parties la plus intéressante de cet édifice pour ce qui regarde la décoration extérieure; mais son peu de largeur annonce assez médiocrement l'entrée principale de ce Palais. Celle de la cour au jardin est encore moins digne de la magnificence d'une Maison Royale, l'escalier en occupant la plus grande partie, contre toute idée de vraisemblance : d'ailleurs cet escalier (*b*) est si massif, si sombre, & son échappée si basse, que le passage F laisse à peine un accès convenable au concours des personnes qui viennent profiter de la promenade de ce Palais.

Les deux pavillons G qui saillent d'environ 40 pieds sur le jardin peuvent être regardés comme un défaut essentiel parce qu'ils masquent la plus grande partie du milieu de cette façade. Il est vrai que ces pavillons, ainsi que ceux marqués H, sont les seules parties de ce bâtiment dans lesquelles sont distribués des appartemens doubles, leur intervalle n'étant occupé au rez-de-chaussée & au premier étage que par des pieces servant de communication à ces pavillons, de sorte que les principaux aspects des appartemens de ce Palais donnent sur les faces latérales I, K.

Les avant-corps L, M en saillie du côté de l'entrée sont beaucoup plus tolérables, ils flanquent les galleries A, & annoncent d'une maniere grave & imposante l'immensité de ce bâtiment. Si ces pavillons avoient pû s'appercevoir de la rue de Tournon, l'aspect de ce Palais auroit sans contredit formé un des plus

---

(*a*) Cette terrasse est revêtue d'une balustrade de marbre blanc ornée de piédestaux exprimés dans la Planche VI. Sur ces piédestaux on voyoit autrefois des statues aussi de marbre blanc qui furent vendues avec les meubles de Marie de Médicis, lorsque cette Reine pour des raisons particulieres se retira du Royaume.

(*b*) Selon la description de Paris, cet escalier n'est pas de de Brosse, ce fut Marie de la Vallée qui en donna les desseins, & Guillaume de Toulouse qui en eut la conduite.

beaux coups d'œil qu'il y eut à Paris ; cela néanmoins n'étoit gueres poſſible ,
puiſqu'il auroit fallu que cette rue eut eu 50 toiſes de large. Au défaut de cette
enfilade, du moins falloit-il , lorſque l'on a planté cet édifice, éviter l'obliquité
que forme l'axe de cette rue avec celui de ce Palais ; cette irrégularité eſt ſenſible dans le plan général, Planche premiere.

Plan du premier étage. Planche III.

La diſtribution de cet étage eſt recommandable par la fameuſe gallerie connue
ſous le nom de Rubens, dans laquelle cet habile Peintre a repréſenté l'hiſtoire
de la vie de la Reine Marie de Médicis, dont nous ne parlerons point ici , la
deſcription de cette ſuperbe gallerie étant dans les mains de tous les amateurs.
L'aile de bâtiment qui eſt oppoſée à celle-ci étoit auſſi deſtinée pour une gallerie dans laquelle ce célébre Artiſte devoit peindre l'hiſtoire de Henri IV ; mais
comme des événemens particuliers en ont empêché l'exécution , lorſque vers 1734
on fit des réparations conſidérables à ce Palais, on a pratiqué dans cette gallerie
des appartemens qui ſervent depuis l'année derniere à expoſer publiquement deux
fois la ſemaine une partie des tableaux de Sa Majeſté. La Chapelle placée du côté du jardin eſt eſtimée particulierement parce qu'elle eſt terminée par une voûte
en cul de four d'un trait aſſez hardi pour le tems où elle fut bâtie, & dont l'e-
xécution eſt de Dominique de la Font. On remarque dans cette Chapelle des
peintures ſur bois que l'on croit être d'Albert Durer ; d'ailleurs tous les appartemens de ce Palais ont de la grandeur & ſont décorés avec magnificence dans le
goût ancien ; ils ſe font remarquer particulierement par quelques excellens tableaux du Guide, de Vandeick, de Charles de la Foſſe, &c.

Plan du ſecond étage. Planche IV.

Ce ſecond étage eſt compoſé de divers petits appartemens occupés par différens particuliers, depuis que ce Palais n'eſt plus habité par des têtes couronnées ; leur diſtribution, qui eſt aſſez diſtincte dans cette Planche, donne à connoître la commodité dont on ſçait faire uſage dans ce ſiécle, puiſqu'ils ont été
conſtruits lors du rétabliſſement conſidérable qu'on fit à ce Palais en 1734. Derriere le grand eſcalier ſe voit la cage de la Chapelle qui monte de fond, à côté
de laquelle on remarque le plan des terraſſes du ſecond étage.

Dans les deux aîles de bâtimens du côté de la cour on a marqué le comble
à deux égoûts avec le plan des baluſtrades qui s'élevent ſur les murs de face, &
qui ne laiſſant pas un chaineau aſſez conſidérable , leur occaſionnent de conti-
nuelles reparations. Cette conſidération doit déterminer à ne faire uſage des baluſtrades que lorſqu'on veut couvrir un bâtiment en terraſſe, ainſi qu'il ſe remarque à ce Palais du côté du jardin, & du côté de l'entrée, ou lorſqu'on pratique
des toits ſi peu élevés que l'on n'a pas lieu de craindre l'engorgement des chai-
neaux : on voit auſſi dans ce plan le ſallon ou belvedere placé du côté de la rue,
& dans lequel on arrive par un petit eſcalier donnant à l'endroit marqué A. De
ce belvedere on remarque d'un côté toute la Rue de Tournon, & de l'autre l'enſemble des bâtimens de ce Palais, dont la diſtribution des dehors & l'ordonnance préſentent un aſſez bel aſpect.

De la décoration exterieure de ce Palais en général.

L'ordonnance & la proportion des formes générales de cet édifice peuvent
être regardées comme un chef d'œuvre ; c'eſt pour cette raiſon ſans doute que ce

Palais s'est attiré une estime générale de la part des connoisseurs à qui les masses semblent suffire, un examen plus circonstancié ne regardant ordinairement que ceux qui veulent faire une étude plus particuliere de l'art de bâtir. Aussi faut-il convenir que si les parties répondoient au tout ensemble, on pourroit proposer cet édifice comme un ouvrage d'Architecture accompli. Quelques observations que nous allons faire en particulier sur chacune des façades de ce bâtiment nous feront remarquer les beautés qu'on y doit admirer, aussi bien que les licences qu'il seroit à souhaiter que l'on eut évitées.

Les beautés reconnues telles dans la décoration de ce Palais consistent dans le caractere de virilité qu'on remarque dans toute son ordonnance, dans la sévérité des formes, la pureté des profils, la proportion particuliere de certaines parties, & en général dans un certain goût antique également soutenu dans la totalité ainsi que dans les détails de l'Architecture & les ornemens qui le composent.

Les licences qu'on y remarque consistent dans l'application de l'Ordre Toscan au rez-de-chaussée, dans l'ordonnance d'un Palais où la solidité devoit présider, mais non pas la rusticité, surchargée même par l'affectation des bossages qui regnent dans tous les Ordres; dans les reslauts trop réiterés qu'on remarque sur chaque accouplement des colonnes ou pilastres, sans en excepter le Toscan; dans le deffaut de rapport, en général, qu'on a négligé d'observer dans la proportion de la plupart des arcades du rez-de-chaussée; dans le peu de régularité de la distribution des metopes & des mutules de l'Ordre Dorique, & enfin dans le deffaut de convenance & de proportion qu'on remarque entre les allégories mal entendues de la sculpture & entre sa grandeur gigantesque par rapport à l'Architecture.

Elevation du côté de l'entrée. Planche V.

Le merite principal de cette élevation consiste dans la composition générale de l'avant corps du milieu dont les formes pyramidales & isolées, dans sa partie supérieure, font un bon effet vûes du principal corps de logis & considerées dans toute la longueur de la rue de Tournon. A l'égard des parties de son ordonnance, nous remarquerons que l'arcade Toscane est beaucoup trop svelte, celle Dorique trop peu élevée, & la hauteur de l'Attique trop racourcie, parce que ce dernier formant une retraite considérable, vû d'en bas, la saillie que forme l'Ordre de dessous détruit une partie de la hauteur réelle de cet Attique ; ce qui auroit dû déterminer à l'élever sur un socle proportionné à un point de distance donné. Cette élevation qui auroit donné plus de hauteur auroit rendu la forme du dôme, ainsi que la proportion de la lanterne, moins pesante : sans doute l'on a préferé l'uniformité de la hauteur de cet Attique avec celui qui regne sur chaque pavillon des extrémités. Mais 1°. cette uniformité n'étoit pas nécessaire puisque ces corps sont isolés & éloignés les uns des autres. 2°. Il est bon d'observer que les Attiques de ces Pavillons sont à plomb de l'Ordre de dessous, & que celui de l'avant-corps dont nous parlons étant d'une forme circulaire sur un plan quarré & reculé de près de 5 pieds, sembloit permettre une hauteur différente & peut-être même un Ordre Ionique, dont on a fait usage dans quelques parties de ce bâtiment avec moins de nécessité. Il paroît aussi qu'il auroit été mieux que les statues qui sont placées autour de cette espece de rotonde, eussent été distribuées sur la balustrade quadrangulaire qui lui sert d'empattement : elles auroient par là servi d'amortissement à l'Ordre Dorique & ajouté plus d'élegance à cette partie superieure, sans pour cela lui donner un air trop svelte, qui seroit contraire à l'ordonnance de ce bâtiment.

Aux deux côtés & au pied de cet avant-corps sont deux murs au-dessus de chacun defquels eft une baluftrade, fervant d'appui à des terraffes dont les plans font exprimés fur la Planche III. Ces murs font revêtus de pilaftres Tofcans, & leurs intervalles font ornés de tables, dont la diftribution, la dimenfion & l'ordonnance font un très-bon effet.

Les deux gros pavillons des extrémités de cette façade font décorés de deux Ordres de pilaftres, furmontés d'un Attique couronné par une baluftrade & terminé par un comble d'une hauteur exceffive, ainfi qu'on le pratiquoit dans le dernier fiécle. Toute l'ordonnance de l'Architecture de ces Pavillons eft affez fimétrique, quant à leur maffe, mais les parties font moins régulieres, foit par la diftribution des triglyphes, foit par le trumeau du milieu qui doit toujours être regardé comme une licence condamnable, principalement dans la compofition d'un Palais de cette importance.

Elevation du côté de la Cour, prife fur la ligne NO de la Planche II.
Planche VI.

Cette façade eft compofée d'un avant-corps, de deux arrieres - corps, & de deux pavillons; fur ces derniers feulement font élevés trois Ordres, Tofcan, Dorique & Ionique. Au milieu de ces pavillons fe voyent les coupes des deux galleries dont nous avons parlé : l'une marquée A eft la galerie peinte par Rubens ; l'autre B eft celle où devoit être repréfentée l'hiftoire de la vie de Henri IV par le même artifte, & à la place de laquelle on a diftribué les appartemens marqués fur la Planche III (*c*). Au-deffous fe voyent les galleries pratiquées au rez-de-chauffée, & dont nous avons auffi parlé.

L'avant-corps de cette façade eft percé par trois ouvertures; celle du milieu au rez-de-chauffée eft en plein ceintre, & celles des côtés font quarrées & d'un plus petit diamétre. Sur ces dernieres font des mezzanines qui enferment deux buftes de marbre blanc : l'un eft celui de Henri IV, & l'autre celui de la Reine Marie de Medicis. Au-deffus de la clef de l'arcade fe remarque le bufte de Louis XIII. Les croifées du premier étage font à platte-bandes droites, dont celle du milieu eft plus ornée : au-deffus de cet étage eft un Attique couronné d'un fronton circulaire dans le tympan duquel font les armes de France ornées de guirlandes & de genies d'un goût pefant. Ce fronton eft furmonté de figures affifes dont la proportion eft trop forte, non-feulement par rapport à celle des Ordres de cette façade, mais auffi parce qu'étant pofées fur un Attique, elles doivent alors avoir un fixiéme de proportion moins que toutes celles qui font pofées fur un Ordre régulier. Auffi eft-il facile de juger de la forme gigantefque de ces figures, en les comparant avec les quatre ftatues élevées fur le fecond Ordre audevant de l'Attique, lefquelles font déja trop confidérables, par rapport aux colonnes Doriques; les ftatues (ainfi que nous l'avons rapporté dans notre Introduction) ne devant avoir gueres plus du tiers de l'Ordre fur lequel elles font elevées.

Toutes les arcades du rez-de-chauffée dans les arrieres-corps ne font que feintes, & renferment des croifées réelles ; elles font l'une & l'autre d'une proportion affez convenable à l'Ordre Tofcan. Les croifées de l'Ordre Dorique & celles de l'étage Attique font les mêmes que celles de l'avant-corps. Nous ne parlons point ici

(*c*) Les Planches du Luxembourg que nous donnons ici ont été gravées par Marot, & il y a toute apparence qu'elles ont été faites partie fur les projets de de Broffe, partie fur l'exécution qui vraifemblablement n'étoit pas encore finie lors de la gravûre de ces Planches. Au refte les changemens ne font pas confidérables, & comme nous nous propofons dans le huitiéme Volume de donner les détails en grand des principales parties de ce monument que nous avons fait lever très-exactement fur les lieux, nous avons confidéré les Planches dont nous parlons comme fuffifantes, & nous avons ajoûté aux anciennes feulement le plan général, ceux du premier & du fecond étage, qui n'avoient pas encore été gravés, ainfi que le deffein de la grotte marquée K dans le plan général, & repréfentée en particulier fur la Planche IX.

des

des proportions particulieres de ces croisées qui sont gravées assez infidellement, Palais du Luxembourg. ayant dessein (comme nous venons de le dire) d'en donner les mesures fort exactes aussi bien que les profils principaux, réduits sur une grande échelle, comme autant de chefs-d'œuvres qui méritent une attention singuliere. Toute cette façade est terminée par un comble à deux égoûts sur lequel sont exprimées les cheminées distribuées avec simétrie, & décorées à grands frais, selon l'ancien usage. Au bas de cette élévation, entre les deux gros Pavillons, se remarque la terrasse, le perron, & la balustrade dont nous avons parlé, Planche II.

Elévation & coupe sur la longueur du bâtiment prise sur la ligne P Q *de la Planche II.* Planche VII.

On voit sur cette Planche l'élévation du dedans de la cour du Palais du Luxembourg, ainsi que le retour des Pavillons du côté de la cour & du côté du jardin. A exprime l'une des faces laterales de l'avant-corps du milieu de la façade du côté de la rue, avec la coupe d'une des galleries qui regnent aux deux côtés de cet avant-corps, B est le retour d'un des Pavillons qui termine cette façade du même côté. C montre la façade d'une des ailes qui regne sur la longueur de la cour & dans le premier étage de laquelle est la gallerie de Rubens. Les arcades de l'Ordre Toscan de cette aile de bâtiment sont beaucoup trop sveltes pour cet Ordre, par la hauteur immense des piédestaux qui ont plus du tiers des pilastres, ayant 6 pieds 2 pouces & demi & les pilastres n'ayant que 16 pieds 10 pouces. Dans ces arcades sont exprimées des croisées & une porte pratiquées anciennement dans le fond de cette gallerie donnant sur le mur de face du jardin de l'orangerie, & qui ont été bouchées depuis l'édification de ce bâtiment. Les croisées du premier étage, lors des réparations considérables dont nous avons parlé, ont été baissées jusques sur l'entablement Toscan, ce qui leur donne une proportion plus élegante ; elles seroient néanmoins un meilleur effet, si l'on eût préferé dans l'exécution une balustrade à des balcons de fer pour former leur appui.

Nous avons déja observé que toute l'Architecture de ce bâtiment étoit surchargée de bossages & de refends, sans en excepter l'Ordre Dorique, l'Ordre Ionique, & l'étage Attique ; mais il est essentiel de remarquer ici que dans les deux Ordres Toscan & Dorique où ces bossages sont plus tolérables que par tout ailleurs, il est cependant contre toute regle de convenance de n'avoir affecté que des refends sur le nud des murs du rez-de-chaussée, qui sont des parties rentrantes, pendant au contraire que dans le premier étage l'on a fait usage de bossages, qui sont autant de parties saillantes, de maniere que les murs qui portent ici, paroissent être affoiblis, pendant que ceux qui sont portés sont traités d'une maniere plus virile. Il est vrai que l'on a affecté dans le fust des Ordres des bossages continus au Toscan & des bossages alternatifs au Dorique. Cette considération auroit dû porter à éviter cette inadvertance dans la décoration du nud des murs, comme étant contraire à la vraisemblance & aux regles du bon goût. Nous n'examinerons point ici si l'usage des bossages est convenable à la décoration d'un édifice de l'importance de celui dont nous parlons, ayant déja remarqué plus haut que de Brosse avoit été chargé d'imiter ce genre de décoration d'après le Palais *Pitti*, à Florence.

Nous avons déja blamé les ressauts trop reiterés des entablemens. Il est aisé de s'appercevoir combien ils sont contraires ici à la rusticité & à la solidité des Ordres Toscan & Dorique, principalement dans le premier, qui se trouvant élevé considerablement par la hauteur des piédestaux, contribue à rendre l'Ordre Dorique de dessus d'une proportion qui tient de l'Attique. D'ailleurs ces ressauts empêchent l'architrave qui regne dans les entrepilastres Toscans, d'avoir un relief égal à la

faillie de ces mêmes pilaftres. Ce relief cependant auroit rendu l'Architecture
plus mâle, & fe feroit accordé avec les Boffages qu'on a affecté aux Ordres qui
difputent avec l'élegance de ces retours, celle des arcades, & la hauteur des
piédeftaux, parce que cet affemblage préfente une union des contraires qui eft effentiellement néceffaire à éviter, comme le plus grand des abus, dans la compofition
d'un édifice tel qu'il puiffe être.

On voit en D le retour d'un des pavillons du principal corps de logis, lequel
ainfi que celui E, du côté du jardin, eft décoré de trois Ordres élevés l'un fur
l'autre, comme nous l'avons déja remarqué; ces pavillons fimétrifent avec ceux
qui leur font oppofés. Toutes les autres parties de ce bâtiment font de hauteur
variée, les arriere-corps du côté de la rue n'ayant qu'un étage, les ailes de la
cour en ayant deux, & les pavillons du côté de l'entrée, ainfi que le milieu du
principal corps de logis, ayant deux Ordres & un Attique : de maniere que ces divers affemblages, produifent des penetrations & des inégalités qu'il feroit dangereux d'imiter dans l'ordonnance d'un bâtiment grave & regulier. Cette diverfité
d'élevation n'eft tolérable que lorfqu'il s'agit dans un édifice d'une grande étendue de fe menager des formes pyramidales par le fecours de quelques parties fuperieures; mais elle reuffit rarement dans un bâtiment dont l'efpace refferré ne
permet pas trop d'inégalité dans l'ordonnance des differens pavillons qui le compofent, parce que bien loin d'y ajouter un plus grand mérite, ces reffauts trop
réiterés, ces penetrations & ces inégalités n'y aportent que de la confufion. De-
là il eft aifé de conclure que dans un bâtiment replié fur lui-même, tel que celui
dont nous parlons, la fimplicité des formes, l'œconomie des ornemens, & la retenue
des reffauts, doivent être confiderées comme une beauté préférable à tout ce que
l'invention & le génie peuvent fuggerer.

F eft la coupe du milieu du principal corps de logis entre cour & jardin, dans
laquelle eft exprimée la décoration intérieure telle qu'elle a été executée dans
l'origine de ce bâtiment, ayant été changée pour la plus grande partie depuis
environ 30 ans, & les cheminées qui fe voyent ici étant à préfent placées du
côté oppofé (Voyez les planches 2, 3 & 4). G eft la coupe d'une des petites galleries du côté du jardin formant terraffe au premier étage. H enfin donne le profil, ou la face laterale de l'avant-corps du milieu de ce bâtiment, & dans
lequel au-deffus du rez-de-chauffée eft placée la Chapelle qui comprend la hauteur
de l'Ordre Dorique & de l'Attique, ainfi que nous l'avons déja obfervé, *page* 50.

Elevation du côté du Jardin. Planche VIII.

L'ordonnance de cette façade eft la même que toutes les précedentes, ainfi
tout ce que nous avons dit concernant les beautés & les licences qui fe remarquent dans cet édifice peut s'appliquer à l'enfemble de cette élevation. Nous
rappellerons feulement en peu de mots, qu'il eft aifé de fe convaincre que la
trop grande faillie des Pavillons C offufque le milieu de ce bâtiment qui forme un arriere-corps de 40 pieds, & nous obferverons que les arcades des galleries du rez-de-chauffée marquées A paroiffent trop courtes, parce qu'à la place
des piédeftaux, que nous avons dit être trop élevés du côté de la cour, on ne
voit ici qu'un focle d'environ un pied. Il feroit cependant à fouhaiter au contraire, lorfque la difpofition du terrain le peut permettre, que la façade du côté du
jardin d'un Palais pût être élevée du fol de quelques pieds, autrement fon ordonnance paroît enterrée, ce qui nuit à l'élegance de fa décoration, de laquelle
dépend le fuccès de l'afpect d'un édifice.

Nous remarquerons auffi que dans un bâtiment élevé pour la réfidence d'une
tête couronnée, il eft de la prudence d'un Architecte de mediter les fymboles,

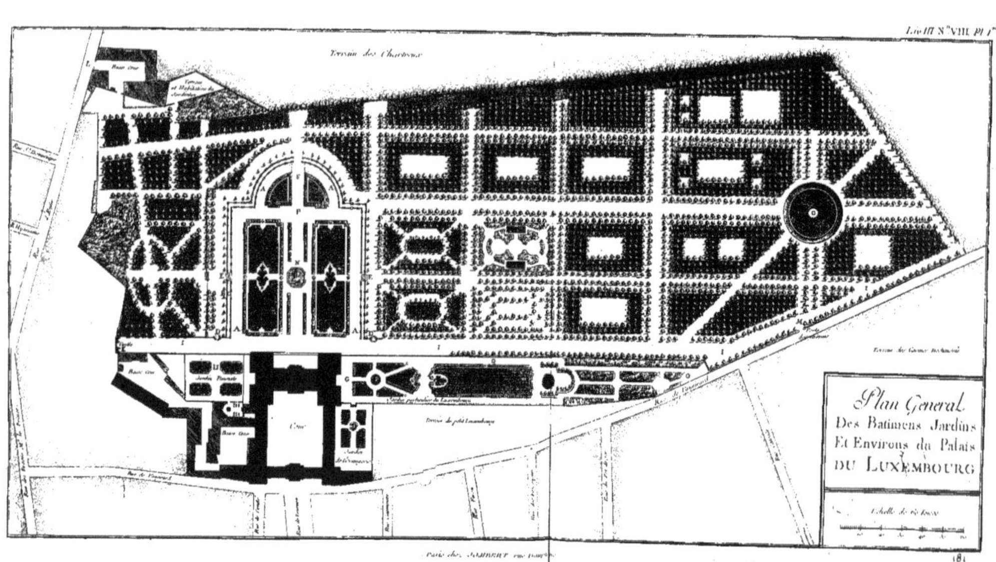

Liv. III N.° VIII Pl. I.re
Terrain des Chartreux
Terrain des Gardes Bataillon
Plan General
Des Batimens Jardins
Et Environs du Palais
DU LUXEMBOURG
Echelle de 60 toises
Paris chez JOMBERT rue Dauphine
181

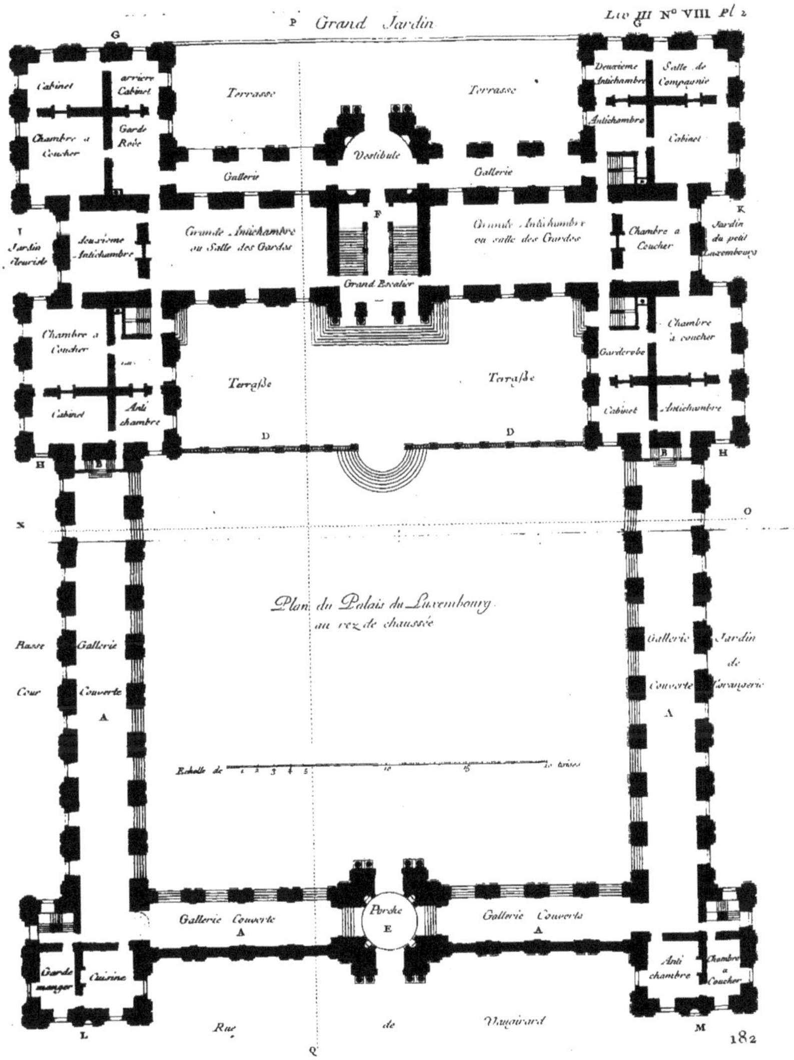

Liv III N° VIII Pl 2

P Grand Jardin

G
Cabinet
arriere Cabinet
Terrasse
Terrasse
Deuxième Antichambre
Salle de Compagnie
Chambre a Coucher
Garde Robe
Vestibule
Antichambre
Cabinet
Gallerie
Gallerie
I
Jardin fleuriste
Deuxième Antichambre
Grande Antichambre ou Salle des Gardes
F
Grande Antichambre ou salle des Gardes
K
Jardin du petit Luxembourg
Chambre a Coucher
Grand Escalier
Chambre a Coucher
Cabinet
Antichambre
Terrasse
Terrasse
Chambre a coucher
Garderobe
Cabinet
Antichambre
D
D
H
B
B
H
N
O
Plan du Palais du Luxembourg
au rez de chaussée
Basse Cour
Gallerie Couverte
A
Gallerie Couverte
A
Jardin de l'Orangerie
Echelle de
10 toises
Gallerie Couverte
A
Porche
E
Gallerie Couverte
A
Garde manger
Cuisine
Anti chambre
Chambre a Coucher
L
Rue
de
Vaugirard
M
Q

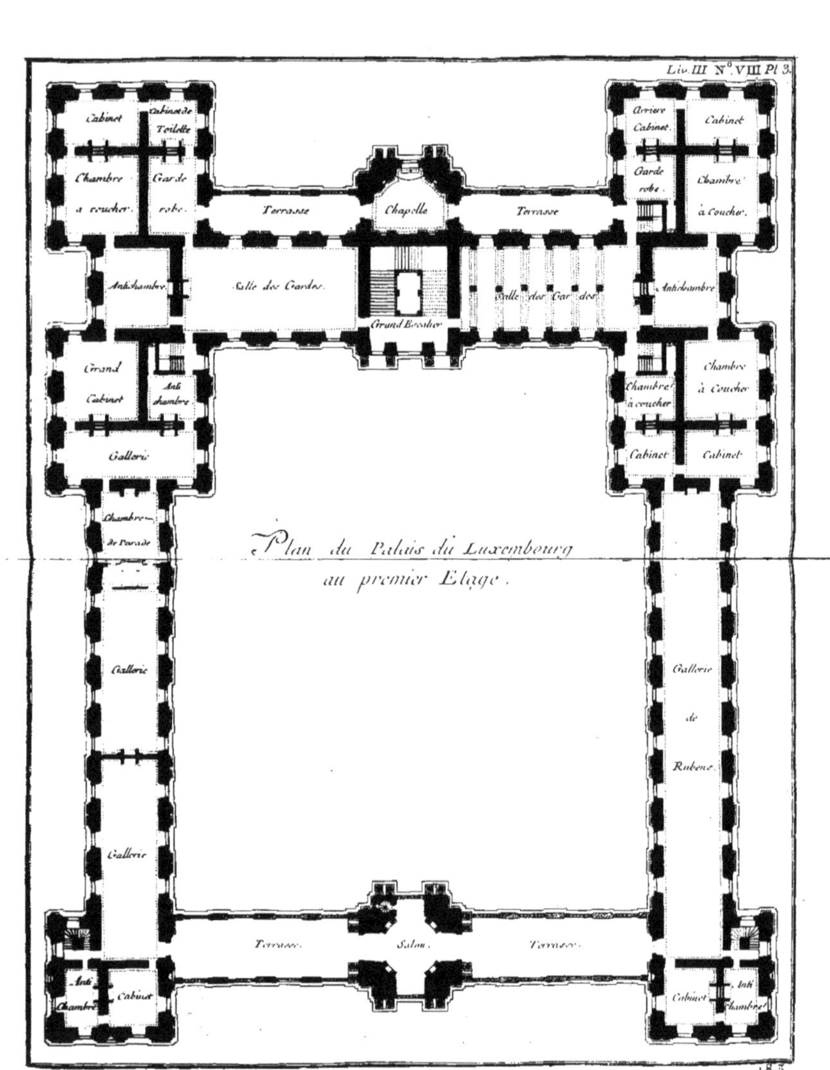

Cabinet
Cabinet de Toilette
Arriere Cabinet
Cabinet
Chambre a coucher.
Garde robe.
Garde robe.
Chambre à Coucher.
Terrasse
Chapelle
Terrasse
Antichambre
Salle des Gardes
Salle des Gardes
Antichambre
Grand Escalier
Grand Cabinet
Anti chambre
Chambre à coucher
Chambre à Coucher
Gallerie
Cabinet
Cabinet
Chambre de Parade
Gallerie
Gallerie de Rubens
Gallerie
Gallerie
Terrasse
Salon
Terrasse
Anti Chambre
Cabinet
Cabinet
Anti Chambre
Plan du Palais du Luxembourg
au premier Etage.

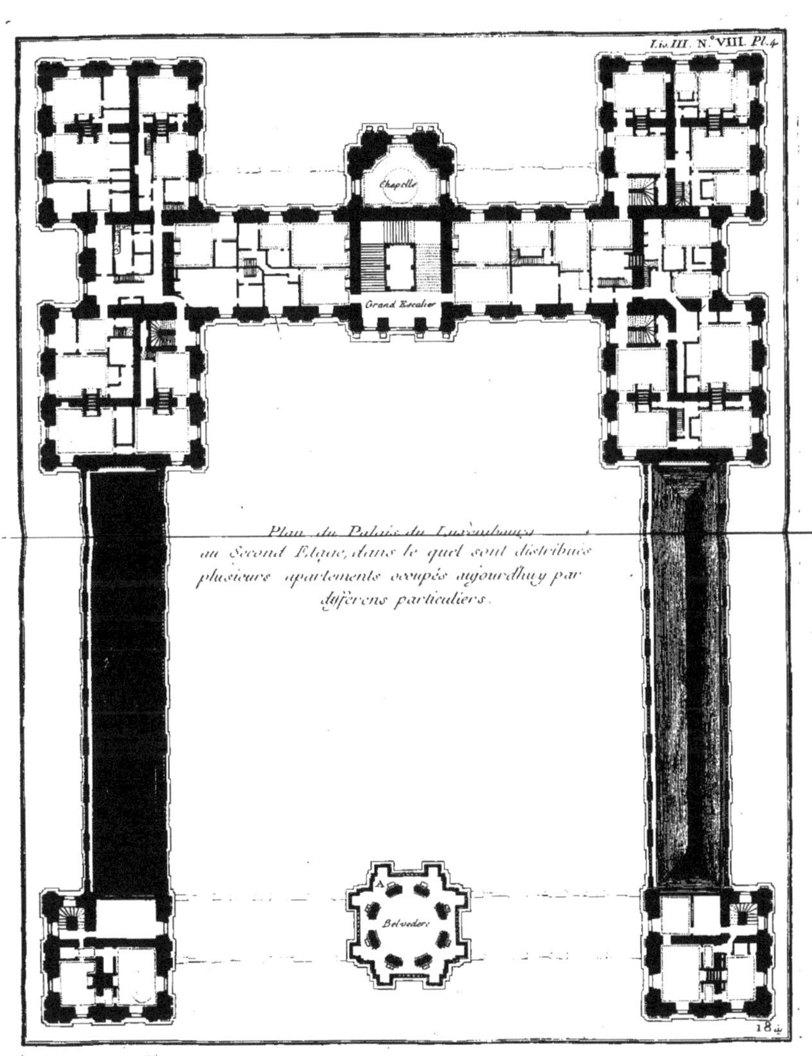

Plan du Palais du Luxembourg
au Second Etage, dans le quel sont distribués
plusieurs apartements occupés aujourdhuy par
différens particuliers.

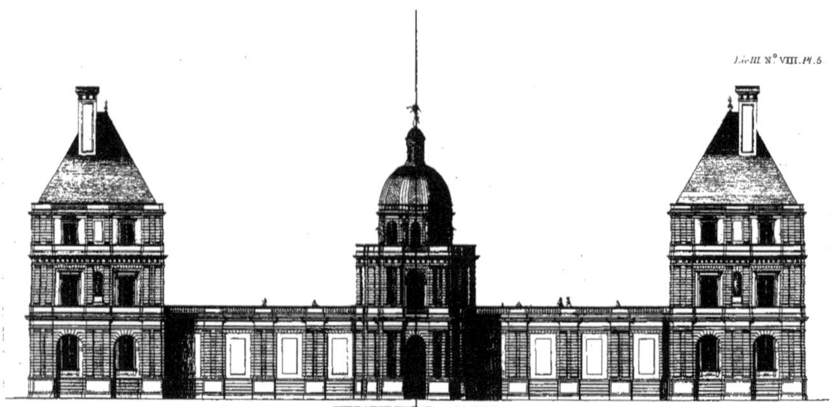

Elevation de l'entrée du Palais du Luxembourg en face de la rue de Tournon.

A Paris chez Charles-Antoine Jombert, Libraire du Roi pour l'Artillerie et le Génie, rue Dauphine à l'Image Notre-Dame.

les attributs & les allegories des ornemens de Sculpture, qui dans la façade du Palais du Luxembourg. monument dont nous parlons, ne fe trouvent pas heureufement diftribuées. Par exemple, nous avons dit plus haut que la Chapelle étoit fituée dans le premier étage de l'avant-corps B. Nous remarquerons ici que fon ufage particulier n'avoit pas befoin d'être annoncé dans les dehors ; car pour en avoir voulu ufer ainfi, il en eft réfulté deux inconvéniens. 1°. Que le dôme & la lanterne font un genre d'Architecture trop vifiblement du reffort des Temples facrés, de même que le fronton circulaire, les vitraux de l'arcade Dorique & les compartimens du milieu de l'étage Attique. 2°. Que les fymboles des figures qui fe trouvent affifes fur ce même fronton, & qui font confacrés à la religion, fe trouvent alliés avec auffi peu de vraifemblance que de raifon, avec les attributs du Paganifme diftribués dans les métopes de l'Ordre Dorique, que de Broffe a imités trop feverement d'après l'antique ; de maniere que ce contrafte bleffe les yeux intelligens. Ajoutons à cela que toutes les autres ftatues de cet avant-corps, & les figures placées fur les frontons triangulaires des Pavillons C font des attributs de la fable. Cette inadvertance, qui n'eft pas excufable, doit rendre un Architecte attentif à obferver les loix de la convenance, comme le point le plus effentiel de la décoration extérieure des bâtimens de quelque importance.

Ces obfervations appliquées à un édifice qui a fait jufqu'à préfent l'admiration des citoyens & de la plupart des étrangers, paroîtront fans doute expofées ici avec trop de fincérité, mais comme notre objet eft d'inftruire, & que ce motif ne peut fe concilier avec un efprit de parti, je continue de croire qu'on me fçaura quelque gré (fans avoir égard au préjugé vulgaire) de faire connoître toutes les beautés qui fe rencontrent indiftinctement dans les monumens que je décris, de même que les licences qui s'y trouveront introduites, foit par la diftance des tems où ils ont été érigés, foic par les nouveautés peu reflechies dont on ufe aujourd'hui, fans chercher à fe rendre compte fi ces nouveautés ont droit de plaire, ou fans examiner fi l'on doit porter une veritable eftime à des ouvrages qui n'ont fouvent d'autre merite que leur antiquité.

Grotte du Jardin du Luxembourg. Planche IX.

En décrivant le plan general de ce Palais nous avons annoncé la décoration de cette grotte dont nous donnons ici le plan & l'élevation comme un chef d'œuvre de l'art pour le goût de l'exécution. Son ordonnance eft compofée de quatre colonnes Tofcanes ifolées, dont le fuft eft orné de congellations en deux parties, & au milieu duquel eft une ceinture à la hauteur de l'impofte continu qui reçoit la retombée du cul de four des trois niches de cette grotte. Cet Ordre forme trois entrecolonnemens : celui du milieu eft occupé par une grande niche au-deffus de laquelle s'éleve un Attique fervant d'amortiffement à cette compofition. Cet Attique comprend un grand écuffon & eft couronné d'un fronton circulaire ; fur chaque petit entrecolonnement font d'un côté un Fleuve & de l'autre une Nayade appuyés fur une urne. L'expreffion & la touche de ces figures font de toute beauté, quoique d'une proportion un peu forte pour le diamétre des colonnes & des membres d'Architecture qui les reçoivent. Aux deux côtés de ce frontifpice fe remarquent des murs de terraffe, dont la degradation fur le lieu & le deperiffement de tout l'ouvrage, femblent reprocher à notre fiecle l'indifférence que la plupart de nos François ont pour les ouvrages qui ne font pas de leur tems.

CHAPITRE IX.

Description du Jardin de l'Hôtel de Chaulnes, situé rue d'Enfer.

Hôtel de Chaulnes.

NOUS ne donnons ici que le plan du jardin de cet Hôtel, les bâtimens en étant déja gravés dans d'Aviler, avec leur description, page 213; nous dirons seulement ce qui a été obmis par cet Auteur, sçavoir, que ces bâtimens furent élevés, en 1707, pour les Chartreux, sur les desseins de M. Courtonne (*a*) Architecte du Roi. Ces Religieux vendirent cet Hôtel à vie à Madame la Duchesse de Vendôme, qui le fit aggrandir & embellir, sous la conduite du sieur le Blond; M. le Duc de Chaulnes l'occupe aujourd'hui & y fait sa residence.

Le jardin de cet Hôtel est du dessein de M. le Blond, qui entendoit superieurement cette partie. Il est contenu dans un terrain assez spacieux mais très-irrégulier, situé entre le clos des Chartreux & le jardin du Luxembourg. Ce jardin est distribué de maniere qu'en face du bâtiment, le Blond a pratiqué une très-grande partie découverte, occupée par un parterre de broderie mêlé de massifs de gason & entouré de platte-bandes de fleurs; le sommet de ce parterre est plus étroit que sa base, & reçoit sa forme de la palissade qui l'environne, qui la tient elle-même de l'irrégularité du terrain, tant il est vrai qu'un homme intelligent sçait tirer parti du lieu le plus ingrat, pour trouver des formes ingenieuses qu'un terrain plus regulier ne lui auroit peut-être pas fait naître. Ce qui contribue encore à rendre cette partie decouverte plus agréable, c'est qu'elle est terminée heureusement par une portion circulaire, dont le coup d'œil est prolongé par l'allée A. Ce percé auroit néanmoins mieux réussi si l'allée avoit été tenue plus large, & si on l'avoit terminée d'une maniere plus reguliere, ou par quelque objet interessant, tel qu'une figure, une niche, un Portique &c.

La portion circulaire dont nous venons de parler, a donné occasion à un boulingrin B, dont la forme se joint avec celle du parterre d'une maniere satisfaisante; néanmoins il auroit été à souhaiter que l'allée C eût été repetée en D, ce qui auroit procuré une étoile dont le coup d'œil eût été fort agréable; l'allée E auroit dû être aussi prolongée dans toute la largeur du terrain vers F, & celle G lui être parallele, ce qui auroit évité l'angle trop aigu H; enfin l'allée I auroit aussi dû être parallele à celle K, qui l'étant avec celle A, auroit rendu la distribution de ce jardin reguliere & prolongé de beaucoup les allées. La salle de verdure L auroit dû être tenue plus grande, & celle M d'une forme plus va-

---

(*a*) D'Aviler donne les desseins de cet Hôtel à Mr. le Blond, cependant Mr. Hupeau, Inspecteur Général des Ponts & Chaussées, homme d'un mérite très-supérieur & d'une probité universellement reconnue, m'a assuré qu'il avoit oui dire à Mr. Courtonne qu'il avoit donné les desseins de cet Hôtel, de maniere qu'il se pourroit bien faire, comme cet édifice n'a été gravé qu'après les embellissemens faits par le Blond, qu'on en eut attribué la composition totale à cet Architecte.

Quoiqu'en général il paroisse indifférent à la plupart des Lecteurs de sçavoir précisément le nom des Auteurs des bâtimens que nous donnons ici, néanmoins il paroît nécessaire pour les Auteurs de ne pas donner aux uns les ouvrages des autres; à propos de quoi je rapporterai que le *Traité de la theorie du Jardinage* connu sous le nom de le Blond, appartient à Monsieur *d'Argenville*, & que le Blond n'y a part que pour les desseins qui sont effectivement de sa composition, à l'exception des derniers que M. d'Argenville y a ajoûtés dans sa quatriéme Edition de 1747.

Je prie à cette occasion les personnes qui s'intéres-sent à ce Recueil de l'*Architecture Françoise*, de me passer les inadvertances presque indispensables dans un Ouvrage de cette espece, ne sçachant à cet égard que ce que l'on peut m'en apprendre de vive voix. J'ai déja à ce sujet rencontré quelques contradictions assez considérables, la plupart des propriétaires au bout de 20 années ne pouvant très-souvent rendre compte du nom de leur Architecte, de sorte qu'il ne me sera possible de remédier à ces fausses citations involontaires que dans la Table que j'ai promise à la fin du huitiéme Volume, en supposant néanmoins que d'ici à ce tems je ferai quelques découvertes intéressantes soit par une recherche encore plus exacte que celle que je fais actuellement, soit par les avis qui me seront donnés par les personnes intéressées à ces mêmes édifices, & j'avertis dès à présent que l'Hôtel de Madame la Duchesse du Maine, premier Volume, Liv. II, Chap. II, que j'ai dit être du dessein de M. Gabriel le pere, sous la conduite de M. Aubert, est tout de ce dernier, ce qui m'a aussi été confirmé depuis l'impression par M. Hupeau que j'ai déja cité au commencement de cette note.

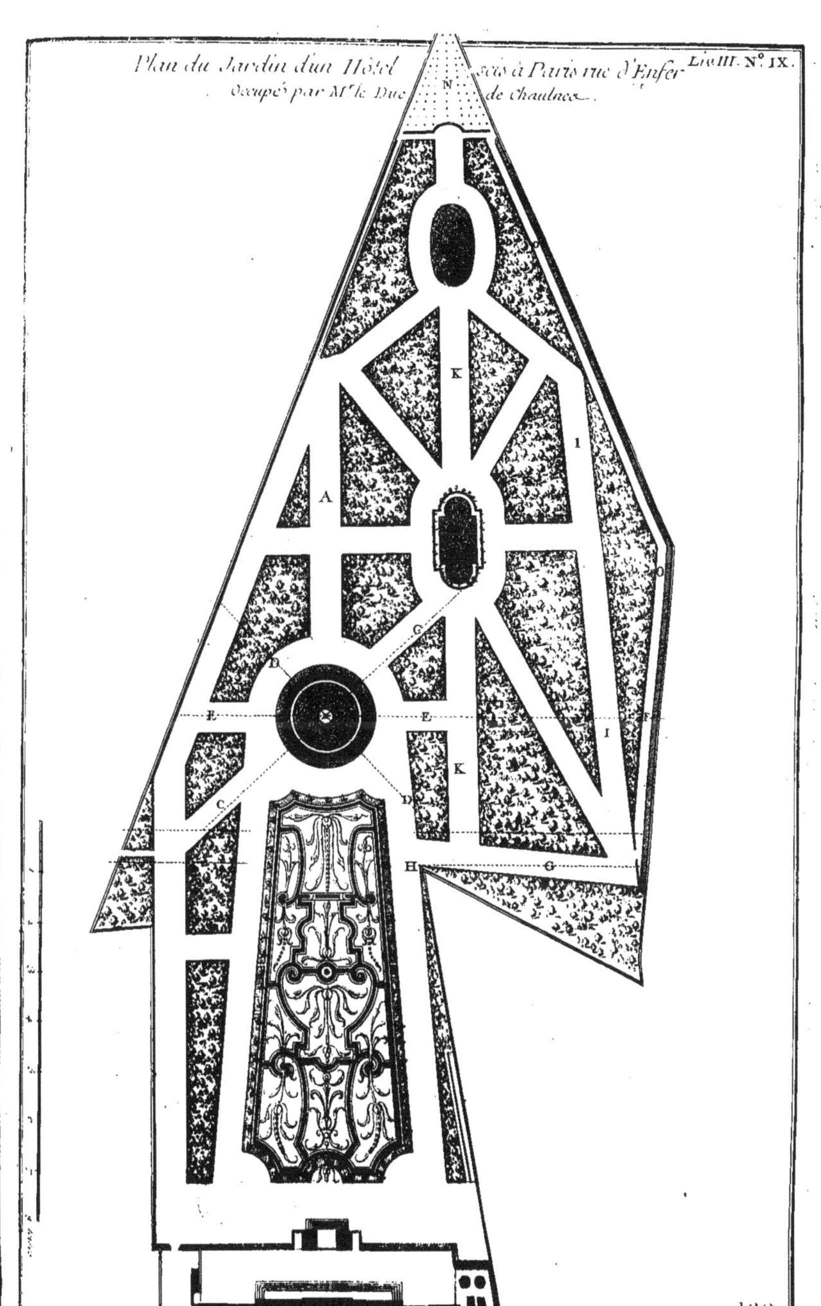

Plan du Jardin d'un Hôtel ... sis à Paris rue d'Enfer
Liv.III. N°. IX.
occupé par M. le Duc de Chaulnes
N
A
K
I
G
D
E
E
F
I
C
K
D
H
O
H
G
100

riée. On auroit aussi pû pratiquer quelques petits cabinets de verdure dans les maffifs des bois, pour servir de retraite dans la promenade, en se reffouvenant néanmoins qu'il n'en faut pas faire un trop fréquent usage, afin de conserver aux maîtreffes allées & à ces cabinets de verdure, de l'ombre & de la fraicheur, ce qui n'eft gueres poffible qu'en laiffant une épaiffeur convenable aux maffifs qui les féparent.

Il eft encore très-néceffaire d'obferver, lorfqu'on veut percer plufieurs allées, qui toutes aboutiffent dans une même piece de verdure, telle que celle L, que ces allées en étoile s'alignent directement, comme faifant la partie principale de la diftribution d'un jardin, & fi cette fujettion rencontre quelques difficultés, du moins eft-il néceffaire de les fçavoir furmonter ou de les éviter pour donner à la difpofition de fon plan une toute autre forme, qui dédommage de ces allées de traverfe, lefquelles n'ayant rien de commun entr'elles ne procurent pas un grand merite à la promenade.

On a conftruit à la place du quinconce N, un cabinet de maçonnerie qui fert de retraite au bout de ce jardin; l'allée O n'a été pratiquée que pour mafquer la conftruction des murs de clôture de ce côté, lefquels font entretenus par des contreforts, le terrain du Luxembourg étant plus élevé que le fol du jardin dont nous venons de parler.

CHAPITRE X.

Defcription du Bâtiment de l'Obfervatoire Royal, fitué à l'extrémité du Faubourg St. Jacques, à Paris.

CE bâtiment deftiné aux Obfervations Aftronomiques a été planté fur la direction d'une ligne méridienne. Pour cet effet les plus habiles Aftronomes de Paris fe tranfporterent fur le lieu où l'on devoit affeoir cet édifice; ayant tiré une méridienne & huit azimuths, ils trouverent la hauteur meridionale du Soleil de 64 degrés 41 minutes, ce qui donne pour la hauteur du Pole à l'Obfervatoire 48 degrés 49 minutes & 30 fecondes, en fuppofant que la vraie déclinaifon du Soleil foit de 23 degrés 30 minutes, & la refraction à cette hauteur d'une demie minute feulement. Ils trouverent auffi que la déclinaifon de l'aiguille aimantée étoit de 15 minutes à l'Occident.

Ce fut Claude Perrault (*a*) célébre Architecte, qui donna les deffeins & qui fut chargé de la conduite de ce monument, dont la fondation fut commencée

(*a*) Claude Perrault, né à Paris en 1613, étoit fils de Pierre Perrault, Avocat au Parlement de cette Ville. Il fut de l'Académie des Sciences & un des fçavans du fiécle dernier. Dans le nombre des connoiffances qu'il poffédoit à un très-haut point de perfection dans les fciences & les beaux arts, tels que la Médecine, les Mathématiques, la Phifique, l'Anatomie, &c, il fit fon capital de l'Architecture & y excella fupérieurement. En effet les monumens que nous avons de lui, tels que le périftyle du Louvre, bâti en 1665, l'Obfervatoire dont nous parlons élevé en 1667, & l'Arc de Triomphe du Thrône, érigé en 1670, font autant de chef-d'œuvres qui ferviront de regles à la poftérité la plus reculée.

Outre ces ouvrages qui peuvent aller de pair avec ce que les anciens nous ont laiffé de plus parfait concernant leurs édifices, nous devons au célébre Perrault la traduction de Vitruve, qu'il fit par ordre de M. Colbert avec tant de fuccès que ce Livre eft devenu l'étude la plus par-

faite & la plus utile à nos Architectes. Enfuite il nous a donné un Traité de l'Ordonnance des cinq efpeces de colonnes felon la methode des Anciens, par une méthode auffi claire qu'intelligente; nous avons auffi de cet Ecrivain les Mémoires qu'il compofa pour fervir à l'Hiftoire naturelle des Animaux, fes Effais de Phifique & fon Recueil de diverfes machines; Ouvrages généralement eftimés & dignes de l'érudition de ce fçavant. Il décéda le 9 Octobre 1688, âgé de 75 ans.

Ce génie fi univerfel a effuyé le fort contraire aux grands hommes, à qui l'on ne rend ordinairement juftice qu'après leur mort; car l'envie & la jaloufie qui de fon vivant l'avoient en quelque forte épargnées, fe font réveillées au point que depuis le commencement de ce fiécle plufieurs Ecrivains & particulierement un Auteur moderne, non-feulement ont voulu effayer de détruire dans le public la haute Idée qu'on avoit conçue de cet homme illuftre, mais même perfuader que les monumens que nous venons de

Obferva-
toire de
Paris.
en 1667 & tout l'édifice entierement achevé en 1672. Louis XIV vifita cet édifice le 21 Mai 1682, & ce furent MM. Caffini, Picart & de la Hire qui expli-
querent à ce Monarque l'ufage & la conftruction des differens inftrumens qui ont
rapport à l'Aftronomie.

Plan du premier étage & élevation du Bâtiment de l'Obfervatoire du côté du Midi.
Planche Premiere.

Plan du Premier Etage. Figure Premiere.

La forme de cet édifice eft un rectangle d'environ 16 toifes fur 14, flanqué de
deux tours pentagonales du côté du midi, & dans le milieu d'une des faces duquel,
du côté du Septentrion, eft un pavillon extericurement quarré qui donne entrée
au rez-de-chauffée de cet édifice, dans un veftibule à pans, dont la premiere
voute eft percée à jour, ainfi qu'on peut le remarquer en A, Planche II, Figure
II, & dans laquelle on peut obferver auffi que cet édifice eft fitué fur une
efplanade inclinée, de maniere que le fol B differe de celui C de 14 pieds, ce
qui fait que le plan que nous nommons ici premier étage, n'eft tel que du côté
du Midi, & qu'il forme le fecond étage du côté du Septentrion.

La diftribution du plan dont nous parlons n'eft autre chofe que la repartition
de plufieurs pieces, dont celles marquées C font deftinées pour l'ufage particulier
de MM. les Academiciens. Il eft feulement à obferver que la piece CC a été pratiquée depuis dans cette tour, qui originairement étoit fans couverture ni divifions
de planchers, mais en forme de cour, fon ufage étant pour mefurer la quantité
d'eau qui tomboit fur notre horifon, par le moyen d'une efpece de cuvette de 2
pieds en quarré, qui fe voit encore fur la terraffe fuperieure de cet édifice. La
piece marquée D eft appellée *Cabinet des fecrets*; elle eft terminée en voute d'ar-
rête, & c'eft une des raifons principales qui fait qu'une perfonne près d'un des
murs de ce cabinet fe fait entendre à une autre perfonne près d'un des murs oppofés, fans que ceux qui font au milieu en entendent rien (voyez dans le Pere
Kircher l'art de conftruire ces fortes de pieces, & l'artifice dont il faut ufer pour
parvenir à cet effet). La piece E eft nommée *méridienne*, parce que c'eft dans
cette falle que M. Caffini a tracé la ligne méridienne marquée AB qui traverfe
l'axe de cet édifice: l'on y voit auffi une ouverture circulaire marquée L, qui
avoit été faite pour obferver les degrés d'acceleration de la chute & defcente des
corps en l'air. Cette ouverture perce tous les planchers depuis les fouterrains jufques fur la terraffe fuperieure de ce monument (voyez ces ouvertures marquées
D dans la coupe, Planche II, Figure II). La piece F eft un veftibule, qui a une
communication libre avec la falle de la méridienne; ce veftibule donne auffi entrée à un efcalier pratiqué pour monter dans les différens appartemens des Academiciens & fur la terraffe de ce bâtiment. Ce même efcalier defcend auffi dans
le veftibule au rez-de-chauffée, & conduit dans les fouterrains connus fous le
nom de *Caves de l'Obfervatoire*, dont nous parlerons dans leur lieu, Planche III.
La falle marquée G étoit autrefois employée à contenir un grand nombre de

nommer n'étoient pas de lui. Quoiqu'il en foit, l'on ne
peut refufer à Perrault un mérite très-fupérieur en Architecture, & il n'eft pas poffible, fans ingratitude pour
les fervices qu'il a rendu à la Patrie, de lui difputer
le talent qui caractérife un bon Architecte, l'érudition
d'un homme de Lettres, & les connoiffances univerfelles
d'un fçavant du premier ordre.

L'Auteur dont nous venons de parler avoit un frere
nommé Charles Perrault, né à Paris en 1627; il a été
Controlleur Général des Bâtimens de France; c'eft à lui
qu'on eft redevable de la création des Académies de Peinture & de Sculpture & de celle d'Architecture à Paris,
fur les Mémoires qu'il en dreffa. Il étoit de celle des
Sciences & de celle des Infcriptions, & ce fut par fon crédit
que ces Académies furent placées dans le Louvre après la
mort du Chancelier Seguier.

Lorfque Charles Perrault eut quitté l'emploi de Controlleur Général des Bâtimens après la mort du Monfieur
Colbert, il fe dévoua entierement aux Belles-Lettres, & a
laiffé quantité d'ouvrages fort eftimés. Enfin après une vie
très-laborieufe il mourut le 10 Mai 1705, âgé de 78
ans.

pieces de mecanique & d'inventions curieuses, mais depuis environ 12 ans elles Obferva-
toire de
Paris.
ont été tranfportées au cabinet du Jardin du Roi. La lettre H marque le grand ef-
calier, dont la conftruction eft affez eftimée, quoiqu'en general la forme en foit
un peu pefante ; les vuides marqués I expriment les conduites pour la décharge
des eaux de la terraffe, & les portes M font des ouvertures pour faciliter le dé-
gorgement de ces conduites.

On n'a point donné la diftribution des autres plans de ce bâtiment, les pieces étant partout les mêmes & leurs ufages étant peu differens de celles dont nous
venons de parler ; nous obferverons feulement ici, que dans la conftruction de
cet édifice l'on n'a employé ni fer ni bois, que toutes les pieces font voutées
avec une folidité immuable, & que l'apareil de chacune de ces voutes eft autant
de chef-d'œuvres auffi bien que l'art du trait, qui y a été pouffé au plus haut degré
de perfection. Ces qualités réunies rendent cet édifice très-recommandable, &
capable de triompher de la rigueur des tems, malgré fa fituation dans un lieu affez
élevé, & la negligence avec laquelle il femble être entretenu, fans pour cela avoir
fouffert aucune alteration depuis quatre-vingt ans qu'il eft conftruit.

Elevation de l'Obfervatoire du côté du Midi. Figure II.

L'utilité ayant été le principal objet de ce bâtiment, M. Perrault qui connoif-
foit à fond les loix de la convenance, a bien fenti qu'il n'étoit pas néceffaire
de chercher à orner la décoration exterieure des façades de cet édifice, & s'eft
dedommagé de cette partie de l'Architecture par la fimplicité, par la fimétrie & la
beauté de l'apareil. Ces qualités font bien plus convenables ici que la magnificence
qu'il a fçû repandre avec tant de fuccès dans la façade du periftyle du Louvre,
qu'il venoit de bâtir deux ans auparavant, & dans l'édification de fon arc de triomphe du Thrône, dont il a donné les deffeins dans le tems que l'on conftruifoit
le monument dont nous parlons. Il a fenti que le lieu des obfervations étant au
premier étage, des croifées fort élevées étoient néceffaires à l'ufage de ce bâtiment :
pour cela il a élevé cette partie fuperieure fur une efpece de foubaffement, dont
la deftination particuliere n'exigeoit pas des ouvertures confiderables. Toutes les
croifées de cette façade font en plein ceintre, celles du rez-de-chauffée font à
impoftes enfermées dans des renfoncemens auffi en plein ceintre, dont la largeur égale l'ouverture réelle des croifées du premier étage, ces dernieres font
ornées de bandeaux au lieu d'archivoltes & d'impoftes. Nous avons dit ailleurs
que les bandeaux ne convenoient pas aux ouvertures en plein-ceintre, certainement il eft mieux d'éviter ce genre de decoration, mais nous ne pouvons nous
refufer au fentiment de l'Auteur, qui fans doute a reflechi, premierement que des
impoftes & des archivoltes auroient trop enrichi cette ordonnance ; en fecond lieu,
que l'ufage des croifées bombées ou quarrées n'auroit peut-être pas tant procuré
de majefté à ce monument qui devoit fe reffentir, malgré fa fimplicité, d'une Architecture grave, reguliere & impofante. C'eft pour cette raifon que Perrault a évité auffi les refends & les boffages dans cette décoration, quoiqu'ils fuffent très
en ufage de fon tems, ayant prévû que cette richeffe Tofcane n'étoit pas du reffort d'un édifice qui ne doit paroître que folide, & confequemment depouillé de
membres d'Architecture ruftique.

Ces deux étages font divifés par un plinthe au-deffus du foubaffement, & pour
éviter la maigreur ordinaire à un membre de cette efpece, Perrault a cherché à
nourrir ce plinthe par l'appui des croifées du premier étage, qu'il a rendu continu dans tout le pourtour de fon bâtiment, de maniere que cette partie fe trouve
ornée, fans trop de pefanteur & fans une richeffe trop indifcrete. La partie fuperieure de cet édifice eft couronnée d'un entablement regulier, du quart de la

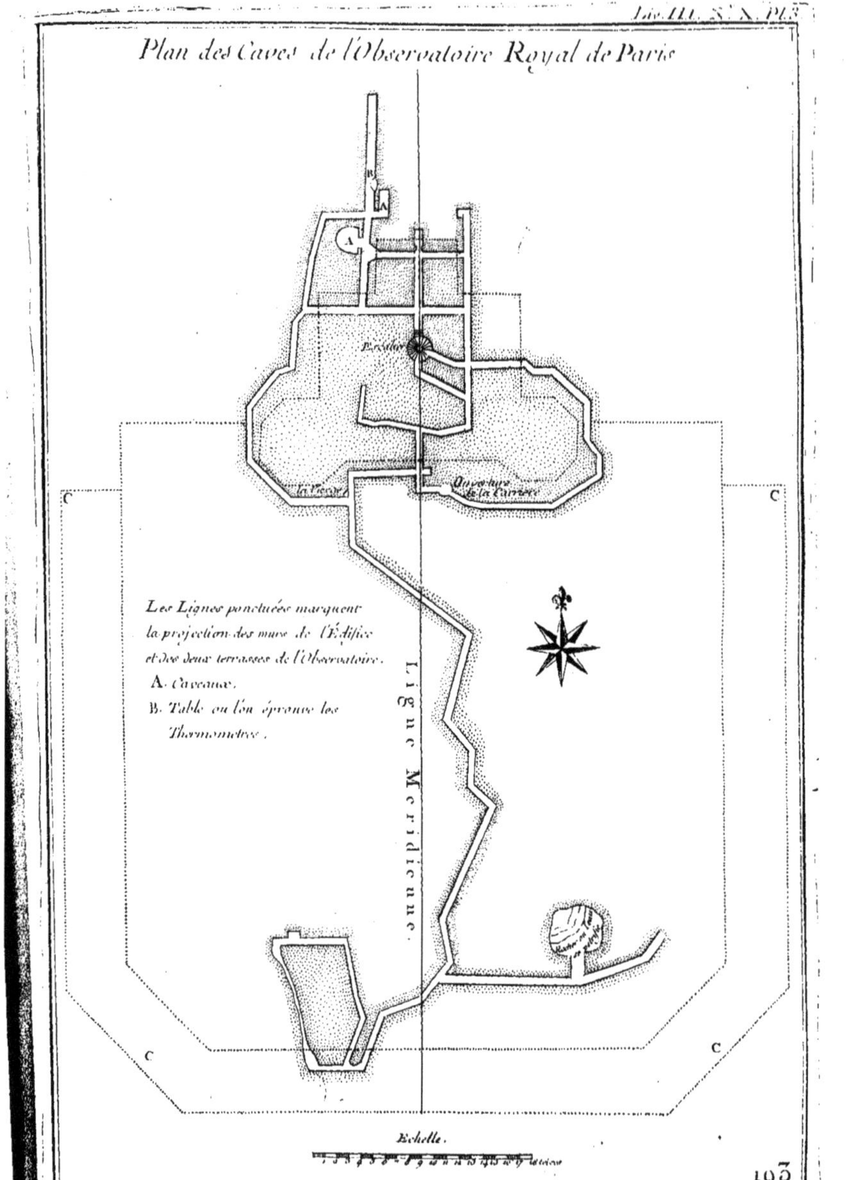

Plan des Caves de l'Observatoire Royal de Paris
B
A
A
Escalier
la Tour
Ouverture de la Carrière
C
C
Les Lignes ponctuées marquent
la projection des murs de l'Édifice
et des deux terrasses de l'Observatoire.
A. Caveaux.
B. Table où l'on éprouve les
Thermomètres.
Ligne Méridienne.
C
C
Echelle.

Coupe de l'Observatoire. Figure II.

Cette coupe eſt priſe dans le plan ſur la ligne méridienne AB, & montre le Obſerva-
toire de
Paris. dévelopement interieur du milieu de l'édifice, auſſi bien que l'inégalité du terrain CD. Ce bâtiment n'eſt ſuſceptible en-dedans d'aucune décoration intereſſante, à l'exception du veſtibule marqué A, reconnu pour un chef d'œuvre dans ſon genre, & comme la ſeule piece qui monte de fond dans la hauteur des deux étages. Néanmoins nous ferons remarquer ici que ce monument merite l'examen des hommes connoiſſeurs dans l'art de la conſtruction, & l'attention de ceux qui veulent faire leur profeſſion de la pratique du bâtiment, pouvant être regardé comme le modele d'un ouvrage veritablement regulier, tant pour les principes du trait, que pour la beauté de l'apareil. La lettre D exprime l'ouverture circulaire qui perce verticalement ce bâtiment, & qui eſt prolongée juſques dans le fond des caves qui ont 168 pieds de profondeur. Ces 168 pieds joints à 81 que cet édifice a de hauteur font enſemble 249 pieds pour la profondeur de cette ouverture qui eſt deſtinée à l'uſage dont nous avons parlé page 58.

Tout cet édifice eſt couvert d'une terraſſe en platte-forme, pavée de pierres à fuſil, taillées en cubes de trois pouces d'épaiſſeur & poſées en bain de mortier, ſur l'extrados des voutes ſuperieures de ce monument.

Cette maniere de couvrir les bâtimens n'eſt pas ſi commune en France qu'en Italie où elle eſt fort en uſage, parce que dans notre climat les neiges & les pluyes ſont plus fréquentes. Néanmoins l'on a pris tant de précautions lors de la conſtruction de celle-ci, que juſques à préſent elle s'eſt conſervée bien entiere.

Les Planches dont nous venons de parler different en quelque choſe de l'exécution, mais comme elles ont été gravées d'après celles de Perrault, l'on n'auroit pû les corriger ſans les recommencer entiérement; ainſi nous nous contentons de le faire obſerver ici, en avertiſſant néanmoins que ces différences conſiſtent plutôt dans des défauts d'intelligence que Perrault lui même a laiſſé ſubſiſter dans ſes Planches, que dans des erreurs qui regardent les dimentions générales ou les proportions particulieres de cet édifice.

Plan des Caves de l'Observatoire. Planche III.

Cette Planche offre les ſinuoſités des rues & des carrefours des caves de l'Obſervatoire, dont le plan nous a été communiqué. L'on a pris ſoin d'y marquer par des lignes ponctuées les maſſes du corps du bâtiment, auſſi bien que la forme des terraſſes qui conſtatent l'étendue de l'eſplanade de 50 toiſes en quarré ſituée au-devant de cet édifice du côté du Midi, & autour de laquelle regne une autre terraſſe de 24 pieds, dont la projection eſt ici marquée en C. L'eſcalier qu'on voit dans ce plan eſt à vis ſuſpendue & évuidée, & ſe trouve placé à plomb de l'ouverture dont nous avons déja parlé. Les centres de ces ouvertures étant à plomb ſur celui du vuide de cet eſcalier. On a pratiqué dans ces caves ou carrieres des chambres telles que celles A & B, pour éprouver les Thermométres, & pour voir ſi les grains ou les fruits pourroient s'y conſerver, auſſi bien que pour connoître les différentes qualités de l'air renfermé & de l'air libre. Ces chambres ſervent encore à faire des expériences qui tendent à découvrir les effets que produiſent les différens degrés de l'humide, du chaud, du ſec & du froid.

Sur l'eſplanade dont nous venons de parler, ſe voit à découvert un mât deſtiné à porter une lunette de 70 pieds de longueur. Il n'y a pas encore long-tems qu'il y avoit une tour de charpente, haute de 20 toiſes qui ſervoit aux obſervations aſtronomiques qu'on ne peut faire dans l'intérieur du bâtiment. Cette tour avoit ſervi anciennement à élever les eaux de la machine de Marly, avant que l'aqueduc qu'on y voit à préſent fut conſtruit.

CHAPITRE XI.

Description de l'Abbaye Royale du Val-de-Grace, située rue du Faubourg St. Jacques.

Abbaye du
Val-de-
Grace.

CETTE Abbaye, qui est un Monastere de filles de la reforme de St. Benoît, étoit originairement située auprés de Bievre-le-Chatel, à trois lieues de Paris. Avant que la Reine Anne de Bretagne eût pris cette Abbaye sous sa protection elle se nommoit le *Val-Profond*, ce fut cette Princesse qui lui donna celui de *Val-de-Grace de Notre-Dame de la Crêche*; ensuite vers 1621 la Reine Anne d'Autriche fit transferer à Paris cette Abbaye dans quelques bâtimens & dans un grand emplacement au Faubourg Saint-Jacques, qu'on nommoit *le fief de Valois*, ou *le petit Bourbon*, que cette Reine fit acheter au nom de l'Abbaye du Val-de-Grace. En 1624 elle y fit ajouter de nouveaux bâtimens, dont elle posa la premiere pierre le premier Juillet de la même année. Cet édifice resta dans cet état jusqu'à la mort de Louis XIII, que cette Reine se trouvant maîtresse des finances en qualité de Regente du Royaume, & voulant donner à ce Monastere des marques de son affection, elle entreprit de faire rebâtir à neuf l'Eglise & les bâtimens de cette Abbaye, dans l'état où on la voit aujourd'hui. Ce fut Louis XIV, à l'âge de 7 ans, qui en posa la premiere pierre, le premier Avril 1645; François Mansard, (a) célébre Architecte, en donna les desseins, mais il ne conduisit ce superbe édifice que jusqu'à la hauteur de 9 pieds au-dessus du sol de l'Eglise, pour des raisons que nous dirons ailleurs. La Reine en donna ensuite la conduite à Jacques le Mercier, qui le continua sur les desseins de Mansard jusqu'à la hauteur du premier entablement, où il resta pendant quelque tems. Enfin en 1654 la Reine nomma Pierre le Muet pour la continuation de ce monument, elle lui associa Gabriel le Duc, & ces deux Architectes ont porté cet édifice au point de perfection où on le voit à présent.

Plan général au rez-de-chaussée de l'Eglise & du Monastere du Val-de-Grace.
Planche Premiere.

Cet édifice consiste en plusieurs grands corps de logis & en une Eglise d'une magnifique construction. Le plan que nous donnons ici, aussi bien que toutes les planches qui présentent les developemens de ce superbe monument, a été gravé par Marot, d'après les projets des sieurs le Muet & le Duc, avant que cet édifice fut entierement achevé. En conséquence il pourroit se trouver quelques différences entre ces Planches & l'exécution, mais comme elles ne sont pas d'une grande importance, ne se rencontrant pour la plupart que dans les parties de la distribution interieure du monastere, nous les avons laissé subsister, d'autant plus que l'entrée de cette Abbaye étant d'un assez difficile accès, nous n'avons pû que reformer tout ce qui peut interesser les Artistes, soit dans la décoration, soit dans la distribution de l'Eglise qui est toujours ouverte aux amateurs & aux étrangers.

L'entrée de cette Eglise est précedée d'une grande cour, qui actuellement n'a de longueur qu'environ 21 toises sur 35 de largeur. Je dis actuellement, parce que

---

(a) On peut dire que c'est à cet habile Architecte que nous sommes redevables du rétablissement de la bonne Architecture en France; le Château de Maisons, l'Eglise des Filles Ste. Marie, à Paris, le portail des Feuillans, celui des Minimes, &c, sont des preuves de ce que j'avance. Il étoit fils de Pierre-François Mansard, Architecte célèbre pour son tems, descendant d'une famille originaire de Rome, mais établie en France depuis 800 ans, qui avoit rempli successivement les emplois d'Architectes, de Peintres & de Sculpteurs de nos Rois. Celui dont nous parlons est né à Paris en 1598, & est mort premier Architecte du Roi, en 1666, âgé de 68 ans: il a été enterré à St. Paul.

Abbaye du Val-de-Grace.

fuivant le projet de François Manfard, il devoit y avoir de l'autre côté de la rue une demie lune, qui auroit procuré une grande place vis-à-vis de cet édifice, & qui auroit donné un point de diftance convenable pour appercevoir le dôme & le frontifpice de cette Eglife. Le projet de cette place devoit être fuivi par les Architectes qui ont fuccedé à Manfard, & l'on en voit un arrachement exprimé fur le plan dont nous parlons. Dans le centre de cette demie-lune on devoit élever une pyramide, au pied de laquelle auroit été une grande fontaine, dont on voit le deffein dans l'œuvre de Marot. Aujourd'hui, au lieu de cette place, on a continué le mur de face LM, & pour deffendre aux charrois & aux voitures l'entrée de la grande cour, on a pofé fur un mur à hauteur d'appui une grille de fer marquée N, à travers de laquelle on apperçoit ce monument. Cette grille eft percée d'une grande porte dans le milieu, pour laiffer entrer les équipages & les étrangers qui viennent vifiter cet édifice. Ainfi il ne faut pas juger de la forme de cette cour dans fon état actuel, mais telle qu'elle devoit être executée fuivant le projet de Manfard, dont le genie capable de produire toujours du grand, avoit conçu le vafte projet que l'on vient de développer.

Cependant ce fut cette idée de grandeur & de majefté qui accompagnoit toutes les entreprifes de Manfard, qui le fit renoncer à la continuation de cet édifice. La Reine Anne d'Autriche lui ayant propofé de fe refferrer dans des bornes plus étroites, fur les repréfentations qui lui furent faites que ces bâtimens coûteroient des fommes confidérables, Manfard accoutumé au vrai beau, préfera d'abandonner cet ouvrage plutôt que de le rendre imparfait, & fe dédommagea en quelque forte du refus que la Reine fit de parachever ce monument fuivant les projets commencés, en faifant élever au Château de Frefne (b), un modele de l'Eglife du Val-de-Grace, tel qu'il l'avoit conçû en partie, felon les ordres que lui en avoit donné cette Princeffe.

Dans le fond de cette cour s'éleve le frontifpice qui donne entrée à l'Eglife. Au pied de ce frontifpice eft un grand perron de 15 marches, qui éleve le fol de l'intérieur de ce monument, lequel a de longueur 25 toifes dans œuvre, non-compris la chapelle du S. Sacrement, fur 13 de largeur dans la croifée du dôme. Ce dernier a 10 toifes & demie de largeur, fur 20 toifes 4 pieds de hauteur fous clef. Derriere ce dôme & du côté oppofé au portail, eft pratiquée la chapelle du St. Sacrement, laquelle eft de forme circulaire, & dont la décoration marquée A eft exprimée fur la Planche VI. Dans l'enfilade de la croifée de ce dôme, fur la droite, fe trouve placée la chapelle de Ste. Anne (c), dans laquelle font dépofés les cœurs des Princes & des

---

(b) Château fitué à fept lieues de Paris, appartenant à Mr. Dagueffeau, & dans lequel eft exécutée la Chapelle dont nous venons de parler; on en trouvera les plans, coupes & élévations dans le cinquiéme Volume.

(c) La Reine Anne d'Autriche, fondatrice de ce Monaftere, allant fouvent y paffer les Fêtes folemnelles, l'Abeffe la pria très-inftamment en 1662 de lui faire obtenir du Roi que cette Abbaye fervît de fépulture aux cœurs des Princes & Princeffes de la Famille Royale, ce qui lui fut accordé. Depuis ce tems les cœurs des Princes & Princeffes de la Maifon Royale repofent dans l'Eglife de l'Abbaye du Val-de-Grace; ils furent d'abord dépofés dans une Chapelle particuliere, mais le 20 Janvier 1676, on les tranfporta par ordre du Roi dans la Chapelle de Ste. Anne dont nous venons de parler.

Cette Chapelle eft toujours tendue de noir depuis le haut jufqu'en bas; fur cette tenture il y a trois lez de velours noir, chargés d'écuffons aux armes de France & d'Autriche; le pavé eft auffi couvert dans toute fon étendue par un tapis de la même étoffe, fur lequel, au milieu de la Chapelle, eft placée une eftrade de trois degrés, entourée d'une baluftrade. Sur ces degrés s'éleve un tombeau couvert d'un poële de velours noir croifé de moire d'argent, &c. Au-deffus de ce tombeau eft un lit de parade auffi de velours noir enrichi de crépines d'argent & d'écuffons.

L'intérieur du tombeau eft compofé de plufieurs petites *layettes* garnies en dedans les unes de velours noir, les autres de fatin blanc; le cœur de chaque Prince ou Princeffe eft embaumé dans un cœur de plomb renfermé dans un autre de vermeil doré; ces cœurs font pofés dans les layettes fur des carreaux de velours noir ou de moire d'argent, & renfermés chacun féparément à la clef.

Au-deffous de cette Chapelle eft pratiqué un caveau incrufté de marbre, & autour font des niches où font placés les cœurs que l'on y dépofe lorfque les layettes du tombeau ont été remplies précédemment.

Quoique ce détail paroiffe étranger à notre fujet, comme nous nous fommes propofé de donner une idée de tous les genres de décorations relatifs à l'Architecture, il nous a paru néceffaire de dire ici quelque chofe de l'intérieur de cette Chapelle dont l'entrée eft communément fermée au public.

Princeſſes de la famille Royale, & à gauche de ce dôme eſt ſitué le chœur des
Religieuſes, ſéparé du dôme de l'Egliſe par une grille de fer marquée O, qui ſi-
métriſe avec celle P qui ferme l'entrée de la chapelle de Ste. Anne. La nef de cette
Egliſe eſt percée de trois arcades de chaque côté, qui contiennent chacune une
chapelle, formant enſemble des eſpeces de bas côtés à cette nef : ces chapelles
ſont voutées en cul de four avec beaucoup d'art, de ſolidité & de goût.

Tout le pavé de cette Egliſe eſt comparti de fort beaux marbres de différentes couleurs : ſur ce pavé s'éleve une Architecture dont on ne peut trop admirer
la diſtribution, la décoration & l'ordonnance, & l'on peut avancer qu'il n'eſt
peut-être pas en France d'édifice ſacré dont l'aſpect intérieur inſpire davantage à tous
les fideles pénetrés de la vraie religion cet amour pour la pieté, ce recueillement & tout enſemble cette admiration qui généralement ſatisfait tous les hommes de bien, & qu'on rencontre rarement dans nos autres Egliſes. Dans les unes,
parce qu'on y remarque une richeſſe & une élegance contraire à l'idée qu'on doit
ſe former d'un lieu ſaint ; dans les autres, au contraire, parce qu'on y a affecté
une ordonnance d'Architecture peſante, maſſive & compoſée de matiere & d'ornemens lugubres, qui attriſtent notre ame ſans ſatisfaire notre raiſon ; de maniere que dans les premieres on ſe reſſent involontairement la diſſipation que produit l'aſpect des lieux profanes, & que dans les ſecondes on ſe trouve preſſé
d'une melancolie gênante, qui en procurant une ſorte d'inquiétude, détourne d'une
contemplation vraiment divine.

A l'égard des pieces exprimées dans le plan des bâtimens de ce monaſtere, leur nom
écrit ſur cette Planche nous diſpenſera d'entrer dans un détail plus circonſtancié, nous
obſerverons ſeulement qu'à l'exception du cloître & des bâtimens qui l'environnent,
dont les diſtributions ſont aſſez égulieres, toutes les autres parties de cet édifice, telles
que les ailes, les cours & les baſſe-cours, ſont diſpoſées avec aſſez peu de ſimetrie, &
que leurs formes ſont d'une proportion négligée. Cependant on doit regarder ces
deux parties comme les plus eſſentielles de la diſtribution, principalement lorſqu'il s'agit d'un monument de l'importance de celui dont nous parlons, parce
que quelque ſimplicité qu'on ſoit obligé d'affecter dans l'ordonnance de ces bâtimens en général, on n'eſt pas diſpenſé de faire choix des formes convenables,
ſimétriques & regulieres, qui annoncent toujours dans quelque occaſion que ce
puiſſe être le genie de l'Architecte, & qui font connoître qu'il a ſçû mettre chaque partie du bâtiment à ſa place, en obſervant par tout l'eſprit de convenance.

L'irrégularité des bâtimens que nous avons lieu de remarquer ici, provient ſans
doute de ce que cet édifice a été quitté & repris par pluſieurs Architectes, &
que chacun à part ayant voulu s'éloigner de l'idée de ſon predeceſſeur, a preferé de ſuivre ſon ſentiment particulier. Il n'arrive que trop ſouvent qu'un projet
qui aura été bien conçû par ſon premier auteur, ſe trouvant dans le cas d'être
continué par un autre Architecte, celui-ci bien ſouvent, pour le plaiſir d'ajouter
aux idées d'autrui, ſacrifie les maſſes, les parties & l'eſprit de convenance. Je
l'ai dit ailleurs, il faut qu'un Architecte ſoit citoyen : ſans cette qualité eſſentielle
il ſacrifie le bien général au plaiſir de mettre au jour quelques-unes de ſes productions particulieres. Le Muet, le Duc, le Veau, Dorbay, du Cerceau & peut-être
Perrault ont été dans ce cas, & ſi l'on a accordé à chacun d'eux l'eſtime que leurs
ouvrages ont mérité, ce n'a été le plus ſouvent qu'en qualité d'excellens Artiſtes
& non comme citoyens.

Elevation du Portail & du Dôme de l'Eglife de l'Abbaye du Val-de-Grace.
Planche II.

Cette Planche repréfente le frontifpice du monument dont nous parlons, au- Abbaye du Val-de-Grace.
deffus duquel on voit la coupole & le dôme fitués au bout de la nef de l'Eglife. Ce frontifpice eft accompagné des bâtimens en aile marqués D, qui déterminent la largeur de la principale cour, auffi bien que les deux pavillons E donnant
fur la rue, lefquels terminent les retours collateraux de cette même cour. Les
ailes F font des bâtimens qui appartiennent auffi à cette Abbaye, & qui font
élevés fur un des côtés de la rue du Faubourg Saint Jacques, où ce monument
eft érigé ; nous n'en avons marqué ici que quelques arrachemens, ces parties étant
de peu d'importance (cette façade eft prife fur la longueur de la ligne AB, Planche premiere). Les combles marqués G expriment la couverture de la chapelle
de Ste. Anne, & celle du chœur & de l'avant-chœur des Religieufes, exprimés
dans le plan par l'enfilade I K. La lanterne & le dôme H marquent le clocher
fitué entre l'avant-chœur & le grand efcalier ; on en voit le développement intérieur, auffi bien que celui des parties que nous venons de nommer, dans la coupe
& le profil, Planche VI.

Le frontifpice de ce fuperbe édifice qui fait ici l'objet de nos reflexions eft
compofé des deux Ordres, Corinthien & Compofite, élevés l'un fur l'autre, employés tant au rez-de-chauffée qu'au premier étage, partie en colonnes engagées
& partie en pilaftres. Devant les colonnes engagées de l'Ordre Corinthien en
font placés quatre autres ifolées, formant deux accouplemens & un grand entrecolonnement qui procure à ce temple un porche extérieur. L'entablement de cet
Ordre eft couronné d'un fronton triangulaire, qui par la faillie de ce porche peut
être autorifé, & non autrement, étant contre la vraifemblance d'introduire un
fronton dans le milieu de la hauteur d'une façade, lorfqu'un corps faillant ne paroît pas l'exiger, ainfi qu'on le remarque au portail de St. Gervais, où les colonnes de l'avant-corps font feulement engagées, & au portail des Minimes où ces
dernieres ont très-peu de faillie. Ce peu de vraifemblance vient de ce que, felon l'origine des frontons, ceux-ci femblent devoir exprimer une couverture qui
met à l'abri quelques parties d'une certaine profondeur, & que d'ailleurs les
corniches inclinées d'un fronton ne conviennent, felon la loi du bon goût, que
dans la partie fuperieure d'un édifice, ou à l'extrémité d'un avant-corps qui a
un plan beaucoup plus avancé que le refte de la façade, ainfi que celui du portail dont nous parlons.

Si le fronton qui termine ce premier Ordre eft de quelque autorité parce
qu'il couronne la faillie du porche exterieur de l'Eglife, nous remarquerons néanmoins que pour fatisfaire aux loix de l'ordonnance & à la néceffité d'obferver
toujours dans un édifice des formes pyramidales, il eft néceffaire d'éviter de placer dans la partie fuperieure d'un bâtiment un fronton qui foit beaucoup plus large que celui de deffous, quand on fe croit obligé d'en mettre deux, quoique fur
des plans différens. Cette maniere eft contraire aux preceptes de l'Architecture
naturelle, qui en général exige que les parties qui portent ayent plus d'empattement que celles qui font portées. Car quoiqu'on s'apperçoive vifiblement que ces
différens corps n'ont rien de commun entr'eux, le feul jugement indique que l'on
doit autant qu'il eft poffible affecter de retrecir toutes les parties fuperieures & de
rélargir toutes celles qui fervent de foutien, afin non-feulement de fatisfaire à la
folidité réelle, mais même à celle qui n'eft qu'apparente.

Au portail de St. Gervais & des Minimes les doubles frontons triangulaires &
circulaires placés l'un fur l'autre font de même largeur, étant déterminés par un

avant-corps uniforme & élevés fur un même plan. Cette maniere eſt plus vrai-
ſemblable, mais il faut convenir qu'elle n'a rien d'élegant, & que lorſqu'il n'eſt
pas poſſible de donner des formes pyramidales aux différens frontons dans un édifice, il vaut mieux n'en placer qu'un dans ſon extremité ſuperieure ; c'eſt pourquoi
lorſque la varieté des reſſauts du plan demande une couverture au-deſſus du premier Ordre, il faut préferer une terraſſe à un fronton, la hauteur de la baluſtrade qui couronne ce premier Ordre donnant à connoître que la voute de deſſous
peut être compriſe dans la hauteur de l'entablement & dans celle de la baluſtrade.

Dans le portail dont nous parlons, comme le grand entrecolonnement de l'Ordre Compoſite eſt aſſez conſidérable, l'on a fait retourner les profils de l'entablement juſques dans le tympan du fronton. Ce mal eſt devenu comme néceſſaire,
le Muet qui a été l'Architecte de cette partie ſuperieure, ayant mis des pilaſtres
dans ce grand entrecolonnement, qui l'ont obligé de faire retourner la corniche.

La croiſée placée entre ces pilaſtres eſt accompagnée d'un petit Ordre Corinthien couronné d'un fronton circulaire auſſi à reſſauts. Ce genre de décoration,
malgré l'exemple que les anciens nous en ont laiſſé & l'opinion de la plupart des
Architectes du dernier ſiecle, ne peut raiſonnablement être reçû, la proportion de
ce nouvel Ordre ne pouvant avoir aucun rapport avec l'ordonnance générale, &
ne produiſant que des petites parties qui ne peuvent aller avec l'ouvrage entier.
D'ailleurs cette croiſée exprime ici une trop petite ouverture, étant comparée avec
toute cette partie ſuperieure & avec la porte du rez-de-chauſſée, qui donne entrée
à cette Egliſe. Les niches de l'Ordre compoſite ne ſont gueres traitées avec plus
de ſuccès, le peu d'intervalle de leurs entrecolonnemens les rendant trop petites,
eu égard aux figures qu'elles renferment & au diamétre des niches du-rez-de-chauſ-
ſée. Au ſurplus les bandeaux qui les environnent, les roſes qui ſont placées deſſus,
& les tables de deſſous ſont d'une petite maniere. Les conſoles en enroulemens qui raccordent cet Ordre ſuperieur avec l'inférieur ſont trop maſſives, & d'une
forme contraire à celle des arcs-boutans qu'elles repréſentent : leurs enroulemens
qui ſe replient ſur eux-mêmes, au lieu de prendre naiſſance ſur un ſocle horiſontal
paroiſſent peu naturels, quoiqu'en général ce genre de conſoles ſoit paſſé en uſage dans les frontiſpices de nos temples. Enfin le piédeſtal qui reçoit l'Ordre Compoſite eſt trop ſubdiviſé ; je le repete, un ſocle réuſſit mieux au premier étage, &
l'on ne doit faire uſage des piédeſtaux que pour élever l'Ordre inférieur de deſſus
le rez-de-chauſſée (Voyez ce que nous dirons à ce ſujet dans le Chapitre ſuivant
en parlant du portail des Feuillantines).

L'Architecture du rez-de-chauſſée de ce frontiſpice eſt plus regulierement belle,
auſſi eſt-elle du deſſein de Manſard, ſous la conduite de le Mercier, & ce qui fait
honneur à ce dernier, c'eſt que l'exécution en eſt bien ſuperieure à celle du premier étage, dont les colonnes ſont très-mal fuſelées & les profils aſſez médiocres.
Dans la friſe de ce premier Ordre eſt gravée cette inſcription en lettres de bronze doré

JESU NASCENTI, VIRGINIQUE MATRI.

Nous finirons les obſervations de ce portail en faiſant remarquer que lorſqu'on
veut faire uſage de deux Ordres d'Architecture délicats pour la décoration d'un
frontiſpice, il eſt plus convenable de mettre l'Ordre Corinthien ſur le Compoſite, par
la raiſon que ce dernier doit être conſidéré (ſelon le ſiſtéme de Scamozzi & de
M. de Chambrai) comme moins leger que le Corinthien. Nous dirons auſſi qu'en
général une porte en plein ceintre paroît préferable dans un entrecolonnement de

cette espece à une porte à platte-bande droite, telle qu'il s'en voit ici, ou à une bombée, ainsi qu'on le remarque au portail des Invalides, à celui des Minimes, &c. Nous ajouterons que lorsqu'on fait des niches en plein ceintre, il est plus convenable d'y employer les impostes & les archivoltes que les bandeaux, & qu'il est à propos d'enfermer ces impostes & archivoltes, (comme cela se pouvoit ici à cet Ordre inférieur) dans des niches quarrées, qui autorisent par leur platte-bande l'usage des tables que l'on met au-dessus ; au lieu que ces tables ne font jamais bien étant placées au-dessus d'un contour circulaire. Les piédestaux qui font sous ces niches paroissent aussi trop considérables, une table y eut mieux réussi, le piédouche qui soutient la figure étant lui-même une espéce de piédestal. Abbaye du Val-de-Grace.

Au-dessus de ce portail se voit la coupole de cette Eglise percée de seize croisées entre lesquelles s'élevent autant de pilastres d'Ordre Composite, qui servent d'arc-boutans au mur circulaire de cette coupole avec laquelle ils font liés, ainsi qu'on peut le remarquer dans le plan placé sur un des côtés de cette Planche. Comme cette coupole sphérique s'éleve sur un massif quadrangulaire, dans les quatre angles de ce massif font élevées quatre lanternes dans le goût de celles de la Sorbonne. Ces lanternes font un assez bel effet, lorsqu'on considere cette coupole sur la diagonale de ce massif, parce qu'alors elles paroissent isolées, au lieu que vues de face elles s'apperçoivent assez imparfaitement, à cause du peu d'éloignement du point de distance, mais du moins cette coupole & ses lanternes qui de tous côtés s'apperçoivent de fort loin de l'intérieur de la Capitale & de ses environs, procurent à l'œil une ordonnance piramidale très-satisfaisante étant vues angulairement.

Les croisées pratiquées entre les pilastres de cette coupole font d'une proportion trop élevée, & leurs chambranles font revêtus de membres d'Architecture trop maigres pour l'espace où elles font situées & pour la hauteur où elles font placées. Il est vrai que ces croisées font partie d'une ordonnance Composite, & que l'entablement des pilastres de cet Ordre forme des ressauts qui l'élegissent : d'ailleurs chacun de ces pilastres est couronné d'un génie, ce qui rend cette partie supérieure fort ornée ; mais cette considération n'exige pas moins que pour faire une Architecture délicate & legere, on ne cherche à éviter de tomber dans l'excès de faire usage de membres d'Architecture d'un genre mesquin & composés de ressauts, de tables, de crossettes, de petits frontons, &c : abus d'autant plus condamnable que ces parties étant fort élevées, elles ne produisent à l'œil du spectateur que de la confusion.

Au-dessus de cet Ordre Composite s'éleve une espece d'Attique, mais dont la hauteur peu considérable vue d'en bas, ne lui donne l'apparence que d'un amortissement en forme de piédestal continu qui sert de base au dôme. Cette espece d'Attique qui s'éleve à plomb du nud du mur de la coupole, est orné de consoles qui par leur empattement servent chacune séparément de contreforts pour empêcher la poussée du dôme extérieur construit de charpente, tandis que les pilastres Composites qui soutiennent ces consoles, & qui font liés par des murs de parpin au mur de la coupole, entretiennent la poussée de la voûte du dôme intérieur construit en pierre, (voyez la coupe, sur la Planche V). Les intervalles des consoles de l'Attique font remplis par des tables quarrées ornées de médaillons, renfermant des fleurs de lis & des chiffres couronnés. Ces consoles font amorties par des candelabres qui ornent le pied de ce dôme, lequel est couvert de côtes ou arcs doubleaux de métail doré, qui répondent à plomb de chaque console & pilastre de dessous.

La forme de ce dôme est décrite par un demi cercle, ce qui la rend trop écrasée ; elle est bien différente en cela de celle du dôme des Invalides, dont le galbe est regardé par tous les maîtres de l'art avec admiration, (voyez ce que nous avons dit de cet édifice, Tome premier, page 203.) Au-deſſus du dôme dont nous parlons s'éleve une lanterne , ſurmontée d'une piramide terminée par une croix qui eſt élevée du ſol du pavé de la grande cour de 32 toiſes 4 pieds.

Les ailes de bâtimens marquées D , ainſi que les pavillons E dont nous avons déja parlé , qui accompagnent le rez-de-chauſſée de cet édifice , ſont d'une Ar-chitecture bien inférieure à celle que nous venons de décrire. En effet les por-tes couronnées de frontons entrecoupés & les arcades feintes, dont les piédroits ſont ſans proportion , préſentent une ordonnance peu propre à être imitée , quoi-que du deſſein de le Duc, qui malgré la réputation dont il jouiſſoit alors, étoit d'un mérite bien inférieur à le Muet ſon contemporain & chargé comme lui , ainſi qu'on l'a vû au commencement de ce Chapitre, de la conſtruction & de la conduite de cet édifice après François Manſard & le Mercier.

Elévation de la face latérale de l'Egliſe du Val-de-Grace. Planche III.

Cette façade priſe ſur la ligne C D de la Planche premiere , montre ici le pro-fil du portail marqué A, l'élévation d'un des murs de la cour marqué B , & l'un des pavillons C donnant ſur la rue (dont on vient de voir la deſcription). Il eſt aiſé de remarquer le peu de relation que la décoration de ce mur a avec les arcades marquées D dans la Planche précédente , puiſqu'à ce mur on a affecté des niches au lieu d'arcades qui auroient du moins répandu une uniformité plus agréa-ble dans l'ordonnance de cette cour ; d'ailleurs la réitération des portes D eſt aſſez inutile, celle du milieu, ſeule réelle, ſembloit ſuffire , & auroit évité la multipli-cité des petites parties qui proche d'un édifice ſacré & d'une ordonnance coloſſale ne réuſſiſſent jamais bien.

La coupe marquée E eſt le bâtiment qui compoſe l'aile gauche du portail , le-quel ſépare une des cours intérieures de ce Monaſtere d'avec la cour principale.

Le pavillon F préſente l'extérieur de la Chapelle de Ste. Anne ; les lettres G mar-quent les corridors ſuſpendus en l'air par des trompes & qui ſervent de communica-tion pour arriver à couvert de l'intérieur du chœur des Religieuſes dans la Cha-pelle dont nous venons de parler. Ces communications ont un dégagement com-mun par des portes percées au travers des piédroits marqués R dans le plan de l'Egliſe , Planche premiere , ſur lequel ces mêmes corridors ſont déſignés par la lettre S.

La lettre H marque la face latérale de la Chapelle du St. Sacrement, placée derriere le chevet du dôme de l'Egliſe. Cette Chapelle eſt enfermée dans une en-ceinte particuliere par des murs de clôture de 9 pieds de haut, marqués T , Plan-che premiere. Ces murs ne ſont pas exprimés ici ſans doute pour laiſſer voir tou-te la hauteur de l'ordonnance de cette Chapelle. Les trois croiſées I ſont celles qui éclairent l'intérieur des Chapelles formant l'un des bas-côtés de l'Egliſe ; au-deſſus de ces croiſées, à plomb du mur intérieur de la nef, ſont exprimés les vi-traux qui éclairent l'intérieur de cet édifice. Ces deux murs de face ſur un plan différent ſont couronnés chacun d'une baluſtrade; celui d'en haut qui reçoit la pouſſée de la voûte de la nef eſt retenu extérieurement par des arcs-boutans dont les baſes prennent naiſſance ſur les voûtes des bas-côtés & viennent ſe terminer ſur les piédeſtaux de la premiere baluſtrade. Au-deſſus & derriere le pavillon mar-qué F s'éleve un avant-corps couronné d'un fronton, lequel eſt percé d'un vitrail qui éclaire un des côtés du dôme. En général la proportion de tous les vitraux ſupérieurs de ce monument eſt d'une forme peu propre à être imitée dans un édi-fice de ce genre , ce qui peut ſe remarquer dans la décoration intérieure repréſen-tée ſur les Planches V & VI.

Elévation

Elévation extérieure du chevet de l'Eglife & d'une partie des bâtimens du Monaftere du Val-de-Grace. Planche IV.

Cette façade générale eft prife, dans la Planche premiere, fur la ligne E F; on y remarque la décoration & l'ordonnance d'une des principales élévations du Mo- naftere vûe du côté des jardins, bâtie fur les deffeins de le Muet. Cette élévation, qui a de longueur 35 toifes & demie, eft terminée par deux pavillons marqués A, qui ont autant de faillie que de largeur. L'ordonnance en général de cette façade, quoiqu'affez réguliere, eft compofée de trop petites croifées, fouvent fans propor- tion & féparées par de grands trumeaux; elle eft d'ailleurs furchargée de mem- bres dont la réitération trop multipliée nuit à la fimplicité du reffort d'un bâti- ment de l'efpece dont nous parlons. La proportion des pavillons A eft néanmoins eftimable; ils font couronnés chacun d'un fronton & d'un comble dont la forme eft affez bien amortie. Sans doute l'ufage intérieur de ce corps de bâtiment a fer- vi d'autorité pour l'ordonnance qui regne entre ces deux pavillons : cependant il faut convenir qu'un Architecte ne doit point, quelque fujettion que lui donnent les dedans, abandonner la décoration des dehors, principalement lorfqu'il s'agit de l'édification d'un monument dont l'importance & la gravité doivent répondre aux motifs qui lui ont donné lieu. C'eft pourquoi, quelque befoin que l'on ait de foubaffemens, d'étages quarrés & de mezzanines, du moins doit-on affecter dans une façade un bel étage dont la grandeur des parties foit proportionnée à l'éten- due du bâtiment & à l'efpace qui l'environne, dût-on comprendre plufieurs hau- teurs d'étages dans une feule arcade ou croifée, ainfi qu'on l'a obfervé dans quel- ques-unes de nos Abbayes bâties à la moderne, & dont nous aurons occafion de parler en décrivant celle de S. Denys, Tome fixiéme.

Cette façade fait un retour d'équerre du côté des jardins & dont la diftribution fe re- marque dans la Planche premiere; ce retour eft de la même ordonnance que celle dont nous venons de parler; elles forment enfemble deux des côtés du cloître de ce Monaftere, qui eft une des parties la plus réguliere de ce plan, ainfi que nous l'avons déja obfervé.

L'élévation marquée B montre une des faces extérieures de l'avant-chœur des Religieufes, & la lettre C l'un des côtés de la face de leur chœur, revêtu de con- treforts qui foutiennent la pouffée de la voute intérieure. Entre ces contreforts, au premier étage, fe voyent les croifées qui éclairent le dedans de ce chœur, & au- deffous font des mezzanines qui donnent du jour aux petits corridors qui déga- gent extérieurement la Chapelle du St. Sacrement & celle de Ste. Anne, dont nous avons parlé plus haut.

La lettre D indique la façade extérieure de la Chapelle du St. Sacrement, & celle E montre le retour de celle de Ste. Anne. Au-deffus de ces deux Chapel- les s'éleve la partie du chevet de l'Eglife couronnée de la coupole & du dôme; dont nous avons fait mention page 67.

Coupe & profil fur la longueur de l'Eglife du Val-de-Grace. Planche V.

Cette coupe, prife dans le plan fur la ligne G H, montre le développement in- térieur de l'Eglife dont nous faifons la defcription, une partie extérieure des bâ- timens du Monaftere du côté des jardins, & la décoration d'un des murs de la grande cour dont nous avons parlé Planche III.

Le pavillon marqué A eft le retour d'un de ceux que nous avons décrit dans la Planche précédente, flanqué d'une colonnade au-deffus de laquelle s'éleve un cabinet en faillie; ce pavillon eft adoffé contre un avant-corps B qui conduit en dedans à un parloir intérieur & au Chapitre de ce Monaftere, dont on voit une partie de la décoration extérieure marquée C, le refte étant mafqué par la Chapelle du St. Sacrement D dont on voit ici la décoration intérieure qui eft d'une affez belle ordonnance. La communication de cette Chapelle avec le dôme eft marquée par une tour ronde E, à la place de laquelle on eut dû préférer une grille telle que celle qui fe remarque en F, & qui fimétrife à celle qui lui eft oppofée, renfermant la Chapelle de Ste. Anne. Près de cette tour ronde eft placé le rétable d'Autel qui ne fe voit point ici, mais qui eft exprimé vû de face, Planche VI, & dont l'on voit le plan fur la Planche premiere. L'intérieur du dôme eft décoré au rez-de-chauffée d'un Ordre de pilaftres Corinthiens, dont les fûts font canelés & les chapiteaux taillés de feuilles d'olivier d'un excellent travail. On peut obferver néanmoins que les canelures de ces pilaftres dans l'exécution font tenues trop fimples pour la richeffe des chapiteaux dont en général on ne fçauroit trop admirer le galbe des feuilles, les contours des helices & des caulicoles, & la répartition des rameaux de chaque diftribution de feuilles. Cette confidération auroit dû porter à faire ces canelures moins fimples, car ayant reconnu comme un précepte indifpenfable de conferver de l'analogie entre la partie & le tout d'un édifice, ce précepte doit s'étendre inconteftablement fur les parties qui fubdivifent un Ordre d'Architecture : raifon pour laquelle il auroit été néceffaire de rudenter les canelures, ou au moins de les avoir enrichies chacune d'un lifteau.

Au-deffus de cet Ordre s'élevent quatre grands arcs qui foutiennent le dôme, & dont les panaches font enrichis de médaillons ornés de fculpture. Ce font autant de chef-d'œuvres de *Michel Anguiere* qui a préfidé à la plus grande partie de la fculpture de ce fuperbe édifice, dont la beauté ne contribue pas peu à donner à l'intérieur de ce monument cet air de majefté dont nous avons parlé.

Au-deffus de ces grands arcs regne un entablement qui foutient un ftilobate continu fur lequel s'éleve un Ordre Corinthien de pilaftres accouplés dont le diamétre trop petit auroit dû déterminer à n'en mettre qu'un feul dans chaque trumeau. Alors cet Ordre feroit devenu plus coloffal & les croifées plus larges, au lieu que ce défaut rend cette ordonnance chétive & fait qu'elle paroît fupporter avec peine la hauteur de la voûte qui s'éleve au-deffus & n'avoir aucune analogie avec l'Architecture de deffous.

La voûte du dôme dont nous venons de parler eft peinte à frefque par Pierre Mignard (d), elle peut être regardée comme un des plus grands ouvrages de peinture qui foit exécuté dans ce genre ; au-deffus de cette voûte en cul de four fe voit la charpente qui détermine extérieurement la forme du dôme, fervant d'amortiffement à l'extrémité fupérieure de cet édifice.

La nef marquée G eft féparée du dôme par une grille de fer qui fe voit dans le plan ; elle eft tenue plus baffe de deux marches qui ne font point exprimées ici, parce qu'ainfi que nous en avons déja averti, les Planches que nous donnons ont été gravées la plus grande partie fur les projets de cet édifice, qui néanmoins ont été affez exactement fuivis dans l'exécution. La voûte de cette nef eft d'une richeffe & d'une exécution fort eftimées, mais en général on y remarque trop d'or-

---

(d) Pierre Mignard, premier Peintre du Roi, né à Troyes en Champagne, en 1610, peignit ce dôme à fon retour d'Italie. Dans le nombre infini d'excellens ouvrages que nous avons de cet Artifto, la gallerie & le grand fallon de St. Cloud peuvent paffer pour fes chef d'œuvres. Il mourut le 13 Mai 1695, âgé de 84 ans, & eft enterré aux Jacobins de la rue Saint Honoré, où Madame la Marquife de Feuquieres fa fille avoit ordonné, avant que de mourir, le tombeau qu'on voit dans cette Eglife ; il eft de l'exécution de Mr. le Moine, & le bufte eft de Girardon.

Pierre Mignard, dont nous venons de parler, avoit un frere qui étoit Architecte du Roi. Il fut chargé par M. Colbert en 1678, conjointement avec Mrs. Bruant, le Pautre & Feliblen, de faire fes obfervations fur les différentes conftructions & qualités des matériaux des anciens édifices de cette Capitale ; l'on voit les procès-verbaux de ces quatre Architectes dans les Regiftres de l'Académie Royale d'Architecture, dont Mr. Buffrand a bien voulu me communiquer quelques extraits.

nemens, & l'on ne peut applaudir à la forme des vitraux de cette voûte qui font d'une forme trop écrafée, ainfi que nous l'avons déja obfervé en parlant des façades extérieures de ce monument. On auroit pû corriger la forme de ces croifées en les tenant plus étroites & en les élevant davantage dans la hauteur de la voûte, ce qui auroit autorifé à mettre moins d'ornemens dans cette derniere. Le focle qui reçoit les retombées de cette voûte eft trop peu élevé, & quoique l'on ait fupprimé la plus grande partie de la cimaife fupérieure de la corniche de l'entablement Corinthien, à peine apperçoit-on la hauteur de ce focle que l'on devroit toujours tenir d'une élévation proportionnée au point de diftance pris de l'un des côtés de la nef, y compris la faillie de la corniche entiere. Il feroit cependant à propos, autant qu'il eft poffible, de ne jamais fupprimer ce membre dans un entablement régulier, malgré les exemples qu'on en voit dans l'intérieur de nos édifices facrés, & fi le peu de diamétre d'une Eglife ne permet pas toute la faillie de cette cimaife, du moins eft-il plus convenable de rendre le profil de cette derniere plus camus, ainfi qu'on l'a obfervé dans l'Eglife des Carmes déchauffés près le Luxembourg, dont l'ordonnance, quoique d'une Architecture affez médiocre en général, ne laiffe pas que d'être compofée de quelques parties affez eftimables.

Les arcades de cette nef peuvent être regardées comme autant de chef-d'œuvres, tant par la beauté des profils de leurs impoftes, que par la proportion de leurs piédroits & de leurs alettes, auffi bien que par la fculpture qui couronne leurs archivoltes, & qui fe trouvant enfermée dans des niches quarrées, préfente l'affemblage d'un tout fi fatisfaifant qu'on n'en fçauroit trop recommander l'imitation dans quelque genre d'Architecture que ce puiffe être.

Dans chacune de ces arcades font exprimées les croifées extérieures qui éclairent chacune des Chapelles qu'elles contiennent; au-deffous de ces croifées devoient être placés les coffres d'Autel qu'on remarque ici, mais leur exécution a été fufpendue jufqu'à préfent. A l'extrémité de cette nef, du côté de l'entrée, eft exprimée la coupe du frontifpice marquée H; la partie I offre le revêtiffement d'un des murs de la principale cour, dont nous avons déja parlé, Planche III.

Coupe & profil de l'Eglife & du Monaftere du Val-de-Grace. Planche VI.

Cette coupe, élevée fur la ligne I K, Planche premiere, indique le développement intérieur du dôme de l'Eglife marqué B, celui du chœur des Religieufes C, de leur avant-chœur D, du clocher E, du grand efcalier F, du cloître G & des bâtimens de l'infirmerie marqués H.

La lettre A indique l'intérieur de la Chapelle de Ste. Anne, où font dépofés les cœurs de la Famille Royale, & dans laquelle eft élevé le lit de parade dont nous avons parlé page 63. Au-devant de la grande arcade & en face de celle de l'entrée du dôme fe voit le grand Autel élevé fur les deffeins de *Gabriel le Duc*; cet Autel eft compofé de fix colonnes torfes d'Ordre Compofite, de marbre de Barbançon, élevées fur des piédeftaux auffi de marbre. Ces colonnes font enrichies d'ornemens en fpirale d'une belle exécution, les bafes & les chapiteaux font dorés ainfi que ces ornemens. Au-deffus de ces colonnes regne un entablement portant un baldaquin formé de fix grandes courbes terminées par un amortiffement; fur chaque colonne font des anges portant un encenfoir, au pied defquels font des feftons qui marquent la forme du plan de cet amortiffement, ces feftons font enrichis de génies portant des legendes fur lefquelles font écrits des verfets du *Gloria in excelfis Deo*.

Sur le coffre d'Autel placé fous ce baldaquin, s'éleve un groupe de figures

de marbre blanc de proportion naturelle, repréfentant le Sauveur nouvellement
né, la Vierge & St. Jofeph, fculptées par *François Anguiere* (e), auffi bien que
le bas-relief de bronze doré qui forme le parement de cet Autel; derriere ce
groupe de figures s'éleve un Tabernacle ifolé ainfi que le rétable d'Autel, qui a
deux faces, l'une du côté de l'Eglife & l'autre du côté de la Chapelle du St.
Sacrement, d'où les Religieufes de ce Monaftere reçoivent la Communion fans
être vûes du peuple, & c'eft pour cet acte de piété qu'on a pratiqué la tour ronde dont nous avons parlé en expliquant la Planche V.

Entre les quatre grandes arcades de ce dôme font percées des ouvertures marquées I, fermées de grilles, & au-deffus defquelles font des tribunes qui avoient
été pratiquées pour la Reine Anne d'Autriche & fa fuite, lorfqu'elle venoit faire
quelque féjour dans ce Monaftere.

Le développement des bâtimens de l'intérieur de cette Abbaye que l'on voit
ici eft affez détaillé pour nous difpenfer d'étendre plus loin cette defcription;
nous obferverons feulement que les parties F, G, H ont fouffert des changemens
affez confidérables, mais comme ce genre d'Architecture eft peu intéreffant, nous
n'avons pas crû devoir les rapporter.

(e) François & Michel Anguiere, nés à Eu en Nor-
mandie, ont excellé tous deux dans l'art de la Sculpture.
François étoit l'aîné & fut choifi après fon retour d'Italie
pour faire le maufolée du Cardinal de Berulle qui fe voit
dans l'Eglife des PP. de l'Oratoire; celui de M. de Thou
dans l'Eglife de St. André des Arcs: le grand Crucifix
de marbre blanc qui tient lieu de tableau au maître Autel de la Sorbonne, &c. Il mourut le 8 Août 1669.

Michel Anguiere, qui comme nous l'avons dit, a exécuté de fa main une partie de la fculpture du monument
dont nous parlons, s'eft acquis auffi beaucoup de réputation dans la figure d'Amphitrite placée dans les jardins de
Verfailles; c'eft encore de cet habile Artifte qu'eft le tombeau de M. de Souvré qui fe voit dans l'Eglife de S. Jean
de Latran, ainfi que la plus grande partie de la fculpture des Portes de S. Antoine & de S. Denys. Il mourut le 11 Juillet 1686, & fut inhumé, dans l'Eglife de S.
Roch, dans le même tombeau que François Anguiere, fon
frere aîné.

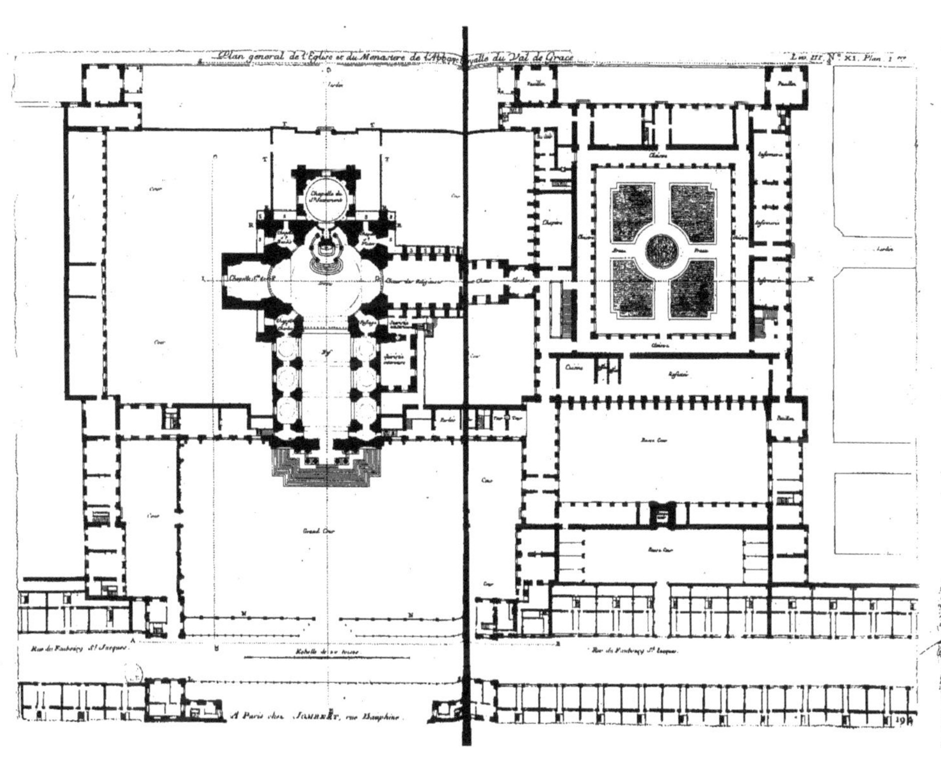

Plan general de l'Eglise et du Monastere de l'Abbaye royalle du Val de Grace
Liv. III. N° XI. Plan 1re
Rue du Fauxbourg St Jacques.
Echelle de 30 toises.
A Paris chez JOMBERT, rue Dauphine.
Rue du Fauxbourg St Jacques.

CHAPITRE XII.

Description du Portail de l'Eglise des Religieuses Feuillantines, situé dans la rue du Faubourg St. Jacques.

L'EGLISE où est placé ce portail fut fondée vers l'an 1622, par Anne Gobelin femme de Charles d'Eftournel, premier Capitaine des Gardes du Corps de Sa Majefté ; mais comme cette Eglife étoit très-peu confidérable dans fon origine, & qu'elle menaçoit ruine au commencement de ce fiécle, le Roi accorda une loterie à cette Maifon Religieufe, en 1713, pour la faire rebâtir, & ce fut, à ce que l'on croit, le fieur Marot (a) qui en donna les defleins, auffi bien que du portail dont nous parlerons feulement ici, les plans de l'Eglife & du Monaftere étant affez peu de chofe, & différant en cela du portail qui mérite quelque eftime en ce que fa compofition eft en général d'une affez belle ordonnance & la proportion principale de fes Ordres affez correcte.

L'exécution de ce portail, qui a été fort négligée, montre affez que la théorie feule ne fuffit pas lorfqu'il s'agit de mettre la main à l'œuvre pour l'édification d'un monument, & que les defleins les mieux conçus, mais d'une exécution & d'un appareil négligé, font perdre beaucoup aux différentes parties qui compofent les maffes d'un édifice. Quoiqu'il en foit, comme les défauts dont nous parlons ne fe remarquent qu'au pied de ce frontifpice, & que d'ailleurs les rapports des parties compofent un affez bel enfemble, nous avons crû devoir donner cette Planche & prendre occafion de comparer fon ordonnance avec quelques-autres édifices de ce genre.

L'eftime que quelques perfonnes portent à ce monument eft d'autant mieux fondée qu'à l'exception des piédeftaux de l'Ordre Ionique qui font un peu trop élevés, & du focle de l'Ordre Corinthien qui au contraire eft un peu trop bas, cette décoration eft d'un genre d'Architecture fort convenable. Encore faut-il avouer que ce frontifpice étant apperçu d'un point de diftance affez confidérable, le double focle placé au-deffous du piédeftal & qui égale la hauteur du perron eft affez néceffaire ici, puifqu'en général fi les piédeftaux doivent avoir lieu dans la décoration, felon le fiftême des modernes, ce ne doit être que dans le cas de l'edification d'un monument public à rez-de-chauffée, dans l'intention d'élever la bafe des Ordres au-déffus de la grandeur humaine, pour que dans le cas d'une grande multitude, le peuple ne puiffe mafquer ces bafes, & qu'il laiffe même appercevoir une partie du piédeftal qui tient lieu de foubaffement, autrement le fpectateur juge imparfaitement du rapport de la hauteur de l'Ordre avec fon diamétre. De là il faut conclure que les piédeftaux dont les anciens ne faifoient point d'ufage, & dont à la vérité les modernes ufent trop inconfidérément, deviennent en quelque forte indifpenfables dans le rez-de-chauffée des édifices dont nous parlons, auffi bien que dans les arcs de triomphe & dans tout autre édifice public, & qu'au contraire il faut les éviter dans les Ordres fupérieurs, non-feulement à caufe de la réitération trop multipliée de leurs corniches & de leurs

<hr>

(a) Jean Marot, né à Paris, vivoit au commencement de ce fiécle, & quoique les édifices qu'il a pû faire élever ne foient pas venus à notre connoiffance, néanmoins il peut être regardé comme un Architecte de mérite, du moins pour la théorie, par les différens defleins d'arcs de triomphe, deportes de ville & d'Eglifes qu'il a compofé, dont on verra les Planches à la fin du huitieme Volume de cet Ouvrage. C'eft auffi à cet Architecte que nous fommes redevables d'avoir tranfmis à la poftérité la plupart des anciens bâtimens de France qu'il a gravés, & dont il a donné au public deux Recueils connus fous le nom de grand & de petit Marot.

Il paroît auffi par un Recueil de Planches d'Architecture & d'ornemens publié à Amfterdam en 1712, qu'il y a eu un Daniel Marot qui avoit le titre d'Architecte de Guillaume III, Roi de la Grande Bretagne.

Elevation du Portail de l'Eglise de S.ᵗ Jacques et de S.ᵗ Philippe
du haut pas situe rue du Faubourg S.ᵗ Jacques.

A Paris chez JOMBERT, rue Dauphine.

201

d'une très-bonne Architecture. La porte A donne entrée à un paſſage qui com- Portail de
S. Jacques
du Haut-
pas.
munique à la rue d'Enfer & qui ſépare l'Egliſe dont nous parlons d'avec le Sémi-
naire de St. Magloire, que nous avons cité en parlant de celui de St. Sulpice,
Chapitre ſixiéme de ce Volume. La porte B ne ſe voit point aujourd'hui, à l'exception d'un piédroit & d'un commencement d'arc qui fait partie du mur de
face d'une maiſon contigue à cette Egliſe.

La partie élevée au-deſſus de l'Ordre Dorique eſt d'une Architecture trop négli-
géc, & le vitrail qui eſt au milieu occupe un trop grand eſpace, & ſemble n'a-
voir aucune analogie avec les ouvertures de l'ordonnance de deſſous : la baluſtrade qui eſt au-deſſus de ce vitrail eſt auſſi trop conſidérable, la continuité de
27 baluſtres ſans piédeſtaux qui les ſéparent eſt un abus que nous avons blâmé
dans l'Introduction, page 92, & qui rend ce couronnement trop évuidé & d'une
Architecture trop grêle, comparée avec la ſimplicité de l'ordonnance qui la reçoit.

Dans l'exécution on ne voit que la tour marquée C, celle qui lui eſt oppoſée n'a jamais été conſtruite : ſans doute elle fut projettée par l'Auteur pour ſatisfaire à la ſimétrie, mais elle a été ſupprimée, n'étant pas d'uſage dans les Egliſes Paroiſſiales d'élever deux tours, quoiqu'on en conſtruiſe aujourd'hui deux à
l'Egliſe de St. Sulpice, qui différent néanmoins de celles des Egliſes Métropoli-
taines en ce qu'elles ſont terminées par des campanilles & non en plate-formes
comme celles de Notre-Dame à Paris. Cette conſidération devroit déterminer à
placer cette tour dans une des parties de l'édifice qui ne ſoit point apperçue,
comme on l'a pratiqué à S. Roch, autrement une ſeule tour ſur le frontiſpice d'une
Egliſe nuit à la ſimétrie, à moins qu'on n'affecte, lors de la compoſition de ſon édifice, de la placer dans le milieu du portail, élevée & ſoutenue ſur un porche extérieur, ce qui contribueroit peut-être à donner à la décoration du frontiſpice une
forme piramidale qui ne pourroit que produire un bon effet, ſi ſes différentes parties
avoient été conçues pour former un tout enſemble relatif au caractere & à l'expreſſion d'un édifice ſacré.

Les amortiſſemens qui ſe voyent ſur ces deux tours, & qui renferment chacun un cadran, ſont auſſi ſupprimés dans l'exécution : nous les avons laiſſé ſubſiſter dans cette Planche étant d'une aſſez bonne Architecture & ayant été imités depuis par un Architecte de réputation, ainſi qu'on pourra le remarquer dans
un édifice contenu dans ce Recueil. Ces amortiſſemens étoient couronnés dans
cette Planche par un comble en dôme, terminé par une aiguille portant une croix ;
mais comme ils étoient d'une forme Gothique nous les avons ſupprimés. Voyez
dans l'œuvre de Marot l'effet que produiſoient ces aiguilles & l'amortiſſement qui
terminoit le ſommet du comble placé entre ces deux tours, que nous avons auſſi
ſupprimé ici.

CHAPITRE XIV.

Description de l'Eglise du College de Sorbonne.

College de Sorbonne.

LE College qui a donné occasion à cette Eglise est le premier qui ait été fondé dans le Quartier de l'Université de Paris, par Robert de Douay, Chanoine de Senlis & Médecin de Marguerite de Provence, femme du Roi St. Louis, qui en confia, vers l'an 1252, l'exécution à Robert de Sorbonne, & comme dans la suite on ne connut que ce dernier dans tout ce qui fut fait pour l'établissement de ce College, le public lui donna le nom de College de Sorbonne, quoique par modestie ou autrement Robert de Sorbonne ne prit dans son testament en 1270 que la qualité de proviseur. La Chapelle qui fut élevée dans le tems de ce College fut proportionnée à l'étendue du bâtiment, & selon quelques-uns ne fut dédiée que le 21 Octobre 1392, jour de Ste. Ursule.

Ce College jusques au Cardinal de Richelieu n'étoit recommandable que par son ancienneté & par ses Ecoles (*a*), son édifice auparavant ayant été fort peu de chose en comparaison de ce qu'il est à présent; mais en 1629 ce Cardinal le fit rebâtir à neuf sur les desseins de Jacques le Mercier, Architecte (*b*), & en posa la première pierre le 4 Juin de la même année. Ce nouveau bâtiment (dont nous ne donnons pas les distributions, quoique très-considérables, ayant déja parlé d'un édifice de même genre en décrivant le College Mazarin ou des Quatre Nations) forme un quarré long, & consiste en quatre grands pavillons joints les uns aux autres par de grands corps de logis, dans lesquels sont distribuées en plusieurs étages de grandes salles & 36 appartemens pour autant de Docteurs & de Théologiens de la Maison de Sorbonne. Au premier est une grande gallerie de 20 toises de longueur sur 30 pieds de largeur, décorée à chacune de ses extrémités d'une cheminée; c'est dans cette gallerie qu'est la Bibliotheque; elle se ressent de la magnificence du Cardinal de Richelieu qui l'a augmentée si considérablement qu'elle passe aujourd'hui pour une des plus complettes de l'Europe.

Après que ce Cardinal eut fait bâtir le College, il ordonna qu'on construisît l'Eglise dont nous allons parler; pour cet effet il fit acheter plusieurs maisons voisines, & en 1635, au mois de Mai, il en posa la première pierre : cette Eglise termine un des côtés du quarré long que forme le College; son portail donne sur une place nommée de Sorbonne, & une rue ouverte en face de ce portail porte le nom de ce Cardinal, & fait découvrir cet édifice de la rue de la Harpe.

Plan de l'Eglise de la Sorbonne. Planche première.

L'intérieur de cette Eglise a de longueur 25 toises dans œuvre, & a 12 toises & demie de largeur. Un dôme de 38 pieds de diamétre divise la longueur de l'Eglise en deux parties égales. Du côté de la principale entrée est une nef décorée de deux arcades de chaque côté; vers le chevet est placé le chœur qui a la même grandeur & qui est de la même décoration que la nef; la largeur de la croisée de l'E-

---

(*a*) Cette Maison a produit de grands Théologiens & de grands avantages aux sciences & aux arts. On prétend que ce sont deux Docteurs de ce College, sçavoir *Guillaume Fichet*, Savoyard, & *Jean Heynlin de la Pierre*, Allemand, qui introduisirent l'Imprimerie en France en recevant dans la Maison de Sorbonne des Imprimeurs qui pendant les années 1470, 1471, 1472, &c, mirent au jour plusieurs Livres dont on voit des exemplaires dans la Bibliothéque de cette Maison.

(*b*) Jacques le Mercier, Architecte du Roi, né à Pontoise, a bâti la Sorbonne, le Palais Royal, une partie du vieux Louvre, &c, & a été regardé par quelques-uns comme un des meilleurs Architectes du dernier siècle; du moins est-il certain que l'Eglise de la Sorbonne peut passer pour un des beaux monumens que nous ayons en France, & qu'on y remarque, plus que dans tout autre de cette espece, le goût de l'Architecture antique.

glise

glife égale celle de la nef, & celle des quatre grandes Chapelles en forme de
bas-côtés égale environ la moitié de la largeur de la nef.

Du côté de la cour du College, dans l'une des faces latérales, eft élevé un portail collatéral décoré de dix colonnes ifolées, qui forment un porche extérieur.
En face de cette porte, dans l'intérieur de l'Eglife, eft la Chapelle de la Vierge,
décorée d'un fond d'Architecture de marbre blanc qui reçoit des colonnes de
marbre de Rance. Au milieu du grand entrecolonnement de cette Chapelle eft
une niche enrichie de lames de bronze doré ; la ftatue de la Vierge qui tient l'Enfant Jefus fur fes genoux eft aufli de marbre blanc, & a été fculptée par Desjardins. Nous ne donnons que le plan de cette Chapelle, fa décoration feroit devenue trop petite dans la coupe, & c'eft pour cette raifon que nous difons ici
quelque chofe de fon ordonnance, quoique la Planche dont nous faifons la defcription n'ait pour objet que la diftribution de cette Eglife.

Pour procurer de la folidité aux quatre panaches du dôme, on a pratiqué des
entre-pilaftres marqués A, dans l'intervalle defquels font exprimées des niches
qui fimétrifent avec celles des retours B de la croifée de l'Eglife. On voit fur ce
plan des portes dans ces retours à la place des niches, mais comme ces portes
ont fort peu d'élévation, cela ne nuit en rien à l'uniformité des niches, ainfi qu'on
peut le remarquer dans les Planches IV & V qui offrent la décoration intérieure
de ce monument, & dont nous parlerons dans fon lieu. Ces pilaftres ainfi réunis produifent des piliers un peu pefans dans l'exécution, mais ils compofent une
Architecture folide qui fait un bon effet dans ce Temple. D'ailleurs il faut confidérer que ce monument n'eft pas une Eglife Paroiffialle, qu'il y a peu de Chapelles, & qu'en général cet édifice n'étant pas ouvert au peuple, fa décoration
& fa diftribution demandent une toute autre ordonnance, ainfi qu'on l'a obfervé
aux Quatre Nations, au Val-de-Grace, aux Invalides, &c, bâtis à peu près dans
le même genre & pour la même fin, au lieu que nos Paroiffes modernes, telles
que S. Sulpice, S. Roch & plufieurs autres, érigées pour contenir un grand nombre de Paroiffiens, femblent exiger des maffifs moins confidérables, & un caractere particulier à leur ufage & à leur deftination.

Comme il y a peu d'ouvertures de portes & de croifées dans cette Eglife, &
qu'il y a beaucoup de marbre employé dans fa décoration intérieure, il eft à
croire que c'eft ce peu d'ouvertures qui la rend humide, malgré fon élevation au-
deffus du fol du pavé de la place, & de la grande cour du College. Au refte
la couleur des marbres qui la décorent étant très-rembrunie, contribue fans doute
à lui donner aufli un air de trifteffe, qui femble avoir été affecté pour que ce monument parût fervir de maufolée au tombeau du fondateur de cette Eglife, qui
en effet fe trouve élevé dans le milieu du chœur à l'endroit marqué *. Ce
magnifique ouvrage de Sculpture, unique dans fon genre, eft de Girardon, & a
été pofé en 1694. Le Cardinal de Richelieu y eft repréfenté à demi couché, fou-
tenu par la Religion & ayant à fes pieds la Science qui paroît défolée de la
perte d'un Miniftre qui a tant contribué à la perfection des Arts en France. Au-
deffous de ce tombeau, dans une cave conftruite exprès, repofe le corps de ce
Cardinal (c), qui mourut à Paris le 4 Decembre 1642, âgé de 57 ans.

On a exprimé fur cette Planche l'arrachement d'une partie des maffes des bâtimens de la grande cour du Collége & de la place qui eft devant, dont nous
avons déja parlé, & l'on verra en petit l'ordonnance des façades qui les décorent dans les Planches VI & VII, deffinées en perfpective pour donner une idée
générale de tout l'enfemble de cet édifice & de fes dépendances.

(c) Voyez l'Epitaphe de ce Miniftre qui eft écrite d'un　& que Piganiol rapporte dans fa defcription de Paris, T.
ftile très-fingulier & qui eft gravée dans cette cave fur une　V. p. 530.
lame de cuivre de 3 pieds & demi de haut fur 2 de large,

Elevation du Portail du côté de la Place de Sorbonne. Planche II.

Ce frontispice est décoré de deux Ordres d'Architecture, l'un Corinthien & l'autre Composite (*d*) élevés l'un sur l'autre ; l'avant-corps du milieu, au rez-de-chaussée, est formé par des colonnes, & tout le reste de l'ordonnance par des pilastres. On a observé, pour les dimensions générales de ce frontispice, de lui donner autant de hauteur que de largeur plus un vingt-quatriéme, à compter du sommet du fronton jusques au sol du pavé. La largeur de l'avant-corps égale la moitié de toute celle de l'édifice, & la hauteur de l'Ordre superieur est à celle de l'Ordre de dessous comme 19 est à 20, c'est-à-dire qu'il a un module de moins ; proportion assez universellement approuvée par les plus grands Architectes. Les entablemens de ces Ordres ont entre le quart & le cinquiéme, selon le système de Scamozzi ; le piédestal du second Ordre, qui sert de balustrade au premier, a de hauteur le tiers de la colonne d'en bas, y compris un socle au-dessus de sa corniche, en forme de congé. Ce socle pratiqué ainsi réduit ce piédestal en apparence un peu au-dessous du tiers de l'Ordre supérieur & est placé pour exhausser les bases des pilastres, afin que du point de distance la saillie de ce piédestal ne les masque pas, cette balustrade étant à plomb du fust des colonnes de dessous. Comme elle se trouve un peu élevée, les balustres qui seroient devenus trop hauts sont posés sur un petit piédestal, afin qu'ils ne surpassent pas en hauteur le diamétre de la colonne. Il n'y a point de balustres au-dessus du grand entrecolonnement, dans le dessein de ménager une place pour l'inscription suivante.

DEO OPT. MAX.
ARMANDUS CARDINALIS DE RICHELIEU.

Ces balustres ont sans doute aussi été supprimés dans la crainte qu'on n'apperçut par leurs intervalles la baye de l'arcade en plein ceintre qui est au-dessus, dont la forme déja trop élegante auroit paru beaucoup trop élevée. Cette considération auroit dû déterminer à se passer tout à fait de balustres dans cette ordonnance, un appui continu auroit eu plus de succès, non-seulement à cause que ces balustres se remarquent ici en trop petite quantité, mais aussi parce qu'ayant été supprimé dans le grand entrecolonnement, quoique décoré de portes qui représentent un vuide, il étoit inutile d'affecter ceux qui se voyent sur les petits entrecolonnemens qui ne sont décorés que de niches, ne devant en général employer les balustres qu'à plomb de quelque corps d'Architecture percé à jour par des portes ou des croisées. Voyez ce que nous avons dit concernant les balustrades dans l'Introduction, au commencement du premier volume page 90 & suivantes.

Les colonnes de cet avant-corps sont distribuées par accouplement, par deux petits entrecolonnemens de quatre modules & par un grand entrecolonnement de neuf modules. Cette disposition est assez agréable, mais ces espacemens qui n'ont pas un rapport direct entr'eux ont occasionné des différences assez considérables dans les intervalles des modillons & ont causé une irrégularité sensible dans ces ornemens, ce qu'il faut éviter autant qu'il est possible. Il est vrai qu'en général, selon le sentiment des plus grands Architectes, les accessoires dans une ordonnance de quelque importance doivent ceder à la dimension totale d'un édifice, mais au moins faut-il prendre garde que ces irrégularités ne nuisent à la simétrie, autrement on les doit ranger au nombre des licences à éviter, bien loin qu'elles puissent jamais passer pour des autorités.

(*d*) Sur ce dessein l'on a exprimé deux Ordres Corinthiens, mais comme ces Planches étoient anciennement gravées, & que ces Ordres ne différent que dans leur chapiteau, l'on a cru qu'il suffisoit seulement d'en avertir ici, la grandeur de l'échelle n'ayant pas permis d'ailleurs d'y observer une différence assez sensible.

Les petits entrecolonnemens, tant au rez-de-chauffée qu'au premier étage, font *Collège de Sorbonne.*
décorés de niches dans lesquelles font des ftatues de marbre blanc fculptées par
Guillain; ces figures & les niches font trop petites par rapport à la grandeur des
Ordres. Ce défaut eft occafionné par le peu d'efpace des petits entrecolonnemens, ce qui auroit dû déterminer l'Architecte à préferer des tables à ce genre
de décoration, devant regarder comme un abus d'introduire des parties qui ne
peuvent avoir aucun rapport avec les maffes principales. D'ailleurs au-deffous &
au-deffus de ces niches font pratiqués de petits paneaux, qui avec l'impofte, l'aftragale, & les retraites continues, divifent cette hauteur par des lignes horifontales qui ne peuvent aller avec la hauteur des Ordres qui doit dominer dans toutes
les occafions où on les employe, leur ordonnance devant donner le ton à l'Architecture qui les accompagne.

Dans le grand entrecolonnement du rez-de-chauffée eft une porte à plate-bande
droite couronnée d'un fronton. Cette porte paroît trop petite pour l'entrée de ce
Temple, d'ailleurs fa forme femble être plus convenable à une croifée, & pour cette
raifon elle auroit dû occuper le grand entrecolonnement de l'Ordre fupérieur, l'élegance de l'arcade en plein ceintre étant plus convenable à l'Ordre Corinthien
qu'au Compofite, parce que ce dernier doit être confideré, felon le fentiment de
Scamozzi, comme moyen entre la proportion Ionique & Corinthienne. Il y a lieu de
croire que la forme des ouvertures paroiffoit indifférente à la plûpart des Architectes
du dernier fiecle, puifque l'on remarque qu'ils employoient indiftinctement de petites
portes dans des grands édifices, auffi bien que des croifées où des portes auroient
été plus convenables, & qu'ils n'ont pas été plus fcrupuleux d'employer de grands
trumeaux, des claveaux, & des piédroits inconfidérément, fans avoir égard fi ces parties pouvoient aller enfemble, fi elles fe pénétroient, ou fi elles étoient mafquées
par les colonnes placées devant. Il femble même que toute leur attention confif-
toit à élever des Ordres affez reguliers & dont la grandeur pût en impofer, &
qu'ils négligeoient toutes les autres parties du bâtiment, comme devant ceder à leur
ordonnance : d'où il eft arrivé que les Architectes qui font venus après eux les ont
imités, & ont transmis jufqu'à nous ce goût d'indépendance qui fe remarque actuellement dans notre maniere de bâtir en France.

Dans les arrieres-corps de ce portail, qui ne contiennent qu'un feul Ordre, font
des croifées d'une affez heureufe proportion étant confidérées à part & non avec la
legereté de l'Ordre Corinthien, mais dont néanmoins les membres d'Architecture
qui les accompagnent font de fort bon goût : nous en donnerons le deffein dans
le feptiéme Volume, avec plufieurs autres parties dans ce genre puifées dans nos
plus beaux édifices. Au-deffus de ces arrieres-corps font des confoles qui fervent
d'arc-boutans à la partie fupérieure de ce portail, à l'extrémité inférieure defquelles font des ftatues qui couronnent les bas-côtés de ce même portail.

A la gauche de ce monument on a exprimé le profil du porche qui donne entrée
de la cour du Collége dans cette Eglife, quoique pris géometralement on ne puiffe
l'appercevoir à caufe des bâtimens marqués C dans la Planche premiere, mais
on les a fuppofé ici démolis pour donner une idée de l'enfemble de tout cet édifice, raifon pour laquelle on a auffi exprimé au-deffus de ce portail la décoration
extérieure de la coupole de l'Eglife, quoique fur un plan affez reculé; nous en parlerons en expliquant la Planche fuivante.

Façade latérale de l'Eglife de Sorbonne du côté de la grande cour du Collége.
Planche III.

Cette façade forme l'un des petits côtés de la cour de la maifon de Sorbonne,
qui (ainfi que nous l'avons remarqué) a de largeur 14 toifes 2 pieds, fur 37 de

longueur, & qui felon l'intention du Cardinal de Richelieu devoit être prolongée jufques à la ruc des Mathurins, de maniere que l'on auroit vû cette Eglife
de 95 toifes de diftance, ce qui auroit produit l'afpect d'un des plus beaux édifices qui foit en France, au lieu qu'à préfent ce monument, digne de la curiofité de
tous les amateurs, fe trouve enfermé dans un efpace affez borné. Il recevroit néanmoins beaucoup plus de relief fi l'on n'eût pas flanqué dans fa largeur les deux
extrémités de cette façade depuis A jufqu'en B par des ailes de bâtiment dont les
maffes par arrachement font exprimées par les lettres C, D, dans la Planche premiere.

Le milieu de ce bâtiment eft décoré au rez-de-chauffée d'un porche en colonnade de
12 pieds de faillie dans œuvre, fur 39 pieds de largeur & 30 pieds d'élévation, non
compris le fronton ni un perron de 15 marches qui éleve cette colonnade de 6 pieds
de hauteur, & annonce ce frontifpice du fond de la cour d'une maniere très-fatisfaifante. Dans le timpan du fronton font fculptées les armes (*e*) du Cardinal de
Richelieu, & on y lit l'infcription fuivante.

ARMANDUS JOANNES, CARD. DUX DE RICHELIEU,
SORBONÆ PROVISOR, ÆDIFICAVIT DOMUM
ET EXALTAVIT TEMPLUM SANCTUM DOMINO.
M. DC. LIII.

Pour pouvoir y placer cette infcription l'on a arrafé l'architrave fur le devant
de ce portique afin de faire unité avec la frife. Une pareille licence n'eft pas
tolérable dans une ordonnance réguliere, & lorfqu'on croit néceffaire de placer
une infcription dans un édifice, au moins faut-il difpofer fon Architecture de maniere à conferver une place convenable pour la recevoir, fans qu'elle paroiffe avoir
été ajoutée après coup aux dépens de la feverité des regles. Les anciens ont toujours ufé de cette précaution avec beaucoup de foin, & c'eft ce qui leur a fait
mettre en ufage des amortiffemens continus, d'où nous eft venu l'Ordre Attique
(*f*). Le Mercier étoit trop inftruit des principes des anciens pour avoir contribué
à cette inadvertance, fans doute cette infcription aura été mife depuis par la maifon de Sorbonne qui aura voulu laiffer à la pofterité des marques de fa reconnoiffance en honorant la mémoire du fondateur de ce monument.

Sur cette Planche on a marqué trois croifées à chaque côté de cet avant-corps,
mais aujourd'hui, ainfi que nous venons de le remarquer, il ne s'en apperçoit qu'une
& demie de part & d'autre, à caufe des deux ailes de bâtimens qui déterminent
la largeur de la cour. Chacune de ces croifées eft féparée par un corps d'Architecture couronné d'une corniche continue de la hauteur de l'architrave de l'Ordre du
porche; au-deffus de chacun de ces corps font placés des piédeftaux qui foutiennent
des ftatues, derriere lefquelles s'éleve perpendiculairement le mur de la nef qui
porte les combles de cette Eglife. Au-deffus du fronton fe voit un des grands
arcs (*g*) qui interieurement foutiennent les quatre panaches du dôme dont on voit
ici la décoration extérieure qui termine tout cet édifice, & qui eft la même qui
fe remarque du côté du portail, Planche II. Ce dôme eft flanqué de huit groupes de pilaftres Corinthiens (*h*) qui lui tiennent lieu de contreforts; ils font pofés fur des piédeftaux & couronnés de génies qui portent des candelabres. Au-deffus de cet Ordre regne un ftilobate continu formant retraite & fur lequel
s'éleve la coupole décorée de huit côtes revêtues de plomb doré, & dont les intervalles font couverts d'ardoife en forme d'écailles. Au-deffus de ce dôme eft

---

(*e*) Elles ornent auffi le fronton du portail du côté de   dre dans l'Introduction, premier Volume, p. 83 & fuiv.
la place.
(*f*) Voyez ce que nous avons dit de cette efpece d'Or-   (*g*) Voyez les coupes de cette Eglife, Plan. IV & V.
(*h*) Voyez le plan de ce dôme, Planche IV.

une plate-forme foutenant un balcon de fer, & une lanterne couverte & revêtue de métal auffi doré. Au pied & dans les quatre angles de ce dôme, fur le maf-fif de l'Eglife, s'élevent extérieurement quatre campanilles en forme de lanternes où font pratiqués des efcaliers pour monter à cette coupole, & qui fervent à l'accompagner en dehors fans nuire à la forme piramidale de tout ce monument qui a de hauteur hors œuvre, y compris la croix, 26 toifes.

Coupe fur la largeur, prife dans la croifée de l'Eglife de Sorbonne. Planche IV.

La hauteur de l'intérieur de cette Eglife depuis le deffus du pavé jufques def-fous la clef de la premiere voûte eft de 17 toifes 3 pieds 6 pouces, fur 12 toifes 2 pieds de largeur vers le fol. La coupole qui commence au-deffus des panaches a 6 toifes 2 pieds 3 pouces de diamétre, & eft élevée du rez-de-chauffée de 8 toifes 3 pieds, de maniere que la hauteur du dôme eft égale environ à la hauteur des grands arcs fous clef qui retiennent les panaches, & que la largeur totale de la croifée de cette Eglife eft environ du double de celle de la coupole (i), ainfi que nous l'avons déja obfervé en parlant du plan de ce monument, Planche pre-miere.

Au fond du chœur s'éleve le maître Autel qui eft du deffein de Charles le Brun; il eft décoré de fix colonnes Corinthiennes dont les fufts font de marbre de ran-ce, & dont les chapiteaux & les bafes font de bronze doré d'or moulu. Sur les deux colonnes du milieu s'éleve un fronton couronné de deux Anges fculptés par *Arcis* & par *Vancleve*; entre les deux colonnes qui font en retour font placées deux figures de marbre, l'une de *Le Comte*, l'autre de *Cadene*. Le maître Autel dont nous parlons n'eft point celui qu'on remarque ici, mais c'eft le projet de le Mer-cier auquel le Brun a fait des changemens affez confidérables, car à la place de la vouffure de la croifée & de l'Attique qui couronne ce rétable il a préféré une furface droite fur laquelle eft peint un grand fujet par *Verdier* fon neveu, ce qui fait un bien meilleur effet que la divifion de tant de petites parties. Au-deffus du coffre d'Autel s'éleve fur un fond de marbre noir un Crucifix de marbre blanc qui eft un des chef-d'œuvres de *François Anguiere*.

Les quatre panaches qui portent le dôme font ornés de médaillons contenant autant de tableaux foutenus par des écuffons qui repréfentent les armes du Car-dinal fondateur de cette Eglife; le dôme qui eft porté fur ces panaches eft dé-coré de 16 pilaftres Corinthiens accouplés deux à deux, & de huit croifées cou-ronnées d'un entablement qui reçoit la retombée de la premiere voûte, laquelle eft ornée d'arcs doubleaux chargés de rofaces; leurs intervalles font enrichis de compartimens de fculpture dont les principaux panneaux ont été peints par *Phi-lippe Champagne*. Au-deffus de cette coupole eft une lanterne intérieure dont le plafond eft auffi peint; mais comme cette lanterne ne tire des jours que du de-dans de la charpente, elle eft fort obfcure, de forte que cette peinture n'eft pas apperçue d'en bas, & qu'en général on diftingue à peine celle des compar-timens de la coupole, les croifées de deffous étant en abajour & d'une ouver-ture peu propre à répandre une lumiere fuffifante pour éclairer ces fortes d'ou-vrages. Nous avons remarqué plus haut qu'en général ce monument étoit fombre & qu'il tiroit peu de jour des murs de face. Comme cette partie du milieu eft auffi très-peu éclairée, c'eft ce qui contribue fans doute à donner à l'intérieur de ce Temple l'air de trifteffe dont nous avons parlé au commencement de ce Cha-

(i) Coupole ou coupe, de l'Italien *cupola*, fignifie la partie convexe d'une voûte fphérique, ornée le plus fouvent par des arcs doubleaux & par des compartimens enrichis de tableaux, telle que celle dont nous parlons, celle des Invalides, &c: ou feulement décorée d'un grand fujet de peinture à frefque, telle que celle du Val-de-Grace à Pa-ris, celle du dôme de Parme, celle de Saint André *della Valle*, à Rome, &c.

nuiferie, devoit être élevé un buffet d'Orgues. On devroit auffi voir l'élevation de Collcge de Sorbonne. la Chapelle de la Vierge dans la croifée de l'Eglife marquée C , mais la décoration qui fe remarque ici eft celle de l'intérieur du portail lateral du côté du Collége ; on ne voit dans le chœur ni les ftalles ni le tombeau du Cardinal , & l'on s'eft contenté d'exprimer ces obmiffions dans le plan, Plan. premiere, parce que ces coupes fe font trouvé gravées telles que nous les donnons : d'ailleurs ces détails feroient deve-nus fi petits qu'on n'a pas cru néceffaire de les ajouter ici , notre objet ayant été feu-lement defaire nos obfervations fur les maffes générales. A l'égard du tombeau , qui eft véritablement un des chefs-d'œuvres de l'art, comme il a été gravé par Charles Si-moneau & par Bernard Picard, avec beaucoup de foin & d'une grandeur capable de fatisfaire les connoiffeurs , nous avons négligé d'en donner ici les deffeins en petit.

Sur la corniche qui couronne les panaches qui foutiennent la coupole eft pra-tiqué un balcon de fer où l'on arrive de deffus les voutes du chœur & de la nef, par des ouvertures pratiquées dans les piédeftaux qui foutiennent l'Ordre Corin-thien. Ce balcon procure un trottoir fur la faillie de la corniche, d'où l'on peut examiner les compartimens & les peintures de la voute de ce dôme.

Vûes perfpectives de l'intérieur de l'Eglife de Sorbonne. Planches VI & VII.

Les deux Planches 6 & 7 préfentent la vûe perfpective de l'intérieur de cet édifice , avec une partie des bâtimens extérieurs qui l'accompagnent. Dans la Planche 6 on peut remarquer une des façades de la cour du College, dont la fimplicité réguliere eft affez convenable à un édifice de cette efpece. Dans la planche 7 on voit une partie des bâtimens particuliers de la place qui eft au de-vant du principal portail & qui , comme nous l'avons dit, eft percée d'une rue qui laiffe découvrir ce frontifpice de la rue de la harpe. Cette place qui a été faite vers l'an 1640 a plufieurs iffues ; fçavoir, la rue de Sorbonne, celle des Maçons , celle des Cordiers, & celle dont il eft ici queftion, que l'on a nommé *rue neuve de Richelieu,* du nom du fondateur de tous les bâtimens que nous venons de décrire.

CHAPITRE XV.

Description de l'Amphithéâtre & des Bâtimens de l'Académie Royale de Chirurgie de St. Côme, situé rue des Cordeliers.

CE bâtiment, qui eft renfermé dans un efpace affez borné, étant refferré d'un côté par l'Eglife Paroiffiale de Saint Côme, & de l'autre par les jardins & dépendances du Couvent des Grands-Cordeliers, a été élevé en différens tems par la Communauté (*a*) des Maîtres Chirurgiens de la ville de Paris. La premiere pierre de l'Amphithéâtre anatomique fut pofée le 2 Août 1691, & ce bâtiment fut fini en 1695 ; celui qui eft fitué vis-à-vis de cet Amphithéâtre fut commencé en 1707, & achevé en 1711, à la place de l'ancienne maifon où la confrairie (*b*) des Chirurgiens tenoit fes affemblées pour la vifite des malades qui avoient befoin du fecours gratuit de la Chirurgie.

Ces bâtimens ont été élevés par *Charles & Louis Joubert*, (*c*) tous deux Architectes

---

(*a*) Cette Communauté prétend avoir été établie en forme de Confrairie par le Roi S. Louis, fous l'invocation de S. Côme & de S. Damien.

(*b*) Cet établiffement prit naiffance à la follicitation de *Jean Pitart*, Chirurgien des Rois S. Louis, Philippe le Hardi, & Philippe le Bel ; en conféquence il dreffa des ftatuts & des réglemens, qui furent publiés vers 1278, fous Philippe le Hardi, & qui furent dans la fuite confirmés par Philippe le Bel & fes fucceffeurs.

Ces ftatuts eurent d'abord deux objets, la perfection de l'art de la Chirurgie & l'exercice de la charité : ce qui détermina en 1555 *Nicolas Langlois*, un des anciens Prévôts de cette Confrairie, à former un fonds de fes deniers, dont le produit pût fournir à l'avenir des émolumens aux Officiers en charge pour l'adminiftration de ces exercices de charité. Ce qui eft de certain, c'eft que cette fociété continua de montrer tant de zèle pour les pauvres que deux de nos Rois, Charles V & Louis XIII, ont fait l'honneur à cette Confrairie de s'y faire infcrire, & que ce dernier, par fes Lettres Patentes du mois de Juillet 1611, regiftrées en Parlement le 27 Septembre de la même année, ajoûta aux armes des Chirurgiens de Paris une fleur de lys rayonnante.

Le fuccès de cet établiffement indifpofa la Faculté de Médecine contre les Chirurgiens, de maniere que pour chagriner ces derniers, cette Faculté reconnut les Barbiers-Chirurgiens de Paris comme fes éleves, & diftingua par là deux fortes de Chirurgiens, les uns de Robe longue & les autres de Robe courte, ce qui occafionna de très-grands différens dans cette fociété, qui déterminerent enfin ces deux corps à fe réunir pour n'en faire plus qu'un feul. Alors la Faculté de Médecine obtint du Parlement un Arrêt du 7 Février 1660, qui fait deffenfes aux Chirurgiens-Barbiers de prendre la qualité de *Bacheliers*, *Licentiés*, *Docteurs* & *Colleges*, mais feulement celle d'*Afpirans*, *Maîtres* & *Communautés* : mais dans la fuite *Charles Félix*, premier Chirurgien du Roi, homme d'une très-grande réputation & de beaucoup de crédit, fe trouvant chef des Chirurgiens - Gradués & des Chirurgiens - Barbiers, fit de nouveaux Réglemens pour le Corps entier, qui furent confirmés par un Arrêt du Confeil du 2 Août 1699, & par des Lettres Patentes regiftrées en Parlement le 3 Février 1701. Depuis ce tems il n'y a plus eu qu'un feul Corps de Chirurgiens compofé généralement de tous ceux qui ont droit d'exercer cette profeffion, fous la direction du premier Chirurgien du Roi, de fon Lieutenant-Prévôt perpétuel, & de quatre Prévôts électifs, dont les fonctions ne durent que deux ans, &c.

Cette Compagnie, qui s'eft diftinguée avec éclat dans tous les tems, détermina Louis XIV fur la fin de fon régne à accorder des Lettres de Nobleffe à quatre des plus célébres Chirurgiens de cet illuftre Corps. Elle a reçu auffi depuis des preuves des libéralités de Sa Majefté Louis XV, qui fonda en 1724 par des Lettres Patentes regiftrées en Parlement le 25 Mars 1725, cinq places de Démonftrateurs dans toutes les parties de la Chirurgie. C'eft ainfi que les récompenfes & les honneurs (le nerf de l'émulation) ont fait fleurir cette Ecole au point que, de l'aveu même de tous les étrangers, il n'eft point en Europe de Chirurgiens plus célébres que ceux que nous fournit cette illuftre Compagnie qui n'a rien négligé pour que les opérations foient devenus plus fimples & plus fures par les lumieres que l'étude de l'Anatomie a portées dans cet art, & par l'attention qu'elle a prife depuis quelques années de ne recevoir que des hommes lettrés & verfés dans une pratique très-confommée.

La Faculté de Médecine intenta encore un nouveau procès aux Chirurgiens, les Médecins prétendant qu'ils devoient préfider aux cours publics qui fe font dans l'Amphithéâtre dont nous donnons ici les deffeins & qui a donné occafion à cet Abrégé ; mais elle fut déboutée de fa demande, & vers 1731 Meffieurs Maréchal & de la Peyronie formerent le deffein, fous le bon plaifir de Sa Majefté, d'ériger cette Ecole en Académie, tendant à perfectionner de plus en plus la pratique de la Chirurgie, principalement par *l'expérience* & par *l'obfervation*, ce qui leur fut accordé. Elle eft compofée aujourd'hui de 60 Académiciens ordinaires qui font tous Maîtres de Paris, & dont le premier Chirurgien du Roi eft le Préfident. Ces Académiciens s'affemblent régulierement à trois heures après midi le Mardi de chaque femaine, & diftribuent tous les ans une médaille d'or à celui (n'importe de quel pays) qui a produit le meilleur Mémoire fur la Queftion propofée par l'Académie, dont le fujet tend toujours au progrès de la Chirurgie.

(*c*) Charles Joubert, Architecte, né à Paris le 16 Mars 1640, & mort le 30 Novembre 1721 Doyen des Experts Jurés de la Ville de Paris, a été regardé de fon tems comme un homme d'une très - grande expérience & poffédant à fonds la théorie de la bonne Architecture ; le bâtiment de l'Amphithéâtre dont nous parlons a été érigé fur fes deffeins & fous fa conduite.

Quelque tems après la conftruction de cet édifice, Louis Joubert fon fils, Architecte, aujourd'hui Juré Expert du Roi & Tréforier de la Chancellerie de Bordeaux, né à Paris le 2 Janvier 1676, donna les deffeins & prit la

de réputation, & si la distribution en paroît peu de chose, du moins ces Amphithéâtre de St Côme habiles Artistes ont-ils sçu tirer de ce terrain très-ingrat tout le parti qu'il étoit possible rélativement à son usage, & l'on peut dire que la décoration extérieure & intérieure de ce monument contient des beautés assez estimables, ainsi que nous le ferons observer en son lieu.

Plan au rez-de-chaussée. Planche Premiere:

La principale porte de cet édifice donne dans la rue des Cordeliers, & sert d'entrée à une cour de 29 pieds de large sur 45 pieds de profondeur. A la droite de cette cour est placé le bâtiment contenant l'Amphithéâtre, qui a 39 pieds de diamétre dans œuvre, & est de forme octogonale remplie de gradins pour les assistans, au milieu desquels est un espace vuide pour les démonstrateurs. Cet Amphithéâtre qui contient 750 personnes, est éclairé par en haut & terminé en forme de voute spherique construite de charpente & enduite de plâtre (Voyez la Planche IV). Sur les revêtissemens des murs intérieurs de cet Amphithéâtre sont placés différentes inscriptions qui indiquent les noms des hommes illustres qui ont composé & qui composent cette société, de ceux qui ont contribué à l'édification de ce bâtiment, ou procuré des fonds pour son entretien & pour les exercices de pieté envers les pauvres. Parmi ces bienfaicteurs on doit compter principalement feu M. de la Peyronie, premier Chirurgien du Roi, mort en Mai 1747, âgé de 70 ans. Cette compagnie vient de faire placer son buste, sculpté par le Moine, dans une niche marquée P en face de la porte, (Planche IV) & au-dessous de ce buste est une inscription que nous ne raporterons point, non plus que celles qui sont répandues dans le pourtour de cet Amphithéâtre n'étant véritablement intéressantes que pour les personnes attachées à cette Academie, & n'ayant aucun rapport à l'Architecture, qui fait ici notre objet.

Comme la cour de cet édifice est fort petite, son entrée est destinée seulement pour les Academiciens, & l'on a pratiqué nouvellement les deux portes marquées C, pour les étudians qui montent & descendent dans l'Amphithéâtre par les escaliers D, au lieu que le Président, les Prévôts en charge & les Démonstrateurs y arrivent par le passage E. La lettre F indique la table sur laquelle se font les dissections, G le siége du Démonstrateur, H celui du premier Chirurgien du Roi ensuite celui de son Lieutenant, & ceux des quatre Prévôts électifs. I est le siége des Conseillers, K celui des fils de Maître, L celui des étrangers, qui tous sont séparés par un balcon de fer d'avec le reste de l'Amphithéâtre où se tiennent les étudians. La piece marquée M est destinée à servir de dépôt pour les cadavres, les linges & ustenciles à l'usage des opérations anatomiques, & au-dessus est pratiqué une entresole ou logement pour un garde chargé du soin de ces ustenciles.

A gauche de la cour & vis-à-vis de cet Amphithéâtre est le bâtiment pour les assemblées des Academiciens & pour l'examen & la reception des maîtres Chirur-

conduite du bâtiment dans lequel se tiennent les séances de Mrs. les Académiciens en Chirurgie. Le Portail du Couvent des Chanoines Réguliers de l'Ordre de la Ste. Trinité, rue des Mathurins, & les bâtimens qui lui sont adjacens sont aussi de lui.

Depuis environ quatre ans, l'Architecte dont nous venons de parler, âgé de 76 ans, s'étant retiré, la société de l'Académie Royale de Chirurgie qui a dessein d'agrandir ses bâtimens, a fait choix de Thomas Arnoult, Architecte Juré Expert, né à Paris en 1706, pour les projets de cet agrandissement, lequel en conséquence vient de composer des projets à ce sujet dont on ne sçauroit trop louer l'ordonnance & la composition. Entre ces projets celui

qu'il proposa pour être élevé à la place du Collège de Dainville, de l'autre côté de la rue des Cordeliers, est très-ingénieux, aussi bien que celui qu'il a fait pour être exécuté sur le terrain des Cordeliers à la place d'une partie de leur salle de Théologie & dans la cour de leur réfectoire, dont la distribution & la décoration extérieure & intérieure sont fort bien entendues. Sans doute que c'est ce dernier qui aura lieu, & que son exécution n'a été retardée jusqu'à présent qu'à cause des difficultés de l'acquisition, cette Académie ayant besoin essentiellement d'être agrandie, ainsi que nous venons de l'observer, vû le peu d'étendue du terrain où elle se trouve resserrée.

giens & des maîtresses Sages-Femmes de la ville de Paris. Ce bâtiment est distribué au premier étage de maniere que dans le rez-de-chauffée il n'a de remarquable qu'un vestibule, qui conduit à un escalier d'une médiocre grandeur, mais qui ne laisse pas que d'être assez commode, & au-dessous duquel, par la porte N, l'on descend dans des écuries souteraines, à des latrines, &c. A gauche du vestibule est pratiqué le logement du concierge, lequel a encore au-dessus quelques piéces en entresole où l'on monte par l'escalier O, qui conduit aussi à sa cuisine pratiquée sous terre. La piece Q est une espece de bibliothéque ou archives dans laquelle anciennement étoit une cheminée; celle ci & celle de la chambre du concierge ont occasionné les deux tuyaux qui forment les ressauts C qu'on remarque dans la salle d'assemblée, sur la Planche II dont nous allons parler.

Plan du premier étage. Planche II.

Cette Planche montre d'un côté le plan de l'Amphithéâtre pris sur la ligne TV (Planche IV.) au-dessous de la corniche qui reçoit la retombée du ceintre de la voute. De l'autre côté de cet Amphithéâtre se voit le plan de la salle des assemblées où se tiennent publiquement les conférences Academiques, & dans laquelle à cet effet sont placés des siéges pour les Academiciens, selon leurs différens grades, un grand bureau, une table, des gradins, une chaire, &c. Cette piece est distribuée avec beaucoup de simétrie, & décorée avec assez de goût; elle est éclairée par trois croisées du côté de la cour & par une du côté du cimetiere de l'Eglise de St. Côme. Pour simetriser à cette derniere on en a affecté une de glace à l'endroit marqué D. Les tuyaux C dont nous venons de parler ont autorisé les ressauts & la distribution des pilastres pliés qui se remarquent ici. A côté de la porte de l'escalier qui donne entrée à cette salle, on en voit une autre qui conduit à la chambre du conseil, destinée pour les affaires particulieres de cette compagnie, pour la reception des Maîtres, des Maîtresses Sages-Femmes, &c. Cette chambre a une cheminée & tire son jour par trois croisées sur le cimétiere de St. Côme; elle se trouve située, aussi bien que la plus grande partie de la salle des assemblées, au-dessus des charniers de cette Eglise (Voyez le plan du rez-de-chaussée Planche premiere). Entre ces deux pieces est pratiqué un escalier pour monter dans de petites pieces menagées dans les couvertures du comble de ce bâtiment.

Elevation de la porte d'entrée, Figure premiere; *& élevation exterieure du bâtiment de l'Amphithéâtre de l'Academie de Chirurgie,* Figure II. Planche III.

Les figures qui accompagnent la corniche de cette porte font tout le merite de ce dessein, l'ordonnance de son Architecture en général étant assez peu de chose, la pesanteur de ses piédroits, la maigreur de l'archivolte, & la petitesse du fronton circulaire ne pouvant aller ensemble ni avec la grandeur de la baye de la porte, dont la hauteur se trouvant divisée par un genre de décoration massif & leger présente un total peu satisfaisant; au-dessus du claveau de la porte en plein ceintre est un marbre noir sur lequel étoit anciennement cette inscription.

ÆDES CHIRURGORUM.

Et à la place de laquelle on a mis, depuis que cette Ecole a été érigée en Academie,

ACADEMIE ROYALE DE CHIRURGIE.

Elevation de l'Amphithéâtre du côté de la cour. Figure II.

L'ordonnance extérieure de cette façade eſt d'une aſſez bonne Architecture ; Amphithé-âtre de St. Côme. mais l'on peut obſerver néanmoins que la beauté de l'exécution, la correction des profils & la proportion de quelques membres principaux font ſon merite capi-tal, étant d'ailleurs chargée de beaucoup de petites parties. Sans doute que le peu d'eſpace qui environne ce frontiſpice, eſt une des raiſons qui ont déterminé l'Architecte à compoſer cette façade d'une maniere legere, & qui l'ont con-duit inſenſiblement à faire choix de l'Ordre Ionique, & à repandre dans cette éléva-tion des ornemens qui étant près de l'œil du ſpectateur, ſont tenus d'un travail (d) aſſez recherché. Au-deſſus de la porte principale eſt une table rentrante, de marbre de Dinant, ſur laquelle ſont gravés ces deux vers de Santeuil.

> *Ad cædes hominum priſca Amphitheatra patebant,*
> *Ut diſcant longum vivere noſtra patent.*

Cette inſcription, en peu de mots, rend très-bien la différence des motifs de l'édification des Amphithéâtres des anciens d'avec celui dont nous parlons, & nous diſpenſe de rappeller ici l'origine de ceux des Grecs & des Romains, dont nous avons fait mention dans ce volume, page 16 & ſuivantes. Au-deſſus des portes collaterales ſont auſſi deux tables rentrantes, dans chacune deſquelles eſt une inſ-cription, l'une latine & l'autre françoiſe.

Au-deſſus de cet Ordre Ionique, dont les chapiteaux & les baſes ſont antiques, s'éleve un Attique, dans la hauteur duquel ſont diſtribuées des croiſées ou œils de bœuf de forme alternativement circulaire & élliptique. Cet Attique, dont le plan eſt à pans, eſt d'une proportion trop raccourcie & ſemble être affaiſſée par la capacité du dôme & de la lanterne qui eſt au-deſſus; & comme ce dôme eſt en plein-ceintre & d'un diamétre conſidérable il ne fait pas un bon effet, étant élevé ſur un Attique, qui ſe trouve lui-même placé au-deſſus d'un Ordre moyen qui eſt tenu d'un genre leger. Il ſemble qu'on auroit dû préférer de faire exterieurement ce dôme à pans comme l'Attique, cette forme auroit diviſé ſa largeur & auroit fait paroître ſa hauteur plus exhauſſée : la lanterne auroit dû être auſſi plus ſvelte, ce changement auroit procuré à toute cette partie ſuperieure plus d'élegance & plus de legereté, ſans porter aucune alteration à la forme & à l'uſage interieur de ce dôme.

Vis-à-vis la façade dont nous venons de parler eſt celle du bâtiment dont nous n'avons donné que les plans, cette Architecture différant peu de celle qu'on vient de décrire : elle conſiſte ſeulement en ce qu'au-deſſus de l'Ordre Ionique (lequel eſt tenu d'une exécution moins correcte que celui qui lui eſt oppoſé, & dont les chapiteaux ſont modernes & les baſes antiques) s'éleve un étage de bâtiment percé de trois croiſées d'une aſſez belle proportion, la quatriéme qui ſe remarque dans le plan du premier étage n'étant pas d'une même ordonnance & ſervant à éclai-rer l'eſcalier. Ces croiſées ſont couronnées d'un entablement, & ſont accompagnées de membres d'Architecture legers & d'un goût aſſez bon à imiter, quoiqu'en gé-néral on n'y remarque pas aſſez de relief, mais, ainſi que nous l'avons déja obſervé, le point de diſtance étant trop près, ce genre d'Architecture eſt de quelque auto-rité. Il faut prendre garde cependant de ne pas tomber dans un trop grand excès, malgré l'exemple de quelques Architectes de reputation, qui pour avoir voulu, ſelon des ſyſtêmes particuliers, donner à leur compoſition ce qu'ils appellent

_____

(d) Cette ſculpture, ainſi que celle des figures dont nous avons parlé, a été faite par les ſieurs Jaquin pere & fils, tous deux Sculpteurs de Monſieur, frere unique du Roi, & qui ont eu une aſſez grande réputation.

pureté, ont fait leurs membres, leurs moulures, & même leurs ornemens d'une aridité & d'une fechereffe à peine tolerables dans la décoration intérieure, laquelle n'exige jamais cette grande maniere, cette fierté, & ce caractere mâle qui doit préfider dans l'ordonnance extérieure d'un édifice tel qu'il puiffe être.

Au-deffus de l'arcade du milieu de ce bâtiment, au rez-de-chauffée, eft une infcription latine en ces termes.

Schola Regia Chirurgorum.

De chaque côté de cette arcade eft placée une croifée, fur chacune defquelles eft une infcription, l'une latine l'autre françoife, de même fignification.

Coupe & profil des bâtimens de l'Academie Royale de Chirurgie de Saint Côme.
Planche IV.

Cette Planche montre le développement intérieur des deux corps de bâtiment dont nous venons de parler, lefquels font feparés par la cour B; la partie marquée A offre les dedans de l'Amphithéâtre, celle C indique le bâtiment où fe tiennent les affemblées. Dans la coupe A l'on a exprimé les gradins E deftinés pour les étudians, la table F, & les fieges G où fe placent les Officiers en charge, &c. La lettre H marque les piédroits intérieurs qui portent la voute de charpente, que nous avons dit être de forme circulaire fur un plan octogonal. Nous obferverons feulement ici qu'à la place de ces piédroits, l'on auroit pû introduire des colonnes ifolées fur le fuft fuperieur defquelles cette voute auroit été portée, de maniere que cet Amphithéâtre, fans changer de diamétre, auroit été terminé dans fa partie fuperieure par une calotte qui ayant eu moins de capacité auroit donné une forme plus élegante à l'intérieur de cet édifice. Au refte fous le nom d'élegance je n'entends pas parler de l'ordonnance, n'étant pas ici le cas d'employer une Architecture legere, un Ordre Tofcan ou Dorique compofé eut fuffi : de la fimplicité dans les plans, peu d'ornemens mais de choix, c'eft tout ce qu'il convient dans les édifices publics de cette efpece. Néanmoins cette retenue ne doit pas difpenfer de faire ufage des formes ingénieufes, dont les maffes, prifes en général, concourent à donner au total une dimenfion capable de plaire par fes proportions. Souvent faute de bien définir ces différentes expreffions, la plupart des hommes qui ont peu d'expérience ou qui n'ont qu'une legere théorie, tombent dans une erreur inévitable à cet égard, parce que croyant compofer du fimple ils font du lourd, ils fubftituent le matériel au folide, & prefque toujours ils préférent le *colifichet* au délicat : ou bien, ce qui eft encore plus dangereux, ces parties fe trouvent réunies dans un même édifice, dans une même piece, ou enfin dans une ordonnance qui n'exigeoit aucune de ces parties. Cette inadvertance ne provient que du défaut de la convenance dont nous avons tant de fois recommandé l'ufage, en démontrant qu'il n'eft point de bâtimens auxquels on ne puiffe donner de l'élegance, à prendre depuis les orangeries, les grottes, les fontaines &c : de même qu'il n'eft point d'édifices où la legereté foit autorifée, tels que les maifons de plaifance, la décoration intérieure des apartemens en général, celle des théâtres, des fêtes publiques &c, dans lefquels on ne puiffe repandre un certain air de folidité vraifemblable, & fans lequel l'efprit du fpectateur n'eft pas fatisfait.

La lettre P marque la niche au-devant de laquelle on a pofé le bufte de M. de la Peyronie; la lettre I marque l'entrée de cet Amphithéâtre pour les Profeffeurs & les Etrangers, au-deffus de laquelle continue l'extrémité fupérieure des gradins de cet Amphithéâtre jufques à la hauteur de l'impofte de la porte feulement. La lettre K exprime les yeux de bœuf placés dans l'Attique extérieur & dont nous avons parlé, Planche III. Figure II.

La

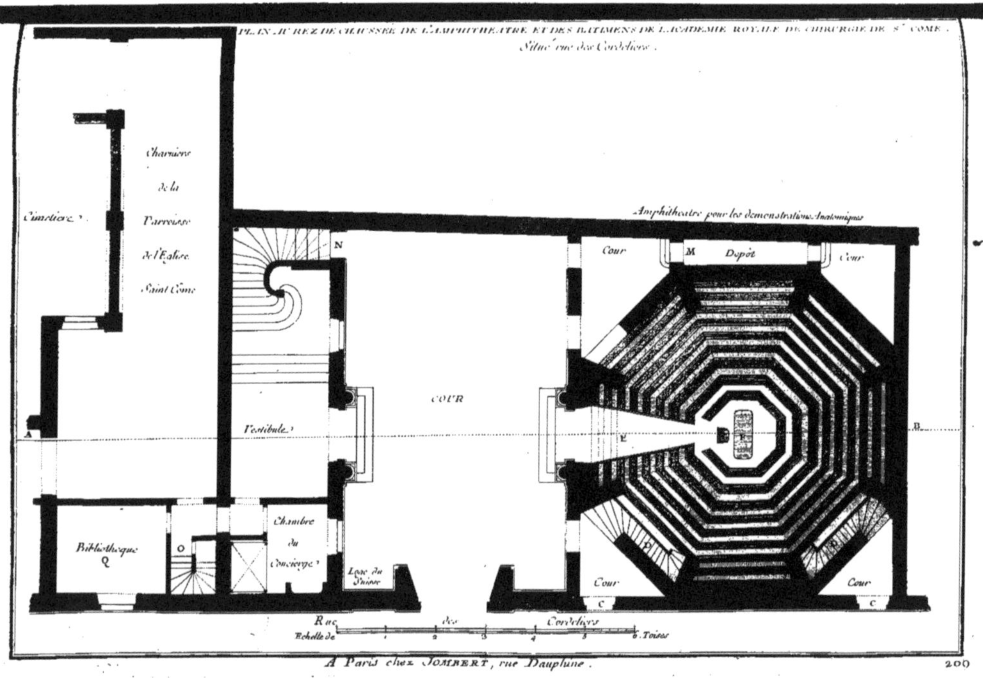

PLAN AU REZ DE CHAUSSÉE DE L'AMPHITHEATRE ET DES BATIMENS DE L'ACADEMIE ROYALE DE CHIRURGIE DE S.t COME.
Situé rue des Cordeliers.
Cimetiere
Charnière de la Parroisse de l'Eglise Saint Côme
Vestibule
Bibliothèque Q
O
Chambre du Concierge
Loge du Suisse
COUR
N
A
Amphithéatre pour les démonstrations Anatomiques
Cour
M
Dépôt
Cour
E
B
Cour
C
Cour
C
Rue des Cordeliers
Echelle de 1 2 3 4 5 6. Toises
A Paris chez JOMBERT, rue Dauphine.
200

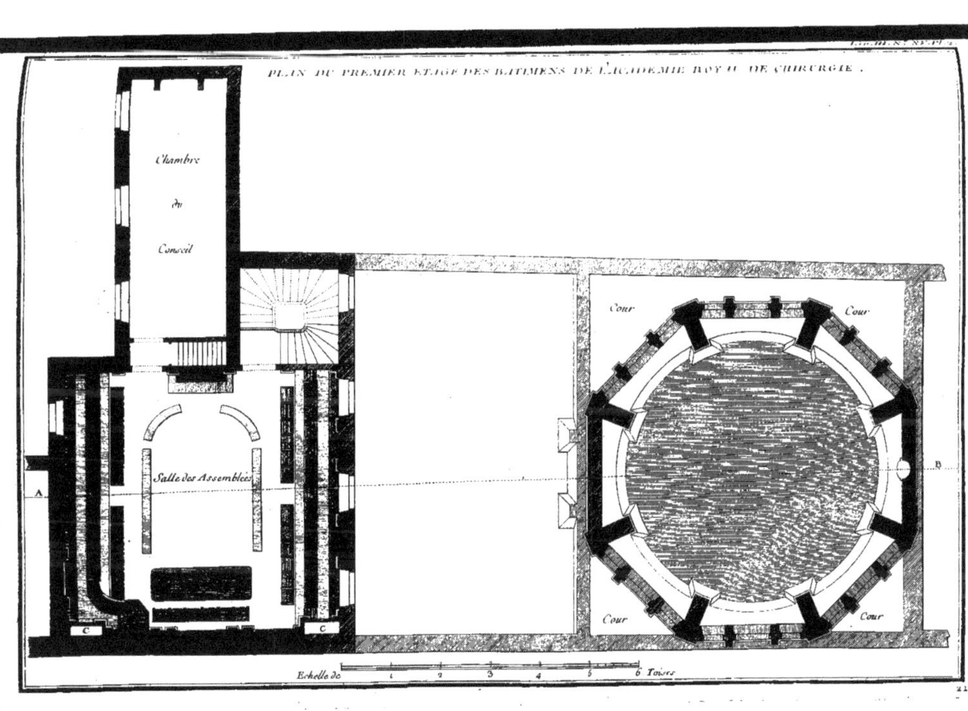

PLAN DU PREMIER ETAGE DES BATIMENS DE L'ACADEMIE ROYE DE CHIRURGIE.
Chambre du Conseil
Salle des Assemblées
A
B
C
Cour
Cour
Cour
Cour
Echelle de   1   2   3   4   5   6 Toises
210

Amphithéâtre de St. Côme.

La coupe C fait voir au rez-de-chauſſée l'élevation de l'eſcalier L vû de face, l'intérieur des charniers de l'Egliſe Paroiſſiale de St. Côme marqué M, & la décoration intérieure de la grande ſalle des aſſemblées marquée N qui occupe tout le premier étage de ce bâtiment & qui eſt toute revêtue d'une fort belle menuiſerie, couronnée d'une corniche, & ſurmontée d'une double calotte qui termine heureuſement cette piece & lui donne de hauteur totale les quatre cinquiémes de ſon diamétre. Dans le milieu de cette piece, entre les deux portes qui ſe voyent ici, eſt un grand tableau marqué O repréſentant le portrait du Roi, & du côté oppoſé, en face, eſt un Chriſt de ſculpture aſſez eſtimée ; au-deſſus de cette piece eſt exprimée la charpente de la couverture de ce bâtiment, dans une partie de laquelle, à l'endroit marqué Q, eſt pratiqué un logement où l'on arrive par un petit eſcalier placé dans le plan du premier étage entre la ſalle des aſſemblées & la chambre du conſeil.

Le mur de la cour B qui unit ce bâtiment avec celui de l'Amphithéâtre, eſt orné d'une retraite au rez-de-chauſſée & d'une corniche dans ſa partie ſuperieure, dont le deſſus prend naiſſance immédiatement au-deſſous de l'architrave qui couronne les deux Ordres Ioniques des deux façades dont nous avons parlé, & dont l'on voit dans cette Planche le profil des colonnes engagées, marquées R S.

CHAPITRE XVI.

Deſcription de la Chapelle du Collége des Irlandois, connu ſous le nom de Collége des Lombards, ſitué rue des Carmes, près la Place Maubert.

Chapelle du Collége des Lombards.

LE Collège de cette Chapelle fut fondé en 1333, par *André Ghinni*, né à Florence, Evêque d'Arras, &c, & par trois autres perſonnes Italiennes, qui tous quatre de concert & ſelon leurs facultés fonderent onze bourſes, pour autant de pauvres écoliers natifs des Villes où ces Fondateurs avoient pris naiſſance. Ce Collège ſe nommoit alors *la maiſon des pauvres écoliers Italiens de la charité N. D.* Cette maiſon ayant été inſenſiblement abandonnée, deux Prêtres Irlandois *Patrice Magiun* & *Malachie Kelly* la demanderent au Roi pour y faire inſtruire les Prêtres de leur nation, ce qui leur fut accordé par des lettres-patentes du 9 Juillet 1676, de maniere qu'il leur en fut fait une pleine ceſſion par les Proviſeurs, qui étoient alors le Cardinal de Bonzi, Archevêque de Narbonne, Jean Bentivoglio, Abbé de St. Vallery, & Romule Valenti. Alors ces deux Prêtres poſerent la premiere pierre du nouveau bâtiment qu'ils firent ériger à cet effet, ceux de 1333 étant en fort mauvais état, & ils firent mettre ſur la porte de ce nouveau Collège une inſcription en ces termes,

Collegium Beatæ Mariæ Virginis,
Pro Clericis Hibernis
In Academia Pariſienſi ſtudentibus
Inſtauratum, anno 1681.
Pro Italis fondatum, anno 1333.

Cette Inſcription & tous les bâtimens dont nous venons de parler furent démolis en 1736, & ce fut Monſieur l'Abbé de Vaubrun qui donna les fonds néceſſaires pour la reédification de ceux que l'on y voit aujourd'hui. Il fit choix

l'autre côté vû du fanctuaire. En fecond lieu cette voute ou portion de cercle exprimée en A auroit trop racourci la hauteur de la furface qui reçoit la décoration de l'autel, au lieu que cette partie étant tenue droite au-deffus de l'entablement donne beaucoup d'élegance à fa décoration, ainfi qu'on peut le remarquer dans la Figure premiere de la Planche II. Il faut cependant convenir que dans toute autre circonftance que celle dont nous parlons, & dans quelque genre d'édifice que ce puiffe être il eft important que les extrémités d'une Chapelle, d'une Eglife, d'une Gallerie &c, dont la partie fupérieure eft ordinairement terminée par une voute, le foient auffi par une courbe égale à celle des côtés, malgré les exemples de la Chapelle de Verfailles, de l'Eglife de St. Sulpice, de la gallerie de Meudon, &c.

A la droite de cette Figure fe remarquent la coupe & le développement du portail de cette Chapelle, dont la forme du plan qui eft au-deffous indique les effets que produifent dans cette coupe les portions circulaires qui les compofent, & qui par le fecours de l'élevation (Figure II. Planche II) donneront une idée diftincte de la nouveauté de fon ordonnance dont nous allons parler, après avoir dit un mot de la coupe prife fur la largeur de cette Chapelle.

Coupe prife fur la largeur, & élevation du Portail. Planche II.

La Figure premiere offre la largeur totale de la Chapelle, prife fur la ligne C D de la Figure premiere, Planche Premiere. On voit ici la décoration du retable d'autel qui, ainfi que nous l'avons remarqué, eft fimétrique avec l'ordonnance des murs collatéraux : il eft néanmoins annoncé par deux colonnes engagées qui marquent la preéminence que doit avoir cet autel fur tout l'intérieur de cette Chapelle. Au-deffus du coffre d'autel, qui eft feint de marbre, s'éleve une arcade de même forme & proportion que les précédentes, & dans laquelle eft un tableau & au-deffus une gloire. Ces colonnes qui forment un avant-corps font flanquées de demi pilaftres qui fimétrifent avec les pilaftres pliés placés dans les quatre angles de cette Chapelle. Entre ces pilaftres pliés, à côté du retable d'autel, font des tables rentrantes dont la hauteur eft divifée par la continuité de l'impofte qui forme une richeffe d'autant plus recevable que l'on ne voit dans cette décoration aucun ornement poftiche ni étranger à l'Architecture. Cette retenue doit être regardée comme un des principaux mérites de l'ordonnance d'un édifice facré, ce qui joint à la proportion que nous avons déja approuvée dans cette décoration intérieure, juftifie le choix que nous avons fait en propofant cette Chapelle pour exemple.

La Fig. deuziéme montre le portail extérieur de cette Chapelle. Un grand Ordre Corinthien furmonté d'une corniche circulaire fert de fond au porche elliptique dont nous avons parlé, lequel eft décoré de colonnes & de pilaftres Ioniques d'un plus petit diamétre, couronnées d'un entablement terminé par une efpece de fronton brifé, au milieu duquel font dans un cartel les armes de Mr. l'Abbé de Vaubrun qui a fourni les fonds néceffaires à l'édification de cette nouvelle Chapelle.

En général nous remarquerons que l'affemblage du petit Ordre Ionique avec l'Ordre Corinthien tenu plus élevé, la licence de la grande corniche circulaire, la fingularité dn fronton brifé placé fur une tour ronde & qui contrafte avec le fronton triangulaire placé dans la tour creufe de deffous, ne préfentent pas une Architecture extérieure affez grave comparée avec la fimplicité & la régularité de l'intérieur de ce monument, de maniere que fans prendre le ton critique nous ne pouvons nous difpenfer d'obferver que la forme du plan de ce portail paroît être la feule partie recevable, & que fon élévation trop fubdivifée dans fi peu d'efpace, préfente tout enfemble l'affectation d'une Architecture ancienne, Gothique & moderne.

CHAPITRE XVII.

Description du Portail de l'Eglise Paroissiale de St. Nicolas du Chardonnet, situé rue des Bernardins.

Portail de
S. Nicolas
du Char-
donnet.

L'EGLISE où est placé le portail dont nous donnons la description fut commencée en 1656, attenant une ancienne Paroisse de ce quartier, qui avoit été bâtie vers 1243. Celle dont nous parlons a été faite à plusieurs reprises & n'est pas encore rachevée, malgré le secours d'une loterie que le Roi accorda en 1709, dans le dessein que le bénefice de cette loterie fût employé à sa continuation. En général cette Eglise est bien bâtie & d'une ordonnance assez réguliere, son intérieur est décoré d'un Ordre Composé dont le chapiteau, d'une invention singuliere, imite celui qu'on appelle communément chapiteau Attique, n'étant composé que d'un seul rang de feuilles. On remarque dans cette Eglise plusieurs excellens tableaux de Verdier, de Saurin, de Charles Coypel, de Milet Francisque, &c, aussi bien que plusieurs tombeaux de personnages illustres, entre lesquels se remarque celui de M. le Brun dont nous avons parlé Chapitre VI. page 44, (note *c*).

Comme cette Eglise n'est pas finie du côté de l'entrée de la nef, il n'y a point de principal portail du côté de la rue St. Victor, celui que nous donnons ici, Planche premiere, est un portail collatéral situé sur la rue des Bernardins.

Ce frontispice est traité d'une maniere assez simple, pour ne pas dire pesante, quoiqu'on aye fait choix de l'Ordre Ionique au rez-de-chaussée, couronné d'une espece d'Attique, dont l'élegance ne va point avec les intervalles des nuds des murs tenus lices, lesquels ne s'accordent point avec les entablemens subdivisés, ni avec la legereté des chambranles de la porte de l'Ordre inférieur & de la croisée de l'Ordre Attique. D'ailleurs la proportion de ces ouvertures & principalement celle de l'Ordre supérieur, aussi bien que celle des croisées de celui d'en bas sont trop peu élevées, faisant en général partie d'une ordonnance nommée moyenne.

Nous avons déja blâmé ailleurs l'usage d'un fronton dans le milieu de la hauteur d'un monument de l'espece dont nous parlons, il est aisé de s'appercevoir combien celui-ci eût fait un meilleur effet placé au sommet de ce portail. Premierement, il auroit servi d'amortissement à la partie superieure de l'avant-corps de ce frontispice & masqué le comble à la mansarde dont la forme n'est pas du ressort de l'ordonnance d'un édifice sacré. En second lieu, il auroit procuré une hauteur convenable à la croisée du premier étage, qui se ressent ici de la proportion d'une croisée Attique, mais qui dans ce cas ne peut être en plein-ceintre.

Pour éviter les licences que nous venons de remarquer, il semble qu'il auroit fallu groupper ou accoupler deux pilastres de chaque côté de l'avant-corps de la porte, tant au rez-de-chaussée qu'au premier étage ; suprimer le fronton de l'Ordre Ionique pour le placer au-dessus de l'Ordre Attique, & faire ce dernier plus élevé pour lui donner le caractere d'un Ordre régulier, ou au contraire plus raccourci pour qu'il eût eu la vraie proportion d'un Attique, n'étant ici ni l'un ni l'autre, quoique couronné d'un chapiteau & d'un entablement rélatifs, en quelque sorte, à l'Ordre Composite.

Nous remarquerons à propos de cet édifice qu'il est important de s'élever contre l'abus dans lequel tombent quelques uns de nos Architectes, lorsqu'en composant la plupart de leurs édifices ils affectent de réduire la proportion de leur Architecture d'une maniere arbitraire, contre tous les principes établis par les anciens pour déterminer la dimension constante des Ordres. Cependant il est certain que ce sont les exemples de ces bâtimens licencieux, qui par l'esprit d'indépendance qu'ils

inspirent

Elévation du Portail de l'Eglise paroissiale de S.t Nicolas du Chardonnet, rue des Bernardins, bâti en 1665.

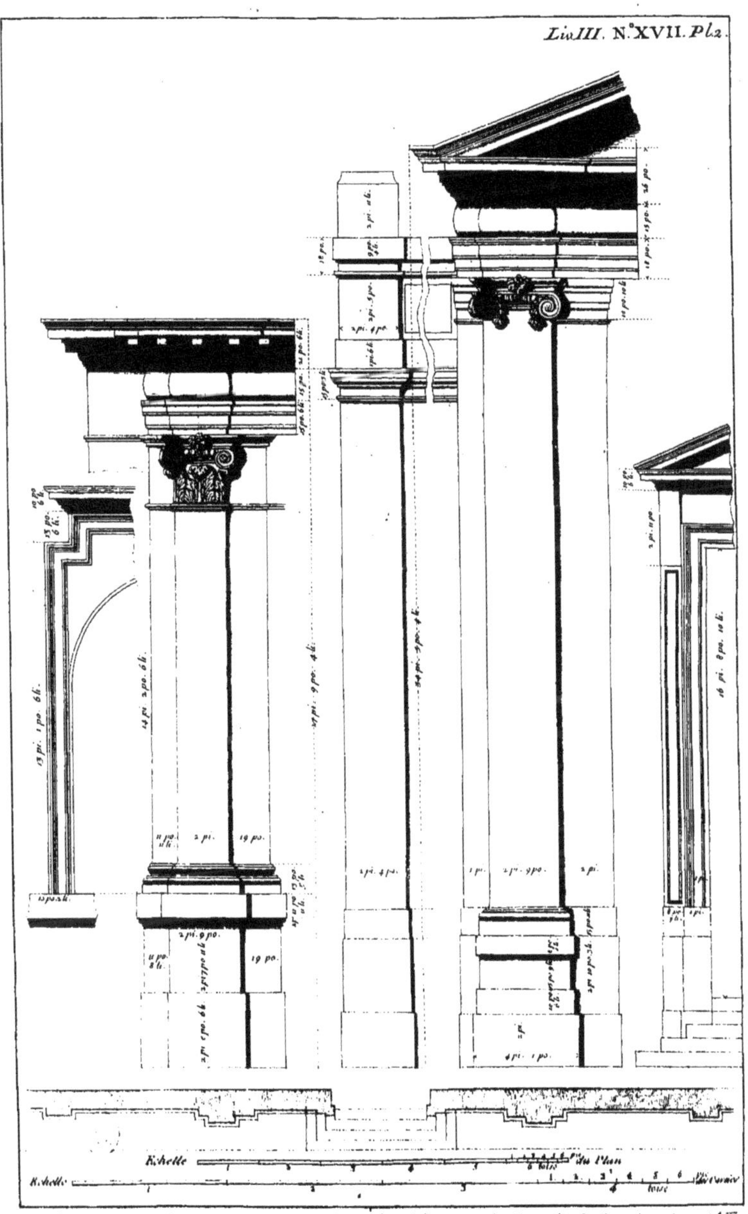

Profils en grand des principaux membres d'Architecture du Portail de l'Église de S.^t
Nicolas du Chardonnet.

infpirent deviennent la fource de l'irréfolution dans laquelle fe trouvent les hommes peu verfés dans l'art. Cette incertitude leur fait par fucceffion de tems multiplier les licences au point qu'il feroit à craindre, fi l'on ne s'oppofoit à ce déreglement, que l'Architecture ne retombât dans l'état où nous l'avons vûe du tems des Goths. Il n'eft que trop facile de s'appercevoir aujourd'hui qu'à l'exception des Architectes nourris des préceptes fondamentaux de leur profeffion, le plus grand nombre fe contente des connoiffances fuperficielles de leur art; de-là les éleves de nos jours peu difciplinés, peu inftruits, fe reffentent de ce rélâchement, & leurs productions dépourvûes de principes ftables & conftans ne nous préfentent que des compofitions chimériques & hafardées, dans lefquelles fouvent on n'apperçoit pas même les premiers élemens de l'Architecture.

On trouvera fur la Planche II les développemens particuliers de ce portail; ces détails ont été faits lorfqu'anciennement l'on a fait graver ce frontifpice. Nous aurons toujours cette attention pour tous les monumens qui paroîtront en mériter la peine, & nous aurons foin de raffembler ces profils, comme nous l'avons promis, dans le VIII Volume. A l'égard de la Planche dont nous parlons & que nous avons laiffé fubfifter ici, ainfi que plufieurs autres répandues dans ce Volume, parce qu'elles étoient gravées anciennement, nous obferverons que l'entablement Ionique n'a que le cinquiéme de la hauteur de cet Ordre, pendant au contraire que celui de l'Attique a le quart du fien, contre tous les préceptes établis par les Auteurs les plus approuvés. Le piédeftal de l'Ordre Ionique n'a auffi de hauteur que le cinquiéme, au lieu que celui de l'Attique a les trois huitiémes, ce qui eft tout à fait à rejetter. D'ailleurs ces piédeftaux font répartis de membres pefans & peu analogues à la fubdivifion des entablemens dont les moulures font d'un choix affez mediocre. Les frifes bombées de ces entablemens doivent auffi être regardées comme une licence dont il ne faut point faire un ufage trop fréquent. Nous remarquerons encore que la bafe de l'Ordre Ionique n'eft ici que Dorique, & que celle de l'Ordre fuperieur eft Attique, au lieu que ce devroit être tout le contraire. Enfin toute cette Architecture a trop peu de relief, ce qui donne en général à la décoration de ce portail un caractere de fechereffe qui ne va point avec les parties liffes dont nous avons parlé en décrivant l'ordonnance totale de ce frontifpice.

Portail de S. Nicolas du Chardonnet.

CHAPITRE XVIII.

Defcription de l'Hôtel de Vauvray, rue de Seine, & de la Fontaine fituée au coin de cette rue & de celle de S. Victor.

HOTEL DE VAUVRAY.

CET Hôtel, qui appartient à Madame la Marquife de Vauvray, eft donné à loyer à un particulier; on ignore le tems où il fut bâti; tout ce qu'on en fçait c'eft que les deffeins en furent donnés par M. Bullet (a), Architecte

Hôtel de Vauvray.

(a) Mr. Bullet étoit Architecte du Roi, & de l'Académie Royale d'Architecture; il vivoit fur la fin du dernier fiécle, & fit imprimer en 1691 l'*Architecture pratique*, ou le détail du toifé & des devis des ouvrages de maçonnerie, de charpenterie, &c, avec une explication de la Coutume de Paris, en un Volume *in-8°*. La porte S. Martin, le Château d'Iffy, & la nouvelle Eglife des Jacobins du Faubourg St. Germain font de ce célébre Architecte, du moins, à ce que nous affure, pour cette derniere, Mr. l'Abbé Lambert dans fon Hiftoire Littéraire du regne de Louis XIV. Il eft vrai qu'à cet égard on ne doit pas beaucoup s'en rapporter à cet Auteur, car il donne auffi à Bullet les Portes de St. Denys & de St. Bernard, que nous fçavons être de François Blondel, dont l'Abbé Lambert affecte de ne pas parler dans fes hommes illuftres, quoiqu'à bien des égards cet Architecte mérite le premier rang parmi les Ecrivains du dernier fiécle qui ont traité des beaux arts.

d'une grande reputation, qui a fçû tirer parti d'une maniere fort ingénieufe du terrain affez ingrat fur lequel cet Hôtel eft élevé.

Plan au rez-de-chauffée, Figure premiere, *& élevation du côté de la cour*, Figure II.
Planche premiere.

Le plan de cet Hôtel préfente une avant-cour à l'entrée & à la gauche de laquelle font diftribués les bâtimens dépendans du principal corps de logis, comme les remifes, écuries, cuifines &c. Cette avant-cour, du côté oppofé à fon entrée, eft terminée par deux portions circulaires, au milieu defquelles eft un efpace qui communique à une cour, laquelle mene à un perron donnant entrée aux appartemens qui compofent le premier étage du côté du jardin, ce dernier étant plus bas de 10 pieds que le fol de la cour ; de maniere qu'on defcend des appartemens dans les jardins par l'efcalier A, & de la cour par la rampe douce marquée B, que l'on a repétée fimétriquement de l'autre côté du bâtiment vers C. Le Jardin de cet Hôtel eft affez vafte & eft contigu au Jardin du Roi, avec lequel il a une communication par deux portes percées dans le mur mitoyen, ce qui rendoit cet Hôtel très-agréable lorfqu'il étoit habité par fa propriétaire.

La Figure II eft l'élevation du côté de la Cour, compofée d'un grand avant-corps qui en occupe toute la largeur, à l'exception de deux chaînes de réfends qui forment autant d'arriere-corps : le milieu de cette façade eft couronné d'un fronton, au-deffus duquel s'éleve une manfarde & un belvedere ou donjon, d'où l'on découvre une vûe très-fatisfaifante. Cette élevation en général eft tenue fort fimple, mais l'on y reconnoît la régularité & une fimétrie qui accompagne toujours les productions d'un homme de mérite, dans quelque occafion qu'il fe trouve employé. Des portes au rez-de-chauffée & des croifées à platte-bande au premier étage entourées de bandeaux font tous les frais de cette ordonnance ; mais leurs proportions & leurs rapports avec les trumeaux annoncent l'expérience de l'Artifte qui les a ordonnés, pendant que dans une infinité de maifons plus importantes on ne remarque dans leurs façades, fouvent très-ornées, qu'une richeffe mal entendue & un affemblage de membres d'Architecture contraire aux principes de l'art.

Cette digreffion paroîtra peut-être peu néceffaire ici, elle eft pourtant fufceptible de quelque fondement, car fi les occafions que nous avons de bâtir à préfent en France ne nous fourniffent pas fouvent des monumens publics ni des édifices de quelque confidération à élever, c'eft une raifon de plus pour que nos jeunes Architectes s'appliquent à l'étude de leur profeffion, afin que dans les maifons ordinaires qu'ils feront conftruire on reconnoiffe du moins de la proportion, de la fimétrie, & du choix dans les formes, qui puiffent dedommager d'une plus grande richeffe, laquelle exigeant une dépenfe confidérable n'appartient ordinairement qu'à une entreprife du premier ordre.

De la façade du côté du jardin. Planche II.

Cette façade de bâtiment eft compofée dans fa hauteur de deux étages réguliers élevés fur un foubaffement. Ce dernier, ainfi que nous l'avons déja obfervé, occupe en hauteur l'inégalité du niveau de la cour avec le jardin, de maniere qu'au-deffus de ce foubaffement eft le premier étage, qui du côté de l'entrée compofe le rez-de-chauffée dont on a vû le plan dans la Planche précédente. Le deuxiéme étage eft occupé par des appartemens femblables à ceux de deffous, c'eft pourquoi nous avons crû pouvoir nous difpenfer d'en donner le plan. Aux

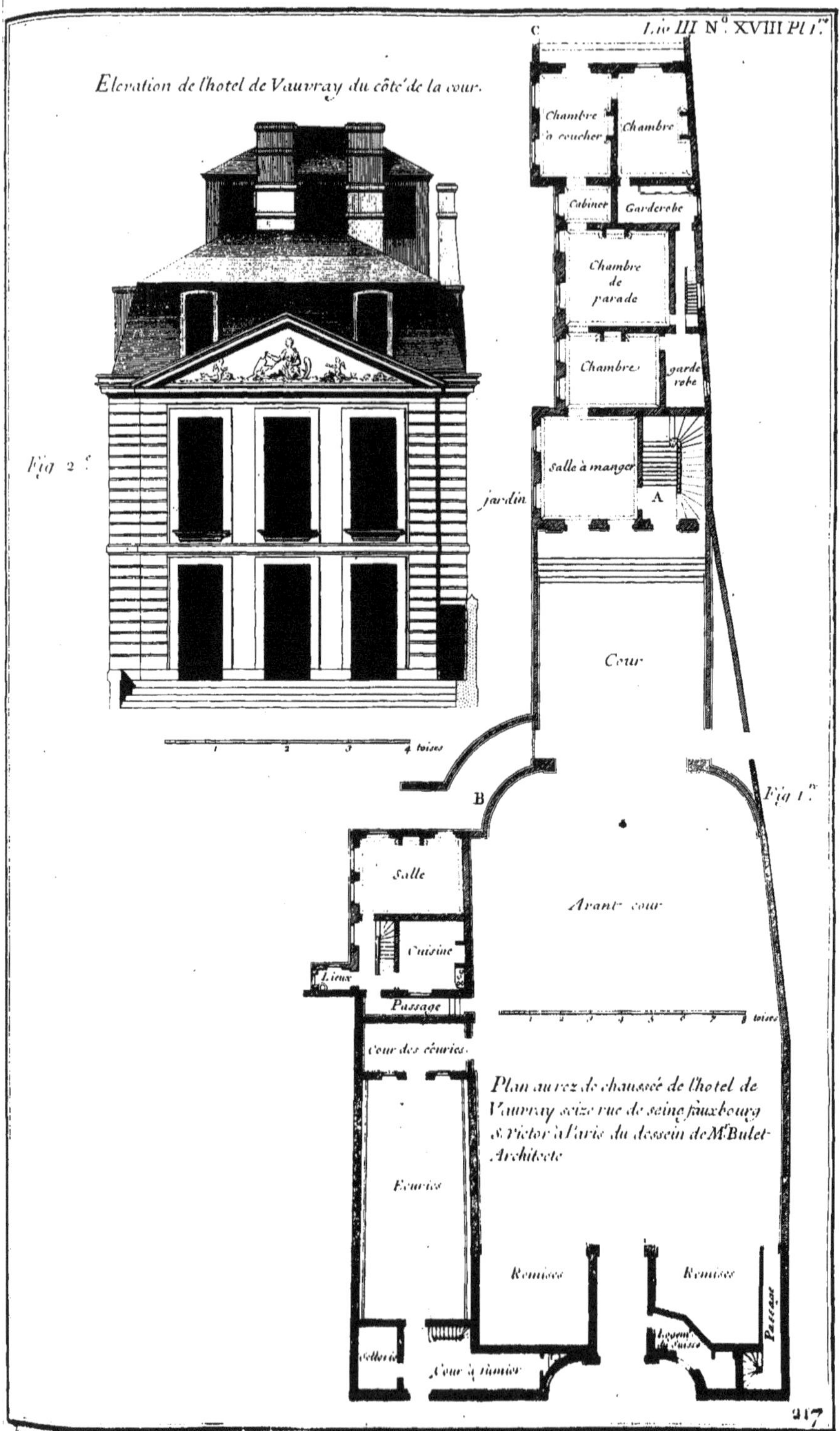
Liv. III N.º XVIII Pl. I.er
Elevation de l'hotel de Vauvray du côté de la cour.
Chambre à coucher
Chambre
Cabinet
Garderobe
Chambre de parade
Chambre
garde robe
Salle à manger
A
jardin
Cour
Fig. 2.e
C
B
Fig. 1.er
Salle
Cuisine
Lieux
Passage
Avant cour
Cour des écuries
Plan au rez de chaussée de l'hotel de
Vauvray seize rue de seine fauxbourg
S.t Victor à Paris du dessein de M.r Bulet
Architecte
Ecuries
Remises
Remises
Logem.t
Suisse
Portier
Sellerie
Cour à fumier
1 2 3 4 toises
1 2 3 4 5 6 7 8 toises
217

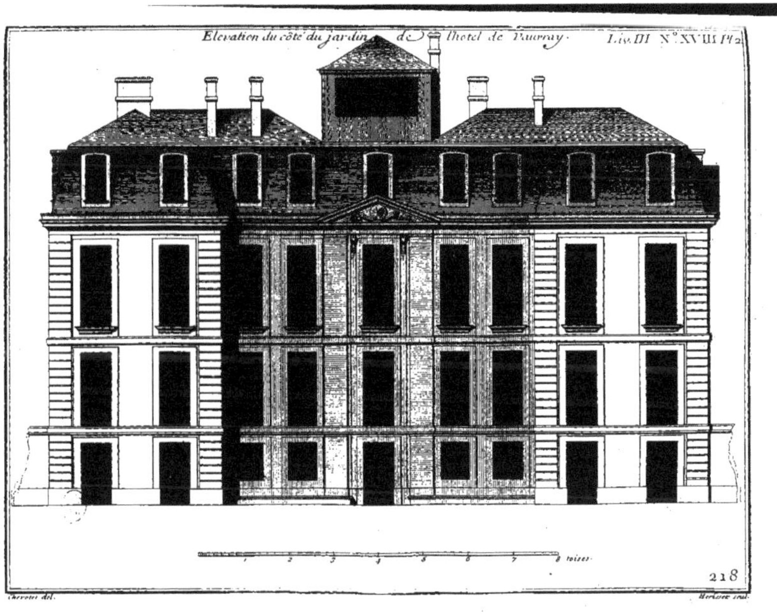

Elevation du côté du jardin de l'hotel de Vaurray.
Liv. III N.° XVIII Pl. 2
Chevotet del.
Herisset scul.
218
1 2 3 4 5 6 7 8 toises

ELEVATION DE LA FONTAINE. Lie III N.° XVIII Pl 3
elevée en face de l'Hopital de la Pitié, à Paris,
sur les desseins du Cavalier Bernin.

219

extrémités de cette façade s'élevent deux pavillons percés chacun de deux croi- Hôtel de
Vauvray.
fées de face, & dans les foubaffemens defquels font des portes qui donnent entrée au jardin ; celle qui fe remarque dans l'avant-corps du milieu, au rez-de-chauffée de cette façade, eft fuprimée. Nous avons blâmé ailleurs l'ufage d'un trumeau
dans le milieu d'un pavillon & fans doute il eft plus convenable de l'éviter, néanmoins il faut obferver ici que ce bâtiment ayant trois étages de hauteur, non compris la manfarde, une feule croifée dans ces pavillons les auroit rendu trop étroits,
& que d'ailleurs cette licence eft plus tolerable dans les extrémités d'une façade
que dans le milieu. Il eft aifé de s'appercevoir combien ces pavillons réduits à
une feule croifée feroient devenus trop fveltes, en examinant l'avant-corps du milieu, qui par rapport à fa hauteur & à fon peu de faillie paroît de beaucoup trop
maigre, fur tout étant couronné d'un fronton. Cette confidération auroit dû déterminer à fupprimer cet avant-corps pour divifer les quatre trumeaux en parties
égales, ce qui auroit procuré à l'ordonnance de cette façade une expreffion plus
uniforme & une fimplicité plus convenable à l'efpece de bâtiment dont nous
parlons.

Les croifées du deuxiéme étage paroiffent ici trop élevées, quoiqu'elles n'ayent
que la même hauteur que celles du côté de la cour. Cette différence provient de
ce que du côté du jardin ces croifées fe trouvent élevées fur d'autres qui font
déja raccourcies en forme de foubaffement, & que ces dernieres font elles mêmes fupportées par un autre foubaffement lequel quoique très-peu élevé auroit
en quelque forte exigé que les croifées du deuxiéme étage euffent eu la proportion Attique ; au lieu que du côté de la cour les croifées fuperieures caractérifent
celles du rez-de-chauffée d'un foubaffement régulier. Ce font ces diverfes fitua-
tions qui, indépendamment de leurs proportions établies dans notre Introduction,
doivent déterminer un Architecte à concilier la forme de ces différentes ouvertures, leur largeur & leur hauteur, rélativement à la convenance du bâtiment,
& felon qu'il fe trouve formé de deux étages réguliers, ou compofé d'Attique,
de foubaffement, &c.

FONTAINE DE SAINT VICTOR.

Auprès de cet Hôtel, de l'autre côté de la rue de Seine & au coin de la rue St. Fontaine
de S. Victor.
Victor, eft une fontaine dont nous donnons la defcription dans ce Chapitre, &
dont on peut voir le deffein fur la Planche III. La Ville fit élever ce monument
en 1687, & Santeuil fit les deux vers latins qui en forment l'infcription & qui
font allufion à la bibliothéque de St. Victor, contre les murs de laquelle cette
fontaine eft adoffée. Ces vers de Santeuil font conçûs en ces termes,

Quæ facros doÉlrinæ aperit domus intima fontes,
　Civibus exterior dividit Urbis aquas.

Quelques uns donnent les deffeins de cette Fontaine au Cavalier *Jean-Laurent
Bernin* ; fi cela eft, fans doute c'eft un des ouvrages qu'il produifit lorfqu'il fit fon
voyage en France, vers 1663, deux ans ou environ avant qu'on commençât l'é-
dification du bâtiment du périftyle du Louvre fur les deffeins de Perrault, &
pour lequel néanmoins le Cavalier Bernin avoit été appellé à Paris, ainfi que
nous le rapporterons ailleurs.

Cette Fontaine, qui eft d'une affez belle exécution & dont nous ignorons le
Sculpteur, eft conftruite toute de pierre, & eft compofée d'une efpece d'urne
élevée fur un piédeftal, dans le milieu duquel eft un mafque de bronze, qui ré-
pand de l'eau amenée de l'aqueduc d'Arcueil ; au-deffus de cette urne, couron-

née des armes de la Ville & de deux Syrenes, s'éleve un Attique terminé par un fronton brisé, au sommet duquel sont placées les armes du Roi.

Plusieurs prétendent reconnoître dans la composition de ce monument le goût de le Pautre, en comparant cette fontaine avec celles du quartier du Temple qui sont de cet Artiste, & dont nous pourrons dire quelque chose en parlant des édifices de ce quartier.

CHAPITRE XIX.

Description de la Manufacture Royale des Gobelins, située à l'extrémité du Faubourg St. Marcel.

Manufacture des Gobelins.

CETTE Manufacture (a) tire son nom d'un fameux teinturier de Rheims, appellé *Gobelin*, qui sous le regne de François Premier vint à Paris établir une Manufacture, & fit à cet effet bâtir une maison assez considérable dans ce

(a) On compte en France trois Manufactures de tapisseries de haute & basse lisse ; celle des Gobelins, celle de Beauvais, & celle d'Aubusson. Toutes trois sont qualifiées de Manufactures Royales, mais celle des Gobelins l'est seule par excellence & proprement dite ; les deux autres le sont par Privilege. Nous allons donner ici une legere idée de l'origine de ces trois Manufactures.

Manufacture Royale des Gobelins.

Le travail de cette Manufacture consiste principalement en emmeublemens, tels que des tapisseries à personnages, des canapés & des fauteuils à l'usage des Maisons Royales, des Cours Etrangeres & des Citoyens opulens. Elle est composée de deux ateliers de haute lisse & d'un de basse lisse ; ceux de haute lisse sont conduits par les sieurs *Audran* & *Cozette*, celui de basse lisse l'est par le sieur *Neilson*. L'habileté de ces trois Entrepreneurs est un garant assuré de la continuation des succès & de la supériorité des ouvrages de cette Manufacture. Pour former à ces chefs des sujets d'un talent distingué par l'étude des arts, le Roi entretient dans cette Manufacture une école de dessein établie par un Arrêt de son Conseil du 16 Août 1737. On distribue dans cette école deux fois par année trois médailles d'argent pour prix adjugés aux Eleves & aux Ouvriers de cette Manufacture, qui seuls sont admis à concourir à ces prix.

Manufacture de Beauvais.

Cette Manufacture fut établie dans la Ville de ce nom par Lettres Patentes du mois d'Août 1664, accordées pour trente années à Louis *Hinard*, Marchand Tapissier de Paris. Cet Entrepreneur mourut avant l'expiration de son Privilege. En 1684, le Roi accorda de nouvelles Lettres Patentes pour le même nombre d'années à *Philippe Behagle*, Entrepreneur de tapisseries à Oudenarde. Il mit cette Manufacture sur un bon pied, & y fit fabriquer des tapisseries du second ordre, qui formerent un objet de commerce considérable. Cet Entrepreneur mourut aussi avant la fin de son Privilege, de sorte qu'en 1711 on subrogea les sieurs *Filleul*, freres, qui étoient dans les affaires, & sous l'administration desquels cette Manufacture déchut de beaucoup ; en 1727 de nouvelles Lettres Patentes y subrogerent *Noel-Antoine Merou*, sous lequel cette Manufacture resta dans le même état de décadence. En 1734 ce Privilege fut accordé au sieur *Nicolas Besnier*, ancien Echevin de Paris : il associa dans cette entreprise Mr. *Jean-Baptiste Oudry*, Peintre du Roi, qui ne

tarda pas à montrer ce que peut un homme d'art à la tête d'un établissement de cette nature. Il le releva en peu de tems de la décadence absolue où il l'avoit trouvé & en porta les ouvrages à un tel degré de perfection qu'ils sont enlevés avec empressement par toutes les personnes qui veulent décorer leurs appartemens avec des meubles d'une certaine magnificence.

Quoique la Manufacture de Beauvais soit en droit par ses titres institutifs de fabriquer également en haute & basse lisse, elle ne travaille cependant qu'en basse lisse, & tous ses ouvrages depuis long-tems sont à personnages, quoique par ses Privileges de 1664 elle eut la faculté de faire des verdures.

Pour le succès de cet établissement, M. Oudry tient à ses frais dans cette Manufacture deux écoles de dessein, une pour les ouvriers & une pour les externes, c'est-à-dire pour les enfans des Bourgeois de Beauvais qui ont du goût pour les arts ; attention bien digne du zèle de ce célèbre Artiste, si connu par les ouvrages de peinture que l'on voit de lui dans nos Maisons Royales.

Manufacture d'Aubusson.

La plupart des habitans de la Ville *d'Aubusson*, *du Bourg de la Cour & de la Ville de Feuilletin* s'occupent depuis un tems immémorial à la fabrique de la tapisserie, mais ils n'ont jamais fait que des ouvrages d'un ordre fort inférieur.

M. Colbert dont les vûes s'étendoient sur tout, entreprit de relever un peu ce travail afin de le tirer de l'extrême grossiereté où il étoit comme détenu, sans cependant vouloir le perfectionner assez pour pouvoir entrer en concurrence avec les deux Manufactures dont nous venons de parler.

Ce Ministre établit des moyens convenables pour remplir cet objet par des *Statuts & Réglemens* publiés au mois de Juillet 1665, qui entr'autres établissoient un Peintre entretenu par S. M. pour y veiller & conduire les Ouvriers de cette Manufacture.

Tant que ces réglemens furent soutenus par les secours qui en étoient comme la base, les Fabriquans donnoient des ouvrages passables, mais livrés à eux-mêmes après la mort de ce Ministre, ils retomberent dans leur premier état.

M. Fagon qui étoit alors à la tête du Bureau du commerce, reprit les erremens de M. Colbert, & procura à cette Manufacture des tableaux aux frais de Sa Majesté. Il fut établi des réglemens pour celles *d'Aubusson & du Bourg de la Cour*, arrêtés au Conseil d'Etat du Roi le

quartier

quartier. Cet établissement eut beaucoup de succès; de sorte que les descendans de *Gobelin*, à qui celui-ci avoit laissé des biens considérables, donnerent à cette maison le nom d'Hôtel des Gobelins. Dans la suite ces bâtimens furent vendus à M. Leleu Conseiller au Parlement, mais en 1667 M. Colbert attentif à tout ce qui pouvoit contribuer au bien du Royaume, acheta cet Hôtel avec plusieurs maisons qui lui étoient contigues, pour y établir une Manufacture, & proposa à Louis XIV de rendre l'Edit (*b*) du mois de Novembre 1667 qui constate d'une maniere immuable cet établissement. Depuis ce tems il a pris le titre de Manufacture Royale: à cet effet on a mis les armes de France sur la porte de cet Hôtel & au-dessous une inscription en ces termes, Manufacture des Gobelins.

MANUFACTURE ROYALE DES MEUBLES DE LA COURONNE.

M. le Brun (*c*) fut chargé par M. Colbert de la direction de cette Manufacture, & elle subsiste encore à peu près aujourd'hui sur le même pied.

Plan général des bâtimens au rez-de-chaussée de la Manufacture Royale des Gobelins.

La diversité des tems & le besoin qu'on a eu d'agrandir à différentes reprises les bâtimens de cette Manufacture, aussi bien que la quantité de logemens & d'ateliers qu'il a fallu élever pour contenir un grand nombre de différens Artistes, ont rendu ce plan en général, les cours & les corps de logis en particulier, d'une forme assez irréguliere; mais la nécessité ici a prévalu sur une disposition

22 Décembre 1730, & autorisés par Lettres Patentes du 28 Mai 1732. Vint ensuite le réglement fait pour les Manufactures de Feuilletin, autorisées par Lettres Patentes du 29 Janvier 1737, &c.

Aubusson est le lieu principal des fabriques en question, on y fait des tapisseries depuis 100 livres jusqu'à 20 livres l'aune, aussi bien que des canapés & des fauteuils, dans les mêmes proportions de prix.

Le Bourg de la Cour est une espece de Faubourg d'Aubusson, très-peu distant de cette Ville. On y fait, ainsi qu'à la Ville de *Feuilletin*, des tapisseries du plus bas prix.

Il y a dans ces trois lieux de fabriques plus de 600 métiers de tapisseries à renture, sans compter un nombre considérable de maîtres pour canapés & fauteuils, le tout faisant un objet de commerce considérable tant au dedans qu'au dehors du Royaume.

Pour former à cette Manufacture des sujets capables de la perfectionner de plus en plus, le Roi entretient deux écoles de dessein à Aubusson, & a établi dans chacune un prix annuel. S. M. entretient aussi dans la même Manufacture *un Peintre, un Teinturier & un Assortisseur.*

En 1742, feu M. Fagon entreprit d'établir en la Ville d'Aubusson une fabrique de tapis de pied façon de Perse & de Turquie. Cette entreprise quoique très-difficile dans un lieu où on n'avoit pas la moindre notion de ce travail, s'avança assez pendant les deux premieres années, mais depuis elle a fait des progrès plus considérables, & elle fournit au public des tapis très-bien conditionnés, pour le service des Citoyens aisés qui ne sçauroient avoir des tapis de la Savonnerie, la grande beauté de ces derniers les rendant d'un prix considérable.

Par Arrêt du Conseil du 21 Mai 1746 le Privilege de cette fabrique a été accordé pour 10 ans aux sieurs *Pierre Muge & Jacques Desserteaux*, Marchands tapissiers de Paris.

Ayant parlé des trois Manufactures Royales de haute & basse lisse qui sont établies en France, il nous a semblé qu'il ne seroit pas hors de propos que l'origine de la Manufacture des tapis de pied de la Savonnerie trouvât

sa place à la suite de ce que nous venons de dire de celles des Gobelins, de Beauvais & d'Aubusson.

En 1604, ou 1608, Henry IV accorda à Pierre Dupont un brevet qui lui permettoit de fabriquer en France des ouvrages façon de Perse & du Levant, dont il étoit l'inventeur. A cet effet il lui accorda un logement aux Galleries du Louvre pour y travailler & faire des éleves, ce qui se continua ainsi jusques à ce qu'en 1670 Mr. Colbert protégeant cet établissement qui s'étoit acquis une grande réputation & qui avoit déja fourni le grand tapis de pied qui devoit couvrir tout le parquet de la grande Gallerie du Louvre, & qui consiste en quatre-vingt-douze pieces, fit accorder des titres de Noblesse à Pierre Dupont, & lui fit donner une maison appartenante à Sa Majesté, située à Chaillot, où anciennement on avoit fabriqué du Savon, ce qui a fait appeller depuis l'établissement dont nous parlons, Manufacture de la Savonnerie. Les descendans de *Pierre Dupont* ont toujours continué de diriger cette Manufacture qui se soutient avec le plus grands succès. Les bâtimens de cette Manufacture ont été reparés en 1713 par ordre de M. le Duc d'Antin, pour lors Directeur général des Bâtimens & Manufactures de France, ainsi qu'il paroît par une Inscription gravée sur un marbre noir qui est sur la porte de cet édifice.

(*b*) Cet Edit porte entr'autres que le Surintendant des Bâtimens & le Directeur, sous ses ordres, tiendront la Manufacture remplie de bons Peintres, maîtres Tapissiers, Orphévres, Fondeurs, Sculpteurs, Graveurs, Lapidaires, Menuisiers en ébene, Teinturiers & autres Ouvriers en toutes sortes d'arts & métiers, & que les jeunes gens sous ces maîtres, entretenus pendant cinq années, pourront après six ans d'apprentissage & quatre années de service, lever & tenir boutiques de marchandises, arts & métiers, auxquels ils auront été instruits, tant à Paris que dans les autres Villes du Royaume.

(*c*) Voyez ce que nous avons dit de ce célébre Artiste au commencement de ce Volume, page 44.

plus heureufe, & fi nous avons préferé de donner le plan de cette Manufacture plutôt que celui de toute autre, ce n'eft pas que nous n'ayons fenti que quelques unes qui font dans nos Provinces en France ne foient bâties avec plus de régularité, mais parce que celle dont nous parlons s'eft acquife une reputation fi univerfelle dans toute l'Europe, à la faveur des magnifiques ouvrages qui s'y fabriquent, que nous aurions cru manquer à l'eftime qui eft dûe à cet illuftre établiffement fi nous ne lui avions pas donné place dans ce Recueil. D'ailleurs non-feulement ce monument fait partie des bâtimens de notre Capitale, mais encore, quoiqu'irrégulier, il renferme dans fa diftribution une quantité fuffifante de pieces rélatives à fon objet, & l'on verra dans les renvois marqués fur cette Planche les indications de chaque logement, avec le nom des habiles Artiftes qui les occupent actuellement; précédemment ces logemens ont toujours été accordés à des hommes du premier mérite.

Cet édifice, que nous avouons à la vérité être très-irrégulier, pourra donc néanmoins inftruire par le fecours de ces indications les perfonnes chargées à l'avenir de la compofition des bâtimens d'une Manufacture de ce genre, en leur enfeignant la convenance, la grandeur, & la diverfité des différens corps de logis, cours & jardins qu'elle doit contenir. C'eft cette circonftance qui fait ici notre principal objet, cet ouvrage, ainfi que nous l'avons annoncé, devant traiter en général de la diftribution & de l'ordonnance de tous les édifices que comprend l'Architecture civile. Au refte nous avons pris occafion en parlant de cette Manufacture de donner un précis non-feulement de fon origine, mais auffi de celles qui illuftrent par leur progrès & par les magnifiques ouvrages qu'elles fourniffent à toute l'Europe, le goût & les talens induftrieux de la Nation Françoife. Nous ne fommes entrés dans aucun détail au fujet de leurs bâtimens, parce qu'ils n'ont pour la plûpart rien de remarquable, fi ce n'eft la folidité & la commodité, étant d'ailleurs dépourvûs de fimétrie & d'ordonnance.

Nous n'avons pas jugé néceffaire de donner les différens plans des étages de l'Hôtel Royal des Gobelins, les renvois qui font fur le plan qu'on trouve ici en annonçant la plus grande partie. On n'a pas cru non plus devoir offrir aucunes élevations de ces bâtimens, étant par tout traitées avec une très-grande fimplicité & la plupart fans uniformité. Nous obferverons feulement, avant que de finir ce Chapitre, qu'indépendamment des Manufactures de tapifferies de haute & baffe liffe qui forment la principale réputation de cet Hôtel, attenant l'emplacement qu'il occupe, eft la Manufacture de teinture d'écarlate de M. de Julienne, qui par le foin infatigable & la profonde expérience de cet illuftre Artifte (d) s'eft acquife à jufte titre une réputation réconnue de toutes les Cours étrangeres. Enfin dans l'enceinte de l'Hôtel des Gobelins, les bâtimens marqués d indiquent le logement & les ateliers de feu M. de Neu-Maifon, célébre par les vernis connus fous le nom de *Vernis des Gobelins*. Ce vernis eft encore aujourd'hui en très-grande réputation pour l'ufage des équipages & des appartemens des perfonnes du premier ordre; M. de Neu-Maifon en a laiffé le fecret au fieur Tremblin, fon gendre, qui eft à la tête de fes atteliers, & qui continue avec fuccès cette entreprife, étant autorifé par un brevet de Sa Majefté.

(d) M. Jean-Baptifte de Julienne, Chevalier de S. Michel, honoraire amateur de l'Académie Royale de Peinture & de Sculpture, poffede un des plus beaux cabinets qui foit en Europe & dans lequel eft raffemblé un nombre confidérable de tableaux des plus grands Maîtres, une collection prodigieufe de très beaux deffeins, & une infinité de curiofités de toute efpece, le tout diftribué & arrangé avec un ordre & un goût admirable. L'on peut dire, fans faire tort aux autres cabinets de tableaux que renferme cette Capitale, qu'il ne fe voit point d'affemblage dans tous les genres plus capables de former le goût des Artiftes & plus en état de fatisfaire la curiofité des connoiffeurs, que le cabinet dont nous parlons. D'ailleurs l'amour que M. de Julienne porte au bien public, joint à fon affabilité bienfaifante lui fait rendre l'accès de ce tréfor de tant de merveilles facile à tous les Citoyens & aux étrangers.

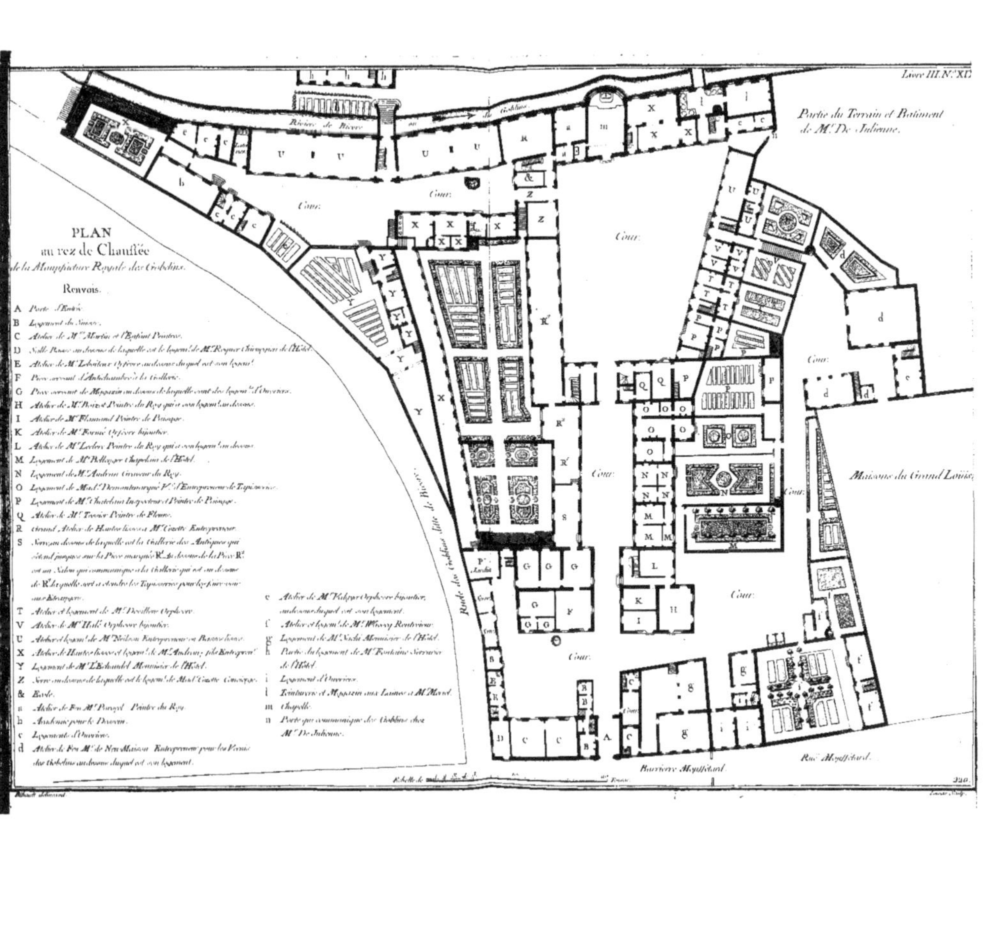

Livre III. No. XII.
Partie du Terrain et Batiment de Mr De Julienne.
Rivière de Bièvre
Les Gobelins
Maisons du Grand Louise
Rue des Gobelins dite de Bièvre
Rue Mouffetard
Barrière Mouffetard
Cour
Echelle de
PLAN
au rez de Chaussée
de la Manufacture Royale des Gobelins.
Renvois.
A Porte d'Entrée.
B Logement du Suisse.
C Atelier de Mrs Martin et l'Enfant Peintres.
D Salle Basse au travers de laquelle est le logement de Mr Roquer Chirurgien de l'Hôtel.
E Atelier de Mr Lebatteux Opticier au dessous duquel est son logement.
F Pièce servant d'Antichambre à la Gallerie.
G Pièce servant de Magasin au dessous de laquelle sont des logements d'Ouvriers.
H Atelier de Mr Boizot Peintre du Roy qui a son logement au dessous.
I Atelier de Mr Flamand Peintre de Paisage.
K Atelier de Mr Fornié Orfèvre bijoutier.
L Atelier de Mr Leclerc Peintre du Roy qui a son logement au dessous.
M Logement de Mr Belloqer Chapelain de l'Hôtel.
N Logement de Mr Audran Graveur du Roy.
O Logement de Mad. Demontarsque Ve d'Entrepreneur de Tapisserie.
P Logement de Mr Chatelain Inspecteur et Peintre de Paisage.
Q Atelier de Mr Tessier Peintre de Fleurs.
R Grand Atelier de Haute lisse de Mr Cozette Entrepreneur.
S Sion au dessous de laquelle est la Gallerie des Antiques qui ... jusque sur la Pièce marquée R au dessous de la Pièce R est un Salon qui communique à la Gallerie qui est au dessous de R laquelle sert à vendre les Tapisseries pour les faire voir aux Etrangers.
T Atelier et logement de Mr Desiltou Orfèvre.
V Atelier de Mr Huilé Orfèvre bijoutier.
U Atelier et logement de Mr Neilson Entrepreneur en Basse lisse.
X Atelier de Haute lisse et logement de Mr Audran, fils Entrepreneur.
Y Logement de Mr L'Echaudel Menuisier de l'Hôtel.
Z Sion au dessous de laquelle est le logement de Mad. Cozette Concierge.
& Ecole.
a Atelier de Feu Mr Parrot Peintre du Roy.
b Académie pour le Dessein.
c Logement d'Ouvriers.
d Atelier de Feu Mr de Neu Maison Entrepreneur pour les Vernis des Gobelins au dessous duquel est son logement.
e Atelier de Mr Vakour Orfèvre bijoutier, au dessous duquel est son logement.
f Atelier et logement de Mr Wouvry Rentrieur.
g Logement de Mr Sacki Menuisier de l'Hôtel.
h Partie du logement de Mr Fontaine Serrurier de l'Hôtel.
i Logement d'Ouvriers.
l Teinturerie et Magasin aux Laines de Mr Mord.
m Chapelle.
n Porte qui communique des Gobelins chez Mr De Julienne.

Ce portail qui mérite l'attention des connoisseurs, est presque ignoré à Paris,
étant situé devant un emplacement qui a trop peu d'espace, & qui lui-même est
enclavé dans plusieurs maisons particulieres qui rendent son agrandissement en
quelque sorte impraticable. Ce frontispice est composé de deux Ordres de pilastres, l'un Dorique & l'autre Ionique ; le premier est posé sur un socle, le second
sur un piédestal. Nous avons parlé ailleurs de l'usage qu'on doit faire des piédestaux dans l'ordonnance des bâtimens de l'espece de celui dont il s'agit, aussi
bien que de la sujetion qu'exige la régularité de l'Ordre Dorique , c'est pourquoi nous n'en dirons rien ici, nous observerons seulement que pour donner
du relief à l'Architecture de ce portail, où l'on n'a pû mettre des colonnes à cause du peu d'emplacement qui étoit devant, on a plié en retour les pilastres des
extrémités de l'avant-corps ; distribution qui, peut-être, auroit dû faire employer
les denticules dans la corniche Dorique à la place des mutules, afin d'éviter le défaut de simétrie qui se remarque dans les compartimens du sophite ou plafond du
larmier.

Comme nous nous proposons d'examiner dans le VIII Volume les différentes
opinions des Architectes modernes sur ce qui regarde la proportion des Ordres
en général & la severité que les anciens ont exigée dans l'ordonnance Dorique
en particulier, nous y renvoyons afin de rassembler dans un même Chapitre tous
les moyens que nos Architectes François ont mis en usage pour parvenir à concilier les préceptes des Grecs & des Romains à cet égard avec notre maniere de bâtir; d'ailleurs cette partie de l'Architecture demande une étude particuliere & est trop
intéressante pour n'être pas discutée de sorte à ne plus laisser de doute sur l'art
d'accoupler les colonnes ou pilastres d'une façon convenable , sur la maniere
d'élever plusieurs Ordres les uns au-dessus des autres, & enfin sur les moyens les
plus certains de conserver une analogie rélative entre le caractere de ces Ordres
& les différens membres de chaque ordonnance , en considérant le rapport qu'ils
doivent avoir ensemble, lorsqu'il paroît nécessaire dans un bâtiment d'en élever
plusieurs les uns sur les autres.

Au reste on ne peut trop louer la fierté qui se remarque dans les profils de
l'ordonnance du portail dont nous parlons ; elle annonce l'expérience & la haute
capacité de l'Architecte qui l'a ordonnée ce qui nous fait observer que cette partie
doit être regardée comme un des premiers mérites de l'Architecture concernant
la décoration, quoiqu'elle se rencontre rarement dans les bâtimens François élevés
de nos jours , malgré les exemples que les Bruand, les Manfards, & les le Veau nous
ont laissés à cet égard dans les édifices qu'ils ont érigés sous le regne de Louis XIV.

CHAP.

Plan et Elevation du Portail de l'Eglise des RR. PP. Barnabites, près l'entrée du Palais
à Paris, sur les desseins de Mr. Cartaud Architecte du Roy en 1703.
Plan.
Echelle de
a Paris chez JOMBERT, rue Dauphine.

CHAPITRE II.

Description du Bâtiment de l'Hôpital des Enfans Trouvés, situé dans la Cité près de la Cathédrale de Paris.

L'HOPITAL dont nous allons parler fut d'abord etabli par une Déclara-   Hôpitaldes tion & un Arrêt du Conseil d'État du Roi, verifiée au Parlement le 18 Août   Enfans 1670, pour servir d'hospice ou d'entrepôt à celui érigé au Faubourg St. Antoine,   trouvés. (*a*) qui dès l'an 1669 servoit à recevoir les enfans trouvés ; mais comme dans la suite cet entrepôt s'est trouvé trop peu considérable & distribué d'une maniere peu commode, & que d'ailleurs on avoit intention d'aggrandir & d'embellir l'issue de l'Eglise Métropolitaine de cette Capitale, en 1748 on érigea les bâtimens qui se voyent aujourd'hui, sur les desseins & sous la conduite de M. Boffrand, Architecte du Roi, dont nous avons parlé dans le premier Volume, page 242. Nous donnons ici non-seulement les plans de ce qui a été déja élevé, mais encore ce que ce projet comprendra dans sa totalité lorsqu'il sera entierement achevé.

Plan général au rez-de-chaussée des nouveaux bâtimens de l'Hôpital des Enfans Trouvés, avec une partie des dépendances projettées pour former une place devant la Cathédrale & embellir l'issue de ce monument. Planche premiere.

Nous venons de remarquer que l'Hôpital dont il est ici question n'étoit qu'un aide de celui du Faubourg St. Antoine, conséquemment il n'a pas été nécessaire d'ériger ici un bâtiment d'une grande étendue, mais seulement un plus commode que l'ancien & d'une grandeur proportionnée au dépôt des Enfans trouvés qu'il doit contenir, pour ensuite être envoyés à leur destination. Cependant comme en élevant cet édifice on a eu pour objet d'embellir & d'aggrandir la place du Parvis Notre Dame, M. Boffrand a prouvé par le projet général de ce plan, qu'il sçavoit donner de la grandeur & de la majesté à tous les ouvrages publics qui lui étoient confiés, & singuliérement dans cet Hôpital, malgré la petitesse de l'espace où il se trouve renfermé. Or comme ce bâtiment devoit servir d'issue & d'accompagnement à un des plus grands monumens Gothiques que nous ayons en France, il étoit nécessaire d'opposer à cet ouvrage colossal, un édifice qui par la grandeur des parties qui le composent extérieurement, quoique dans un genre différent, pût répondre à cette Metropolitaine & présenter un tout dont les masses ayent quelque rapport ensemble ; & c'est pour cette raison qu'il a pratiqué une place de 30 toises de profondeur en face du portail de Notre-Dame. Cette place, quelque peu spacieuse qu'elle paroisse, n'a cependant pas pû être plus grande, ayant

---

(*a*) On a observé long-tems à Paris les anciennes coutumes du Royaume à l'égard des enfans trouvés, c'est-à-dire que les Seigneurs Haut-Justiciers de la Ville & Faubourgs de Paris fournissoient chacun une certaine somme pour la subsistance & l'entretien de ces Enfans ; mais comme le nombre en augmentoit tous les jours, Louis XIII leur assigna un revenu fixe, & Louis XIV, a son exemple, en fit autant en 1644. Dans la suite le Parlement jugea à propos pour subvenir aux frais considérables de cette dépense, de convertir la subsistance que les Haut-Justiciers étoient obligés de donner pour ces enfans en une somme annuelle, payable de quartier en quartier, ès mains du Receveur desdits Enfans trouvés, ce qui fut confirmé par un Arrêt du Conseil d'État du Roi rendu le 20 Novembre 1668. La même déclaration unit l'Hôpital des Enfans trouvés à l'Hôpital Général ; & S. M. ayant supprimé par son Edit du mois de Novembre 1676, la Confrairie de la Passion, (dont nous avons parlé dans ce Volume, page 14 note *a*), unit ses revenus à l'Hôpital Général pour être employés à la nourriture & à l'entretien des Enfans trouvés.

En 1552, ces Enfans étoient portés à l'Hôpital de la Trinité, ils y furent soignés jusqu'en 1570 qu'ils furent transportés au Port St. Landry dans deux maisons que le Chapitre de Paris offrit à cet effet : mais dans la suite ces deux maisons ne suffisant pas, la Reine Anne d'Autriche donna le Château de Bicêtre, dont l'air se trouvant trop subtil, on fut obligé de ramener ces Enfans à Paris au Faubourg S. Denys, jusqu'à ce qu'enfin on leur acheta une maison & un grand emplacement au Faubourg S. Antoine, où l'on bâtit une Eglise dont la Reine Marie-Therese d'Autriche posa la premiere pierre, & dans le même tems l'on acheta pour ces Enfans le terrain de l'Hôpital dont nous donnons ici la description.

été néceſſaire de conſerver une étendue convenable au bâtiment que nous décrivons ici, & qui s'eſt trouvé limitée par la rue du marché Palu, parallele au
portail de l'Egliſe Cathédrale & ſituée vers M ; mais comme la rue neuve Notre-
Dame, lorſqu'elle ſera élargie ſuivant le projet propoſé, ſe trouvera avoir ſoixan-
te pieds de largeur, cette ſurface découverte ſe réuniſſant à la place dont nous
venons de parler, procurera une iſſue très-conſidérable au frontiſpice de cette
Egliſe en comparaiſon de celle qu'on y voit aujourd'hui.

Pour revenir au bâtiment des Enfans trouvés, nous dirons qu'il a de longueur 39
toiſes, y compris la colonnade du côté du portail, ſur 13 toiſes & demi de profondeur, étant enfermé d'une part par la rue Neuve Notre-Dame & de l'autre par la rue
Saint Chriſtophe, de maniere qu'il ne contient dans ſa diſtribution que trois ailes ſimples, une en face & deux collaterales ; à côté d'une de ces dernieres à
droite eſt adoſſée la Chapelle de cet Hôpital, dont la largeur comprend un des
avant-corps ſitués aux extrémités de la principale façade de ce bâtiment.

Cette Chapelle eſt précédée d'un veſtibule dans lequel ſont placés les fonds,
& dont l'entrée principale eſt du côté de la rue, par la porte marquée H, indépendamment d'une autre I, qui communique à l'intérieur de cette maiſon. Les
trois portes K donnent entrée à la Chapelle, laquelle a de longueur 58 pieds &
demi, y compris le porche, ſur 32 pieds de largeur & 40 de hauteur. Sa décoration conſiſte dans un très-grand ouvrage de peinture, repréſentant l'adoration
des Mages & des Bergers lors de la naiſſance du Sauveur : ſujet allégorique qui
a été exécuté par Mrs. Natoire (b) & Brunetti (c), dont les noms ſeuls font l'éloge. (Voyez une deſcription aſſez détaillée de cette Chapelle dans le Journal
Œconomique du mois de Mai 1751, page 74).

A côté de l'avant-corps qui comprend le veſtibule de la Chapelle, eſt une
porte marquée L qui donne une entrée particuliere à cette maiſon & qui conduit à un aſſez bel eſcalier par où l'on monte aux différens étages de cet Hôpital. Cet
eſcalier eſt bâti de pierre juſqu'au premier étage ſeulement. Les autres pieces du
rez-de-chauſſée de ce bâtiment ſont une grande cuiſine, un refectoir, & des logemens pour un certain nombre de nourrices, raſſemblées ordinairement pour le
ſecours des enfans nouvellement arrivés dans cette Maiſon. Dans le milieu de ce
bâtiment, du côté de la rue, eſt une principale entrée pour les voitures & les
proviſions ; en face de cette entrée, dans le fond de la cour, eſt une pompe, qui
fournit abondamment de l'eau dans un reſervoir qui eſt au-deſſus, pour le ſer-
vice de la maiſon. Cette précaution eſt très-néceſſaire dans un édifice public, &
il ſeroit encore mieux de tirer cette eau de la riviere de Seine, qui paſſant au
milieu de notre Capitale, devroit fournir par une machine élevée dans un lieu
éminent, une eau ſuffiſante, non-ſeulement pour les bâtimens de l'eſpece dont
nous parlons mais même pour toutes les maiſons particulieres. On chercheroit
avec empreſſement à ſe procurer un pareil avantage dans une Ville (d) qui ne ſe
trouveroit éloignée qu'à quelque diſtance d'un fleuve, & cependant on l'a négli-

---

(b) Mr. Natoire, né à Niſme en 1700, eſt un des
premiers Peintres de l'Ecole Françoiſe moderne ; il vit
actuellement, & jouit d'une réputation digne de la ſu-
périorité de ſes talens. Cet Artiſte vient d'être nommé par Sa Majeſté pour ſuccéder à feu Mr. de Troyes
dans la place de Directeur de l'Académie de Peinture,
de Sculpture, & d'Architecture, que le Roi entretient à
Rome pour l'avantage des arts & pour en faciliter l'étude
aux jeunes gens qui ſe deſtinent à une de ces trois profeſſions.
(c) Nous avons déja parlé de cet Artiſte dans le premier Volume, page 215.
(d) Dans le dernier ſiécle on avoit ſenti non-ſeulement
la néceſſité de multiplier les fontaines dans Paris, mais
auſſi de donner des eaux dans les maiſons des particuliers.

M. de Voltaire rapporte dans ſon Temple du goût, page
58 note 55, en parlant des divers projets utiles dont
M. Colbert avoit deſſein d'orner cette Capitale :
» C'étoit en effet le deſſein de ce grand homme ; un de ſes
» projets étoit de faire une grande place de l'Hôtel de Soiſ-
» ſons. On auroit creuſé au milieu de la place un vaſte
» baſſin qu'on auroit rempli des eaux qu'il devoit faire ve-
» nir par de nouveaux aqueducs. Du milieu de ce baſſin,
» entouré d'une baluſtrade de marbre, devoit s'élever un
» rocher ſur lequel quatre fleuves de marbre auroient ré-
» pandu l'eau qui eut retombé en nappe dans le baſſin,
» & qui de là ſe feroit diſtribuée dans les maiſons des Ci-
» toyens. Le marbre deſtiné à cet incomparable monu-
» ment étoit acheté, mais ce deſſein fut oublié avec M.

gé jufqu'à préfent à Paris, au milieu duquel paffe une riviere dont les eaux font fi falutaires à tous les citoyens.

De l'autre côté de la rue font marqués les murs de face du bâtiment projetté pour renfermer ceux de l'Hôtel-Dieu, qui un jour à venir doivent fimétrifer avec l'Hôpital des Enfans trouvés, en laiffant une rue de 60 pieds de largeur, qui procureroit à celle du Marché Palu l'afpect d'une grande partie du portail de la Cathédrale. On a auffi marqué dans ce plan, par des maffes ponctuées, tous les bâtimens qui doivent être démolis pour former la place propofée devant cette Cathédrale, & parmi lefquels fe trouve actuellement compris une partie de ceux de l'Hôtel-Dieu. Il feroit à fouhaiter non-feulement que cet Hôpital fut rebâti à neuf d'une diftribution plus commode, mais auffi qu'on le plaçât dans un endroit plus écarté de la Ville & d'une maniere plus avantageufe pour la falubrité de l'air néceffaire aux convalefcens, & tout enfemble à la fanté des Citoyens de ce quartier, qu'un Hôpital fi prodigieufement rempli de malades incommode fort en portant un air mal-fain dans les environs; d'ailleurs il communique aux eaux de la riviere de Seine qui paffe fous fes bâtimens, une corruption inévitable & contraire à la confervation des habitans.

Plan du premier étage & coupe du bâtiment des Enfans trouvés. Planche II.

Le plan du premier étage, *Figure premiere*, eft affujetti aux mêmes murs de face & de refend que le précédent, & ne differe que par les ufages des pieces qui dans tous les étages de ce bâtiment ont différentes deftinations. Nous obferverons feulement que ce n'eft que dans le fecond étage que font diftribuées les falles ou dortoirs des Enfans trouvés, qui font entretenus avec un ordre & une propreté capable d'attirer la curiofité des perfonnes les plus indifférentes. Dans le plan dont nous parlons fe remarque l'enceinte de la Chapelle que nous avons décrite plus haut, laquelle montant de fond contient une tribune de plain-pied à cet étage, & une autre au-deffus de plain-pied aux dortoirs dont nous venons de parler, afin que les Enfans & les Sœurs grifes qui en prennent foin puiffent participer au fervice divin fans être obligés de defcendre au rez-de-chauffée. Les autres pieces font deftinées pour des bureaux, des magafins, une archive, un parloir, &c.

La coupe, *Figure deuxiéme*, donne le développement du principal corps de logis fur la rue marqué C, & montre les trois étages qui font élevés au-deffus du rez-de-chauffée, lequel, ainfi que le premier & le fecond étage, eft compris dans la hauteur d'un feul Ordre du côté de la rue. Dans la frife de l'entablement de cet Ordre font diftribuées des mezzanines qui éclairent le troifiéme étage pris au-deffous des combles. Le profil de toutes ces croifées fe remarque ici dans les murs de face auffi bien que celui de la porte du rez-de-chauffée, dont le mur du côté de la rue eft tenu beaucoup plus épais à caufe des encorbellemens, en forme de confoles, que ce mur foutient pour procurer au premier étage un balcon de pierre en faillie qui donne dans le parloir. Voyez la Figure premiere, même Planche.

La lettre D exprime une des ailes en retour du côté de la cour, dont toute la façade eft tenue d'une fimplicité convenable à l'efpece de bâtiment dont nous parlons. La lettre E montre la partie fupérieure d'une des faces latérales de la Chapelle que nous avons décrite dans les plans, & qui eft couronnée extérieurement par l'entablement qui regne fur tout cet édifice du côté de la rue. Au-def-

<hr>

» Colbert qui mourut trop tôt pour la France. »

Aujourd'hui que cet Hôtel eft démoli, ne feroit-il pas poffible de faire goûter un projet auffi intéreffant? Eft-il même un Citoyen qui ne dût volontairement contribuer à une dépenfe fi véritablement utile, & ne feroit-ce pas là un des moyens le plus éclatant d'illuftrer notre fiécle? La fureté, la propreté & la commodité publique devroient dans une Ville comme Paris avoir le pas fur toutes les autres dépenfes, qui n'ont fouvent pour objet que le fafte, le luxe, ou quelque commodité particuliere.

 fous de cet entablement fe voyent ici deux arcades en plein ceintre femblables
à toutes celles qui éclairent l'intérieur de cette Chapelle. Voyez la Figure deuxiéme de la Planche III.

Elévation du côté de la rue neuve Notre-Dame, avec la façade en retour du côté du
portail de la Cathédrale. Planche III.

La Figure premiere montre la façade du côté de la rue, telle qu'elle a été exécutée en 1748, à l'exception de la colonnade A & du pavillon B qui ne font
pas encore élevés. Cette façade qui, comme nous l'avons remarqué, aura 39
toifes de longueur lorfqu'elle fera entierement finie, fera terminée du côté de la
rue du Marché Palu par un pavillon marqué B, pareil à celui C, qui eft décoré
de quatre pilaftres d'Ordre Ionique moderne, de trois pieds huit pouces de diamétre, qui embraffent trois étages. La néceffité de donner un air coloffal à cet
édifice, non-feulement à caufe de la largeur de la rue, qui un jour doit être de
60 pieds, mais auffi parce que fes bâtimens entierement élevés doivent fervir
d'iffue à la Cathédrale, a fans doute autorifé ici ce genre d'ordonnance qui par-
tout ailleurs ne pourroit être imité avec un fuccès égal. D'ailleurs comme édifice
public il falloit répandre dans ce monument un air de grandeur & de majefté dans
fon ordonnance qui s'éloignât de la fimplicité qu'on affecte ordinairement dans
ces fortes de bâtimens. Cette fimplicité eft obfervée exactement du côté de la
cour, mais elle ne pouvoit pas avoir lieu du côté de la rue, cette façade étant
élevée en quelque forte pour fervir de place publique au-devant de l'Eglife de
Paris, ainfi que nous venons de le remarquer. Au refte un feule porte au milieu
de la façade en indique la principale entrée; des arcades au rez-de-chauffée,
deux rangs de croifées dans les étages fupérieurs, entourées de chambranles à crof-
fettes, font tous les frais de la décoration du milieu de ce bâtiment, l'Ordre Ionique
regnant feulement dans les deux pavillons. Ce grand Ordre eft couronné d'un entablement continu fur tout le bâtiment, qui a de hauteur le quart de celle des pilaftres, & il eft élevé fur un focle qui en a le cinquiéme; ce focle eft divifé par
une retraite qui a les cinq feptiémes de tout le focle, & qui continue dans toute la
longueur de la façade; autrement fi ce focle entier eut régné dans tout l'arriere-
corps de cette élévation, il auroit coupé par fa hauteur les piédroits des arcades feintes auffi bien que ceux de la porte du milieu de ce bâtiment. L'entablement, que nous venons de dire avoir le quart de l'Ordre Ionique, eft tenu d'un
profil compofé, & eft orné de confoles qui foutiennent la faillie de fa corniche.
Affez communément l'on ne donne aux entablemens des Ordres coloffaux que
le cinquiéme de leur hauteur; ici non-feulement cet entablement eft élevé du
fol de 46 pieds, & le point de diftance fera de 60, mais il étoit néceffaire de
pratiquer dans la frife des mezzanines pour éclairer l'étage fupérieur de ce bâtiment, ainfi que nous l'avons déja obfervé en expliquant la Figure deuxiéme de
la Planche précédente.

Au-deffus de cet entablement s'élevent de grands combles à deux égouts qui
font d'autant mieux fur ce bâtiment qu'on en devroit faire ufage feulement dans
les édifices publics, au lieu qu'ils réuffiffent rarement ailleurs, comme on peut
s'en appercevoir dans nos grands Hôtels, tel que celui de Soubife; dans nos Palais, tel que celui du Luxembourg; dans nos maifons de plaifance, telles que
Meudon, Clagny, Maifons, &c.

La porte principale qui donne entrée à l'intérieur du bâtiment eft en plein
ceintre & couronnée d'une baluftrade de pierre foutenue par des encorbellemens
dont nous avons déja marqué la conftruction à la page précédente. Au-deffus de
cette baluftrade s'éleve un corps d'Architecture qui renferme une porte croifée
bombée

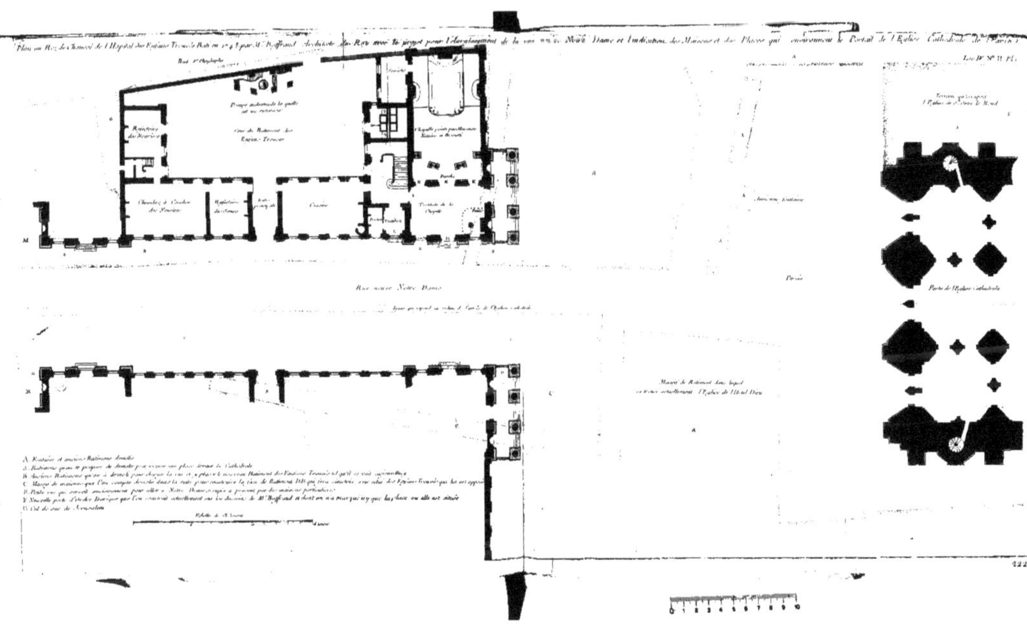

Plan au Rez de Chaussée de l'Hôpital des Enfans Trouvés Bâti en 17.. par M. Boffrand Architecte du Roi avec le projet pour l'élargissement de la rue ... de Notre Dame et l'indication des Maisons et des Places qui environnent le Portail de l'Église Cathédrale de Paris
Liv. IV. N.º II. Pl.
Rue St Christophe
Pompe indiquant le quelle est nécessaire
Cour du Bâtiment des Enfans Trouvés
Refectoire des Nourrices
Chapelle ponts provisionnement Sacristie et la voute
Chambres de Couches des Nourrices
Infirmerie des Femmes
Cuisine
Rue neuve Notre Dame
Terrein qui est occupé l'Église de S.te Anne le Rond
Maison de Bâtiment dans lequel se tient actuellement l'Église de l'Hôtel Dieu
Porte de l'Église Cathédrale
A. Fontaine et anciens Bâtimens démolis
B. Bâtimens que l'on propose de démolir pour avoir une place devant la Cathédrale
H. Anciens Bâtimens qu'on a démoli pour occuper la rue et à place le nouveau Bâtiment des Enfans Trouvés tel qu'il se voit maintenant
C. Maison de maison que l'on compte démolir dans la suite pour construire la face de Bâtiment DD qui sera enterrée avec celui des Enfans Trouvés qui lui est opposé
D. Porte cochère qui servoit anciennement pour aller à Notre Dame, occupée à présent par des maisons particulières
E. Nouvelle porte d'Ordre Dorique que l'on construit actuellement sur les dessins de M. Boffrand et dont on n'a marqué icy que la place ou elle est située
G. Cul de sac de Rencontre
Echelle de 18 Toises

Liv. IV. N°. II. Pl. 2.

Fig. 2

Rue Neuve
Notre Dame

Pompe

Echelle de cinq Toises

Plan du premier étage de l'Hôpital des Enfans Trouvés

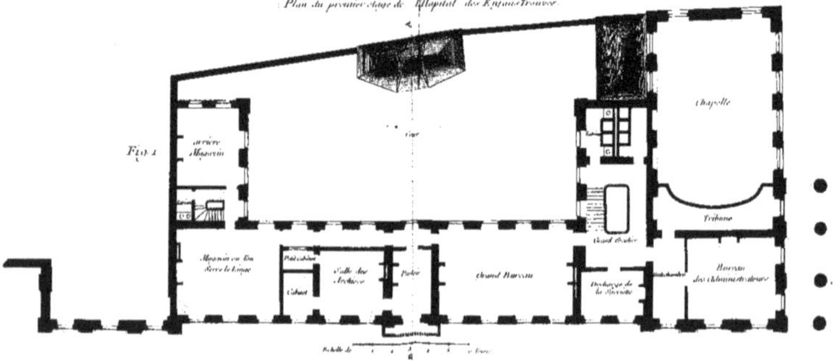

Fig. 1

arrière
Magasin

Magasin ou l'on
Serre le Linge

Préchaux

Cabinet

Salle des
Archives

Parloir

Grand Bureau

Grand Escalier

Décharge de
la Sacristie

Chapelle

Tribune

Bureau
des Administrateurs

Echelle de

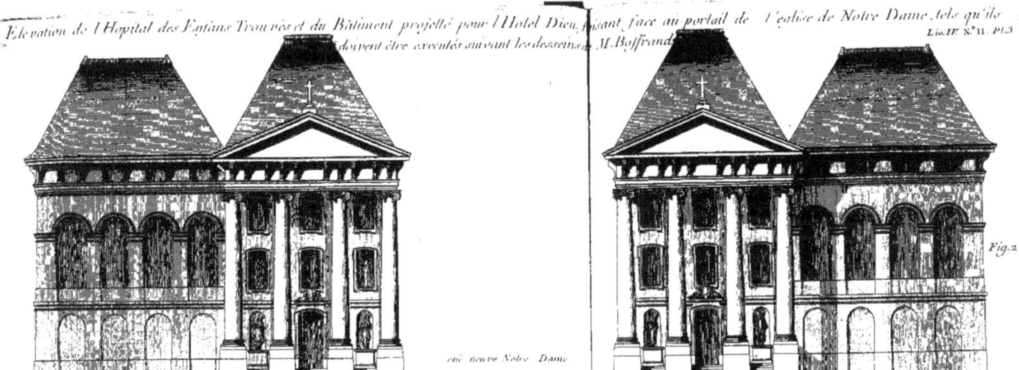

Elevation de l'Hopital des Enfans Trouvés, du côté de la rüe neuve Notre Dame, executée en 1748, sur les desseins de M. Boffrand.

bombée, fur laquelle en amortiffement font fculptées les armes du Roi enfermées dans un fronton circulaire, & qui marquent d'une maniere particuliere le milieu de ce bâtiment.

Au rez-de-chauffée des pavillons qui terminent cette façade, dans l'entre-pilaftre du milieu, font pratiquées deux portes bombées, celle C qui eft exécutée donne entrée au veftibule de la Chapelle; au-deffus de cette porte eft un cartel renfermant cette Infcription :

L'HOPITAL DES ENFANS TROUVE'S

SOUS L'INVOCATION DE SAINTE GENEVIEVE DES ARDENS. (*e*)

Dans l'arriere-corps, à l'arcade marquée D, eft une porte dont nous avons parlé dans le plan du rez-de-chauffée, au haut de laquelle eft écrit :

L'HOPITAL DES ENFANS TROUVE'S.

Mais comme cette porte eft regardée comme un acceffoire dans la totalité d'un édifice de cette importance, on ne l'a point exprimée ici. Le pavillon B, que nous avons dit n'être pas encore élevé, felon le projet doit faire retour de 19 pieds, ainfi que celui qui fera placé vis-à-vis, de maniere que ces deux retours propofés formeront une avant-place ou carrefour de 24 pieds, vers M, Plan. premiere, qui précédera la rue neuve Notre-Dame, & qui continuera jufqu'à la rue du Marché Palu. Alors toute cette nouvelle iffue non-feulement embellira beaucoup ce quartier qui eft aujourd'hui très-refferré, mais encore elle procurera à l'Eglife Métropolitaine de Paris une avenue bien différente de ce qu'on la voit à préfent.

La Figure deuxiéme repréfente le retour d'un des pavillons de la façade que nous venons de décrire, & qui fait face au grand portail de l'Eglife Cathédrale. Ce pavillon eft orné de quatre colonnes, ifolées du nud du mur, de 9 pieds; ces colonnes, lorfqu'elles feront finies d'être élevées, porteront le fronton qui fe voit ici. Au rez-de-chauffée, dans l'entrecolonnement du milieu, eft une porte bombée qui procure une feconde entrée au veftibule de la Chapelle des Enfans trouvés, de laquelle on voit le mur latéral à la droite de ce pavillon, & dont nous avons vû le côté parallele & oppofé dans la Figure deuxiéme de la Planche précédente.

De l'autre côté de la rue neuve Notre-Dame, & à la gauche de cette Figure deuxiéme on a exprimé la façade des édifices propofés pour fervir d'enceinte aux bâtimens de l'Hôtel-Dieu, dans le cas que l'on ne puiffe par la fuite le placer dans un lieu plus convenable. Au refte quelque édifice un jour à venir que ce côté renferme, cette façade doit être élevée telle que nous la donnons ici, tant pour fatisfaire à la fimétrie, que parce que, felon toute apparence, quand on fe détermineroit, ainfi qu'on a lieu de l'efpérer, à tranfporter l'Hôtel-Dieu dans un lieu plus convenable, on conferveroit toujours un entrepôt dans ce quartier pour les malades, & alors ces deux bâtimens qui fe trouveront en face l'un de l'autre & à peu près de même genre, devront naturellement avoir une ordonnance commune.

(*e*) A la place de la Chapelle des Enfans trouvés étoit anciennement une petite Paroiffe fous le nom de Ste Genevlefve des Ardens, qui a été démolie lors de la conf- truction de cet édifice, & c'eft fans doute ce qui a donné occafion à cette Infcription.

CHAPITRE III.

Description de l'Eglise Cathédrale de Notre-Dame de Paris.

Eglise de
N. Dame.

DANS le premier Volume nous avons dit quelque chose de l'origine de cette Eglise en donnant l'abrégé de l'histoire de la Ville de Paris, Chapitre IV, page 173, & nous avons rapporté qu'après la conversion du grand Constantin, en 312, la paix étant rendue à l'Eglise, l'on avoit bâti à la pointe Orientale de l'Isle qui renfermoit alors la Ville de Lutece, une Cathédrale sous l'invocation de la Ste. Vierge, de S. Etienne premier Martyr, & de S. Denys Apôtre & premier Evêque de cette Ville; mais il y a long-tems que cette Eglise dont nous avons fait mention ne subsiste plus, & que celle que l'on voit aujourd'hui a pris sa place. Cette Cathédrale a été élevée à peu près au même endroit où étoit l'ancienne ; elle fut commencée par *Jean de Chelles*, maître Maçon, le 12 Février 1257, selon ce que nous en apprend une inscription qui se voit encore au portail collatéral du côté de l'Archévêché, & elle fut achevée, selon ce que nous en apprend une autre inscription que l'on voit dans cette même Eglise, par *Jean Ravi* en 1351, ainsi que nous en avons fait mention dans l'Histoire abrégée de l'Architecture, en parlant des édifices Gothiques, Tome I. page 15.

On a prétendu long-tems que cette Eglise avoit été bâtie sur pilotis (*a*), mais dans les différentes occasions qu'on a eu de fouiller plus bas que ses fondemens, l'on s'est assuré du contraire, particulierement en 1711, où en creusant une crypte pour servir de sépulture aux Archévêques de Paris, on découvrit des murs de fondation qui traversoient le chœur, & dans le massif de ces murs on trouva cinq pierres qui étoient ornées de bas-reliefs qui ont donné à croire aux antiquaires, par quelques inscriptions que ces bas-reliefs contenoient, que cette Eglise avoit été élevée sur les ruines d'un Temple consacré à Jupiter. Cependant, ainsi que le remarque judicieusement Piganiol, cela ne prouve rien de bien certain, puisqu'il se peut que le Temple dédié à Jupiter, que l'on sçait avoir été élevé anciennement à Lutece, ayant été renversé par les Chrétiens, ses matériaux peuvent avoir été dispersés & abandonnés à ceux qui travailloient à l'édification de cette Eglise, & qui ont pû les employer comme pierres de libage, moilons, &c.

Plan général au rez-de-chaussée de l'Eglise Cathédrale de Notre-Dame de Paris.
Planche premiere.

Le plan de cette Cathédrale est un des plus grands ouvrages Gothiques que nous ayons en France, puisque sa longueur de 68 toises 4 pieds 9 pouces, surpasse de 13 toises un pied & demi celle de l'Eglise de Strasbourg, qui est regardée cependant comme un monument très-considérable, suivant ce que rapporte M. *Tarade* dans son parallele de l'Eglise de St. Pierre de Rome avec ces deux Cathédrales. La la largeur de celle que nous décrivons a 26 toises hors œuvre, & 33 toises de hauteur, y compris les tours qui ont chacune 9 toises & demie ; cette hauteur est à la vérité bien moins considérable que celle de Strasbourg dont le total est de 69 toises, y compris la tour & la campanille, avec la croix qui est élevée au-dessus. C'est sans doute cette élévation qui fait dire vulgairement que cette Eglise est plus grande que la Cathédrale de Paris, mais cela ne doit s'entendre que par rapport à sa hauteur, car quant à sa surface, celle de Strasbourg n'a de largeur que 20 toises sur 54 toises 10 pouces de longueur. D'ailleurs la simplicité du plan de

---

(*a*) I. F. Feliblen est de ce sentiment ; voyez ce que dit cet Auteur dans son Recueil historique de la vie & des   ouvrages des plus célébres Architectes, *Liv. IV.* p. 227 & suivantes.

celle de Paris eſt préférable à toutes nos Egliſes Gothiques : ſa nef eſt de 39 pieds de largeur, & continue parallelement juſqu'au rond point, ce qui forme un des beaux vaiſſeaux qu'il ſoit poſſible d'imaginer pour un édifice de ce genre. Cette nef eſt accompagnée de deux doubles bas-côtés, après leſquels ſont diſtribuées des Chapelles collatérales qui regnent dans tout le pourtour de cette Egliſe laquelle par tout ſe trouve ſuffiſamment éclairée, bien percée, & diſtribuée avec une ré-gularité peu commune aux bâtimens Gothiques en général.

La croiſée de cette Egliſe eſt égale à la largeur de la nef & ſépare cette der-niere d'avec le chœur, lequel a de longueur 18 toiſes, & eſt terminé d'une part par le rond point & de l'autre par le jubé. Tout l'intérieur de ce chœur a été décoré à la moderne en 1711, ainſi que nous l'obſerverons en ſon lieu.

L'entrée de l'intérieur de cette Egliſe forme une eſpece de porche dans lequel on arrive par trois portes principales, ſçavoir une dans le milieu & qui eſt plus grande que celles qui lui ſont collatérales. Ce porche eſt diviſé en trois parties, celle du milieu porte la tribune des orgues, & celles des deux extrémités por-tent les deux tours (b) qui s'élevent au-deſſus du frontiſpice de cette Cathédrale. Nous obſerverons que ce frontiſpice, quoiqu'élevé dans le tems de l'Architecture Gothique moderne, ne ſe reſſent gueres de la legereté que les Architectes du douziéme ſiécle ont affectée dans leurs édifices, celui-ci étant compoſé de maſ-ſes aſſez peſantes, & chargé de figures & d'ornemens d'une exécution non-ſeu-lement très-médiocre, mais même de mauvais choix. Ce qu'on y remarque de plus intéreſſant ſont les ſtatues de vingt-huit de nos Rois, depuis Childebert juſqu'à Philippe Auguſte. La roſe du milieu eſt un aſſez bel ouvrage ; elle fut reſtaurée en 1738 par le Chapitre, qui a joint à cette dépenſe celle d'avoir fait regratter tout l'intérieur de cette Egliſe, d'avoir fait mettre tous les vitraux en verre blanc (c), fait reparer & augmenter l'orgue, &c.

Cette roſe quoiqu'aſſez eſtimée eſt néanmoins bien inférieure à celle du por-tail collatéral du côté de l'Archévêché, laquelle menaçant ruine ainſi que la voû-te qui eſt attenant, fut reparée en 1725 par les ſoins du Cardinal de Noailles, alors Archevêque de Paris, qui dépenſa pour cette reparation deux cens mille li-vres ; il chargea Mr. Boffrand de la conduite de cet ouvrage, & l'exécution en fut confiée à *Claude Pinet*, fort habile appareilleur.

L'intérieur de ce vaſte édifice contient 35 Chapelles, dont quelques-unes ont été reſtaurées & embellies depuis peu d'années avec beaucoup de magnificence. La plupart de ces Chapelles renferment des ouvrages de ſculpture & de peinture en aſſez grand nombre pour mériter la curioſité des connoiſſeurs. Nous remarque-rons ici que l'on a exprimé ſur cettePlanche les maſſes d'une partie des bâtimens dé-pendans de l'Archévêché & du Chapitre de cette Cathédrale, mais comme ils n'ont rien de régulier, ils ne nous ont pas paru mériter d'être rapportés en détail ni exiger aucune deſcription particuliere. Nous donnerons ſeulement ſur la Pl.V. l'élévation & le plan de la porte neuve qui donne entrée dans le cloître de Notre-Dame, & qui vient d'être exécutée ſur les deſſeins de M. Boffrand, Architecte du Roi, dont nous ve-nons de parler. Paſſons préſentement à la deſcription du chœur de cette Egliſe dont la décoration fut commencée en 1699, ſuſpendue juſqu'en 1708, & entie-rement finie en 1714, ſur les deſſeins de Robert de Cotte, premier Architecte du Roi.

(b) On monte à ces deux tours par 380 degrés, & l'on communique de l'une à l'autre par une gallerie hors œuvre. Dans celle du côté de l'Archévêché il n'y a que deux groſſes cloches dont la plus conſidérable fut donnée en 1640 par Jean de Montaigu. Comme elle ne s'accor-doit point avec les autres, le Chapitre la fit fondre en 1661, mais s'étant trouvée encore diſſonante, on la fit refondre en 1686. Dans l'autre tour il y a ſept cloches & ſix dans le petit clocher qui eſt ſur la croiſée ; ces 15 cloches ſont fort eſtimées par leur harmonie.

(c) On prétend que cette Egliſe eſt la premiere qui ait été vitrée à Paris, & que ce fut Childebert qui en fit la dépenſe, en aſſignant des fonds pour l'augmentation des revenus de cette Cathédrale.

Defcription du chœur de Notre-Dame.

Eglife de N. Dame.   Louis XIII ayant fait vœu d'élever un maître Autel dans la Cathédrale de Paris, en laiffa l'accompliffement à Louis le Grand fon fucceffeur, qui non-feulement a fait ériger ce monument, mais même a fait décorer tout le chœur de cette Eglife avec une magnificence capable de caufer de l'étonnement, de maniere que pour préfenter une idée diftincte de cette merveille, nous en allons donner le plan à part, ainfi que l'élévation du maître Autel, & une face fur la longueur du chœur.

Plan au rez-de-chauffée du chœur de l'Eglife de Notre-Dame, Planche II.

Cette Planche, gravée fur deux cuivres pour être ajoûtés l'un au bout de l'autre, offre la dimenfion générale du chœur de cette Eglife, à commencer depuis le jubé jufqu'au rond-point. Dans ce plan font exprimés les compartimens du pavé de marbre de diverfes couleurs qui en revêtit tout le fol. Ces compartimens font d'un deffein & d'une exécution qui peut aller de pair avec celui de la nouvelle Eglife des Invalides & celui de la Chapelle de Verfailles, & tous les trois font autant de chef-d'œuvres dans ce genre. On doit fur-tout faire attention au deffein du compartiment qui pave le fanctuaire de l'Eglife dont nous parlons, auffi bien qu'à celui du marche-pied du maître Autel, qui imite le deffein d'une marqueterie très legere, ou d'une étoffe femblable aux tapis de pied qui fe fabriquent en France dans nos Manufactures. Le fanctuaire M eft féparé du chœur par une baluftrade en tour ronde dans fes extrémités, & dont les tablettes, les focles & les piédeftaux font de marbre de Rance & les baluftres de bronze doré. Au milieu de cette baluftrade font quatre marches de marbre de Languedoc qui montent au fanctuaire. La lettre E indique la forme du plan du maître Autel élevé de trois degrés circulaires marqués G, qui font auffi de marbre de Languedoc. La lettre B marque le plan d'un double Autel ou credence Pontificale, conftruit de marbre brun jafpé, orné de confoles, de Chérubins, de feftons, & de cartels de bronze doré. (voyez le profil de cette credence marquée A, Planche IV.) La lettre D indique la niche dans laquelle eft un groupe de marbre blanc dont nous parlerons dans fon lieu. Les lettres O indiquent le plan des chaires Epifcopales dont on voit l'élévation marquée B dans la Planche IV. Les autres lettres de renvoi marquées fur la Planche dont nous parlons indiquent les parties qui font exprimées fur ce plan, ce qui nous difpenfe ici d'un plus long détail.

On voit fur cette même Planche le compartiment du pavé du chœur de cette Eglife, qui eft moins riche à la vérité que celui du fanctuaire, mais qui néanmoins eft d'un deffein très-régulier. On y voit auffi la diftribution des foixante & fix hautes formes marquées V, & des quarante-huit baffes formes marquées T, deftinées à fervir de fiége aux Chanoines du Chapitre de cette Cathédrale. La lettre Q marque la principale entrée du chœur qui du côté de la nef eft revêtue de marbre & décorée de deux Chapelles élevées en 1719 par les libéralités de Mr. le Cardinal de Noailles. L'une de ces Chapelles eft dédiée à la Sainte Vierge, & toute la fculpture eft d'*Antoine Vaffé*; l'autre eft dédiée à Saint Denys, & la figure de ce Saint, qui eft placée au-deffus de l'Autel, eft exécutée en marbre par *Nicolas Couftou* (*d*). Ces deux Chapelles font décorées de colonnes Corinthiennes couronnées d'un entablement architravé revêtu de bronze &

(*d*) Nicolas Couftou l'aîné, Chancelier & Recteur de l'Académie Royale de Peinture & de Sculpture, fils de François Couftou, Sculpteur en bois, nâquit à Lyon en Janvier 1658. Son pere lui ayant appris les premiers principes de fon art, il vint à Paris à l'âge de dix-huit ans, & acheva de fe perfectionner fous Antoine Coifevox,

terminé

terminé par des amortiſſemens d'une très-grande richeſſe ainſi que toute leur or- Egliſe de
N. Dame.
donnance. Nous avions promis le deſſein de ces Chapelles en particulier, mais
nous ne le donnerons que dans le ſeptiéme Volume avec les principaux détails
des profils de menuiſerie du chœur de cette Egliſe qui ſont de toute beauté.

De la décoration du chœur de l'Egliſe de Notre-Dame en général.

Pour prendre une idée générale de cette décoration il faut d'abord examiner
les Planches III & IV qui chacune à part donnent une idée du total en faiſant
ſentir ſéparément les beautés des détails de chaque partie qui les compoſe. Cependant avant que d'y paſſer, nous obſerverons que quoique la réputation que
cet ouvrage s'eſt acquiſe ſemble ne mériter ici que des éloges, nous ne pouvons
néanmoins nous empêcher de faire remarquer que la grandeur du vaiſſeau, la richeſſe de la matiere & la beauté inimitable de l'exécution ſont peut-être les ſeuls
motifs qui ont attiré à ce monument le ſuffrage des Citoyens & des étrangers.
Car à parler ſans prévention, cette ordonnance priſe en général n'offre rien de
grand, de majeſtueux, ni de noble dans ſa compoſition : point d'Architecture,
point de maſſes, point de repos, qui ſont les ſeuls caracteres diſtinctifs de la décoration d'un Temple. Il eſt vrai que la peinture, la dorure, le marbre, le bronze & le bois ſont travaillés ici avec tant d'art qu'il n'eſt peut-être point d'édifice dans ce genre en France qui puiſſe préſenter tant d'objets différens, & qui
ſoient plus utiles à imiter chacun en particulier. Cette conſidération nous va faire
parler de ces différens détails chacun à part, comme autant de chef-d'œuvres
dont on ne peut trop conſeiller l'examen à nos jeunes Artiſtes, les ornemens qui
les compoſent ne ſe reſſentant point de la frivolité de ceux qui ont pris faveur
dans notre décoration intérieure depuis l'exécution de ce monument.

Elévation du chœur de Notre-Dame vû de face. Planche III.

L'Autel qui ſe voit ici eſt iſolé & conſtruit de marbre d'Egypte revêtu d'ornemens de bronze doré d'un fort bon goût de deſſein & d'une belle exécution.
Aux deux extrémités de cet Autel ſont deux Anges adorateurs, auſſi de bronze,
portés ſur des enroulemens de même matiere, le tout de l'exécution de *Cayot*,
Sculpteur de réputation. Sur cet Autel eſt un gradin de marbre blanc, au milieu
duquel eſt un cartel de bronze par *Antoine Vaſſé*, qui ſert de piédeſtal à un Crucifix d'Orphévrerie d'un excellent travail, auſſi bien que les ſix chandeliers qui

ſon oncle, habile Sculpteur qui jouiſſoit d'une grande réputation. Le détail de ſes ouvrages nous meneroit trop
loin : on peut conſulter à ce ſujet l'éloge hiſtorique de
ce grand homme, & ce que Mr. l'Abbé Lambert en
a dit dans le Tome III de ſon Hiſtoire Littéraire de
Louis XIV, page 318; c'eſt pourquoi nous ne rapporterons ici que les principaux. Le jardin du Palais des
Thuilleries eſt rempli de ſes chef-d'œuvres : on y voit
entr'autres la figure de Jules Céſar, placée à l'extrémité
de la grande allée, vis-à-vis le grand baſſin, & le groupe
de la Seine & de la Marne, de l'autre côté du même baſſin, proche le pont tournant : ſur la grande terraſſe qui
regne au pied de ce même Palais on remarque encore trois
figures de cet habile Artiſte, l'une qui repréſente un chaſ-
ſeur aſſis ayant un chien à ſes pieds, les deux autres ſont
des Nymphes avec des attributs de chaſſe. Ces ouvrages
ſont l'admiration des curieux & des connoiſſeurs & ſont
au-deſſus de tout éloge. Il exécuta en bronze pour la
Ville de Lyon la figure de la Saône qui accompagne la
ſtatue équeſtre de Louis XIV que cette Ville fit ériger
en l'honneur de ce Monarque ſur la place de Bellecour.
La Ville de Lyon fut ſi contente de cette figure qu'elle
gratifia à cette occaſion Nicolas Couſtou d'une penſion
de 500 liv. réverſible à Guillaume Couſtou ſon frere, à
qui elle accorda une pareille penſion pour la figure du
Rhône dont elle avoit chargé ce dernier. On voit auſſi
différentes choſes de lui aux Invalides, entr'autres pluſieurs groupes de Prophetes dans la Chapelle de St. Jé-
rôme, une figure de huit pieds de proportion qui repréſente l'Ange tutelaire de la France, poſée ſous la tribune de la nef, & diverſes figures de plomb & de pierre
placées ſur le haut de l'Egliſe, &c. Le tombeau du Prince de Conty, qui eſt dans le chœur de l'Egliſe de S. André des Arts, eſt auſſi un morceau digne de remarque.
Enfin on voit à Marly pluſieurs ouvrages de ſa main, tels
que les deux groupes de chaſſeurs placés derriere le Château, & dans un des petits boſquets de ce même jardin un Apollon qui court après Daphné, &c. Ses dernieres productions ſont une ſtatue en marbre du Maréchal
de Villars, qui eſt au fond du petit jardin de l'Hôtel de
ce nom, & le tombeau du Cardinal de Janſon placé dans
le chœur de la Cathédrale de Beauvais. Il mourut à Paris le premier Mai 1733, âgé de 75 ans.

 font diftribués fur ce gradin ; tout cet ouvrage eft élevé fur trois marches circulaires dont on voit le plan marqué G dans la Planche deuxiéme.

Dans le pourtour du fanctuaire font diftribuées des arcades, & dans le milieu,
derriere le maître Autel, au lieu d'un percé l'on a préféré une niche pour avoir
occafion de placer un groupe de marbre blanc qui repréfente une defcente de
Croix, & qui eft exécutée par *Nicolas Couftou.* Cet excellent ouvrage de fculpture
eft d'une beauté au-deffus de tout éloge, & mériteroit feul une defcription qui
en fît fentir tout le mérite, mais j'en laiffe le foin à une plume plus verfée dans
l'art de la Sculpture. Le foubaffement qui foutient cette niche eft revêtu de marbre varié, parfemé de fleurs de lys de bronze doré, & au-deffous eft un Autel
Pontifical ou *Crédence* dont nous avons déja parlé, & dont le profil eft marqué
A dans la Planche fuivante. Cette niche dans fa partie fupérieure eft enrichie
d'une gloire (e) mêlée de nuages, de Cherubins, & de deux Anges, un defquels
foutient le fufpenfoir qui s'éleve & s'abaiffe fur l'Autel ou Crédence dont nous
venons de faire mention, mais qui ne peut fe voir ici, étant placé derriere le
maître Autel dont nous avons parlé plus haut.

Les arcades placées à droite & à gauche de la niche font féparées par des efpeces de pilaftres qui montent jufques deffous les tribunes. Ces pilaftres font divifés en deux parties dans leur hauteur par l'impofte de ces arcades, & font chargés de trophées de métail doré, d'un goût de deffein exquis & d'une exécution
admirable. Au-deffus des archivoltes de ces arcades font placées en bas-relief des
Vertus défignées par des attributs qui leur conviennent. Ces figures repréfentent la
Charité, l'Efpérance, la Perféverance, l'Humilité, la Temperance, &c, & font exécutées en métail doré par les fieurs *Poultier, Frémin, le Pautre, le Moine, Bertrand,*
&c. Ces Vertus font ailées, placées fur des nuages & pofées fur un fond de marbre afforti au revêtiffement de ce fanctuaire, dont la variété & le choix forment
une union, un accord & une harmonie très fatisfaifante. Au bas & dans le milieu
des deux arcades qui font à côté de la niche font placés deux piédeftaux de marbre blanc, fur l'un defquels eft la ftatue de Louis XIII qui offre fon vœu & fa
couronne, & fur l'autre la ftatue de Louis XIV, qui accomplit ce même vœu.
Ces ftatues font auffi de marbre blanc, celle de Louis XIII eft de *Guillaume Couf-*
tou (f) ; elle mérite une attention particuliere, & c'eft un des plus beaux mor-

(e) On prétend que le Cavalier Bernin eft le premier
qui ait imaginé ce genre d'ornement, ce qui le fait nommer communément par les Artiftes ornement à la *Berni-*
ne, comme on appelle *Berinade,* ou *Arabefque* les ornemens dont la compofition eft dans le goût de ceux de *Be-*
rain, ou lorfqu'ils font une imitation de ceux que nous te-
nons des Arabes.

(f) Guillaume Couftou, le jeune, de l'Académie Royale
de Peinture & de Sculpture, nâquit à Lyon le premier
Septembre 1677, & vint à Paris, où il apprit l'art de
Sculpture de M. Coifevox fon oncle. Ses ouvrages font
en très grand nombre & font répandus dans les Maifons
Royales dont ils font un des plus beaux ornemens, mais
nous nous contenterons de rappeller ici quelques-uns de
ces morceaux qui lui ont attiré à jufte titre la réputation
de grand homme & d'excellent Artifte. On remarque de
lui entr'autres la fculpture de la porte d'entrée de l'Hôtel
de Soubife & celle de la principale porte du Palais de
Bourbon, dont nous avons parlé, Tome I, page 266,
ainfi que le couronnement qui termine la façade de ce même Palais, du côté de la cour. Une figure de bronze repréfentant le Rhône couché, fervant d'accompagnement
au piédeftal de la ftatue de Louis XIV, pour la Ville de
Lyon, à l'occafion de laquelle il lui fut accordé par la
même Ville une penfion de 500 livres réverfible fur
fon frere, ainfi qu'on vient de le voir dans la note *c.*
Les deux Anges fufpendus en l'air qui foutiennent le cœur

de Louis XIV, dans une des Chapelles de l'Eglife des
grands Jéfuites de la rue St. Antoine, font un morceau
digne d'admiration : cet ouvrage eft exécuté partie en argent & partie en bronze doré. On voit encore de lui à
Marly la partie fupérieure de la fontaine nommée la
Cafcade des Vents, & dans les bofquets des mêmes
jardins l'Hippomene qui court après Atalante, & la figure de Daphné fuyant Apollon. Après avoir paffé fuc-
ceffivement par toutes les charges de l'Académie dont il a
été Directeur pendant cinq ans, il a terminé glorieufe-
ment fes travaux par les deux beaux chevaux placés fur le
bord de la terraffe qui regarde l'abreuvoir de Marly, &
ces deux groupes font d'autant plus admirables qu'ils font
pleins de feu & de génie, & qu'ils ne fe reffentent en aucune façon de l'état de caducité où fe trouvoit alors cet
illuftre Artifte. Il mourut à Paris le 22 Février 1746, âgé
de 68 ans, généralement eftimé & regretté de tous les
amateurs des beaux arts.

M. Guillaume Couftou le fils, actuellement vivant, eft
né à Paris en Mars 1716. Cet habile Sculpteur jouit déja,
quoique dans un âge peu avancé, d'une grande réputation,
ayant comme hérité des talens fupérieurs de fon oncle &
de fon pere ; il a même eu beaucoup de part à l'exécution
des deux groupes de chevaux dont nous venons de parler. Entre fes principaux ouvrages on admire fur-tout la
décoration du maître Autel de l'Eglife des RR. PP. Jéfuites de Bordeaux, dont le Tabernacle eft de bronze &

ceaux de cet illuſtre Artiſte ; la figure de Louis XIV eſt d'Antoine Coyſevox (*g*). Egliſe de
N. Dame.
Aux extrémités & au bas de cette Planche ſe voit la coupe des deux portes collatérales qui donnent entrée au chœur & dont on voit la décoration intérieure
marquée C dans la Planche dont nous allons parler.

Façade latérale du côté droit du Sanctuaire & du chœur de l'Eglise de Notre-Dame.
Planche IV.

Les arcades qui ſe remarquent ſur cette Planche auſſi bien que celles du côté
oppoſé ſont d'une décoration ſemblable à celles dont nous avons parlé en expliquant la Planche précédente. La lettre D indique le renfoncement de la niche
dans laquelle eſt placée la deſcente de Croix dont nous avons fait mention, la
lettre A le profil de la Crédence ou Autel Pontifical, la lettre E la coupe du maî-

les ornemens qui l'accompagnent ſont de même métal doré d'or moulu. Au-deſſus de ce Tabernacle eſt un groupe de marbre blanc repréſentant St. François Xavier ſoutenu par des Anges qui l'élevent au Ciel. Tout cet ouvrage eſt d'une compoſition noble, d'une belle exécution
& mérite à tous égards l'approbation des connoiſſeurs. On
voit encore de lui un bas-relief en bronze doré, dont le ſujet
eſt la Viſitation de la Ste. Vierge: ce bas-relief eſt placé au-
deſſus de l'Autel de la Chapelle de la Vierge, dans la Chapelle du Roi à Verſailles. Il a auſſi exécuté en pierre les bas-
reliefs qui ornent les 4 frontons ſervant de couronnement
aux quatre façades du Château de Bellevûe près Meudon,
entre leſquels on fait un cas particulier de celui qui repréſente Galatée ſur les eaux ; ce même Sculpteur vient d'a-
chever en marbre une figure d'Apollon qui eſt d'une grande beauté, & qui doit être placée dans les jardins du même Château. Il eſt actuellement Profeſſeur dans l'Académie Royale de Peinture & de Sculpture, & ſoutient avec
dignité la grandeur du nom qu'il porte.

(*g*) Antoine Coyſevox, Eſpagnol d'origine, nâquit
à Lyon en 1640 & y commença l'étude de la Sculpture.
Etant venu à Paris à l'âge de dix-ſept ans pour ſe perfectionner dans ſa profeſſion, il entra chez Lerambert qui
jouiſſoit alors d'une grande réputation. Le jeune Coyſevox fit des progrès ſi rapides dans ſon art qu'il ſurpaſſa
bien-tôt ſon maître, & à peine avoit il 27 ans, que le
Cardinal de Fuſtemberg, connoiſſant ſon mérite, l'em-
mena à Saverne & lui confia tous les ouvrages de Sculpture dont il vouloit enrichir le ſuperbe Palais qu'il y faiſoit bâtir. De retour en France, en 1671, cet Artiſte
fut employé à faire une partie des figures & des ornemens
tant en bronze qu'en marbre du grand eſcalier de Verſailles, ainſi que la moitié des trophées de la grande gallerie de ce Château, & vingt-trois enfans placés ſur la
corniche de cette gallerie. Il fit encore pour le même
endroit ſix grandes figures en pierre, qui ſont poſées ſur
les corniches du Château, & le groupe de *l'Abondance*
placé à la grille de la ſeconde cour du même Château.
Dans les jardins de Verſailles on voit de lui deux grands
fleuves en bronze, repréſentans l'un *la Garonne* & l'autre *la
Dordogne* : un peu plus loin, un très-beau vaſe de 7 pieds de
haut orné de bas-reliefs. A la colonnade 7 bas-reliefs de marbre compoſés chacun de 3 enfans, avec divers attributs : on
y voit enfin la *Venus accroupie* & la *Nymphe à la coquille*
qu'il fut chargé de copier d'après l'Antique, mais il a tel-
lement ſuppléé par ſon travail à ce qui manquoit à leur
perfection que les copies ſont beaucoup au-deſſus des originaux : à l'égard de la *Venus de Medicis* & du groupe
de *Caſtor & Pollux*, qui ſont auſſi de lui d'après l'Antique, il les a rendu fidelement & avec toute la préciſion
poſſible.
Un de ſes chef-d'œuvres eſt la ſtatue équeſtre de Louis
XIV qu'il fit en bronze pour les Etats de Bretagne, en
1689. Cette figure a quinze pieds de haut, & eſt mon-

tée ſur un piédeſtal orné de magnifiques bas-reliefs. Il fut
auſſi choiſi par la Ville de Paris pour exécuter une ſtatue
pedeſtre du Roi, qui fut fondue en bronze & placée dans
la cour de l'Hôtel de Ville.
Il a fait quantité de tombeaux & d'épitaphes qui ſont
autant de preuves de la fertilité de ſon génie ; tel eſt le
tombeau de M. de Vaubrun exécuté en marbre avec un
bas-relief repréſentant une bataille, & des armes en bronze, ce monument eſt dans le Château de Seran en Anjou. Tels ſont encore le tombeau de Mr. Colbert qu'on
voit à S. Euſtache ; celui du Cardinal Mazarin dans l'E-
gliſe du College des Quatre Nations, dont nous avons
fait la deſcription dans le Chapitre premier de ce Volume;
celui du Cardinal de Fuſtemberg, à l'Abbaye S. Germain
des Prés ; celui de Madame d'Aligre, à Ste. Pélagie ; &
le tombeau du Comte de Harcourt, placé dans l'Abbaye
de Royaumont.
Nous avons de cet excellent Artiſte, dans le jardin des
Thuilleries, un *Faune* jouant de la flute, une *Amadriade*
qui ſemble l'écouter, & une *Flore*. Ces trois figures qui
ſont admirables ſe voyent ſur la terraſſe qui eſt au-devant
du Château, & ſont ſimétric avec les trois belles figures
de Nicolas Couſtou, ſon neveu, qui ſont ſur la même terraſſe, du côté du Pont Royal. Les deux groupes
de chevaux ailés placés ſur le haut du fer à cheval aux
deux côtés du Pont tournant du même jardin, ſont encore de lui : l'un porte la *Renommée* ſonnant de la trom-
pette, & l'autre un *Mercure*. Ces deux groupes avoient
été faits pour être placés à Marly, au même endroit où
ſont actuellement les deux groupes de chevaux exécutés
par Guillaume Couſtou, ſon neveu.
A Marly il y a quatre groupes de figures qui ſont au-
deſſus de tout éloge : ils ſont poſés aux deux extrémités
de la grande riviere de ce jardin enchanté, deux en haut
& deux en bas : ces quatre excellens morceaux repréſentent *la Seine*, & *la Marne* : *Neptune*, & *Amphitrite*.
Il fit en marbre la ſtatue du grand Condé, que l'on
voit à Chantilly ; celle de Madame la Dauphine ſous la
figure de Diane, pour les jardins de Petit-Bourg ; une
figure en pierre de douze pieds de proportion, repréſentant un Dieu Fleuve, pour la grande caſcade de Sceaux.
Il exécuta ſix grandes figures de pierre qui ſont ſur le fronton du portail de la nouvelle Egliſe des Invalides, & un
St. Charlemagne, figure de marbre de onze pieds de hauteur, qui eſt à l'un des côtés de ce même portail. Enfin
dans les dernieres années de ſa vie il a fait en marbre blanc
la figure de Louis XIII qui eſt placée dans le chœur de
Notre-Dame, & qui a donné lieu à cet abrégé de ſa vie.
On voit une infinité de buſtes & de portraits en marbre
faits de la main de ce grand homme, & il ſeroit trop long
de les détailler ici. Il mourut en 1720, à l'âge de 80 ans,
étant alors Chancelier perpétuel de l'Académie Royale de
Peinture & de Sculpture, où il avoit été reçu en 1676.

Eglise de
N. Dame. tre Autel, & les lettres F, G les gradins qui elevent cet Autel du plain-pied du
chœur de cette Eglise. Au bas de chacun des pilastres qui décorent les six piédroits des arcades placées de chaque côté du sanctuaire, est posé sur un cul de
lampe un Ange de bronze; deux de ces Anges ont été modelés par *Vancleve*,
un par *Poirier*, un par *Hurtrel*, un par *Magniere*, & le sixiéme par *Anselme Fla-
men*; *Vancleve* a jetté en fonte les deux dont il a fait les modeles, & *Roger Scha-
bal* les quatre autres. Ces figures portées par des culs de lampe auroient été sou-
tenues plus convenablement par des piédestaux; cette maniere d'élever des statues paroît trop postiche & ne peut être tolerée que dans des décorations instan-
tanées. Nous avons déja blâmé cette licence dans ce Volume en parlant de l'interieur de S. Sulpice, page 41, & quoique ces figures ne masquent pas ici des pilastres d'Ordres d'Architecture, ils n'en doivent pas être plus recevables dans une
décoration grave & réguliere.

La baye des arcades qui entourent le sanctuaire est fermée par des grilles de
fer doré d'une très-belle exécution & enrichies d'ornemens d'un travail fort recherché, mais en général ces grilles sont trop surchargées & se ressentent du détail trop affecté répandu dans toute l'ordonnance de cette décoration. Cette trop
grande richesse est contraire à la retenue qu'on doit observer dans un édifice sacré, & que nous avons applaudie dans la description de l'Eglise du Val-de-Grace,
qui est peut-être le seul monument decoré interieurement selon les regles de la
convenance, & conformement à l'idée qu'on doit se former d'un lieu destiné au
recueillement & à la méditation.

A côté de ces arcades on voit ici une des portes collaterales marquées C, qui
sont d'une forme & d'une proportion assez sage. Proche de cette porte est une
tribune ou chaire Episcopale, dont nous avons parlé, qui simétrise avec celle qui
lui est opposée. Ces chaires, qui sont toutes de menuiserie, sont d'un dessein très-
élégant, d'une belle exécution, & composées d'ornemens d'un très-beau choix,
mais en general elles sont trop ornées. Il est vrai qu'il est assez d'usage de rechercher le travail de cette matiere, mais il faut prendre garde que la disposition &
le choix de ses ornemens ne tienne pas trop de la décoration d'un appartement, &
les exemples de cette espece qu'on remarque dans plusieurs de nos Eglises modernes ne doivent pas prevaloir sur la convenance du lieu. Cette imitation est
d'autant plus vicieuse ici qu'il s'agit de la décoration d'une Eglise Metropolitaine
où la richesse de la matiere & la beauté des formes doivent avoir la préférence
sur la multiplicité des ornemens, quelle que soit la beauté de leur execution.
Sans doute que ces tribunes qui se trouvent à la tête des formes & qui doivent
avoir une prééminence sur ces dernieres, ont porté à cette richesse indiscrette,
mais alors il falloit reduire cette idée de magnificence, en general, observer plus
de repos, admettre plus de grandes parties, & faire en sorte enfin que l'Architecture dominât absolument. Il y a trop de sculpture ici, & quoique cet art soit
principalement destiné à decorer l'interieur des Temples aussi bien que les Palais
des Rois, du moins faut-il qu'il paroisse être mis en mouvement par l'Architecture, comme la base fondamentale de tous les arts liberaux qui en dépendent.

Cette chaire B est destinée pour l'Archevêque de Paris; le bas-relief & les
principaux ornemens qui la décorent representent l'histoire du martyre de S. Denys. Sur celle qui est vis-à-vis est representée la guérison du Roi *Childebert*, par
l'intercession de St. Germain, Evêque de Paris.

On voit sur cette même Planche l'élevation du revêtissement de menuiserie
qui regne au-dessus des formes d'un des côtés de l'Eglise & au-dessous duquel est
exprimée la décoration & l'ordonnance des formes hautes & basses qui servent
de siege aux Chanoines. Ce magnifique ouvrage est de l'exécution de *Du Goulon*,
un des plus fameux Sculpteurs en bois du commencement de ce siecle, & mé-

rite

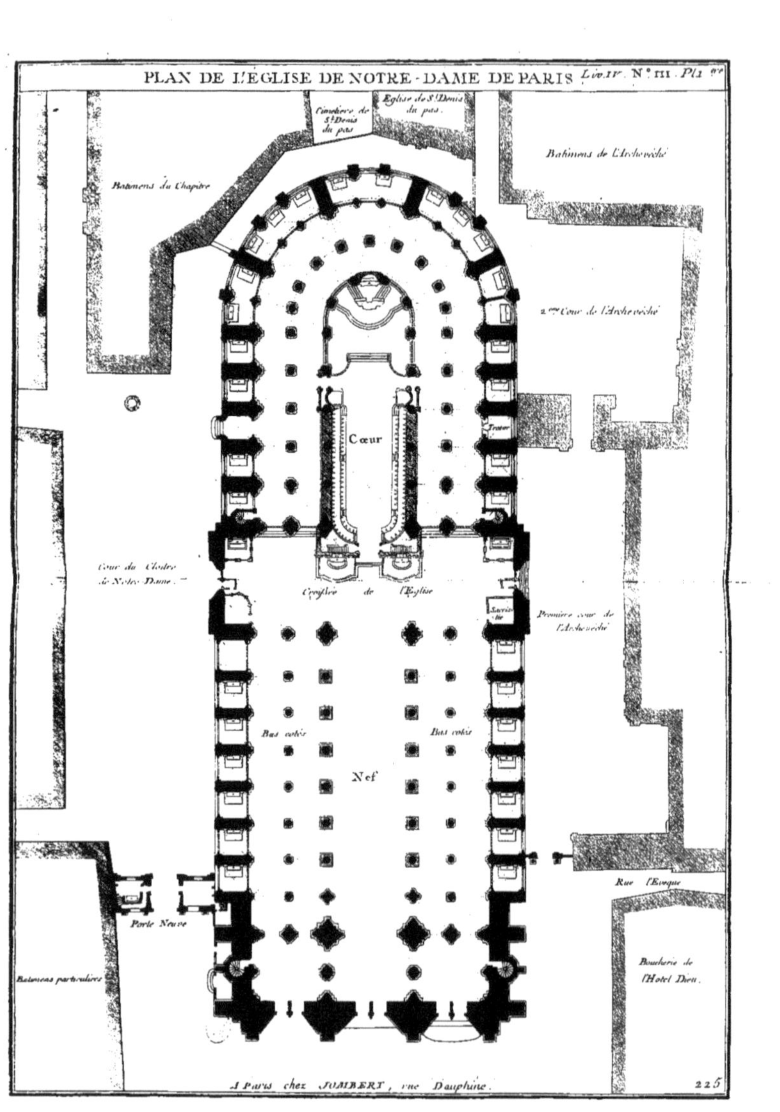

PLAN DE L'EGLISE DE NOTRE-DAME DE PARIS Liv.IV. N.º III. Pl.1.ere
Eglise de S.t Denis du pas.
Cimetiere de S.t Denis du pas
Batimens de L'Archevêché
Batimens du Chapitre
2.me Cour de l'Archevêché
Cœur
Trone
Cour du Cloitre de Notre Dame
Croisée de l'Eglise
Sacristie
Premiere cour de l'Archevêché
Bas cotés
Bas cotés
Nef
Rue l'Evêque
Porte Neuve
Batimens particuliers
Boucherie de l'Hotel Dieu.
A Paris chez JOMBERT, rue Dauphine.
225

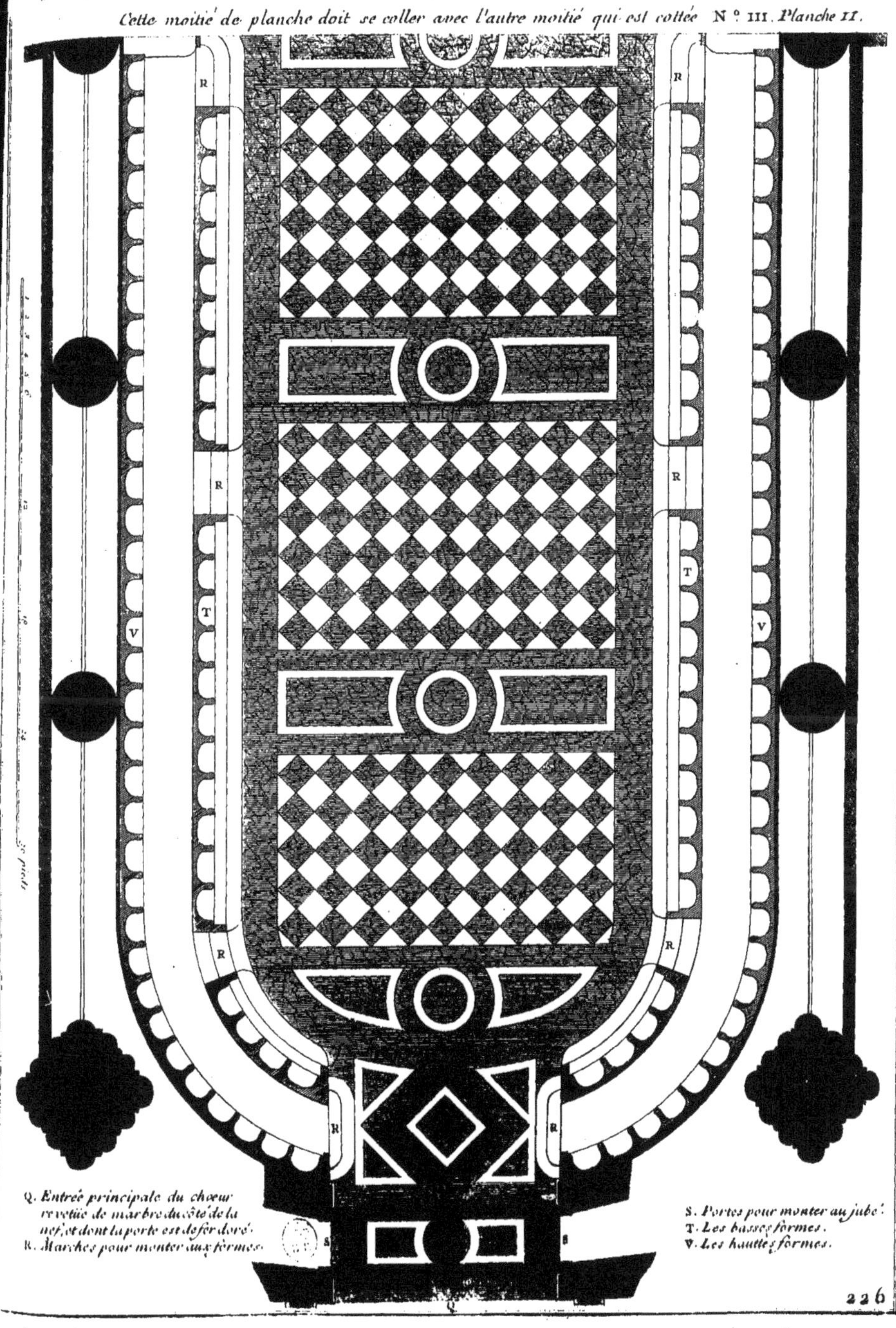

Q. Entrée principale du choeur revetuë de marbre du côté de la nef, et dont la porte est de fer doré.
R. Marches pour monter aux formes.

S. Portes pour monter au jubé.
T. Les basses formes.
V. Les hautes formes.

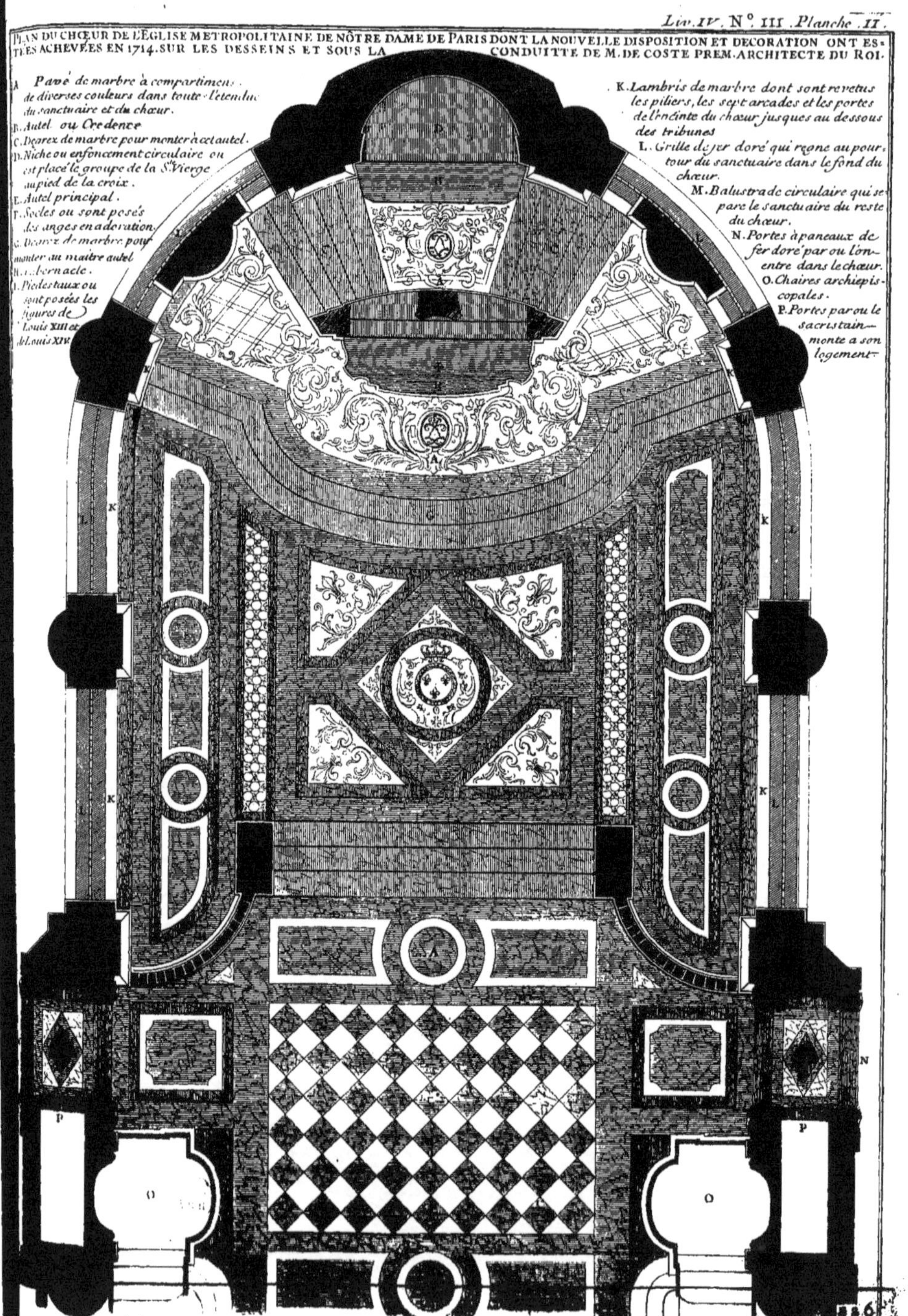

PLAN DU CHŒUR DE L'ÉGLISE METROPOLITAINE DE NÔTRE DAME DE PARIS DONT LA NOUVELLE DISPOSITION ET DECORATION ONT ES-
TES ACHEVÉES EN 1714. SUR LES DESSEINS ET SOUS LA CONDUITTE DE M. DE COSTE PREM. ARCHITECTE DU ROI.

A. Pavé de marbre à compartimens de diverses couleurs dans toute l'étendue du sanctuaire et du chœur.
B. Autel ou Credence.
C. Degrez de marbre pour monter à cet autel.
D. Niche ou enfoncement circulaire ou est placé le groupe de la S.te Vierge au pied de la croix.
E. Autel principal.
F. Socles ou sont posés les anges en adoration.
G. Degrez de marbre pour monter au maitre autel.
H. Tabernacle.
I. Piedestaux ou sont posées les figures de Louis XIII et de Louis XIV.

K. Lambris de marbre dont sont revetus les piliers, les sept arcades et les portes de l'enceinte du chœur jusques au dessous des tribunes.
L. Grille de fer doré qui regne au pour-tour du sanctuaire dans le fond du chœur.
M. Balustrade circulaire qui separe le sanctuaire du reste du chœur.
N. Portes à paneaux de fer doré par ou l'on entre dans le chœur.
O. Chaires archiepiscopales.
P. Portes par ou le sacristain monte a son logement.

Plan et Elevation de la Porte du Cloître-Nôtre Dame qui s'exécute actuellement sur les desseins de M Boffrand Architecte du Roy.

rite l'attention la plus exacte de la part des hommes du métier, chaque partie
de cette décoration étant autant de chef-d'œuvres. Les panneaux du revêtissement dont nous parlons sont séparés par des pilastres enrichis des Armes du Roi
placées alternativement entre son chiffre & accompagnées de guirlandes, de feuilles de refend, & d'enroulemens d'un travail exquis. Les panneaux de ce revêtissement sont aussi divisés alternativement par des cartels oblongs & d'autres ovales, contenant chacun un bas-relief qui représente un sujet tiré de la vie de la
Vierge & de l'Histoire du nouveau Testament. Ces cartels sont accompagnés d'ornemens composés de têtes de Cherubins, de cassolettes, de fleurons & de pal-
mettes de formes variées & d'un choix inimitable par la touche, la finesse & la
grace du dessein. Tout ce revêtissement est couronné d'une corniche qui vient se
terminer en retour dans la grande ouverture qui donne entrée à ce chœur du côté
de la nef. (Voyez cette ouverture marquée Q dans la Planche II.)
   Au-dessus de cette corniche sont distribués de chaque côté du chœur quatre
grands tableaux ornés de belles bordures, & separés chacun par des pilastres de
menuiserie. Ces tableaux représentent les sujets suivans : l'Annonciation peinte par
Hallé, la Visitation par *Jouvenct*, la Nativité par *de La Fosse*, l'Adoration des Mages
par le même, la Présentation au Temple par *Louis Boulogne*, la Fuite en Egypte
par le même, Jesus dans le Temple, & l'Assomption de la Vierge, par *Antoine Coypel*, premier Peintre du Roi. Ces grands tableaux sont couronnés par un cordon
sous lequel vient se terminer le revêtissement de toute la nouvelle décoration de
ce chœur & du sanctuaire. Sur ce cordon regne une tribune qui continue sur tous
les doubles bas-côtés de cette Eglise, & au-devant de laquelle le Chapitre a fait po-
ser les balcons de fer qui se voyent ici, à dessein de prévenir les accidens qui pourroient arriver lorsque la devotion ou la curiosité attire une grande multitude de
peuple dans ce Temple.
   Nous n'avons pas prétendu décrire toutes les beautés que cette Cathédrale renferme, il faudroit un volume entier pour entrer dans toutes les particularités qui
méritent l'attention des connoisseurs, c'est pourquoi nous nous sommes renfermés
dans la description des Planches que nous donnons ici. D'ailleurs nous nous serions
éloignés de notre sujet si nous étions entrés dans des détails plus circonstanciés au
sujet de ces différens chef-d'œuvres qui ne sont du ressort de ce Recueil qu'autant
qu'ils ont quelque connexité avec l'Architecture & qu'ils paroissent capables d'é-
clairer ou d'instruire les hommes de la profession.
   Nous allons comprendre dans ce Chapitre la description d'une nouvelle porte
que l'on vient de construire attenant ce monument, pour séparer le cloître d'a-
vec le parvis de Notre-Dame.

Plan & élévation de la porte du Cloître de Notre-Dame. Planche V.

   La porte qui sépare le cloître de Notre-Dame d'avec le parvis, tombant de
vetusté, le Chapitre de cette Cathédrale se détermina l'année derniere à faire
élever celle que nous donnons ici, dont le plan général est exprimé dans la
Planche premiere de ce Chapitre. Cette porte est actuellement achevée de
bâtir sur les desseins & sous la conduite de Monsieur *Boffrand*, Architecte du
Roi, dont nous avons déja parlé en plusieurs endroits de cet Ouvrage, entr'autres dans le Tome premier, page 242. Son ordonnance est composée d'un Ordre Dorique formant un grand entrecolonnement dans lequel est la porte principale, & deux petits entrecolonnemens qui contiennent chacun une porte
qui donne entrée au logement du portier, & qui la nuit sert pour le passage
des particuliers qui logent dans le cloître. Ces portes sont à plate-bandes droites
surmontées de corniches au-dessous desquelles sont des tables rentrantes. Sur ces

Eglife de N. Dame. corniches regne l'impofte de l'arcade du milieu & au-deffus de chaque porte la-térale on a, dans des tables, fculpté des bas-reliefs. L'architrave, la frife & la ci-maife inférieure de la corniche retournent fur chaque colonne, de maniere qu'il n'y a que la partie fupérieure de la corniche qui continue fur le grand entreco-lonnement & qui marque le grand avant-corps de cette ordonnance. Au moyen de ces retours on n'a mis ni denticules ni mutules dans cette corniche, ce qui n'eft pas fans exemple, puifque nous avons des Architectes qui, felon que leurs bâtimens exigent plus ou moins de févérité, fuppriment même les triglifes dans la frife ; mais cette fuppreffion, en ôtant à l'Ordre Dorique une des principales parties qui le caracterifent, le rend alors trop analogue avec l'Ordre Tofcan. L'arcade en plein ceintre de cette ordonnance a de hauteur deux fois fa largeur & quelque chofe de plus ; il en eft de même des deux portes à plate-bandes pla-cées dans les petits entrecolonnemens : proportion qui s'accorde ici avec la vi-rilité de l'Ordre Dorique & avec la fermeté des membres d'Architecture qui com-pofent les parties effentielles de ce portique.

C H A P I T R E   IV.

Defcription de la Chapelle de la Communion de l'Eglife Paroiffiale de St. Jean en Greve, près l'Hôtel de Ville de Paris.

Eglife de S. Jean en Greve. L'EGLISE où eft fituée la Chapelle que nous allons décrire étoit dans fon origine fort peu fpacieufe, mais en 1326 le Roi Charles IV, fils de Phi-lippe le Bel, accorda des Lettres Patentes qui permettoient de démolir plufieurs maifons voifines, adjacentes à cette ancienne Paroiffe & pour conftruire à neuf cel-le qu'on y voit aujourd'hui. Le portail de cette Eglife eft entierement caché par le bâtiment de l'Hôtel de Ville, qui primitivement avoit été élevé en face de cette Eglife l'an 1357, & qui fut enfuite rebâti en 1533, tel qu'il fubfifte à pré-fent, fur les deffeins de *Dominique Boccadoro* dit *Cortonne.* Cette Eglife eft Gothi-que & ne laiffe pas que d'être d'une affez belle exécution. La tribune de l'orgue qui a été faite long-tems après fous la conduite de *Paquier de l'Ifle,* Architecte, & exécutée par *Nicolas Daily,* un des meilleurs appareilleurs de la fin du quinziéme fiécle, eft un morceau fort eftimé ; elle eft très-furbaiffée & toute fufpendue en l'air par une arriere-vouffure ou corne de vache de vingt-quatre pieds d'ouvertu-re, d'une exécution hardie & d'un appareil qui fe raccorde fort ingénieufement avec la forme Gothique des piliers de cette Eglife.

Tout ce monument a été reftauré & blanchi en 1724 ; on y a conftruit dans le même tems un nouveau maître Autel orné de huit colonnes de marbre de ran-ce d'Ordre Corinthien, dont nous donnerons le deffein dans le feptiéme Volu-me, en traitant de la décoration intérieure des édifices facrés ainfi que des bâti-mens publics & particuliers. Nous allons feulement donner ici la defcription & les Planches de la Chapelle de la Communion, qui eft un morceau d'Architecture affez confidérable, tant par rapport à la diftribution de fon plan que par fon élé-vation. Cette Chapelle fut exécutée en 1733 fur les deffeins de *François Blondel* (a) Architecte du Roi, par les foins & aux frais de feu Mr. *Felix Hainault,* Curé de cette Paroiffe.

(a) Cet Architecte, né à Rouen en 1683, eft actuel-lement vivant, âgé de 69 ans ; il s'eft acquis une très-grande réputation par fa haute capacité & par la droiture de fes mœurs. Nous avons dans ce Recueil plufieurs bel-les maifons de plaifance bâties par ce célébre Architec-te, fçavoir trois à Genêve & une à Charonne près Paris,

Plan de la Chapelle de la Communion de l'Eglise de Saint Jean en Greve.
Planche premiere.

Le plan de cette Chapelle eſt un rectangle dont la largeur eſt de trente pieds Egliſe de S.
ſur 48 de profondeur, dans œuvre. Ce rectangle eſt arrondi par les angles qui Jean en
ſont ornés de pilaſtres Corinthiens accouplés, ce qui donne occaſion à la con- Greve.
tinuité de douze colonnes qui forment le pourtour intérieur de cette Chapelle.
Ces colonnes ſont iſolées au-devant d'un même nombre de pilaſtres quadrangulaires flanqués par des piédroits qui dans un plan plus reculé forment des arcades
au bas deſquelles ſont placées des baluſtrades qui compoſent autant de tribunes:
les bas-côtés de cette Chapelle ſe trouvant plus élevés que le ſol d'environ deux
pieds & demi. Cette Chapelle eſt précédée d'un veſtibule percé de deux arcades
qui y donnent entrée des bas-côtés de l'Egliſe. A la gauche de ce veſtibule ſont
placés les Fonds de cette Paroiſſe auſſi bien que la Sacriſtie pour les Meſſes, qui
ſe trouve ſituée derriere ; celle des ornemens eſt à la droite du veſtibule, ainſi
qu'on le voit ſur ce plan ſur lequel elles ſe trouvent compriſes dans l'eſpace qui
contient cette nouvelle Chapelle dont la maſſe totale eſt de 70 pieds de largeur
ſur 84 de longueur, hors œuvre. En face de ce veſtibule eſt placé le retable d'Autel
lequel eſt iſolé & élevé ſur trois marches, & dont le ſanctuaire eſt fermé par un
appui de fer qui regne dans toute la largeur de la Chapelle, ainſi que les deux
grandes marches ſur leſquelles il eſt poſé.

Nous ne donnons point de plan ſupérieur de cette Chapelle, les coupes dont
nous allons parler indiquant d'une maniere ſenſible la forme de tout ce monument, comment il eſt éclairé, ſa couverture, &c.

Coupe priſe dans le plan ſur la ligne A B. Planche II.

Comme le terrain de cette Chapelle ſe trouve environné de murs fort élevés
de maniere qu'elle n'auroit pû être éclairée que d'un côté, c'eſt ce qui a déterminé l'Architecte à donner du jour à ce monument par ſon extremité ſuperieure.
Ces jours ſont pratiqués dans une eſpece d'Attique qui porte à faux ſur les colonnes de deſſous, mais ce porte-à-faux eſt racheté par un encorbellement tenant
lieu de friſe concave à la corniche qui ſert d'entablement à l'Ordre Corinthien.
Cette friſe ou gorge eſt enrichie de conſoles qui tombent à plomb de chaque
colonne ſeulement & les métopes que laiſſent les intervalles de ces conſoles ſont
ornées de trophées allégoriques à l'ancien & au nouveau Teſtament ; ces trophées
ſont l'ouvrage de *Touvenin*, Sculpteur de l'Académie de St. Luc, qui a exécuté
toute la ſculpture de cette Chapelle. Au-deſſus de cette corniche s'éleve un piédeſtal enrichi d'entrelas ſeparés par des ſocles portant les pilaſtres en gaine qui
decorent l'Attique ; ces pilaſtres ſervent de chambranle aux croiſées de cet étage
ſuperieur, lequel eſt terminé dans ſes extrémités par une portion de cercle dont
la naiſſance prend immédiatement deſſus l'impoſte & qui vient finir à la ſaillie de
la corniche : tout le reſte du plafond eſt horizontal.

ſans compter une aſſez belle maiſon bâtie dans cette Capitale, rue des Poulies, appartenante à M. Roullié, &c.
La décoration du chœur de l'Egliſe dont nous parlons
dans ce Chapitre eſt encore de cet Architecte, auſſi bien
que le chœur de l'Egliſe Paroiſſialle de Saint Sauveur &
la Chapelle de la Vierge de cette même Egliſe. A la ſolidité des principes de l'Architecture que cet illuſtre Artiſte poſſede dans la derniere perfection, il joint l'art du
deſſein à un degré ſupérieur, ainſi que l'art de la gravûre.

La décoration du chœur de Notre-Dame, l'Egliſe des
Quatre Nations, les quatre principales façades des bâtimens du Louvre, &c, qui ſont partie de cette *Architecture Françoiſe* & qui ſont gravées par lui-même, ſont les
preuves de ce que j'avance. Cet Architecte eſt actuellement de la premiere claſſe de l'Académie Royale d'Architecture, & vient d'être chargé de donner les deſſeins &
de prendre la conduite de l'Hôtel des Gardes du Corps
de Sa Majeſté, à Verſailles.

Eglise deS.
Jean en
Greve. L'Ordre Corinthien du rez-de-chauffée eft d'une belle exécution, & fa diſtribution fait un des principaux merites de l'ordonnance de cette Chapelle. En gé-
néral on eſtime moins la partie fuperieure de ce monument, & l'on ne trouve pas
aſſez de feverité dans la repartition des membres qui le compofent, ni dans le
choix des ornemens. L'Ordre Corinthien qui préſide ici fembloit exiger, diſent
quelques-uns, plus de retenue & une proportion moins pefante dans l'ordonnance
de cet Attique. On trouve auſſi la forme générale de l'Autel diviſée par de trop
petites parties, & quoique d'un deſſein aſſez ingénieux on y auroit voulu plus de
fimplicité. D'ailleurs fa matiere toute de marbre de couleur & enrichie de figures & d'ornemens de métail doré fe découpe trop fur le fond de cette Chapelle qui eft toute conftruite d'une pierre très-blanche. Les lettres A, B deſignent
un arrachement des bas-côtés qui regnent au pourtour de la colonnade, & dont
nous avons parlé à la page precedente, en remarquant qu'ils étoient plus élevés que le fol de cette Chapelle. Les marches C, D, placées dans une des
arcades collatérales de chaque côté de ce monument, expriment la différente hauteur du plain-pied de la Chapelle à celui des tribunes des bas-côtés.

Coupe priſe dans le plan fur la ligne C D. Planche III.

La décoration qu'on voit fur cette Planche eft de même ordonnance que celle de
la precedente; nousobferverons feulement ici la maniere intelligente avec laquelle on
a aſſuré la folidité de la partie fupérieure de cette Chapelle, en ne faifant l'Attique que
de charpente recouverte de maçonnerie, & en la conftruifant de maniere qu'étant
en porte-à-faux fur les colonnes, elle fe trouve retenue par les pilaftres & les piédroits qui fervent de butée à ce pan de bois. Au-deſſus de cet Attique fe voit le
développement de la couverture qui eft à deux égouts, & dont l'entrait qui fert
de bafe au comble fert auſſi à recevoir les folives qui forment le plafond fuperieur de cette Chapelle.

Le veſtibule qui eft à la gauche de cette coupe eft éclairé en lanterne & percé d'une grande arcade fermée d'une grille qui donne entrée à la Chapelle des
Fonds qui fe voit ici. Dans cette Chapelle des Fonds eft placé un tableau peint
par Collin de Vermont, de l'Academie Royale de Peinture, & vis-à-vis, dans une
arcade feinte eft un autre tableau peint par Lamy, de la même Academie. A droite
de cette coupe fe voit celle du bas-côté qui regne derriere l'Autel & qui communique aux tribunes collaterales, qui toutes trois font éclairées par les arcades
placées dans chaque entrecolonnement, ainfi qu'on peut le remarquer dans la
Planche premiere.

CHAP.

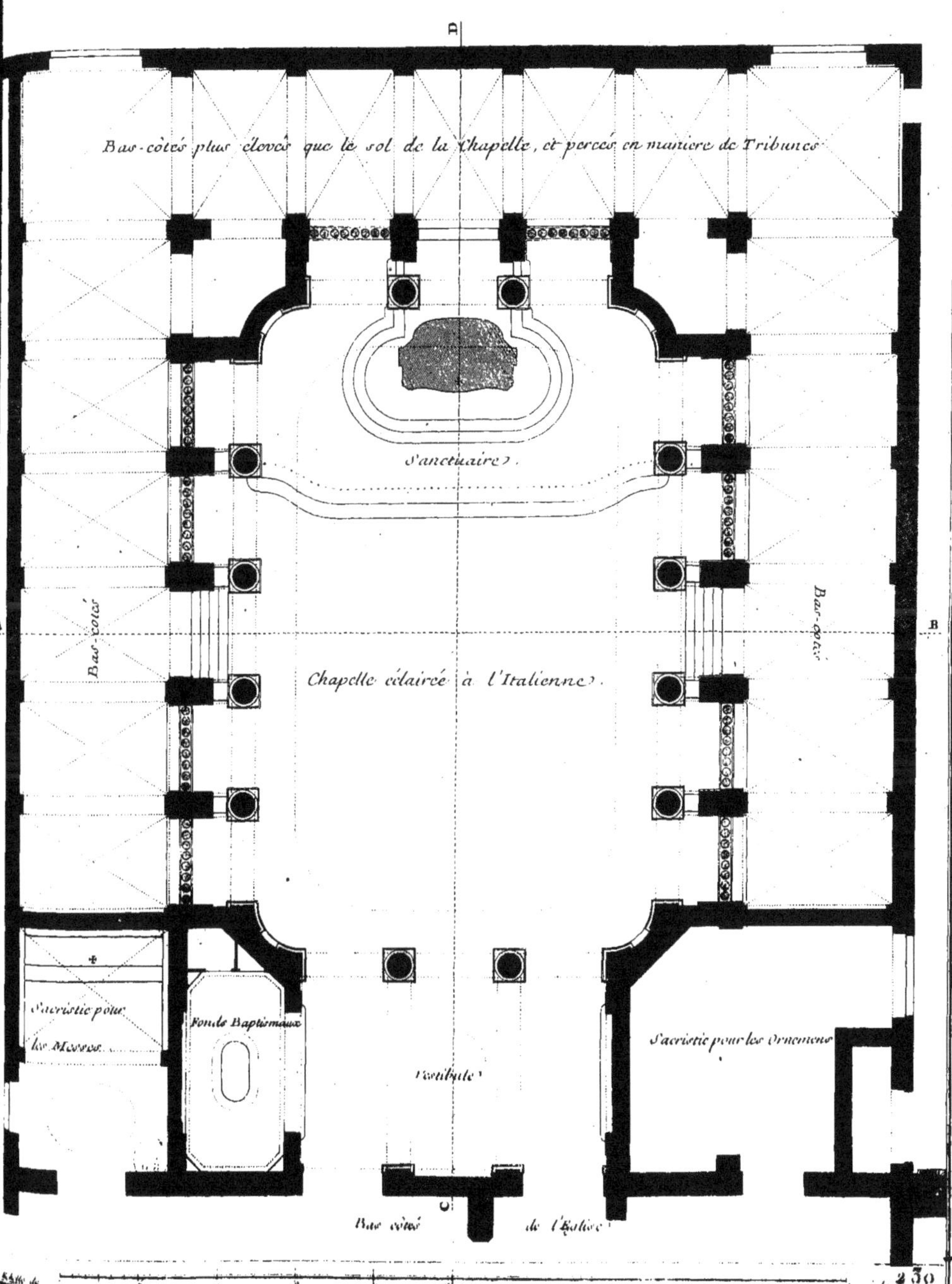

Liv.IV. Nº.IV. Pl.1ere
Plan de la Chapelle de la Communion de l'Eglise paroissiale de S. Jean-en-Greve, bâtie
l'année 1733. aux dépens de Monsr. Felix Hénault Curé de la dite Paroisse, sur les desseins de Mr.
François Blondel, Architecte du Roy.
D
Bas-côtés plus élevés que le sol de la Chapelle, et percés en manière de Tribunes
Bas-côté
Bas-côté
A
B
Sanctuaire
Chapelle éclairée à l'Italienne
Sacristie pour les Messes
Fonts Baptismaux
Sacristie pour les Ornemens
Vestibule
C
Bas côté de l'Eglise
230
A Paris chez JOMBERT, rue Dauphine.

CHAPITRE V.

Description du Portail de l'Eglise Paroissiale de Saint Gervais, à Paris.

L'ORIGINE de l'Eglise où est situé le portail qui fait l'objet de ce Cha‑ Portail de
S. Gervais.
pitre, est fort ancienne : c'est une des Paroisses les plus considérables de Pa‑
ris, quoique vers l'an 1212 on en ait souftrait une assez grande partie qui com‑
pose aujourd'hui la Paroisse de St. Jean en Greve, dont nous venons de faire
mention dans le Chapitre précedent.

Ce vaisseau en general est assez bien bâti quoique dans le goût Gothique : ses
voûtes font fort élevées, & ses bas-côtés, ainsi que les Chapelles qui regnent au
pourtour, font assez bien distribuées. Comme cette Eglise étoit fort sombre, tant
à cause de son ancienneté que par rapport aux peintures qui font fur ses vitraux
(a), on se détermina à faire regratter, en 1736, tout l'interieur de ce monument,
en faisant les principales restaurations dont il avoit besoin. *Sauval* rapporte que
c'est dans cette Eglise qu'on a introduit le premier retable d'Autel : celui qu'on y
remarque aujourd'hui est du dessein de *Monard*. On voit au-dessus un beau tableau re‑
présentant les nôces de Cana. Aux deux côtés de cet Autel font les figures de St.
Gervais & de St. Protais, sculptées par *Bourdin*, & deux Anges qui font de la
main de *Guerin* (b). Sur la porte du chœur est un très-beau Crucifix ; cet ouvrage,
digne d'admiration, est un des chef-d'œuvres de *Sarrazin* (c). Le vitrage du chœur
est peint par le celebre *Jean Cousin* (d) qui y a représenté divers sujets du nouveau
Testament. Enfin il est peu d'Eglises qui possedent un plus grand nombre de mor‑
ceaux de nos grands Maîtres ; la nef est enrichie de six tableaux peints par
Bourdon, *le Sueur*, & *Philippe Champagne* (e), fans compter plusieurs tombeaux,
cercophages & épitaphes de personnes illustres, dont la plupart méritent une at‑

(a) Les vitres du chœur de cette Eglise & celles de la Chapelle des trois Maries font peintes par *Jean Cousin*, Peintre très-sçavant dans ce genre, & dont il est parlé ci-après, note *d* ; celles de la Chapelle de St. Michel font l'ouvrage de *Pinaigrier* & font assez estimées, aussi bien que celles des Chapelles de St. Pierre & de Ste. Barbe. On fait encore un très-grand cas des Peintures en gri‑saille qui se voyent fur les vitres d'une des Chapelles de cette Parroisse, & qui font exécutées par *Perrein*, d'a‑près les dessein de *le Sueur*, dont on fera mention ci-après Chapitre VII.

(b) *Gerard Guerin*, de l'Académie Royale de Pein‑ture & de Sculpture, étoit originaire de Paris, & fut un des anciens Professeurs de cette Académie. Outre le mor‑ceau de sculpture dont il est ici question, nous avons de cet Artiste, dans l'Eglise de S. Laurent, une grande res‑surrection de N. S. Il a fait aussi quelques ouvrages pour Versailles, entr'autres un des chevaux du Soleil, faisant partie du grand groupe de marbre blanc qu'on voyoit au‑trefois à *la grote de Versailles*, & une figure de marbre représentant l'*Afrique* qu'on voit dans le parc de ce mê‑me Château. Il mourut en 1678.

(c) *Jacques Sarrazin*, né à Noyon en 1598, un des plus grands Sculpteurs du dernier siécle, a été regardé comme le restaurateur du bon goût en France. Entre ses plus beaux ouvrages on peut compter le Crucifix de St. Jacques de la Boucherie, celui du Noviciat des Jé‑suites, & celui de St. Gervais dont il est ici question ; le tombeau de Mr. le Prince, placé dans l'Eglise de Jésuites de la rue S. Antoine, est encore regardé comme un de ses chef-d'œuvres. Il étoit en même tems fort bon Pein‑

tre & même Graveur. On voit de lui à S. Jacques de la Boucherie un grand tableau où est représenté S. Charles Borromée. Ce sçavant Artiste mourut à Paris le 4 Dé‑cembre 1666, étant alors Recteur de l'Académie Roya‑le de Peinture & de Sculpture, & fut enterré à S. Ger‑main de l'Auxerrois.

(d) *Jean Cousin*, natif de Soucy près de Sens, fut bon dessinateur & sçavant dans les Mathématiques ; il s'appli‑qua à la Peinture fur verre qui étoit fort en vogue de son tems, & travailla en ce genre pour diverses Eglises de Sens & de Paris. On voit de ce grand homme dans le chœur de St. Gervais dont nous faisons actuellement la description, de très-belles peintures fur verre qui repré‑sentent le martyre de St. Laurent, la Samaritaine, & la guérison du Paralytique ; mais son chef-d'œuvre est un ta‑bleau du Jugement universel qu'il a peint à l'huile, & que l'on conserve dans la Sacrislie des Minimes du bois de Vincennes. Il étoit aussi excellent Sculpteur, & il a exécuté de fa main le tombeau de l'Amiral Chabot qui se voit aux Célestins de Paris, dans la Chapelle d'Orléans. Il a donné au public un ouvrage fort estimé fur *les pro‑portions du Corps humain*, & un autre Livre fur la Géo‑métrie & la Perspective. Il vivoit fous les regnes de Hen‑ry II, de François II, de Charles IX & de Henry III, qui l'honorerent de leur estime & le comblerent de bien‑faits.

(e) *Philippe de Champagne* nâquit à Bruxelles l'an 1602, & il y apprit les premiers élémens de la peinture de quelques Artistes médiocres de cette Ville. Comme il s'apperçut bien-tôt de l'insuffisance de ses maîtres, il quit‑ta fon pays & vint à Paris, à l'âge de dix-neuf ans dans

Tome II.　　　　　　　　　　　　Gg

 tention particuliere ; de ce nombre est le mausolée du Chancellier le Tellier, de l'exécution de *Mazeline* (f) & *Hutrel* (g), de l'Académie Royale de Peinture & de Sculpture.

Elévation du Portail de St. Gervais. Planche premiere.

Ce portail a été commencé à bâtir en 1616 sur les desseins & sous la conduite de *Jacques de Brosse*, & ce fut Louis XIII qui en posa la premiere pierre. Il est composé des trois Ordres Grecs élevés les uns au-dessus des autres. Le premier Ordre est formé de huit colonnes Doriques, dont les quatre collatérales sont engagées d'un sixiéme dans le vif du mur, & les quatre qui forment l'avant-corps du milieu sont adossées sur des pilastres de même ordonnance. La saillie de ces colonnes sur le reste du portail a sans doute autorisé *de Brosse* a introduire le fronton triangulaire qui se remarque ici sur l'Ordre Dorique ; mais nous avons déja observé dans ce Volume, à l'occasion du Val-de-Grace (page 65) que ce fronton ne pouvoit être admis raisonnablement que dans le cas d'un porche qui avance d'une certaine profondeur, parce que ces corniches inclinées interrompent la gravité de l'Architecture, si nécessaire à observer dans le frontispice d'un édifice sacré. Cet Ordre Dorique au lieu de piédestal est posé seulement sur un socle qui a trop peu d'élévation, pendant au contraire qu'il seroit plus convenable de supprimer ces piédestaux dans les Ordres supérieurs & de les admettre au rez-de-chaussée, ainsi que nous l'avons remarqué en parlant du portail des Feuillantines, page 73. Les colonnes Doriques du portail dont il est question ici sont canelées dans la hauteur des deux tiers supérieurs de leur fust, néanmoins on a évité les canelures que propose Vignole, quoique de Brosse ait suivi cet Auteur dans la principale dimension des Ordres de ce portail, à l'exception de l'Ordre Corinthien, ainsi que nous le remarquerons en son lieu.

Nous observerons aussi que cet Architecte a trop fait retourner son entablement sur les colonnes Doriques ; ce retour non-seulement est contraire à la virilité de cet Ordre, mais il produit une irrégularité vicieuse dans la distribution des métopes, des tripliches, & des mutules du même entablement, défaut que nous avons blâmé en décrivant le Palais du Luxembourg, page 51, bâti dans le même tems que ce portail & par le même Architecte. L'Ordre Ionique est élevé sur le même plan que l'Ordre de dessous, & son entablement ressaute sur chaque accouplement, au lieu que dans l'Ordre Dorique l'architrave du grand entrecolonnement qui porte le fronton forme une plate-bande de la saillie du fust supérieur des colonnes. Les piédestaux forment aussi autant de ressauts & ont de

---

l'intention de s'y perfectionner dans la profession qu'il avoit embrassée. A peine fut-il arrivé en cette Capitale qu'il y fit connoissance avec le célébre *Poussin* avec qui il se lia d'amitié. On voit de cet Artiste quantité de très-beaux morceaux à Paris, entr'autres les peintures de l'Eglise des Carmelites du Faubourg St. Jacques. Les Carmelites de la rue Chapon & les Religieuses du Calvaire, près le Luxembourg, ont aussi de lui différens tableaux : on voit encore plusieurs de ses ouvrages aux grands Augustins, dans l'Eglise de St. Gervais, dans le Chapitre de Notre-Dame, au Palais Royal, &c, sans compter une infinité de portraits, dans lesquels il excelloit. Enfin il peignit les quatre Evangelistes qui ornent les quatre panaches du dôme de l'Eglise de Sorbonne, dont nous avons parlé ci-devant, page 81. Il mourut à l'âge de 72 ans, après avoir mené une vie extrèmement laborieuse, & après avoir exercé long-tems la charge de Recteur dans l'Académie Royale de Peinture. Il fut enterré à St. Gervais le 12 Août 1674.

Jean-Baptiste de Champage, aussi de Bruxelles, neveu de Philippe de Champagne, dont on vient de parler, fut élevé par son oncle qui l'instruisit dans la Peinture. L'union dans laquelle ils vivoient, & l'estime qu'ils avoient l'un pour l'autre fit prendre à celui-ci la maniere de *Philippe*, en dégénérant cependant un peu de force & de vérité. Il fit un voyage en Italie, mais n'y ayant resté que très-peu il en revint sans prendre d'autre goût que celui que les ouvrages de son oncle lui avoient inspiré. Il mourut étant Professeur dans l'Académie Royale de Peinture, en 1688, âgé d'environ 43 ans.

(f) *Pierre Mazeline*, Sculpteur, originaire de Rouen, nâquit en 1633, & mourut à Paris le 7 Février 1708, âgé de soixante & quinze ans.

(g) *Simon Hutrel*, Sculpteur, né à Béthune en Artois en 1648, est mort à Genvilliers près Paris, le 11 Mars 1724, âgé de 76 ans.

hauteur le tiers de celle des colonnes Ioniques ; l'entablement, dont la frife eft bombée, en a le quart. Au-deffus de cet entablement s'éleve un piédeftal tenu entre le tiers & le quart des quatre colonnes Corinthiennes qui font au-deffus & qui marquent dans toute la hauteur de cet édifice l'avant-corps du milieu, les parties collatérales de ce frontifpice n'étant compofées que des Ordres Dorique & Ionique. L'entablement de l'Ordre Corinthien a de hauteur environ les fix vingtiémes des colonnes qui le portent. Cette élévation, qui eft très-confidérable & contre tout exemple, femble néanmoins pouvoir être autorifée ici, non-feulement parce que cet entablement eft élevé de 138 pieds & demi du fol, mais auffi parce que la cimaife fupérieure étant fupprimée dans toute fa longueur, à caufe du fronton, cette fuppreffion diminue fenfiblement à l'œil la hauteur réelle du même entablement. D'ailleurs comme il fe trouve faire des reffauts affez profonds & qu'il eft furmonté d'un fronton circulaire dont la forme eft plus maffive que s'il étoit triangulaire, ce fronton devoit avoir pour bafe un entablement d'une proportion plus élevée qu'à l'ordinaire. Cette raifon qui paroît affez vraifemblable ne nous empêchera pas de remarquer néanmoins que cette extrémité fupérieure ainfi forcée de proportion, paroît anéantir la hauteur des colonnes Corinthiennes, qui comparées avec les colonnes Ioniques paroiffent beaucoup trop courtes, ayant déja réellement trois pieds de hauteur de moins que ces dernieres ; de forte que ces trois entrecolonnemens Dorique, Ionique, & Corinthien dont les hauteurs font diffemblables fous une même largeur donnée par l'axe des colonnes qui eft commun à ces trois Ordres, rendent la hauteur des arcades Ionique & Corinthienne, ainfi que leurs piédroits, d'une proportion oppofée au caractere moyen & délicat de ces deux Ordres fupérieurs.

Ces inadvertances contraires aux principes de l'art me feroient croire que la réputation que cet édifice s'eft acquife jufqu'à préfent ne vient que de ce que lorfqu'il fut bâti il fut confidéré comme le plus magnifique ouvrage de ce génre, principalement lorfque celui des grands Jéfuites (h) qu'on éleva quelques années après fut entierement achevé, ce dernier femblant n'avoir été érigé que pour rendre celui de S. Gervais plus digne de l'admiration des connoiffeurs de ce tems. En effet ce portail, malgré les irrégularités que nous venons de remarquer, ne laiffe pas que de s'attirer le fuffrage de la multitude qui eft ordinairement dans l'habitude d'applaudir par la voix de la renommée. Pour nous qui nous fommes propofés de rendre compte du vrai beau & d'entrer dans tous les détails de l'art, nous croyons pouvoir avancer que cet édifice n'a de véritables beautés que par fa grandeur & par fa forme piramidale, & qu'il auroit mieux vallu fupprimer le troifiéme Ordre ou plutôt tout l'étage Dorique ; par ce moyen on auroit évité la difformité des piédroits & le défaut de proportion des arcades, qui étant multipliées les unes au-deffus des autres ne peuvent jamais conferver une proportion analogue à l'expreffion de chaque Ordre en particulier, d'où il réfulte une diffonance qui bleffe les yeux intelligens. Or comme il faudroit pour difcuter ici tous les abus que produit l'affemblage de plufieurs Ordres élevés l'un fur l'autre, entrer dans le détail des mefures de chaque membre à part, & avoir premierement expliqué leur dénombrement, nous renvoyons au huitiéme Volume où l'on fera voir les erreurs qui fe font introduites dans notre maniere de bâtir en France, en expliquant d'abord les principes élémentaires des Ordres, enfuite en les comparant les uns avec les autres, & enfin en donnant un parallele des princi-

---

(h) Ce fut le Cardinal de Richelieu qui fit la dépenfe du portail de la Maifon Profeffe des Jéfuites de la rue S. Antoine. La premiere pierre en fut pofée par Louis XIII en 1627. Cet édifice fut bâti fur les deffeins du Pere *Dérand*, Jéfuite, qui l'emporta, je ne fçai par quelle fatalité, fur le Frere Martel Ange, de la même Société, qui avoit pareillement fait des projets pour cette Eglife ainfi que pour fon portail, en concurrence avec le Pere *Dérand*. Voyez ce que nous avons dit du Frere Martel Ange, page 46 de ce Volume, en décrivant le portail du Noviciat des Jéfuites, rue du Por de Fer.

Portail de
S. Gervais. paux édifices où se voyent trois Ordres l'un sur l'autre : tels que celui dont nous parlons, celui du Château de Maisons, le Palais du Luxembourg, celui des Thuilleries, l'intérieur du Louvre, &c.

Nous finirons cette description en faisant observer que les statues & les figures qui décorent ce portail sont d'une proportion trop gigantesque & contraire aux principes de l'art, qui exige qu'elles ayent un rapport direct avec le diamétre des colonnes. (Voyez ce que nous avons dit à cet égard dans l'Introduction, premier Volume, page 96.) D'ailleurs cette sculpture, que l'on dit être de *Bourdin* & de *Guerin*, paroît d'une exécution assez médiocre. Nous remarquerons aussi que les moulures de toute cette Architecture sont profilées d'une maniere peu correcte, & que les colonnes sont fuselées sans grace & sans pureté.

La Planche deuxiéme offre le plan inférieur de l'Ordre Dorique au rez-de-chaussée, avec l'ordonnance en particulier de trois Ordres de ce portail où l'on a pris soin de cotter les mesures pour indiquer les differentes proportions dont nous avons parlé plus haut, & que nous nous proposons de rappeller, ainsi que nous venons de le dire, dans le huitiéme Volume.

CHAP.

Elevation du Portail de l'Eglise paroissiale de S. Gervais scise pres la place
de Greve a Paris bati en 1616 sur les desseins de Jacques de Brosse Architecte.
A Paris chez JOMBERT, rue Dauphine.

233

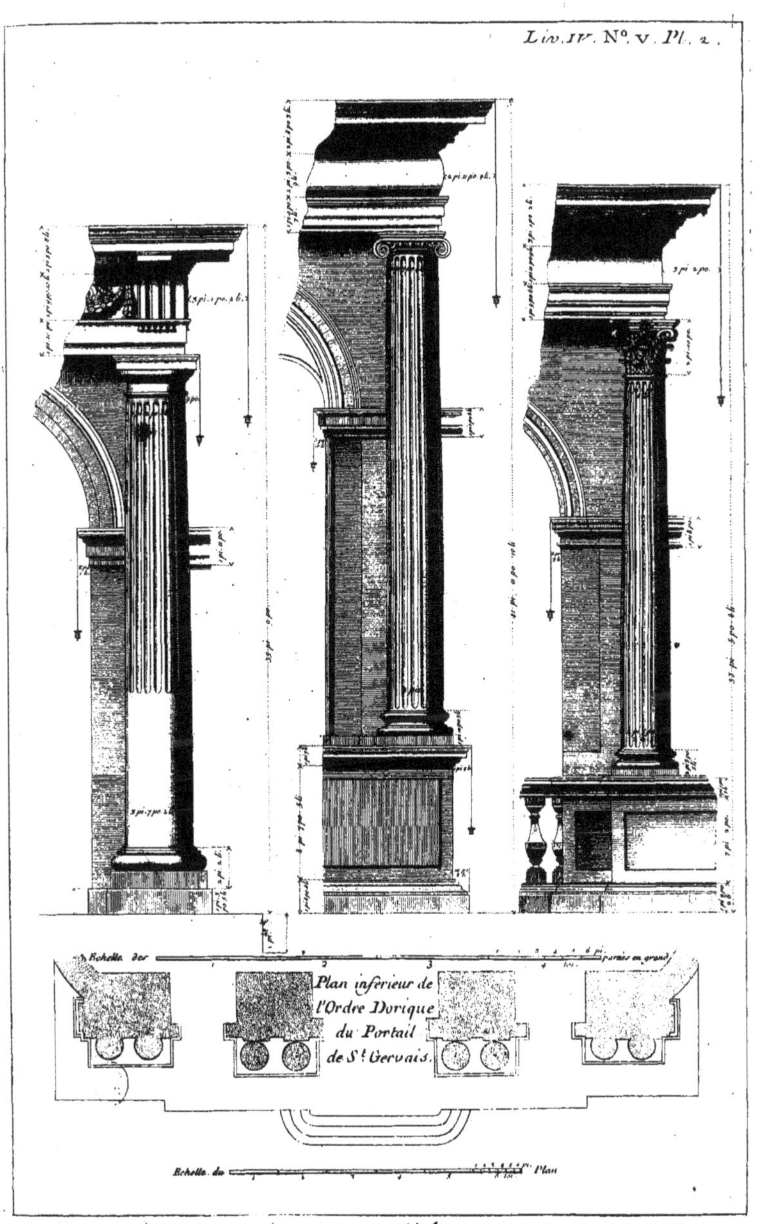

Profils en grand des trois Ordres d'Architecture du Portail de l'Eglise de S. Gervais.

CHAPITRE VI.

Description de l'Hôtel de Beauvais, rue S. Antoine, & de l'Hôtel d'Aumont, rue de Jouy, dans le même Quartier.

HOTEL DE BEAUVAIS.

CE bâtiment eſt ſitué dans une très-grande rue, mais inégalement alignée, afin, diſent pluſieurs Auteurs, qu'elle ne fut pas enfilée par le canon de la Baſtille ; cependant toutes les rues de Paris, à l'exception de quelques-unes au Faubourg St. Germain & au Marais, ſont dans le même cas que celle-ci, ſans avoir eu originairement le même objet en vûe. Quoiqu'il en ſoit, cette rue eſt d'une belle largeur, & elle ſert aux entrées des Ambaſſadeurs & aux cérémonies extraordinaires, ce qui rend ce quartier très-habité & décoré de magnifiques Hôtels, de grandes maiſons, d'édifices publics, &c. L'Hôtel dont nous parlons eſt un de ceux qui ſe remarquent le plus à l'entrée de la rue S. Antoine ; il fut bâti ſur les deſſeins & ſous la conduite d'Antoine le Pautre (*a*), Architeſte du Roi, pour *Pierre de Beauvais* & *Catherine-Henriette Bellier* ſa femme, premiere femme de chambre de la Reine Anne d'Autriche (*b*). En 1706, M. Jean Orry, Préſident à mortier du Parlement de Metz, qui en devint propriétaire, y fit des réparations conſidérables. Cet Hôtel a appartenu depuis à M. Orry, Directeur général des bâtimens, arts & Manufactures de France, Controlleur général des Finances, & Miniſtre d'Etat, fils de M. Orry, Préſident à mortier : enſuite il a paſſé à M. Orry de Fulvy, Intendant des Finances & Conſeiller d'Etat ; il appartient aujourd'hui à M. Philibert-Louis Orry de Fulvy, Comte de Nogent & de St. Geran, Seigneur de la Chapelle, Fulvy & autres lieux.

Hôtel de Beauvais.

Plan au rez-de-chauſſée de l'Hôtel de Beauvais. Planche premiere.

Cet édifice élevé dans un terrain très-irrégulier nous offre néanmoins une diſtribution aſſez réguliere & qui tout enſemble a deux objets, la magnificence &

(*a*) Antoine le Pautre, de l'Académie Royale d'Architecture, étoit Architecte & Ingénieur ordinaire de Sa Majeſté ; il le fut auſſi de Son Alteſſe Royale feu Monſeigneur le Duc d'Orléans, frere du Roi, & a été conſidéré comme un des habiles Architectes du ſeiziéme ſiécle. Ce ſont ſur ſes deſſeins & ſous ſa conduite qu'ont été bâtis l'Egliſe des Religieuſes de Port-Royal dans le Fauxbourg St. Jacques, la maiſon de plaiſance du Gouverneur de Paris, à S. Ouen, & pluſieurs autres édifices aſſez conſidérables. Nous avons de cet Architecte un Livre intitulé *les Oeuvres d'Architecture d'Antoine le Pautre*, Architecte du Roi, dont la premiere édition parut en 1652 ; par la ſuite d'Aviler y ajoûta des diſcours très-eſtimés. Cet œuvre eſt compoſé de pluſieurs édifices de l'invention de l'Auteur, qui ſont d'un excellent deſſein & d'une compoſition mâle & ingénieuſe. On y trouve auſſi les plans, élévations & profils de l'Egliſe qu'il a fait bâtir pour le Monaſtere de Port-Royal dont nous venons de parler.

Ce célébre Architecte avoit un frere aîné nommé Jean le Pautre, qui nâquit en 1617 & mourut en 1682 ; c'eſt à cet excellent Artiſte qu'on eſt redevable de *l'Oeuvre d'Architecture* qui porte ſon nom & dans lequel on remarque une fécondité & une fertilité de génie capable d'échauffer l'eſprit le plus ſtérile. En effet on peut dire que jamais Deſſinateur n'a été plus abondant ni plus varié dans ſes productions, & quoiqu'en général il ſoit un peu peſant

dans ſes compoſitions, perſonne n'ignore que Mrs Oppenor, le Blond, Germain, Meiſſonier & les autres grands Deſſinateurs du commencement de ce ſiécle ne ſe ſont formés que ſur cet excellent modèle, & c'eſt pour cette raiſon que je crois devoir recommander à nos jeunes Artiſtes l'étude de cet homme univerſel dans ſon art, comme la meilleure école qu'on puiſſe leur préſenter. Cet *Oeuvre d'Architecture* qui contient près de 800 morceaux inventés & gravés par Jean le Pautre, forme trois Volumes *in-folio*, & ſe vend chez le même Libraire qui a entrepris cette Architecture Françoiſe. Nous finirons cette note en faiſant remarquer que vers 1669 nâquit auſſi Pierre le Pautre qui fut célébre Sculpteur & dont on voit un chef-d'œuvre dans les jardins de Marly. Cet ouvrage de Sculpture eſt un jeune Faune copié d'après celui qui étoit dans le Palais de la Reine de Suéde & que le Pautre ſculpta en 1685 à l'âge de 16 ans. L'on voit auſſi de lui quantité de belles ſtatues dans nos Maiſons Royales, entr'autres le groupe d'Enée portant ſon pere Anchiſe, & celui *d'Arrie & de Pœtus*, placés dans le jardin des Thuilleries à l'extrémité du grand parterre, proche la grande allée. Il mourut en 1744.

(*b*) Cet Hôtel ſervoit très-fréquemment dans le dix-ſeptiéme ſiécle à placer la Cour lorſqu'il paſſoit dans la rue S. Antoine quelque cortege conſidérable ; la Reine mere y vit l'entrée du Roi & de la Reine qui ſe fit le 26 Août 1660.

l'utilité ; le premier, en ce que tout le rez-de-chauſſée du côté de la cour eſt deſtiné aux dépendances d'une maiſon regardée comme très-importante pour le tems
où elle a été bâtie ; le ſecond, parce que pour joindre à ce bâtiment des revenus, du côté de la rue S. Antoine, on a pratiqué des boutiques qui n'ont aucune
communication avec le grand corps de logis. Ces bâtimens répondent à la néceſſité où l'on ſe trouvoit d'élever dans ce quartier un édifice capable de le décorer & qui en même tems pût loger des gens de commerce dont le nombre eſt
aſſez conſidérable dans cette rue. Ce genre d'édifice, quoique diſtribué avec moins
de commodité en apparence que ceux qu'on éleve de nos jours, devroit être
imité dans plus d'une occaſion ; on ne verroit pas alors les quartiers deſtinés au
commerce occupés la plupart par des maiſons qui n'ont pour objet que la magnificence, & d'autres au contraire où l'on ne devroit bâtir que de beaux Hôtels,
défigurés par des boutiques & des maiſons particulieres. Ce deffaut de convenance non-ſeulement nuit à l'embelliſſement de la Capitale, mais même eſt préju-
diciable à l'intérêt des propriétaires, au lieu que ſi l'on imitoit plus ſouvent le
bâtiment dont nous parlons, il en réſulteroit deux avantages réels ; le premier,
qu'il n'y auroit point de bâtiment qui ne rapportât quelque revenu ; le ſecond,
que tous les quartiers en ſeroient bien plus peuplés, & conſéquemment les Citoyens plus en ſureté, ſans néanmoins que cette eſpece d'œconomie nuiſit à la
décoration des rues dont la plupart des façades ſont trop négligées.

Cette négligence provient ſans doute de ce que dans les plus beaux quartiers
de Paris les principaux corps de logis des bâtimens d'une certaine importance
ſont élevés entre cour & jardin, & que ceux au contraire que l'on deſtine au
commerce ſont bâtis avec tant d'irrégularité & avec ſi peu de goût, qu'on ſeroit
tenté de croire, contre toute idée de vraiſemblance, que la ſimétrie eſt incom-
patible avec l'intérêt des particuliers, dont le plus grand nombre ſemble avoir
beſoin pour ſe réunir ſous une idée commune, d'être conduit & animé au bien
public par les Officiers chargés de l'alignement des rues, le Voyer, la Police,
&c, qui d'ailleurs ſont très-attentifs à tout ce qui peut contribuer à la commodité & à l'utilité des habitans.

Pour revenir au plan du rez-de-chauſſée de l'Hôtel de Beauvais, nous obſerverons que le mur de face du côté de la rue eſt percé de cinq arcades ; celle
du milieu eſt deſtinée au paſſage des perſonnes qui habitent dans le principal
corps de bâtiment, & les quatre autres pour les boutiques dont nous venons de
parler ; ces boutiques ſont ſéparées chacune par un paſſage qui conduit à un eſcalier pour monter aux entreſoles qui en dépendent & qui ſont compriſes dans
la hauteur des arcades du rez-de-chauſſée de cette façade. L'arcade du milieu
conduit à un porche circulaire orné de huit colonnes d'Ordre Dorique couronnées d'une corniche mutulaire. Cette ordonnance eſt d'une belle exécution, & de
l'entrée de ce porche, vers A, l'on jouit peut-être du plus beau coup d'œil qu'il
ſoit poſſible d'imaginer par l'aſpect de l'Architecture qui décore le fond de la
cour au premier étage. Comme cet étage ſe trouve rétreci par l'obliquité des
murs collatéraux de cette même cour, & orné dans ſon pourtour de colonnes,
de pilaſtres, & de membres d'Architecture diſtribués avec beaucoup de goût, cet
aſſemblage forme une perſpective réelle au-deſſus de toute deſcription. Nous n'a-
vons pas donné les élévations du dedans de la cour, parce qu'elles n'étoient pas
gravées dans les œuvres de Marot dont ces Planches ſont tirées ; d'ailleurs elles
ne repréſenteroient que très-imparfaitement le coup d'œil dont je veux parler,
qui mérite à bon droit d'être examiné ſur le lieu. C'eſt pourquoi j'y renvoye ex-
preſſément nos jeunes Deſſinateurs & Peintres d'Architecture, tant pour leur faire
connoître le pouvoir de l'optique & l'effet que produit le clair obſcur, que pour
leur apprendre à rendre la vérité des tons, des lumieres, des teintes & des om-
bres.

A la gauche de ce porche eſt un eſcalier d'une ordonnance & d'une diſtribu- Hôtel de
Beauvais.
tion aſſez ſinguliere auſſi bien que la forme de la cour ; cette derniere néanmoins
eſt autoriſée par l'irrégularité du terrain, & il ne lui manque que d'être un peu
plus ſpacieuſe, ou que les bâtimens qui l'environnent ſoient moins élevés. La
décoration des bâtimens de cette cour eſt un peu trop tourmentée ; c'eſt le ſeul
reproche qu'on puiſſe faire à le Pautre, qui dans toutes ſes productions a regardé
le mouvement & la variété dans les plans comme une beauté ſatisfaiſante. Cependant les plus habiles Architectes de ſon ſiécle, tels que François Manſard,
François Blondel & pluſieurs autres ont ſçu éviter ce défaut, ainſi que ceux
de nos jours qui ſe ſont acquis le plus de réputation, ſçavoir Mrs. Boffrand,
Cartaud, &c.

A la droite de cette cour eſt un grand paſſage qui dégage les équipages & les
voitures par la rue de Jouy, ce qui produit une grande commodité à cet Hôtel,
en rend l'accès beaucoup plus facile, & lui procure l'avantage d'une beaucoup
plus grande maiſon. A côté de cette porte de dégagement eſt auſſi pratiquée une
boutique ſur la rue, & ſous ce grand paſſage il peut tenir quelques caroſſes, ce
qui multiplie les remiſes qui ſont en trop petite quantité dans la cour de cet Hôtel depuis qu'il eſt devenu la réſidence des perſonnes du premier ordre.

Plan du premier étage. Planche II.

Il ne manque à la diſtribution de ce plan que quelques commodités de plus
pour former un logement très-complet ; en effet un bel appartement ſur la rue,
pluſieurs belles pieces en aile, une Chapelle, un jardin en terraſſe pratiqué au-
deſſus des écuries, un appartement privé ſur la rue de Jouy, enfin des corridors,
des eſcaliers de dégagement & des appartemens particuliers dans l'Attique ſupérieur de ce bâtiment, offrent ici une diſtribution très-ingénieuſe & capable de
fournir pluſieurs moyens de tirer parti du terrain le plus ingrat. On peut remarquer auſſi que le terrain qu'occupe l'appartement ſur la rue de Jouy tient un
plus grand eſpace que le rez-de-chauſſée, ſans doute parce que cette partie a
été acquiſe après coup, ou qu'elle a été ſujette à quelque partage, ainſi que nous
avons eu occaſion d'obſerver un pareil changement, Chapitre IV de ce Volume,
page 32, en parlant de l'emplacement de la Salle de ſpectacle de la Comédie
Françoiſe.

Elévation du côté de la rue. Planche III.

La décoration de cette façade tient de cet air de peſanteur que nous avons dit
être le goût dominant de le Pautre, mais néanmoins dans lequel on remarque
une expreſſion ferme, mâle & nourrie ; ſi ce caractere étoit ſoutenu par tout, il
feroit un très-bon effet dans l'ordonnance d'un bâtiment dont la convenance eſt
d'être moyenne, relativement au double uſage que nous avons reconnu être ap-
pliqué à cet édifice ; mais on ne peut ſe refuſer de remarquer ici trop de ſimplicité dans de certaines parties & trop de richeſſe au contraire dans d'autres. D'ailleurs les corps de refend en général ſont trop ſveltes, la proportion des mezzanines trop écraſée, le fronton trop licencieux, la trompe de la porte du milieu
trop hazardée, & enfin l'avant-corps du milieu trop étroit pour ſa hauteur.

L'arriere-corps marqué A a été affecté ici comme ne faiſant pas partie de l'ordonnance de cette façade : moyen qui peut ſervir d'autorité lorſque le point du
milieu de l'intérieur du bâtiment ne peut s'accorder avec celui du mur de face,
principalement lorſque cette différence n'eſt pas aſſez conſidérable pour former
un pavillon ou un avant-corps qui puiſſe ſimétriſer extérieurement avec le reſte
du bâtiment.

HOTEL D'AUMONT.

Hôtel
d'Aumont. Nous venons de dire qu'une des portes de l'Hôtel de Beauvais donnoit dans la rue de Jouy, nous allons comprendre dans ce Chapitre le plan & les élévations de l'Hôtel d'Aumont fitué dans cette même rue, la defcription que nous devons en faire ne paroiffant pas exiger un Chapitre particulier.

Plan & élévation de l'Hôtel d'Aumont, rue de Jouy, Quartier St. Antoine.

Les deffeins de cet Hôtel font repréfentés fur deux Planches cottées IV & V; la Planche quatriéme contient deux Figures, dont la premiere donne le plan au rez-de-chauffée de cet Hôtel, & la deuxiéme la coupe fur la profondeur de ce bâtiment.

La Planche cinquiéme contient trois Figures; la premiere montre l'élévation du côté de la rue; la deuxiéme celle du fond de la cour, & la troifiéme celle du côté du jardin.

Tous ces deffeins préfentent l'Hôtel d'Aumont (c) tel qu'il étoit exécuté avant que François Manfard fut chargé de fa reftauration; nous n'avons pas jugé néceffaire de rapporter ici les augmentations que ce célébre Architecte y a faites, parce qu'elles ne confiftent effentiellement que dans le grand efcalier qu'il y a fait conftruire à neuf, & qui fe trouve gravé dans d'Aviler, Planche 63 X, avec fa defcription, pages 226, 227; & fi nous avons fait entrer ces Planches pour quelque chofe dans ce Recueil, c'eft, ainfi que nous l'avons promis, afin d'offrir au Lecteur une idée des changemens que l'Architecture a reçue en France depuis le quinziéme fiécle jufqu'à préfent.

(c) On voit dans cet Hôtel quelques Ouvrages des plus eftimés de *Simon Vouet*, & un beau plafond de *Charles le Brun*, repréfentant l'Apothéofe de Romulus admis parmi les Dieux.

Plan au rez de chaussée de l'hôtel de Beauvais, scis rue S. Antoine, bâty sur les desseins d'Ant. Le Pautre
Architecte ordinaire du Roy).
Liv.IV. N.° VI. Pl. 1.ere
remise de carosse
remise de carosse
remise de carosse
escuries
boutique
rue de Jouy
passage de la porte de derriere qui aboutit dans la rue de Joui.
Cour
gardemanger
sommellerie
salle du commun
escalier degagé
grand escalier
Porche
Cuisine
Cour
cour
A
Cour
Loge du suisse
salle
Arriere boutique
passage de la porte cochere
Arriere boutique
salle a manger
escalier
boutique
passage
boutique
boutique
passage
boutique
7 toises
rue St Anthoine
A Paris chez JOMBERT, rue Dauphine.

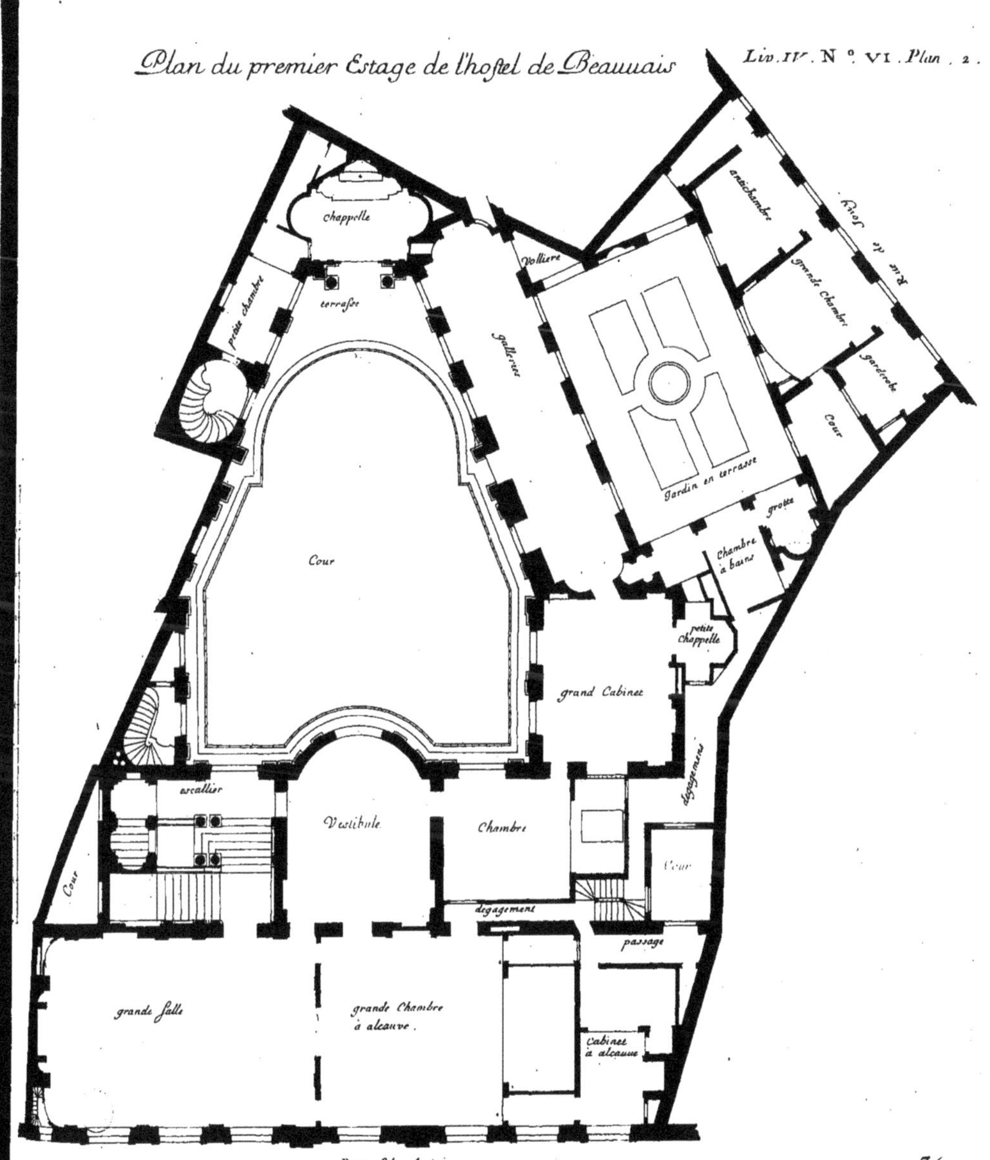
chappelle
petite chambre
terrasse
antichambre
Volliere
Gallerie
Rue de Jouy
grande Chambre
garderobe
Cour
Jardin en terrasse
grotte
Chambre à bains
petite Chappelle
Cour
grand Cabinet
degagement
escallier
Vestibule
Chambre
Cour
Cour
degagement
passage
grande Salle
grande Chambre à alcouve
Cabinet à alcouve

Principale Entrée de l'hostel de Beauuais, basty A Paris rue S:t Antoine, conduit par M.r Le Pautre Architecte   237

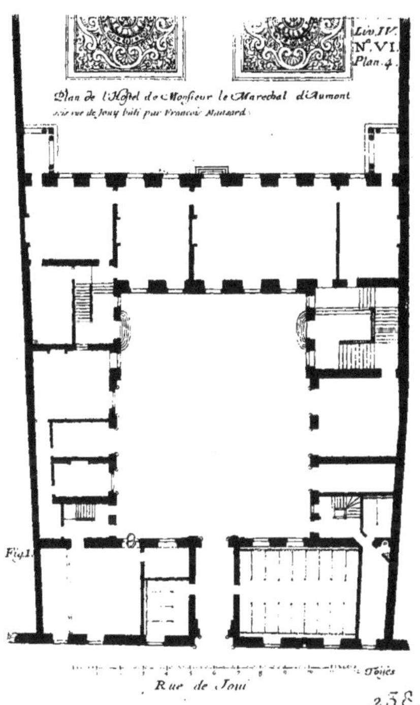

Liv. IV.
N.° VI.
Plan. 4.
Plan de l'Hostel de Monsieur le Marechal d'Aumont
sur rue de Jouy bâti par François Mansard.
Fig. 1.
Toises
Rue de Jouy

238

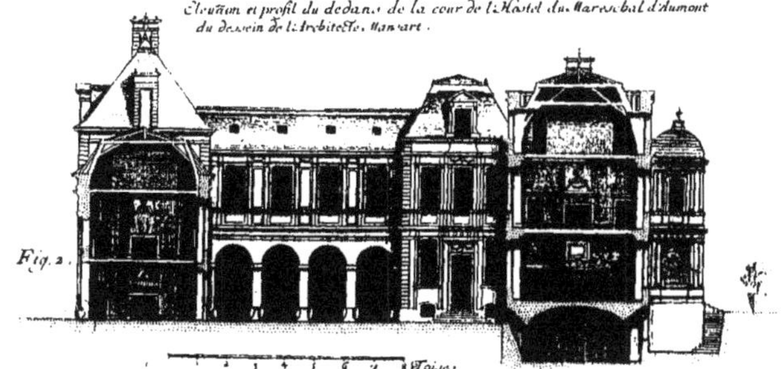

Elevation et profil du dedans de la cour de l'Hostel du Marechal d'Aumont
du dessein de l'Architecte Mansart.
Fig. 2.
Toises

238

CHAPITRE VII.

Description de la Maison de M. le Président Lambert, située à la pointe Orientale de l'Isle Notre-Dame, & appartenante à M. Marin de la Haye, Ecuyer, l'un des Fermiers Généraux de Sa Majesté.

CETTE Maison fut bâtie vers le milieu du siécle précédent pour *M. Nicolas Lambert de Torigny*, Président en la Chambre des Comptes, sur les desseins de Louis le Veau, premier Architecte du Roi ; ensuite ayant été acquise par M. Dupin, Fermier Général, il la vendit à M. le Marquis du Châtelet-Laumont, qui depuis l'a cédée à M. de la Haye. La vûe de cette belle maison s'étend fort loin sur une campagne agréable, baignée de la riviere de Seine qui vient battre au pied de cet édifice, dont la décoration extérieure de ce côté est traitée d'un goût mâle, simple & noble. La décoration intérieure répond à la majesté des dehors, & est ornée des plus excellens ouvrages des deux plus habiles Peintres qui vivoient alors, *Charles le Brun* (a) & *Eustache le Sueur* (b). Voyez la description & le recueil de ces merveilles du dernier siécle dessinées & gravées par Bernard Picard, mis au jour par *du Change*, Graveur du Roi, en 1740.

Plan au rez-de-chaussée de la Maison de M. Lambert. Planche premiere.

Cet étage est destiné aux écuries, remises, cuisines & offices de cette maison ; les murs de réfend sont assujettis à la distribution de l'étage de dessus, ce rez-de-chaussée étant compris dans la hauteur d'un soubassement dont le dessus du plancher égale le niveau d'une terrasse pratiquée dans toute l'étendue du *terre-plein* marqué dans cette Planche, & dont on voit la coupe, Planche VI. La principale porte de ce bâtiment est du côté de la rue Saint Louis & donne entrée à un porche de vingt pieds de profondeur qui détermine celle du corps de logis simple qui s'éleve au-dessus & qui fait retour, aussi bien que dans le fond de la cour, en s'étendant à droite du côté du jardin en terrasse. Tous ces bâtimens sont élevés de deux étages sur le soubassement dont nous parlons, & ils déterminent la grandeur de la cour qui a de longueur 54 pieds sur 47 de largeur ; cette cour est arrondie dans les deux angles opposés à l'entrée, & dans le corps de logis du fond est placé le grand escalier à deux rampes construit tout en pierre, & d'une disposition aussi commode qu'ingénieusement distribuée.

Tout ce rez-de-chaussée dégage par le Quay d'Alençon, appellé présentement *Quay d'Anjou*, qui forme la tête de l'Isle Notre-Dame, connue sous le nom d'*Isle St. Louis*, à cause de la Paroisse (c) de ce nom, qu'on y a élevée en 1664, & de

---

(a) Voyez ce que nous avons dit de M. le Brun au commencement de ce Volume, page 44.

(b) *Eustache le Sueur*, né à Paris en 1617, fut disciple de Simon Vouet : il passe pour un des plus grands dessinateurs que l'Ecole Françoise ait produite, & sans avoir jamais vû l'Italie ses compositions tiennent autant du goût de l'Antique que s'il y avoit passé toute sa vie : il a même beaucoup approché de la maniere de Raphael qu'il s'est toujours proposé pour modele. Ses ouvrages sont répandus dans diverses Eglises & dans quelques maisons particulieres de cette Capitale : on admire sur-tout le May de Notre-Dame qui représente les Livres condamnés au feu par St. Paul & brûlés en sa présence ; le Christ mourant des Capucins de la rue S. Honoré, ainsi que la Magdelaine & le S. Laurent qu'on voit de lui à S. Germain de l'Auxerrois, sans parler des deux tableaux qu'il y a de cet excellent Artiste dans l'Eglise de St. Gervais.

Le tableau qu'il fit pour sa réception à la Communauté des Maîtres Peintres de Paris, avant l'établissement de l'Académie Royale de Peinture, est encore un de ses plus beaux morceaux ; on y voit St. Paul guérissant un possédé. Enfin ce qui a attiré à ce célébre Artiste le plus de réputation ce sont les ouvrages que nous avons de lui dans la Maison que nous décrivons, tels que la naissance de l'Amour, la chute de Phaeton, les neuf Muses, &c ; aussi bien que l'histoire de la vie de Saint Bruno qu'il a représentée dans le petit cloître des Chartreux en vingt-deux tableaux qui sont autant de chef-d'œuvres, & qui prouvent bien qu'il eut été capable de disputer le premier rang à tous les Peintres de son tems si une mort trop précipitée ne l'eut pas enlevé à l'âge de trente-huit ans, en Mai 1665. Il fut enterré à St. Etienne du mont.

(c) Cette Paroisse est la seule Eglise qu'il y ait dans cete Isle ; elle fut commencée sur les desseins de Louis le

Maison de Mr. Lambert.

 la rue S. Louis qui sépare l'Hôtel dont nous parlons d'avec celui de Bretonvilliers, situé aussi à la pointe de l'Isle, ainsi que nous le dirons en son lieu.

Plan du premier étage. Planche II.

Cet étage n'est élevé du rez-de-chaussée que de vingt-une marches, marquées par les deux rampes A, B ; le soubassement dont nous venons de parler n'étant occupé que par des pieces subalternes. Ce premier étage est composé de grandes & belles pieces décorées avec une magnificence digne de la curiosité des connoisseurs, mais sa distribution limitée entre deux murs de face est sans commodité & se ressent du tems où cet édifice a été élevé ; la proportion des pieces relativement à leurs différens usages sembloit alors indifférente, & l'on ignoroit jusques à l'art de dévoyer les tuyaux de cheminée. Mais si d'un côté l'on ne remarque pas dans cette distribution toutes les commodités qui paroissent aujourd'hui faire le principal mérite de l'Architecture, d'un autre côté toutes les pieces de cet étage sont revêtues de menuiserie dorée & décorée de peintures, ainsi que les plafonds, la plupart de la main de Le Sueur, ou sur ses desseins ; & l'on peut dire que cet excellent génie a montré dans la décoration intérieure de cette belle maison l'étendue de ses connoissances, non-seulement pour ce qui concerne l'art de la Peinture, mais encore pour les ornemens qui par tout sont distribués avec un goût exquis, & peints en grisaille, sous ses yeux, par ce qu'il y avoit de plus habiles Artistes de son tems.

Il y a quelques changemens dans la distribution des pieces de ce plan, mais nous ferons seulement mention ici de la plupart de ces changemens qui ne consistent essentiellement que dans l'aggrandissement de l'antichambre marquée C servant de salle à manger, & qui a été augmentée d'une croisée aux dépens de la Bibliotheque, qui par là a acquise une forme plus convenable. La chambre à coucher D a aussi été supprimée pour faire un cabinet de plus à cet appartement, qui d'ailleurs se trouve aggrandi considérablement, depuis que M. de la Haye est devenu propriétaire de cette maison, par une aile de bâtiment qu'il a fait élever vers l'emplacement E dans un terrain qu'il a acquis à cet effet & dans lequel se trouvent distribuées deux belles pieces à chaque étage, munies de garde-robes & d'un escalier particulier pour le service de ces nouveaux appartemens, lesquels ont leur principale entrée au premier étage par la Bibliotheque, & au second par la gallerie, par de nouvelles portes percées dans le mur anciennement mitoyen. Nous nous contentons d'indiquer ce suplément, la grandeur des Planches, qui sont gravées depuis long-tems, n'ayant pas permis d'ajoûter cette nouvelle distribution ; mais nous observerons que tout au tour de ce nouveau bâtiment, dont la façade est assujettie à la forme du Quay d'Alençon qui est circulairement irrégulier de ce côté, l'on a fait régner extérieurement un grand balcon au plain-pied de cet étage, dont la sinuosité qui dans toute autre occasion auroit peut-être formé une défectuosité, devient ici d'un avantage considérable parce que ce balcon procure à cette magnifique maison une vûe toujours variée & supérieure à tout ce que l'on peut décrire.

Au plain-pied des grands appartemens de l'étage dont nous parlons, du côté de la riviere, est un jardin en terrasse, qui quoique peu spacieux paroît beaucoup plus grand qu'il ne l'est en effet, par l'aspect extérieur qui l'environne, & qui,

Veau, premier Architecte du Roi, le même qui a bâti l'Hôtel dont nous parlons, & dont nous avons dit quelque chose dans le premier Chapitre de ce Volume, page 2, note *b.* Cette Eglise fut discontinuée pendant un assez long espace de tems & reprise par Gabriel le Duc Architecte. Enfin elle fut entierement finie en 1726 sur les desseins de Jacques Doucet, Architecte. Ce fut, dit-on, Jean-

Baptiste de Champagne, Peintre & neveu de Philippe de Champagne, qui donna les desseins de tous les ornemens qui décorent l'intérieur de cette Paroisse, laquelle peut être considérée comme une de nos Eglises modernes de Paris bâtie avec le plus d'élégance. Voyez ce que nous avons dit ci-devant de ces deux Peintres, pages 117 & 118, note *c.*

comme nous venons de le remarquer, peut être regardé comme une des vûes la plus riante & la plus intéreſſante qui ſoit à Paris. Maiſon de Mr. Lambert.

Plan du ſecond étage. Planche III.

On arrive à cet étage ſupérieur par le grand eſcalier dont nous avons fait mention. Cet eſcalier, de la part des perſonnes qui ont ſçu ſe préſerver du goût dominant de notre maniere de bâtir moderne, eſt regardé comme une des plus belles parties de cet édifice ; il communique de plain-pied, par un grand pallier, aux deux ailes de bâtiment qui déterminent la largeur de la cour, auſſi bien qu'à celles qui donnent du côté du jardin ; avantage qui ne ſe rencontre pas à l'étage de deſſous, étant obligé de deſcendre la rampe B & de remonter celle F pour regagner le niveau de tout cet étage, qui néanmoins a une communication de dégagement marquée G par deſſus la principale porte d'entrée du côté de la rue.

Toutes les diſtributions du plan dont nous parlons ſont les mêmes que celles du premier étage, à l'exception de la gallerie qui a de longueur totale ſoixante-huit pieds, ſur quinze de largeur, & dix-ſept pieds deux pouces ſous clef. La voûte de cette gallerie, qui a deux pieds huit pouces de ceintre, a été peinte par Charles le Brun ; ce célébre Artiſte y a repréſenté l'apothéoſe d'Hercule & ſon mariage avec Hébé : ouvrage qui eſt regardé des connoiſſeurs comme un de ſes chef-d'œuvres. L'on entre dans cette gallerie par un veſtibule peint d'ornemens en griſaille du deſſein de le Sueur qui imitent la Sculpture, & qui ſont d'une grande beauté. La porte de cette gallerie eſt décorée de colonnes accouplées avec des pilaſtres d'Ordre Corinthien, couronnées d'un entablement qui monte juſques deſſous l'arc de cloître que forme la voûte de cette gallerie : ſes murs ſur la longueur ſont revêtus de membres d'Architecture, enrichis d'ornemens de ſtuc, & ornés dans les trumeaux de termes, de groupes d'enfans & d'aigles qui portent des bas-reliefs auſſi de ſtuc, peints en bronze, & enfermés dans des bordures alternativement ovales & octogones, dans leſquelles *Van-Obſtal*, célébre Sculpteur, a repréſenté les travaux d'Hercule.

Une des portes du veſtibule qui précéde cette gallerie donne entrée à un petit eſcalier qui monte dans un étage formant un Attique du côté du jardin & une manſarde au côté de la cour. Dans cet étage ſupérieur, au-deſſus du cabinet des Muſes, eſt une petite piece qui autrefois ſervoit de chambre des bains, dont le plafond en calotte eſt peint par le Sueur, & où cet excellent Artiſte a repréſenté par des ſujets coloriés & des bas-reliefs feints les Divinités de la mer & des eaux.

Elévation de la porte d'entrée vûe du côté de la cour. Planche IV.

Nous ne donnons pas l'élévation de cette porte du côté de la rue, étant d'une Architecture fort ſimple, mais comme celle qui ſe voit ici eſt de la même ordonnance que celle qui régne dans tout le pourtour de la cour, nous l'avons regardée comme très-intéreſſante, non-ſeulement parce qu'elle préſente un Ordre Dorique élevé aſſez régulierement, mais encore parce que la porte eſt d'une aſſez belle proportion, & qu'elle ſe trouve bien enchaſſée dans une niche quarrée, d'autant plus néceſſaire que ſans cette niche l'impoſte ſeroit venu mourir contre le pilaſtre & auroit paru diviſer ſa hauteur en deux également ; car il faut remarquer que les piédeſtaux de cet Ordre ont de hauteur près de la moitié des pilaſtres, contre le ſentiment de preſque tous les Architectes anciens & modernes.

Cet Ordre élevé ſur de ſi grands piédeſtaux paroît d'autant plus petit qu'il ſe

Maison de
Mr. Lam-
bert.
trouve fervir de décoration à une très-grande arcade, qu'il ne confifte qu'en deux pilaftres, & qu'il eft interrompu dans les retours par un foubaffement refendu & d'une proportion courte & maffive, de maniere que l'inégalité de la hauteur du plinthe de ce foubaffement avec celui de l'impofte, la différente ouverture des croifées, & leurs formes diverfes couronnées néanmoins par un entablement commun, préfentent des parties féparées qui nuifent à l'accord total; ce qui pourroit faire regarder le Veau comme un Architecte qui a préféré dans fes productions une variété ingénieufe à l'uniformité d'une même ordonnance, mais néanmoins à qui on ne peut refufer une affez grande correction dans fes profils & une certaine fermeté dans fes contours qui le rendent eftimable aux yeux des connoiffeurs, malgré les licences dont il a ufé dans le bâtiment que nous décrivons. Parmi ces licences, celle d'avoir profilé très-camus la corniche de fon entablement Dorique n'eft pas la moins confidérable, auffi bien que d'avoir fupprimé totalement la cimaife fupérieure de cette même corniche dans tout le pourtour de la cour, à l'exception des avant-corps feulement, ainfi qu'on peut le remarquer dans la Planche fuivante.

Coupe fur la profondeur du bâtiment. Planche **V.**

On voit par cette coupe l'une des ailes de la cour qui différe de l'élévation précédente en ce qu'elle eft compofée de deux étages réguliers élevés fur un foubaffement, auffi bien que le corps de logis du fond de la cour, où eft placé le grand efcalier dont nous avons parlé. Les croifées de cette aile de bâtiment font d'une affez belle proportion, mais comme elles n'ont acquifes leur hauteur qu'aux dépens de la pénétration de leur bandeau avec l'architrave de l'entablement qui les couronne, on peut ranger cet expédient au nombre des licences qu'il faut éviter abfolument dans l'ordonnance d'une Architecture d'ailleurs grave & réguliere. Cependant on remarque dans cette décoration une beauté d'exécution, & un fçavoir dans cette efpece de défordre, qui femble effacer ces licences: tant il eft vrai qu'un habile Artifte fe montre toujours, & que malgré fon peu de févérité fes productions font fouvent préférables à une compofition plus réguliere en apparence, mais qui ne préfente aux fpectateurs qu'une ordonnance froide & infipide!

Nous avertiffons néanmoins qu'il ne faut pas imiter de trop près les licences dont on parle ici: je crois l'avoir déja dit ailleurs, il faut du mérite pour fçavoir diftinguer ce qui peut être fuivi, & beaucoup d'expérience & de capacité pour ofer faire ufage de ces exemples; autrement ils ne fervent le plus fouvent qu'à ouvrir une carriere aux demi fçavans qui prennent pour autant d'autorités les parties acceffoires qu'un habile Architecte a cru devoir rifquer dans fon édifice en faveur du bien général qui en revient au total. Or comme ces imitateurs n'ont ni le même befoin, ni la même intelligence, ils font parade de ce que leur original avoit pris foin de mafquer ou de cacher dans les parties les moins importantes de fes bâtimens, d'où réfulte le défordre que quelques-uns introduifent aujourd'hui dans leur décoration extérieure.

Aux deux côtés de l'aile de bâtiment dont nous venons de parler on voit en A, la coupe du corps de logis fur la rue, & celle du corps de logis du fond de la cour marquée B; c'eft dans cette derniere qu'on apperçoit le développement du grand efcalier. La lettre C exprime la rampe qui conduit à l'appartement du premier étage, & par laquelle, ainfi que nous l'avons déja dit, on doit être defcendu pour du pallier D remonter une pareille rampe qui lui eft oppofée, & parvenir au niveau des appartemens placés en aile au deffus du foubaffement, vis-à-vis de celle que nous venons de décrire. La lettre E marque le pallier du deu-

xiéme

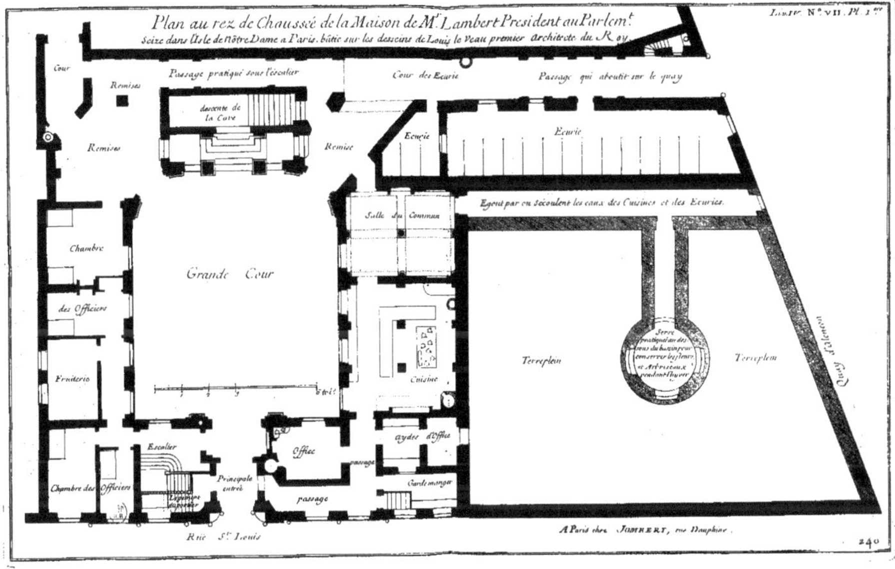

Plan au rez de Chaussée de la Maison de Mr. Lambert President au Parlemt.
Seize dans Isle de Nôtre Dame a Paris, bâtie sur les desseins de Louis le Veau premier Architecte du Roy
Tom.IV. N°. VII. Pl. 1re.
Cour
Remises
Remises
Passage pratiqué sous l'escalier
descente de la Cave
Cour des Ecurie
Remise
Ecurie
Ecurie
Passage qui aboutit sur le quay
Egout par ou sécoulent les eaux des Cuisines et des Ecuries
Chambre
des Officiers
Fruiterie
Grande Cour
Salle du Commun
Cuisine
Terreplein
Serre pratiqué au des sous du bassin pour conserver les fleurs et Arbrisseaux pendant l'hiver
Terreplein
Quay d'Alençon
Escalier
Chambre des Officiers
Principale entrée
Offic
passage
Aydes d'Office
Garde manger
passage
Rue St. Louis
A Paris chez JOMBERT, rue Dauphine.
240

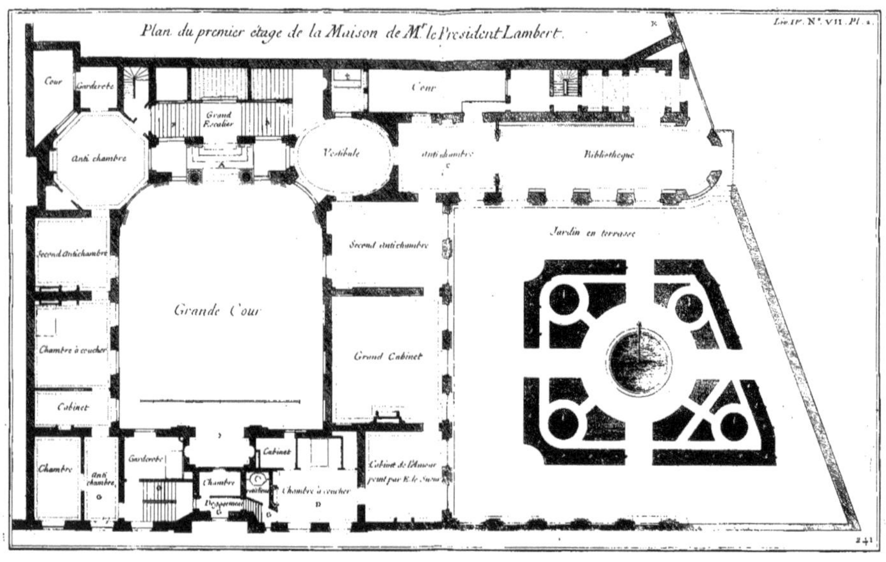

Plan du premier etage de la Maison de Mr. le President Lambert.
Liv. IV. N°. VII. Pl. 2.
Cour
Garderobe
Grand Escalier
Cour
Anti chambre
Vestibule
anti chambre
Bibliotheque
Second Antichambre
Second antichambre
Jardin en terrasse
Grande Cour
Grand Cabinet
Chambre à coucher
Cabinet
Chambre
anti chambre
Garderobe
Cabinet
Chambre
Chambre à coucher
Cabinet de l'Amour peint par E. le Sueur
Degagement
241

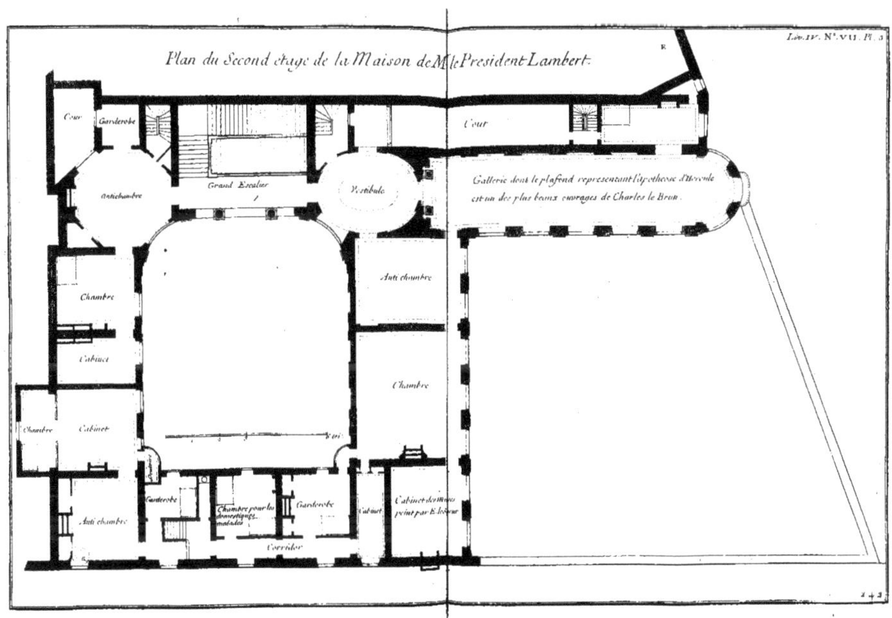

Plan du Second étage de la Maison de M. le President Lambert.
R
Cour
Garderobe
Antichambre
Grand Escalier
Vestibule
Cour
Gallerie dont le plafond representant l'apotheose d'Hercule
est un des plus beaux ouvrages de Charles le Brun.
Chambre
Cabinet
Anti chambre
Chambre
Cabinet
Chambre
Cabinet
Anti chambre
Garderobe
Garderobe
Chambre pour les domestiques malades
Cabinet
Cabinet des muses peint par E. le Sueur
Corridor

Liv. IV. N.° VII. Pl. 4.
Elevation de la façade du corps de logis du côté de la cour ou est pratiquée
la principale entrée de la Maison de M.r le President Lambert.
8 toises.
243

xiéme étage qui communique de plain-pied aux deux ailes en retour fur la cour; voyez la Planche III. La coupe marquée A montre le développement du porche & de la porte d'entrée, au-deffus de laquelle par l'entrefole F on communique aux deux ailes dont il vient d'être fait mention, fans être obligé au premier étage de paffer par le grand efcalier. Ce corps de logis fur la rue ne s'éléve pas auffi haut que le refte du bâtiment, une plus grande élévation fans doute auroit rendu la cour trop fombre, ayant déja remarqué qu'elle étoit d'une médiocre grandeur. Cette obfervation, qui eft importante ici, doit engager à ne pas critiquer inconfidérément un bâtiment & à examiner, avant que de porter fon jugement fur un édifice, fi des raifons de convenance ou quelques fujettions particulieres n'ont pas porté l'Architecte à prendre une route contraire à celle que dans toute autre circonftance il auroit fuivie s'il n'eut pas été affujetti par des raifons effentielles qui ailleurs ne pourroient avoir lieu.

Elévation du fond de la cour & façade du côté du jardin, avec les coupes en retour des deux ailes de bâtiment. Planche VI.

L'avant-corps marqué A eft compofé au rez-de-chauffée d'un Ordre Dorique de même proportion que celui dont nous avons parlé, Planche IV, mais ici il eft furmonté d'un Ordre Ionique d'une proportion très-licentieufe, car non-feulement il eft plus court d'un diamétre que l'Ordre de deffous, contre tout principe d'optique, mais fa bafe porte immédiatement fur la corniche Dorique dont la faillie altere une partie de la hauteur réelle de cet Ordre. D'ailleurs la baluftrade placée dans les entrecolonnemens vient pénétrer d'une maniere vicieufe le fuft inférieur des colonnes & fert à rendre la proportion du grand entrecolonnement trop courte, relativement à l'expreffion moyenne de l'Ordre Ionique, & comparée avec l'entrecolonnement de l'Ordre Dorique de deffous qui eft trop fvelte : inadvertance qui n'eft pas tolérable. On peut obferver auffi que la faillie de cet avantcorps n'eft pas affez marquée, & que ce peu de relief ne peut aller avec les grandes ouvertures des entrecolonnemens & la capacité totale de cet avant-corps qui étant terminé dans fa partie fupérieure par un fronton, fembloit exiger une faillie plus mâle & plus nourrie.

L'aile de bâtiment du côté du jardin, marquée B, eft d'une Architecture bien différente : grande, fimple, noble & majeftueufe, elle femble faite pour détruire celle dont nous venons de parler. Un grand Ordre de pilaftres Ioniques qui embraffe deux étages & qui a trois pieds deux pouces de diamétre, décore tout ce bâtiment de ce côté. Ces pilaftres font couronnés d'un entablement du quart de la hauteur de l'Ordre, leurs intervalles font percés par de grandes ouvertures qui n'ont ni chambranle ni bandeau, mais elles font feulement féparées par un plinthe horizontal tenu très-méplat. Cet Ordre coloffal eft terminé par un Attique dont la proportion trop courte & la faillie confidérable de l'entablement qui le foutient mafque une partie de la hauteur, défaut qu'il faut fçavoir éviter, parce qu'autrement les croifées & les pilaftres de cet Attique, vûes d'en bas, paroiffent trop écrafées. Nous remarquerons auffi que les croifées du premier étage font trop élevées par rapport à celles du deffous, & fi la néceffité a obligé d'élever leur claveau jufques deffous l'architrave, à caufe de la lumiere qu'on a voulu procurer dans l'intérieur de la gallerie, du moins falloit-il fe paffer de balcon à ces croifées; par là elles auroient acquifes une proportion plus convenable & auroient nourri le milieu de la hauteur des entrepilaftres dont l'élégance & la légéreté ne va point avec la fimplicité & le caractere mâle qui regne dans l'ordonnance de toute cette façade.

Les coupes C, D montrent le développement & la hauteur intérieure des pieces qui régnent dans les deux ailes fur la longueur de la cour. On n'a exprimé

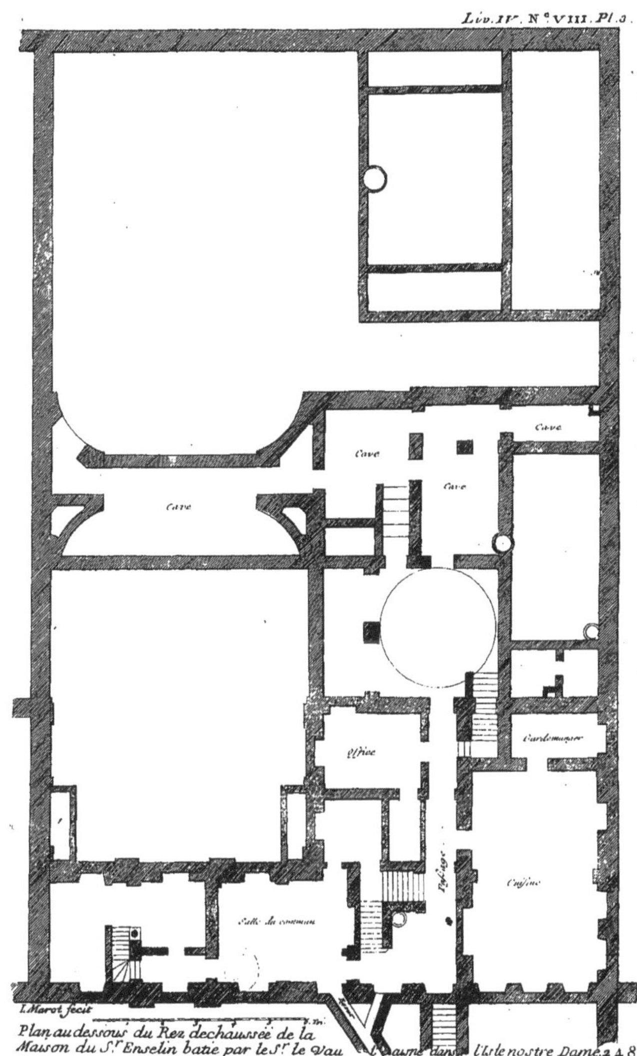

Plan au dessous du Rez dechaussée de la
Maison du Sr Enselin batie par le Sr Le Vau ... dans l'Isle nostre Dame. 248

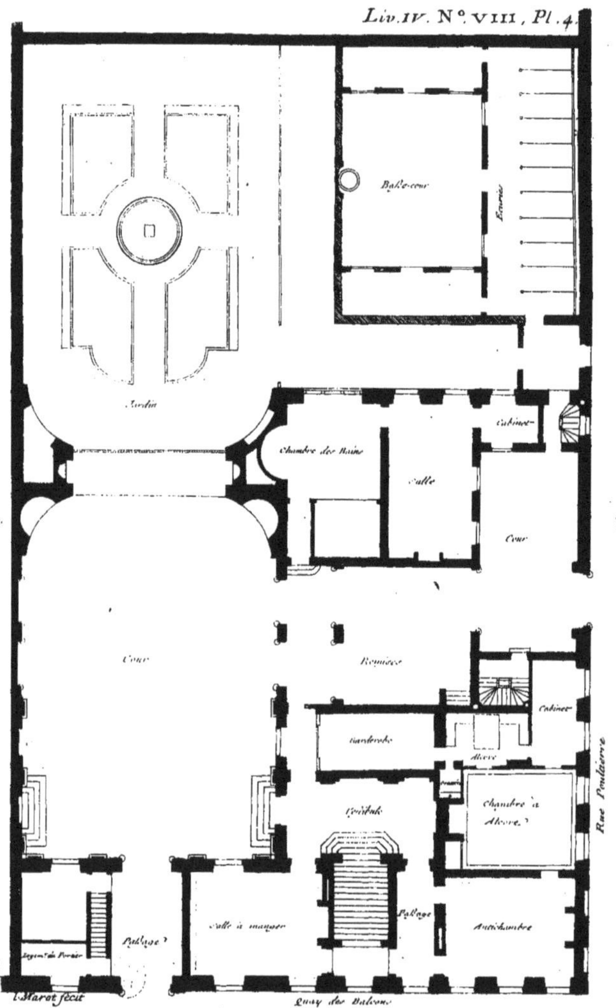

Plan du rez de chaussée de la Maison du Sr Enselin batie par le Sr le Vau l'ainé   249

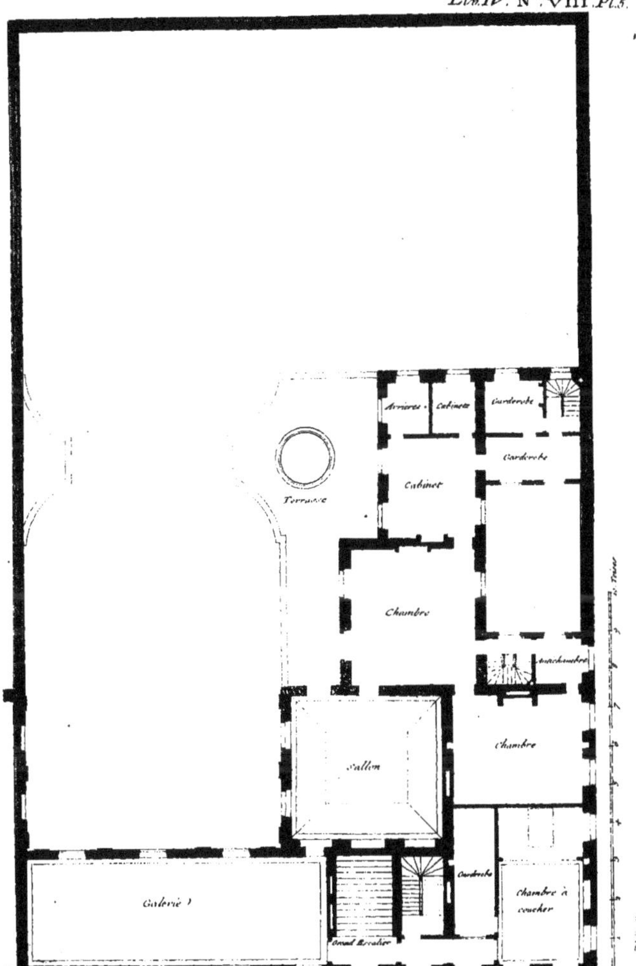

Plan du Second estage de la maison du S.ᵗ Enselin bâtie par le S.ᵗ le Vau l'aisné

La face de L'entrée de la Maison de Monsieur Hinsselin, dans L'Isle Nostre Dame   LIV.IV. N°.VIII. Pl.6.
A

251

Profil du dedans de la Maison de Monsr. Henzelin dans l'Isle nostre Dame.

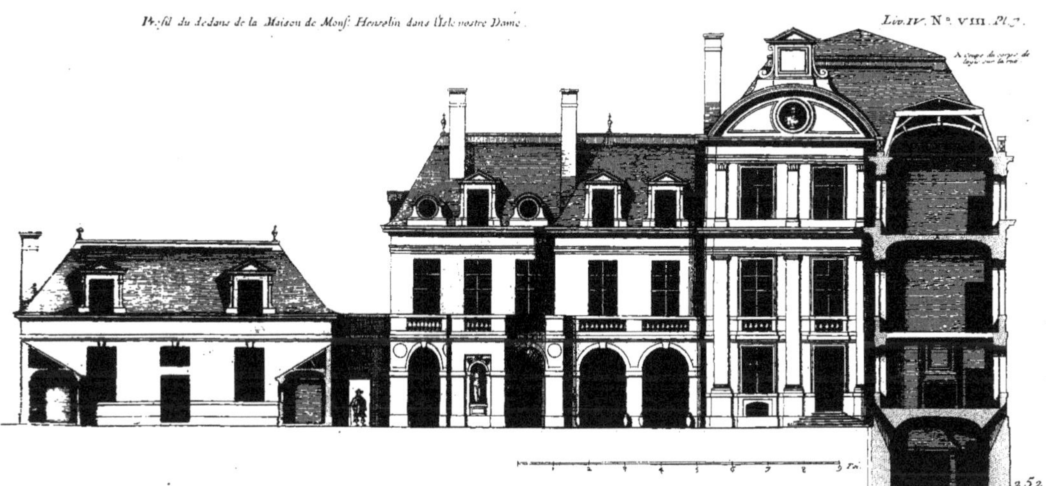

Cet Hôtel appartient aujourd'hui à M. le Marquis de Bretonvilliers qui le loue 13000 liv. aux Fermier-Généraux, lésquels depuis 1719 y ont établis des Bureaux pour les Aydes & le papier timbré.

L'Ifle Notre-Dame, dans laquelle font fitués les deux Hôtels dont nous venons de faire mention, renferme encore plufieurs belles maifons particulieres que nous n'entreprendrons pas de décrire, étant la plupart bâties d'une maniere peu intéreffante; nous comprendrons feulement dans ce Chapitre une maifon fife fur le Quay Dauphin, & élevée pour M. Henfelin, fur les deffeins de Louis le Veau, Architecte du Roi, qui a donné ceux de l'Hôtel de Lambert, dont nous venons de parler dans le Chapitre précédent. On trouvera fur les Planches III, IV, V, VI, VII & VIII les plans & les élévations de cette Maifon qui a fouffert peu de changemens depuis fon édification, quoiqu'elle ait plufieurs fois changé de maître; elle appartient aujourd'hui à Mr. Negre, Lieutenant Criminel au Châtelet. A côté de cette Maifon, le Veau en fit bâtir une autre moins confidérable, dont on a exprimé la façade extérieure marquée A, Planche VI, attenant celle de M. Henfelin, & dont on voit le côté de la cour marqué B vû en perfpective fur la Planche VIII.

Maifon de M. Henfe-lin.

CHAPITRE IX.

Defcription de l'Eglife de la Communauté des Filles de la Vifitation de Sainte Marie, & de l'Hôtel de Sully, rue & près de la Porte St. Antoine.

EGLISE DES FILLES DE SAINTE MARIE.

CET établiffement fut commencé en 1610, par *St. François de Sales*, Evêque de Genêve; il fut enfuite érigé en Religion & confirmé par le Pape Paul V, fous la regle de S. Auguftin. En 1619, plufieurs de ces Religieufes qui réfidoient alors à Bourges vinrent à Paris, à la follicitation de St. François de Sales, & avec la permiffion de *Henry de Goudy*, Cardinal de Retz, Evêque de Paris, &c. Après avoir demeuré dans différentes maifons particulieres, la mere *Helene-Angelique Lhuillier*, fupérieure de cette maifon, acheta en 1628 l'Hôtel de Coffé, fitué rue S. Antoine, & dès qu'il fut approprié pour une Communauté, il fut occupé par ces Religieufes. On fongea après à bâtir l'Eglife qui fait ici notre objet, & dont la premiere pierre fut pofée le dernier Octobre 1632, par le *Commandeur de Sillery*, qui donna une fomme confidérable pour fon édification, & qui choifit *François Manfard*, dont nous avons parlé dans ce Volume page 62, pour donner les deffeins & prendre la conduite de ce bâtiment.

Eglife des Filles de Ste Marie.

Le nom de l'illuftre Manfard fait feul l'éloge du monument dont nous parlons ici; dès l'âge de vingt-fix ans il avoit donné (dans le portail des Feuillans) des preuves de fa haute capacité dans un art qui depuis l'ignorance des fiécles qui l'avoient précédés jufqu'à lui, n'avoit pas encore pû prendre le deffus d'une maniere ftable & conftante. En effet, comme nous l'avons remarqué ailleurs, c'eft à cet Architecte que la France eft redevable du goût antique dont on a fait ufage dans l'Architecture: goût préférable à l'extravagance ingénieufe de la maniere de bâtir des Goths, malgré ce que vient de publier en leur faveur un de nos célébres Architectes, qui fans doute a plutôt voulu nous donner des preuves de fon érudition que fon fentiment particulier fur ce genre d'Architecture, dont il s'eft lui-même éloigné dans toutes fes productions. (Voyez *une differtation fur l'Architec-*

ture, imprimée dans le *Journal Oeconomique du mois de Mars 1752, page 68.*

Je me fuis déja annoncé pour ne vouloir prendre aucun efprit de parti fur les différens fiftêmes des Architectes qui paroiffent ici tour à tour. J'avertis encore que je ne dis mon fentiment fur leurs ouvrages qu'autant que je me trouve appuyé fur l'expérience & fur l'examen réfléchi que j'ai fait féparément de leurs productions, laiffant aux perfonnes véritablement éclairées & non prévenues les difcuffions que cet examen produit naturellement ; cependant, malgré le fuffrage accordé en général aux ouvrages de Manfard, je n'en dirai pas moins mon fentiment fur les différentes routes qu'il a tenu dans l'édification des bâtimens qui lui appartiennent dans ce Recueil. On doit s'attendre même que toutes les fois que je croirai m'appercevoir que les parties ne s'accorderont pas avec le tout, ou que j'obferverai que l'efprit de convenance ne fe rencontre pas exactement répandu dans l'ordonnance de fes bâtimens, je releverai fes inadvertances, non pour en faire la critique, mais pour d'une part foumettre mon jugement aux hommes verfés dans l'art, & de l'autre dans l'intention d'inftruire ceux qui n'ont qu'une connoiffance encore fuperficielle de notre profeffion.

Plan de l'Eglife de la Vifitation de Ste. Marie. Planche premiere, Fig. premiere.

Le plan de l'Eglife dont nous parlons ne confifte que dans une rotonde de quarante-deux pieds de diamétre, au tour de la circonférence de laquelle font plufieurs Chapelles diftribuées avec fimétrie dans les arcades, & des croifées percées dans le mur circulaire de cette rotonde. Toutes ces ouvertures font fermées au rez-de-chauffée par des baluftrades de marbre noir dont les travées font remplies de baluftres de bronze d'une forme renverfée, mais d'un profil affez correct. Le maître Autel marqué A a été décoré depuis l'édification de cette Eglife dans un goût moderne, par une grande gloire, des Anges adorateurs, &c. L'ouverture E eft fermée d'une grille par où les Religieufes reçoivent la Communion, & où elles arrivent du chœur C par le paffage de communication marqué F. L'entrée D eft éclairée par une lanterne dont on voit la forme extérieure marquée A dans la Figure deuxiéme de la Planche dont nous parlons. A cette entrée vers la porte principale eft un porche ou tambour de menuiferie, au-deffus duquel eft une tribune propre à placer des orgues. La Chapelle B eft celle de St. François de Sales, inftituteur de cette Communauté : elle fe trouve en face du chœur des Religieufes marqué C.

L'intérieur de cette coupole eft décoré de huit pilaftres Corinthiens de deux pieds neuf pouces de diamétre, dont les bafes font Attiques, & les chapiteaux de feuilles de perfil, d'une affez médiocre exécution. Sur ces pilaftres regne un grand entablement orné de modillons & de rofes enfermées dans des caffettes. La cimaife fupérieure de cet entablement eft fupprimée ; au-deffus s'éleve la voute furmontée d'une calotte, laquelle eft terminée par une lanterne dont le fommet eft peint d'un fujet colorié. La voute eft percée de quatre croifées terminées en ceintre furbaiffé ; leurs intervalles font décorés de compartimens d'Architecture d'affez bon goût, ornés de cartels & de draperies de fculpture, d'un deffein lourd & pefant, ainfi que tous les ornemens qui fe remarquent dans l'ordonnance de cette Eglife dont l'intérieur vient d'être regratté à neuf. On y voit trois épitaphes d'un deffein uniforme & d'une affez belle exécution. En général on remarque dans ce monument une fermeté dans les profils & un accord dans les parties qui annonce le goût folide & nourri que François Manfard a fçu répandre dans toutes fes productions, en fe corrigeant néanmoins de l'air de pefanteur qui regne ici, contraire à la convenance d'un lieu de l'efpece dont nous parlons.

Décoration

Décoration extérieure de l'entrée de cette Eglise. Planche premiere. Figure II.

Cette Figure deuxiéme préfente en petit la façade extérieure de toute cette Eglife, du côté de la rue, & par fon afpect il eft facile de confidérer ce carac- tere mâle dont nous venons de parler, qui femble ne pas convenir à un édifice deftiné à une Communauté de Religieufes, & dont l'ordonnance devoit annon- cer une expreffion légére que Manfard n'a affectée que dans la porte feulement, où il a fait choix d'un Ordre Corinthien ; mais comme cet Ordre n'a que dix-neuf pouces de diamétre, il ne peut aller avec la fimplicité virile de l'efpece d'arcade feinte qui le reçoit, non plus qu'avec toute la partie fupérieure de ce monument. Ce contrafte, felon quelques-uns, annonce d'une part la conftitution foible des perfonnes qui habitent ce Monaftere, & de l'autre le courage avec lequel elles foutiennent les auftérités de leur régle, & les peines de l'éducation que ces Religieufes donnent par état aux jeunes perfonnes qui leur font confiées. Cette confidération, quoique affez vraifemblable, eft néanmoins trop infuffifante pour déterminer en pareille occafion à allier les contraires avec tant d'excès, & il paroît qu'on ne devroit défigner ces différens fymboles que par les allégories des figures, des bas-reliefs, &c.

J'ignore fi ces obfervations plairont aux connoiffeurs ; je conviens que de tous les tems j'ai entendu faire l'éloge de cet édifice, même par les maîtres de l'art, mais ce que j'avance ici eft une fuite des combinaifons & des rapports que j'ai annoncé devoir préfider dans toutes les efpeces de bâtimens. D'ailleurs j'ai rapellé au commencement de ce Chapitre que j'en uferois ainfi fans avoir égard au fen- timent des perfonnes qui en général admirent les chofes de loin fans entrer dans l'analife des ouvrages qu'ils approuvent. Ainfi fans prétendre ici que mon opinion faffe loi, je continuerai en obfervant (dans la Planche II, qui offre feulement le frontifpice de ce Temple) que la fimplicité des piédroits C, la grandeur de l'arc D, le caractere des profils & leur fermeté, (*voyez leur détail marqué A, Planche III,*) femblent anéantir l'ordonnance de l'entrée de ce monument. Au furplus cette entrée, décorée par des colonnes renflées, d'un petit diamétre & d'une dimi- nution trop fenfible, & couronnées d'un entablement fubdivifé & d'un fronton triangulaire d'un étendue très-peu confidérable, préfente en général plutôt la porte d'un tabernacle que celle d'un édifice facré. Ainfi on ne peut eftimer ces différens genres de beauté que féparément, de même qu'il faut confidérer à part la grande arcade feinte & les membres d'Architecture qui l'accompagnent, en évitant néanmoins d'en faire un ufage inconfidéré, ayant démontré ailleurs que toute ordonnance qui ne paroiffoit pas vraifemblable préfentoit toujours à l'œil du fpectateur un déréglement plus ou moins condamnable, felon que l'édifice femble exiger plus ou moins de févérité.

Les figures couchées fur le fronton font d'une affez belle exécution, mais la partie des ornemens en général leur eft fort inférieure & tient de la péfanteur de ce genre de Sculpture, qui en 1632 fe reffentoit encore de l'ignorance des fiécles qui l'avoient précédé.

La Planche III offre les détails des principaux membres d'Architecture de ce frontifpice, dont les mefures font cottées avec affez de précifion. On y voit auffi le plan, où l'on peut remarquer que les colonnes Corinthiennes dont nous avons parlé font adoffées contre le nud du mur & femblent être nichées, d'une part par la profondeur des piédroits C & de l'autre par la faillie que forme le chambranle de la porte marqué D. Cette faillie paroît trop confidérable pour une ordonnan- ce légére, & n'a été fans doute introduite ici que pour donner un relief à cette partie qui pût répondre en quelque forte à l'expreffion mâle des piédroits & de l'entablement circulaire dans lefquels cette porte eft enfermée.

Eglife des
Filles de
Ste Marie.

HOTEL DE SULLY.

Hôtel de Sully.

Avant que de finir ce Chapitre nous expliquerons les Planches IV & V qui donnent le plan, les élévations & la coupe de l'Hôtel de Sully, situé rue S. Antoine, près de l'Eglise dont nous venons de parler. Cet Hôtel fut bâti sur une partie de l'emplacement de l'Hôtel des Tournelles, (a) par Androuet Ducerceau, pour *Maximilien de Bethune*, Duc de Sully. Ce bâtiment est construit dans le même goût que l'Hôtel de Bretonvilliers dont nous avons fait mention dans le Chapitre précédent, c'est-à-dire distribué sans commodité, ainsi qu'on peut le remarquer dans la Figure premiere de la Planche IV. Les décorations extérieures ont aussi le défaut d'être chargées d'une infinité de membres d'Architecture qu'on a pris soin d'élaguer dans nos bâtimens depuis que François Mansard nous a donné l'exemple d'une Architecture plus simple & plus naturelle. Néanmoins on ne peut refuser quelque estime à l'ordonnance de la porte de l'Hôtel dont nous parlons, Figure deuxiéme, même Planche, & à la distribution réguliere des pavillons de cette façade qui, si elle étoit dépouillée des refends, des petits frontons de dessus les croisées, & principalement des deux grandes corniches circulaires qui couronnent l'extrémité supérieure de ses pavillons, auroit de quoi plaire.

Cette même réforme seroit nécessaire aux élévations que nous montrent les Figures premiere & deuxiéme de la Planche V, & qui représentent l'une la façade du côté des jardins, prise dans le plan sur la ligne A B, l'autre la coupe & profil prise dans le même plan sur la ligne C D, & qui malgré ces observations nous ont paru mériter place dans ce Recueil, ayant pour objet, ainsi que nous en avons déja averti, de présenter de tems à autre le goût des différens Architectes François des siécles précédens.

(a) L'Hôtel des Tournelles étoit une Maison Royale sise rue S. Antoine, qui contenoit non-seulement le terrain qu'occupe aujourd'hui la Place Royale, mais encore celui des Minimes & la plus grande partie des rues de ce quartier. Cette Maison avoit pris ce nom d'une grande quantité de tours dont elle étoit environnée ; elle appartint d'abord à *Pierre Dorgemont*, Chancelier de France. Son fils la vendit ensuite à *Jean de France*, Duc de Berry, qui la donna en échange au Duc d'Orléans. Dans la suite Paris étant tombé au pouvoir des Anglois, *le Duc de Betfort*, Régent du Royaume en l'absence de Henry V & pendant la minorité de Henry VI, Rois d'Angleterre, s'empara de cet Hôtel, & l'embellit en 1425 en l'aggrandissant considérablement. Les Anglois ayant été chassés du Royaume, Charles VII demeura presque toujours à l'Hôtel des Tournelles, ainsi que ses successeurs, jusques à Charles IX qui ordonna qu'il fut démoli parce que Henry II son pere y étoit mort d'un coup de lance qu'il avoit reçu à la joute contre *Montgommeri* devant cette Maison Royale. Il y avoit dans ce Palais plusieurs préaux, plusieurs Chapelles, douze galleries, deux parcs, six grands jardins, sans compter un Labyrinthe qu'on nommoit *Dédale*. Voyez *Piganiol*, Tome IV. page 308.

L'Hôtel de S. Paul, situé vis-à-vis celui des Tournelles, rue St. Antoine, a été une Maison Royale très-considérable dans le treiziéme siécle, & dont il paroît intéressant que le Lecteur soit instruit, quoique plusieurs Auteurs en ayent fait mention, entr'autres Piganiol, d'après qui j'ai fait l'extrait que je donne ici.

Charles de France, Dauphin de Viennois, fils aîné du Roi Jean & Régent du Royaume, acheta l'Hôtel d'Etampes près de l'Eglise de S. Paul, & y fit commencer les bâtimens de l'Hôtel de ce nom ; peu de tems après il acheta l'Hôtel des Abbés & Religieux de S. Maur, & en 1365 il acquit de Guillaume de Melun, Archevêque de Sens, l'Hôtel que les Archevêques de cette Ville avoient dans ce voisinage, en place duquel ils firent bâtir en 1368 l'Hôtel de Sens qu'on voit encore aujourd'hui. Charles VI, en 1398, joignit à l'emplacement de ces trois Hôtels celui du petit Musc & plusieurs autres maisons de la rue S. Paul, dont les terrains réunis devinrent si considérables qu'on y comptoit plusieurs Hôtels, sçavoir celui *de Beautreillis*, *de Puitemus* ou *Petit Musc*, *de la Pissote*, *des Lions*, l'Hôtel neuf *du Pont-Perrin*, le Château de la Bastille, &c. L'entrée du principal corps de logis de tous ces Hôtels étoit du côté de la riviere, sur le Quay nommé aujourd'hui *des Célestins*.

Dans cette quantité considérable de bâtimens, le Roi, la Reine, les Enfans de France, les Princes du Sang, le Connétable, le Chancelier & ceux qui étoient en faveur avoient de très-grands appartemens, la plupart accompagnés de Chapelles, de jardins, de préaux & de galleries ; il y avoit entr'autres une cour si grande & si spacieuse qu'on y joutoit, ce qui la faisoit nommer *la cour des Joutes*. Les actions les plus remarquables de la vie de Charles V, de Charles VI, & de Charles VII se sont passées dans ce Palais, & les fêtes les plus solemnelles de ce tems y furent célébrées.

Quoique Charles V eut uni en 1364 l'Hôtel de St. Paul au domaine de la Couronne & qu'il eut défendu de l'en démembrer sous tel prétexte que ce fut, néanmoins Louis XI divisa en 1463, en 1480, & en 1490 diverses parties de cet Hôtel qu'il distribua à différens particuliers. Ensuite François Premier, en 1516, vendit le principal corps de logis qui étoit sur le Quay des Célestins, & en 1543 il ordonna que les autres bâtimens seroient vendus, ce qui fut exécuté.

C'est sur les ruines de ces Hôtels qu'ont été formées les rues qui sont depuis la rue St. Paul jusques aux fossés de l'Arcenal, lesquelles conservent encore les noms des bâtimens de l'Hôtel de S. Paul, telles que la rue de Beautreillis, des Lions, du Petit Musc, &c.

Fig. I.

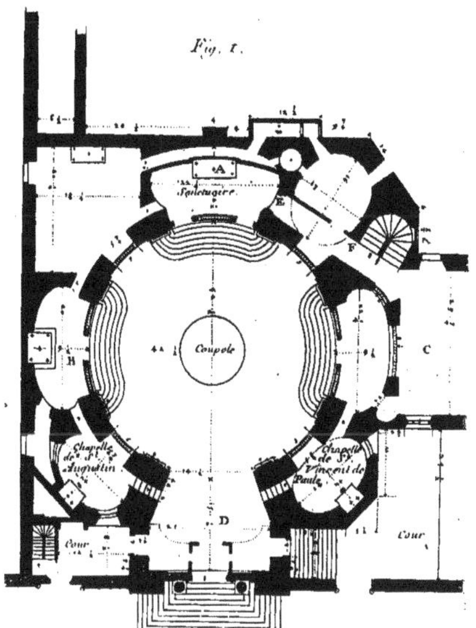

Plan de l'Eglise de S.te Marie proche la Porte de S.t Antoine
bâtie par François Mansard.

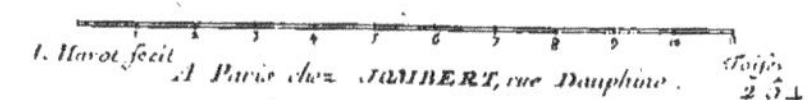

I. Havot fecit
A Paris chez JAUBERT, rue Dauphine.
Toises
25+

Le Portail de l'Eglise Des filles de S.te Marie proche la porte
de S.t Antoine

Fig. II.

Elevation du Portail de l'Eglise des filles de la Visitation S.te Marie rue S. Antoine à Paris, bâti en 1632 sur les desseins de François Mansard.

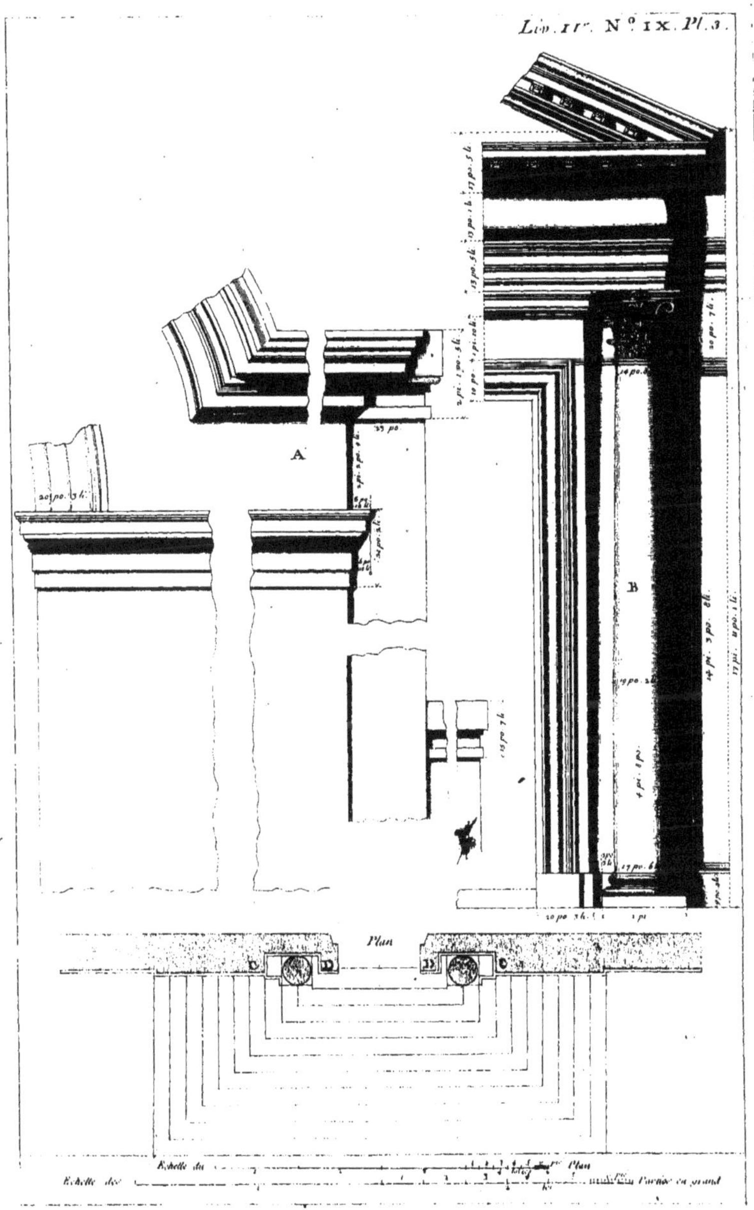

Dessein en grand des principaux membres d'architecture du Portail de l'Eglise de Ville St. Marie.

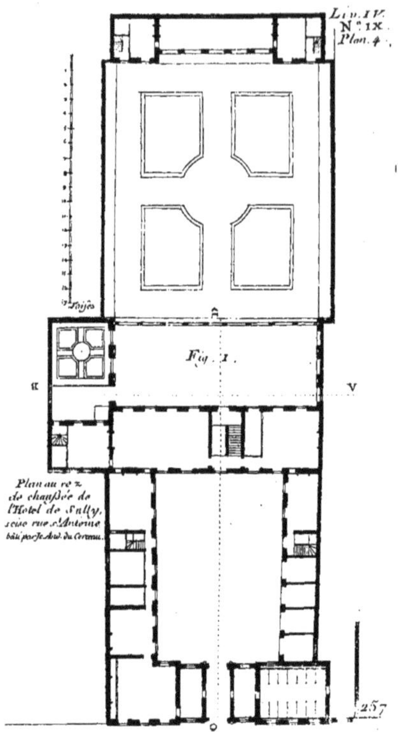

Elevation de l'Hotel de Sully, du côté de la rue.

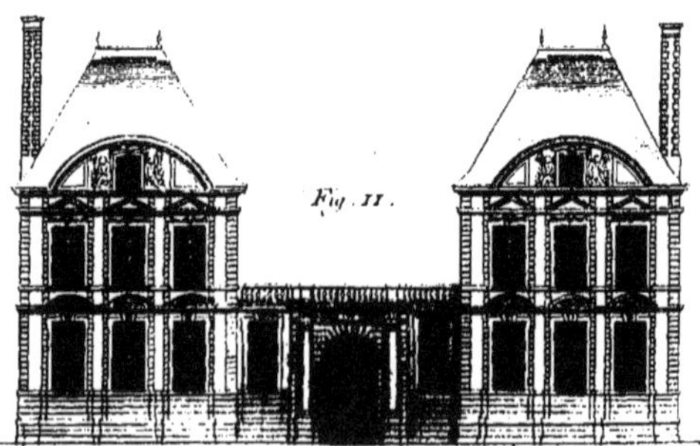

CHAPITRE X.

Description de la Maison de M. Dunoyer, sise à l'extrémité de la rue de la Roquette, Faubourg St. Antoine.

Maison de
Mr. Du-
noyer,

CETTE Maison a été bâtie sur les desseins de Mr. Dulin (*a*) Architecte, vers le commencement de ce siécle, pour Mr. Dunoyer, premier Greffier au Parlement de Paris, beau-frere de la Dame Dunoyer, connue par ses Lettres. Elle appartient aujourd'hui à Madame *de Winterfelt*, fille de Madame Dunoyer dont nous parlons, aussi bien qu'à ses autres héritiers, moyennant une pension qu'ils sont à la veuve du sieur Dunoyer que nous venons de citer. Cette maison est actuellement occupée par Mr. de Réaumur (*b*), Commandeur & Intendant de l'Ordre Royal & Militaire de S. Louis, pensionnaire de l'Académie des Sciences pour la mécanique, de la Société Royale de Londres, des Académies de Péterfbourg, de Berlin, &c. C'est à ce génie rare & excellent qu'on est redevable d'une partie des découvertes qui se sont faites de notre tems sur l'histoire naturelle dont il possede une collection qui fait l'admiration des personnes qui ont du goût & des connoissances dans cette partie de la Physique.

Plan au rez-de-chaussée du corps de logis. Planche premiere.

Nous ne donnons ici que le plan du rez-de-chaussée de ce bâtiment, le premier étage (*c*) étant assujetti à peu de chose près aux murs de face & de refend de celui dont nous parlons. Ce principal corps de logis est situé entre cour & jardin; ce dernier est assez vaste & composé de grands parterres, d'allées, de bosquets, d'une orangerie, d'un potager, &c. La cour principale, tenue de toute la largeur du bâtiment, est précédée d'une avant-cour d'un espace moins considérable & dont elle est séparée par une grille de fer. Cette avant-cour est plantée d'arbres & donne entrée à des basse-cours munies de bâtimens qui procurent au principal corps de logis les dépendances nécessaires à un édifice qui peut être regardé comme une maison de plaisance, étant situé à une des extrémités de Paris. M. de Réaumur s'y est retiré par préférence pour s'adonner plus tranquillement à une étude & à des observations réfléchies qui tournent si avantageusement au bien de la société, au succès des sciences & au progrès des beaux arts.

Un grand avant-corps du côté de la cour, arrondi par les angles, forme le milieu de ce bâtiment, & lui procure dans cette partie seulement un semi-double pris tant dans la saillie de cet avant-corps qu'aux dépens du sallon. Cette piece moins spacieuse que le grand cabinet, doit être considérée comme une antichambre qui dégage le côté de la cour d'avec celui du jardin, quoiqu'elle serve aujourd'hui de Bibliothéque, cette maison en général étant beaucoup trop resserrée

---

(*a*) Voyez ce que nous avons dit de cet Architecte dans le premier Volume, page 215.

(*b*) Nous avons de ce sçavant plusieurs ouvrages fort estimés, entr'autres l'art de convertir le fer en acier & d'adoucir le fer forgé *in*-4°; lui l'histoire générale des insectes, dont il y a déja six Volumes *in*-4°. au jour; enfin la maniere de faire éclorre les poulets, en deux Volumes *in*-12, sans compter une infinité d'observations sur les sciences & les arts, qui se trouvent répandues dans les Mémoires de l'Académie des Sciences.

(*c*) C'est dans ce premier étage que se trouve rassemblée cette superbe collection dont nous venons de parler, distribuée dans huit pieces de plain pied, dont la premiere contient les quadrupedes, la seconde & la troisiéme les oiseaux, la quatriéme la suite des oiseaux, les œufs & les nids, la cinquiéme les fossiles, la sixiéme les insectes, la septiéme les poissons & autres curiosités aquatiques, la huitiéme enfin les graines & les plantes à l'usage des arts & de la Médecine, le tout rangé avec beaucoup d'ordre, & communiqué au public avec une complaisance & une affabilité dignes du zelé Citoyen à qui appartient l'assemblage de tant de merveilles, dans le nombre desquelles nous remarquerons que les collections des quadrupedes, des oiseaux & des insectes sont les plus completes qu'il y ait en Europe.

On voit aussi dans les basse-cours de cette maison un endroit destiné à faire éclorre les poulets, suivant la méthode de Mr. de Réaumur. Ces curiosités sont aussi offertes au public qui désire en avoir quelque connoissance.

 pour la demeure du fçavant qui l'occupe. A la droite de ce fallon étoit un grand cabinet qui préfentement fert de falle de compagnie, cette piece eft fuivie d'un cabinet d'étude, au-deffus duquel, au premier étage, eft une feule chambre à coucher, toutes les autres pieces de cet étage étant deftinées à la nombreufe collection dont nous venons de parler. A la gauche du fallon eft une falle à manger, un office, une cuifine, &c.

On a tiré parti de cette diftribution généralement autant qu'il étoit poffible de le faire dans un bâtiment fimple, mais pour procurer un femi-double à l'avant-corps du milieu & trouver la place d'un efcalier, qui eut été mieux fitué à droite qu'à gauche, l'on a fait trop faillir cet avant-corps, eû égard à la longueur de la façade. N'auroit-on pas pû le réduire à moitié & fe dédommager de cette fuppreffion en ayant affecté plus de faillie à l'avant-corps du côté du jardin qui ne marque pas affez ? N'auroit-il pas été poffible auffi d'avoir donné plus de profondeur à cette maifon entre les deux murs de face, ce qui auroit procuré une proportion plus agréable à toutes fes pieces ?

Elévation du côté de la cour. Planche II.

Cette façade eft compofée d'un rez-de-chauffée & d'un Attique au-deffus, à l'exception de l'avant-corps du milieu, qui dans fa largeur renferme un étage régulier. Cet avant-corps, ainfi que nous venons de le remarquer, eft arrondi par les angles, ce qui lui donne un air de pefanteur que des pans coupés auroient élégi, ayant fenti depuis long-tems que les tours rondes, ainfi que les tours creufes, réuffiffoient mal dans l'Architecture civile. Au refte, cette partie du milieu qui domine fur tout le refte de la façade, donne à ce bâtiment un air piramidal que les plus grands maîtres ont affecté dans leurs édifices, & que nous avons remarqué avoir été obfervé par M. Boffrand dans les bâtimens qu'il a fait élever, & dont nous avons fait la defcription dans le premier Volume.

On peut dire en général que les trumeaux de cette façade font trop confidérables, ce qui annonce auffi un air de pefanteur qui s'accorde mal avec la légéreté des plinthes & des corniches de cette élévation, auffi bien qu'avec le vuide des baluftrades qui font élevées au-deffus de fes arriere-corps.

Façade du côté du jardin. Planche III.

Cette façade a les mêmes dimenfions que la précédente, avec cette différence que l'avant-corps du milieu eft parallele au mur de face des ailes ; cet avant-corps eft auffi percé de trois ouvertures, mais comme il a moins de furface, les trumeaux font plus analogues à la baye des portes & des croifées. Il eft terminé par un fronton triangulaire au-deffus duquel s'éleve un comble à la Françoife qui fe remarque auffi fur la Planche précédente.

La baluftrade des ailes n'eft pas traitée avec plus de fuccès que celle de l'élévation dont nous venons de parler, & l'on peut remarquer dans l'avant-corps de cette façade, Planche III, que les tables & les reffauts affectés dans les trumeaux du rez-de-chauffée font fubdivifées par de trop petites parties : légéreté qui n'appartient qu'à la menuiferie, & qu'il faut éviter avec foin dans une façade, cette fubdivifion d'ailleurs ne fervant qu'à rendre la largeur des trumeaux des ailes encore plus confidérable. Les archivoltes continues & qui fervent d'impoftes aux piédroits de ces arcades font auffi à rejetter ; enfin il auroit été à fouhaiter qu'au deffus du plinthe de l'étage au rez-de-chauffée on eut fait régner un focle ou une retraite qui en exprimant le fruit qu'on eft ordinairement obligé de donner au mur de face, auroit fervi d'appui continu aux croifées du premier étage.

CHAP.

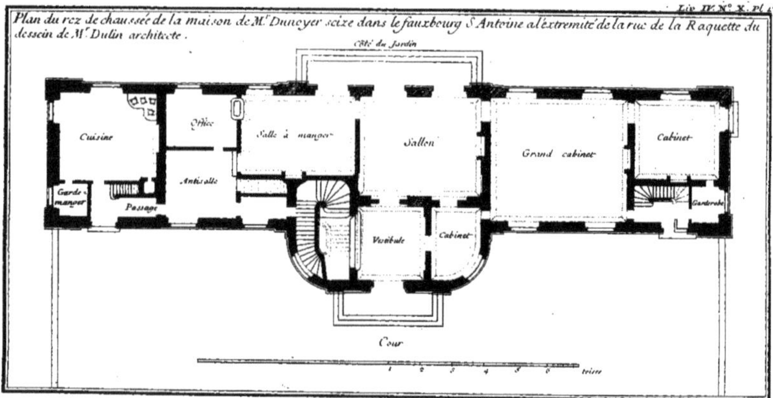

Liv. IV. N°. X. Pl. 5.
Plan du rez de chaussée de la maison de Mr Dunoyer scize dans le fauxbourg St Antoine a l'éxtremité de la rue de la Raquette du dessein de Mr Dulin architecte.
Côté du Jardin
Cuisine
Office
Garde manger
Passage
Antisalle
Salle à manger
Sallon
Vestibule
Cabinet
Grand cabinet
Cabinet
Garderobe
Cour
1 2 3 4 5 6 toises
à Paris chez JOMBERT rue Dauphine

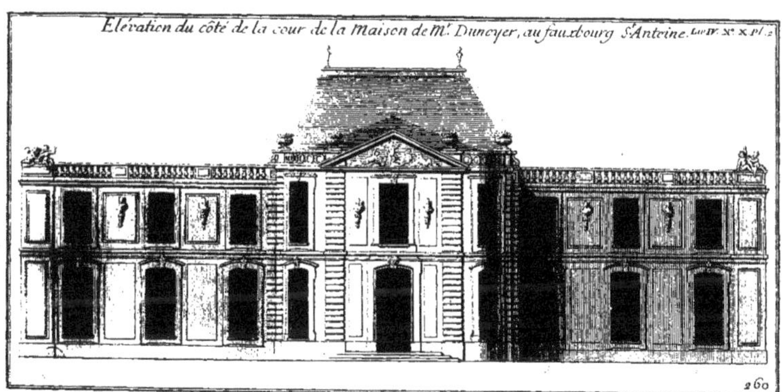

Elevation du côté de la cour de la Maison de M.r Dunoyer, au fauxbourg S.t Antoine. Liv. IV. Ch. X pl. 2
260

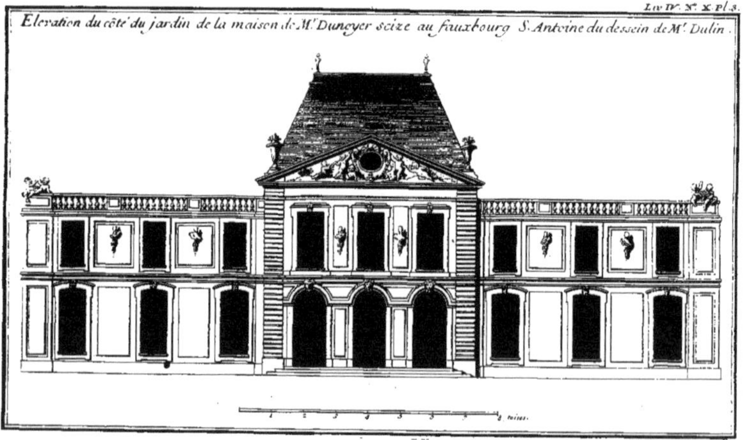

Liv. IV. N.° X. Pl. 3.
Elevation du côté du jardin de la maison de M.' Duneyer scize au fauxbourg S. Antoine du dessein de M.' Dulin.
toises.

CHAPITRE XI.

*Defcription de l'Arc de Triomphe érigé en l'honneur de Louis quatorze,
à l'extrémité du Faubourg St. Antoine, avec un projet compofé
à cette occafion par Mr. le Brun.*

ARC DE TRIOMPHE DU FAUBOURG Sᵀ. ANTOINE.

LA Ville de Paris ayant reçu tant de bienfaits de Louis XIV, & des marques fi éclatantes de fa bonté, elle voulut laiffer à la poftérité un monument de fa reconnoiffance ; pour cet effet elle fe propofa de faire élever un Arc de Triomphe qui annonçât aux citoyens & aux étrangers le nombre & la rapidité des conquêtes de ce grand Prince. En conféquence elle chargea les plus habiles Artiftes qui fuffent alors à Paris de travailler en concours au deffein de ce monument, enforte qu'il égalât en magnificence & qu'il furpaffât en grandeur ceux qui nous font reftés de l'Antiquité. Celui que Charles Perrault (*a*) préfenta à la Ville fut accepté, & la premiere pierre en fut pofée le fix Août 1670, mais il ne fut élevé en pierre que jufques à la hauteur des piédeftaux des colonnes, & pour juger de l'effet de l'ouvrage entier, on acheva le refte de cet édifice en plâtre, & il fut généralement approuvé des connoiffeurs, malgré les ennemis de Perrault ; cependant Louis le Grand parut, dit-on, fi peu fenfible à la perfection de ce monument, que la Ville en difcontinua la conftruction. Ce grand Prince étant mort, le Duc d'Orléans Régent du Royaume, y prit encore moins d'intérêt, de forte qu'on fe détermina en 1716 à rafer cet édifice, & il n'en eft refté que les fondemens qui, à ce que l'on affure, font encore en entier fous la grande chauffée du thrône (*b*) qui conduit de la barriere St. Antoine au Château de Vincennes.

Arc de triomphe de Perraut.

Elévation d'une des faces de l'Arc de Louis XIV. Planche premiere.

Cet Arc, ouvrage digne du célébre Architecte qui a bâti le périftyle du Louvre, avoit 146 pieds de largeur, fans compter la faillie des colonnes des faces latérales, fur 150 pieds de hauteur, y compris l'amortiffement. Par ces mefures il eft aifé de voir que ce monument étoit beaucoup plus confidérable que les deux Arcs antiques qui fe voyent encore à Rome, fçavoir celui de Conftantin (*c*) & celui de Septime Severe (*d*), le premier n'ayant que 74 pieds de large fur 65 de hauteur, & le fecond que 71 pieds fix pouces fur 62 pieds neuf pouces.

Comme ce chef-d'œuvre de Perrault ne nous eft connu que par la belle eftampe que le célébre le Clerc (*e*) en a gravée, c'eft ce qui nous a déterminé à en faire une copie

---

(*a*) Voyez ce que nous avons dit de cet homme illuftre, page 57 de ce Volume, note *a*.

(*b*) Cette chauffée eft nommée ainfi à caufe du magnifique Trône qu'on érigea le 26 Août 1660 à cet endroit, pour Louis XIV & pour la Reine Marie-Thérefe d'Autriche, lorfqu'ils firent leur entrée à Paris.

(*c*) Cet Arc fut fait pour le triomphe de Conftantin après la victoire qu'il remporta à *Ponte-Mole*, ayant défait le Tiran Maxence, ainfi qu'il fe lit dans les infcriptions gravées fur les deux côtés de l'Attique, où l'on ne voit plus que le renfoncement des caractères qui étoient de bronze, & qui ont été arrachés par les Barbares, ainfi que les autres ornemens de même matiere qui y étoient.

(*d*) Cet Arc fut bâti pour le triomphe que le Sénat décerna à l'Empereur *Septime Severe* & à *Baffin* fun fils, (appellé depuis *Caracalla*) qu'il avoit affocié à l'Empire.

Cet Arc eft actuellement enterré jufques au-deffus de la bafe des colonnes ; celui de Conftantin ne l'eft que jufques au-deffus des bafes des piédeftaux.

Voyez ce que Defgodets rapporte de ces Arcs de Triomphe dans fes édifices antiques, page 193 & 225.

(*e*) *Sebaftien Le Clerc* nâquit à Metz le 26 Septembre 1637 ; Il étoit originaire de Lorraine & étoit fils de Laurent Le Clerc, Orfévre de réputation. L'homme illuftre dont nous parlons a été regardé comme le plus habile Deffinateur & Graveur qui fut alors, de maniere que fes œuvres, au nombre de quatre mille Planches, font recherchées avec empreffement des connoiffeurs. Nous n'entrerons dans aucun détail à cet égard, la haute capacité de ce génie rare & excellent étant connue de tous les Artiftes : nous recommanderons feulement à nos jeunes Architectes l'examen de fes productions, tous fes ouvrages étant enrichis de fonds d'Architecture d'une compour donner à connoître ce qu'ont pû les beaux arts fous le regne & par la protection de Louis le Grand. Nous allons auffi en faire la defcription & nous remarquerons que fon ordonnance eft compofée d'un Ordre de colonnes Corinthiennes groupées deux à deux, lefquelles ont de proportion vingt-un modules de hauteur, ainfi que Perrault en a ufé au périftyle du Louvre, que nous décrirons dans le quatriéme Volume. Il a fans doute donné ce module de plus à cet Ordre, par la raifon que fon chapiteau, ainfi que le Compofite, ayant deux modules un tiers, cette hauteur raccourcit confidérablement le fuft de la colonne, ce qui n'arrive pas dans les Ordres qui précédent ceux dont nous parlons, les chapiteaux Tofcan, Dorique & Ionique n'ayant qu'un module environ de hauteur. D'ailleurs la richeffe répandue dans ce monument femble être autorifée par cet air d'élégance donné ici à l'Ordre Corinthien, quoique nous ayons déja reconnu que fa proportion naturelle de dix diamétres annonçoit vifiblement un genre délicat dans l'Architecture, ainfi que nous le détaillerons plus particulierement dans le huitiéme Volume, au Chapitre des cinq Ordres. Dans cette Planche l'entablement a de hauteur le quart de la colonne, & les piédeftaux le tiers, fuivant le fentiment de Vignole; le grand entrecolonnement a environ huit diamétres de largeur & eft occupé par une grande arcade de vingt-cinq pieds de large, dont les piédroits, de deux modules un quart, font fubdivifés par les aletes d'une niche quarrée qui donne à cette porte une forme générale qui devroit être imitée dans tous les édifices graves & réguliers & dont néanmoins jufques ici nous n'avons rencontré qu'un véritablement bel exemple en parlant de l'Eglife du Val-de-Grace, page 71 de ce Volume. La hauteur de l'arcade eft à fa largeur comme deux eft à un, ainfi que le prefcrit Vignole, qu'il femble que notre Auteur a fuivi affez généralement, ayant cela de commun avec tous nos Architectes François qui méritent quelque eftime. Cependant il faut obferver que comme les colonnes dans cet Arc de Triomphe font plus élevées d'un module que l'Ordre ne le requiert, il auroit paru convenable que la porte fut auffi augmentée en hauteur; les portes en général devant fe reffentir dans leur proportion du plus ou du moins d'élégance des Ordres Grecs & Romains. (*Voyez ce que nous avons dit fur la différente proportion des portes*, premier Volume, page 109.) Les portes collatérales, qui n'ont de largeur que quinze pieds, ont la même proportion que celle du milieu, & font auffi enfermées dans des niches quarrées couronnées par des tables faillantes & rentrantes qui font placées au-deffus, & dans lefquelles étoient des bas-reliefs que l'on dit avoir été exécutés en modeles, ainfi que tous les ornemens qui fe remarquent fur cette Planche, avec un foin, & une beauté de travail dignes de la haute capacité des célébres Sculpteurs de la fin du dernier fiécle.

Entre chaque groupe de colonnes font fufpendus des médaillons attachés au nud du mur avec des rubans de fculpture en bas-relief; ces médaillons font ovales & renferment des fujets qui repréfentent les principales actions, les victoires & les conquêtes de Loius XIV.

Les Connoiffeurs prévenus pour l'Architecture antique ont blâmé les colonnes groupées qui fe voyent ici, ne trouvant, difent-ils, de vraie beauté que dans la

pofition & d'un goût admirable; auffi avons-nous de lui un *Traité d'Architecture* dont les profils, entr'autres chofes, ne fçauroient trop être eftimés; d'ailleurs ce Livre eft rempli d'une infinité de figures & d'ornemens à l'ufage de l'Architecture, dont les formes, le caractere & l'expreffion font feuls capables de donner du goût & de faire appliquer avec difcernement l'ufage de la Sculpture dans les bâtimens.

En 1668 M. le Clerc donna un Livre de Géométrie pratique, & en 1690 il en publia un autre plus étendu; ces ouvrages font fort eftimés ainfi que toutes les compofitions de ce grand homme. Voyez la vie de M. le Clerc, inférée dans la derniere Edition de fa Géométrie théorique & pratique, réimprimée en 1744. Le célébre Mr. Cochin qui l'a fi bien remplacé par l'étendue de fon génie & la fertilité de fes productions, a orné cette Edition de vignettes, de culs de lampe, & de quantité de fujets pittorefques qui la font rechercher avec empreffement. Mr. le Clerc mourut le 25 Octobre 1714 dans l'Hôtel des Gobelins, où Mr. Colbert, protecteur des beaux arts, voulant fixer cet habile Artifte à Paris, lui avoit fait donner un logement en 1682 avec une penfion de 1800 liv. pour l'attacher au fervice de Sa Majefté.

diſtribution des colonnes écartées les unes des autres, ſelon le ſentiment des Anciens, & relativement aux exemples des Arcs de Conſtantin & de Severe que nous avons déja cités. Cependant ſoit *accoutumance* (pour me ſervir du terme du traducteur de Vitruve) habitude ou préjugé, je crois qu'il eſt aiſé de convenir que lorſqu'on veut faire retourner les entablemens ſur les colonnes, pour de-là les continuer ſur le nud des murs, ces entablemens à reſſaut font un meilleur effet ſur deux colonnes que ſur une ſeule, devenant trop ſveltes ſur cette derniere ainſi qu'on peut le remarquer dans *Deſgodets*, aux deux Arcs antiques dont nous venons de parler. Au reſte cette opinion eſt un ſiſtême que je n'ai pas deſſein de diſcuter, étant perſuadé qu'il n'y a que le tems qui puiſſe mettre nos Architectes d'accord à cet égard; il paroît auſſi que pluſieurs Artiſtes ont deſiré, au lieu des eſclaves & des trophées placés ſur chaque groupe de colonnes, que Perrault eut préféré des ſtatues, ainſi qu'il s'en voit à l'Arc de Conſtantin : avec cette différence que dans cet édifice antique ces ſtatues ſont ſeules, parce que, comme nous l'avons déja dit, les colonnes ne ſont ni groupées ni accouplées, les Anciens n'ayant point connu cet uſage.

Quelques Critiques ont encore prétendu qu'il auroit mieux valu, ou que ces colonnes fuſſent ſeule à ſeule, ou au moins qu'on les eut accouplées, premierement parce que les piédroits d'une ouverture de porte à l'autre, qui ici ſont égaux à la largeur de la principale Arcade, deviennent non-ſeulement trop péſans mais procurent à tout ce monument une longueur totale trop étendue pour ſa hauteur, & ils ajoutent que cette proportion eſt contraire à l'élégance de l'Ordre qui préſide dans cette ordonnance. Cette obſervation n'eſt pas ſans fondement, car il eſt certain que les maſſes d'un édifice doivent répondre à la dimenſion des parties : mais d'un autre côté l'on peut dire à l'avantage de Perraut que les détails renfermés dans ces eſpaces ſont diſtribués avec tant d'art, de prudence & de gout, que cette prétendue irrégularité ſemble être effacée par l'accord général qu'on remarque dans tout ce monument.

Sur l'entablement Corinthien regne un ſocle de toute la hauteur de la corniche, & c'eſt ſur ce ſocle, qui retourne ſur le devant des colonnes, que ſont poſés les eſclaves & les trophées dont nous avons déja parlé. A plomb du nud du mur s'éleve une eſpece d'Attique dont la hauteur totale, y compris celle du ſocle dont nous venons de faire mention, égale la moitié de l'élévation des colonnes. Cet Attique ainſi reculé laiſſe une place convenable pour la ſaillie des groupes, comme on peut le remarquer à la droite & à la gauche de cette façade, où ſont exprimés les retours des colonnes. Ces retours, à ce que j'en ai pu apprendre, avoient vingt ou vingt-un pieds de profondeur, à l'imitation des Arcs de Conſtantin & de Severe. Dans cet Attique, au-deſſus du grand entrecolonnement, devoit être une inſcription placée dans une table rentrante, & dans de pareilles tables, au-deſſus des portes collatérales, étoient des bas reliefs qui déſignoient les principales Batailles gagnées par Louis XIV, ſur ſes ennemis, ainſi que François Blondel en a placés aux portes ſaint Antoine & ſaint Bernard lors de leur reſtauration, & dans la décoration de la porte ſaint Denis qu'il a fait bâtir ſur ſes deſſeins, & dont nous avons parlé en note au bas de la page 93 de ce Volume. (*f*)

Sur cet Attique, dans toute la largeur du principal avant-corps, s'éleve un grand

---

(*f*) J'avertis ici que j'ai dit dans la note qui eſt au bas de la page 93 que M. l'Abbé Lambert avoit affecté de ne point parler dans ſes hommes illuſtres de François Blondel, mais je me ſuis trompé, ayant cherché ce célébre Artiſte dans le rang des Architectes, Tome III, au lieu que cet Auteur l'a placé au rang des Mathématiciens, Tome II, Livre V, page 59, ce dont je ne me ſuis apperçu que depuis l'impreſſion. Comme François Blondel étoit auſſi grand Mathématicien qu'excellent Architecte, c'eſt ſans doute ce qui a déterminé M. l'Abbé Lambert à le placer ainſi; cependant l'Architecture qui a reçu de ce ſçavant des ſecours infinis dans les doctes leçons qu'il en a données long-tems à l'Académie Royale d'Architecture, comme Profeſſeur, & qui ont été imprimées pour la premiere fois en 1675, lui eut dû naturellement mériter la premiere place parmi les Architectes, dont M. l'Abbé Lambert a écrit l'hiſtoire dans ſon troiſiéme Volume.

amortiſſement dans le congé duquel ſont placées en bas-relief les armes de Sa Majeſté avec leurs ſupports. Sur ce congé ſe voit un piédeſtal accompagné de deux lions, ſymboles de la valeur ; ce piédeſtal ſoutient la ſtatue équeſtre de Louis XIV. Une figure pédeſtre eut peut-être été préférable, malgré l'uſage reçu de placer les figures équeſtres ſur des piédeſtaux dans nos places publiques, à l'exception de celle des Victoires où l'on a mis une ſtatue pédeſtre dont nous parlerons en ſon lieu en faiſant la deſcription de cette place.

Projet d'un Arc de Triomphe dans le goût de celui du Faubourg S. Antoine.
Planche II.

Arc de
triomphe
de le Brun.

Nous avons dit que lorſque la Ville voulut faire ériger l'Arc de triomphe du Faubourg S. Antoine, elle avoit ouvert un concours à tous les plus habiles Artiſtes du dernier ſiecle. Le deſſein que nous donnons ici, Planche II, le ſeul qui nous ſoit parvenu, eſt un de ceux qui fut fait en concurrence avec Perrault, & que propoſa Charles le Brun, premier Peintre du Roi.

Cet Arc de triomphe eſt compoſé d'une grande arcade & de deux collatérales, & eſt orné de colonnes groupées deux à deux, comme dans la Planche précédente, mais qui ſont d'Ordre Compoſite, deſtiné plus volontiers à ces ſortes de monumens que le Corinthien, étant plus mâle & plus ſuſceptible dans ſes ornemens d'attributs, d'allégories, de ſymboles, &c. Les colonnes de cet Ordre Compoſite ont auſſi, comme celui de Perrault, vingt-un modules de hauteur, les piédeſtaux le tiers, & l'entablement le quart. Il eſt aiſé de juger par ce projet, comparé avec l'Arc de Louis XIV, que nous venons de décrire, combien la porte du milieu & les collatérales de ce dernier ſont ſupérieures à celles de le Brun, par les niches quarrées que nous y avons remarqué, auſſi bien que par les ornemens & les ſtatues qui dans cette Planche II ſont diſtribués avec bien moins de choix, & dont la ſculpture en général laiſſe bien moins de repos à l'Architecture que dans la Planche premiere. L'Attique qui regne au-deſſus de l'entablement Compoſite eſt auſſi, comme dans la Planche précédente, égal à la moitié de la hauteur des colonnes, de maniere que l'on peut dire à la gloire de le Brun qui ne faiſoit pas ſon capital de l'Architecture, que néanmoins il s'eſt rencontré avec Perrault dans les dimenſions totales & particulieres de ce monument, les maſſes de ſon Arc étant, à peu de choſes près, les mêmes, auſſi bien que la compoſition en général. La différence ne conſiſte que dans quelques parties, où notre célébre Architecte a fait voir le même génie que le Brun, mais en même tems plus de correction, d'entente & de pureté, étant plus naturellement verſé dans la théorie de ſon art, dont il avoit fait une étude particuliere avec tant de ſuccès que ſans faire tort a aucun des Architectes de ſon tems, les monumens qu'il nous a laiſſés pour exemple ſont ſeuls ſuffiſans pour illuſtrer la Nation Françoiſe dans cette partie des beaux Arts.

Au-deſſus de cet Attique s'éleve un piédeſtal dans le ſtilobate duquel devoit être une inſcription. Ce piédeſtal eſt amorti par deux gradins qui ſervent de ſoutien à un deuxieme piédeſtal ſur lequel eſt placé une ſtatue équeſtre. Nous laiſſerons au Lecteur à décider lequel a le mieux rencontré de le Brun ou de Perrault dans la maniere dont ils ont couronné leur monument.

CHAP.

CHAPITRE XII.

Description de la Maison de Mr. Jules Hardouin Mansard, rue des Tournelles, près la Porte St. Antoine, & projet d'une Maison à bâtir par le même Architecte.

CETTE Maison fut bâtie, pour & sur les desseins de Jules Hardouin Mansard (a) qui n'étoit que premier Architecte du Roi lorsqu'il la fit élever. Elle appartient aujourd'hui à Messire Jacques Hardouin Mansard, fils de Jules Hardouin dont nous venons de parler; & est occupée actuellement par M. le Marquis de Janson Marechal des Camps & Armées du Roi, & par M. de Vabois, Gentilhomme ordinaire de Sa Majesté.

Maison de M Mansard

Plan au rez de chaussée. Planche I.

Cette maison, quoique peu spacieuse, ne laisse pas néanmoins que de contenir un logement assez considérable : les cuisines sont souterraines, on y communique par dessous le grand escalier & leur descente est à l'endroit marqué A. La cour est fort petite, mais comme le mur mitoyen B est peu élevé, elle procure cependant une lumiere suffisante aux pieces du rez-de-chaussée situées dans le principal corps de logis de ce côté.

Le corps de bâtiment sur la rue contient un passage principal C, une écurie de quatre chevaux, une cuisine particuliere, un logement pour le Portier, & un passage de dégagement marqué D, qui aujourd'hui sert de remise, la porte E étant condamnée, & la croisée F ouverte jusques sur le sol. Pour multiplier les écuries l'on en a pratiqué une dans la cour vers l'endroit G qui est devenue nécessaire, le principal corps de logis sur le jardin étant occupé par les deux Locataires dont nous avons parlé, & celui du côté de la rue étant loué à divers Particuliers qui montent aux différens étages de ce côté par l'escalier H.

Le rez-de-chaussée du corps de logis du fond est composé d'un vestibule assez orné & qui découvre l'escalier qui est à sa droite : ce vestibule donne une entrée dans une grande salle aujourd'hui divisée en deux parties, cette salle conduit au jardin qui s'étend jusqu'au mur des Boulevards & qui se ressent encore, malgré son peu d'entretien, d'avoir été dans son origine ordonné par un homme de l'art. Cette salle, nommée ici sallon, communique à un grand cabinet servant à présent de chambre à coucher & donnant entrée à une piece devenue le cabinet de cet appartement. Tous les plafonds des piéces de ce rez-de-chaussée ainsi que ceux du premier étage (dont nous ne donnons point ici les plans, la distribution étant

---

(a) Jules Hardouin Mansard, né à Paris l'an 1645, étoit fils de Jules Hardouin, premier Peintre du Cabinet du Roi, & est mort le 14 Mai 1708, Conseiller du Roi en ses Conseils, Chevalier de l'Ordre de St. Michel, Comte de Sagonne, Baron de Jouy, Seigneur de Neuilli, d'Angy-sur-Bois, &c, Surintendant & Ordonnateur des Bâtimens, Jardins, Arts & Manufactures de France. On peut dire de cet illustre Architecte qu'en devenant l'héritier de François Mansard, son oncle du côté maternel, il marcha sur les traces de ce grand homme. Son premier ouvrage considérable fut le Château de Clagny, qu'il commença à bâtir à l'âge de 22 ans, par ordre de S. M., & qu'on peut avouer être un des chef-d'œuvres de notre Architecture Françoise, ainsi que nous le décrirons en son lieu, Tome V. Au reste nous n'entreprendrons pas de parler de tous les ouvrages érigés sur les desseins & sous la conduite de cet Architecte. La Place de Vendô- me, celle des Victoires, les bâtimens de Versailles, de Trianon & de la Ménagerie, les Jardins & le Château de Marly, ainsi que plusieurs autres grands édifices de ce célébre Artiste, & qui font partie de ce Recueil, démontreront beaucoup mieux la capacité de Jules Hardouin Mansard que ce que nous en pourrions rapporter dans cette note, joint à ce que nous en avons déja dit dans celle que nous avons donné sur ce célébre Architecte, premier Volume, page 192, note c, qui est moins étendue à la vérité que celle-ci, n'ayant appris que depuis l'impression quelques particularités essentielles à la mémoire de cet homme illustre. Il est mort à Marly, comme nous l'avons déja observé, en 1708, & a été enterré à St. Paul où l'on voit contre un pilier situé dans le bas-côté, à droite, près de la Chapelle de la Communion, un monument de marbre sculpté par Coysevox & érigé à la gloire de cet Architecte.

 la même) font peints par de la Foffe, Mignard & le Brun, & font ornés de corniches & de parties de lambris, qui fe reffentent du goût de Manfard & des habiles Artiftes de fon tems qui s'étoient fait un plaifir, à l'envi les uns des autres, d'embellir l'intérieur de la maifon d'un homme dont ils connoiffoient le mérite & la capacité. On voit auffi dans ce rez-de-chauffée, à l'endroit marqué I, un fort beau tableau de le Brun reprefentant Priam qui redemande le corps de fon fils à Achille, & à l'endroit K un tableau allégorique fur les arts, qui eft un chef-d'œuvre de Mignard.

L'efcalier L, qui a fon entrée fous les remifes, fert à monter aux entrefoles & aux appartemens diftribués en aile au-deffus de ces mêmes remifes fituées à gauche de la cour.

Elévation du côté de la cour. Planche II.

Cette élévation préfente la face du principal corps de logis du côté de la cour, avec la coupe du Bâtiment en aile, prife dans le plan fur la ligne MN. La fimplicité de cette façade & la grandeur de fon échelle nous difpenferont d'entrer dans aucun détail à cet égard; nous remarquerons feulement que les corps de réfend ont trop peu de largeur, & que la porte du rez-de-chauffée, qui a trop de hauteur par rapport à fa largeur, auroit dû avoir plus d'ouverture; ce qui auroit procuré plus de lumiere au veftibule qui devient un peu fombre, & qui par cette raifon avoit befoin d'être commun avec l'efcalier, tel qu'il fe remarque dans le plan, parce qu'alors la croifée de ce dernier concourt à rendre ce veftibule plus clair.

Elévation du côté du Jardin. Planche III.

Cete façade eft beaucoup plus ornée que la précédente; mais l'ordonnance irréguliere de fes trumeaux & de fes croifées, donne à connoître que la commodité de la diftribution a parue préférable ici à la décoration extérieure. Il eft à remarquer que cette irrégularité eft ici d'autant plus fenfible, que la colonnade placée au rez-de-chauffée, ne fert qu'à rendre cette difformité plus frappante, les colonnes étant non-feulement inégalement efpacées, mais leur diftribution & leur accouplement étant irréguliers; ce qui me porte à croire que ces colonnes ont été ajoutées après coup depuis Manfard, ayant reconnu dans l'examen que j'en ai fait, qu'elles étoient mal fufelées, les chapiteaux d'une médiocre exécution & les bafes même profilées avec négligence, ainfi que la corniche architravée qui couronne cette colonnade, dans l'afpect de laquelle on ne peut reconnoître le goût de Manfard; fans doute que la commodité d'un balcon continu au premier étage, qui procure la vûe des boulevards, aura prévalue fur la régularité qu'on auroit dû obferver dans l'ordonnance de ce rez-de-chauffée.

Le même défir de jouir de la vûe dont nous venons de faire mention, a déterminé à placer des balcons en faillie aux deux principales croifées du fecond étage, de maniere que non-feulement elles ont une forme & une proportion différente des autres, mais qu'elles font accompagnées d'avant-corps ornés de refends & furmontés de frontons qui produifent des parties féparées, & qui ne paroiffant foutenus que par des confoles, ne préfentent pas une ordonnance dont on doive confeiller l'imitation.

Sans doute que Manfard régardoit cet édifice, comme une maifon particuliere qu'il avoit fait bâtir pour fon ufage, & que fenfible d'ailleurs au coup d'œil des boulevards, qui, dans leur nouveauté, devenoient un fpectacle intéreffant, il a crû pouvoir paffer par-deffus les obfervations que nous venons de faire; auffi ne les ai-je rapportées ici que parce que je me fuis engagé à expofer mon fentiment fur tous les bâtimens qui compofent ce recueil.

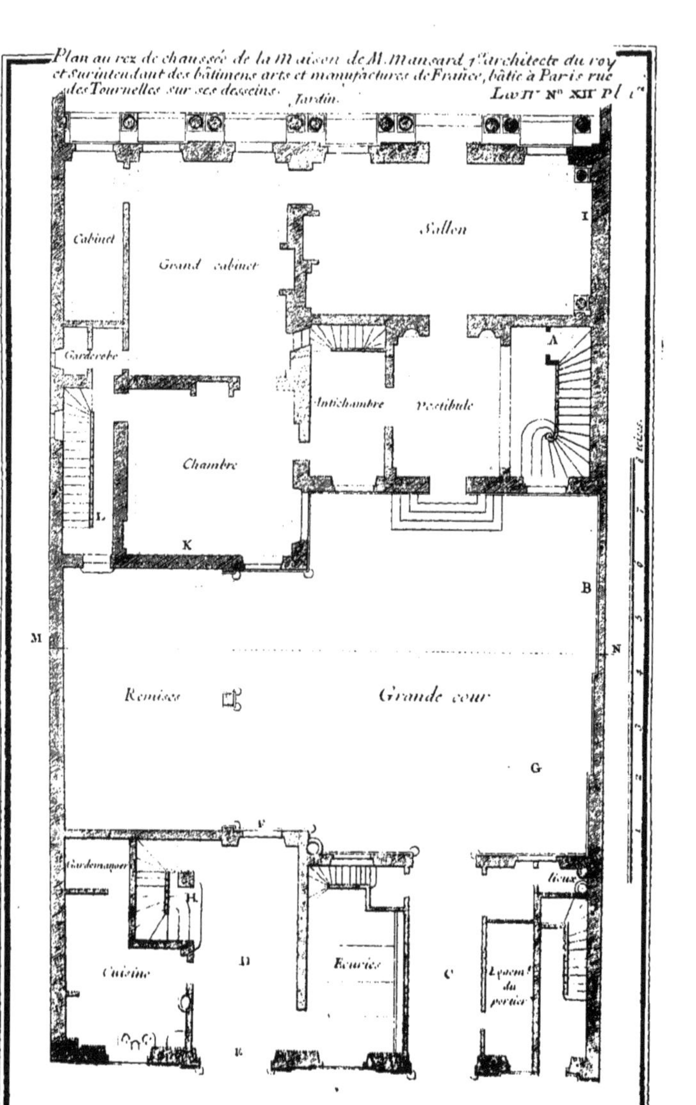

Plan au rez de chaussée de la Maison de M. Mansard 1.er architecte du roy
et surintendant des bâtimens arts et manufactures de France, bâtie à Paris rue
des Tournelles sur ses desseins. Liv. II. N.º XII. Pl. 1.re
Jardin.
Cabinet
Grand cabinet
Sallon
Garderobe
Chambre
Antichambre
Vestibule
A
I
L
K
B
M
N
Remises
Grande cour
G
Gardemanger
H
Cuisine
D
Ecurie
lieux
C
Logem.t du portier
E
Paris chez JOMBERT rue Dauphine
264

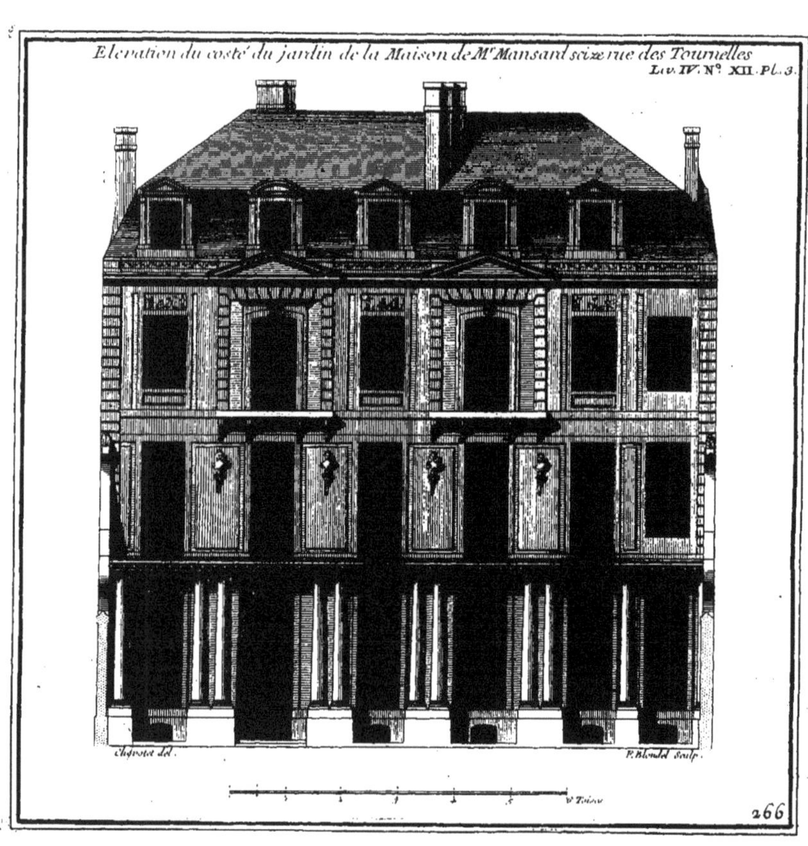

Elevation du costé du jardin de la Maison de M.r Mansart seize rue des Tournelles
Liv. IV. N.o XII. Pl. 3.
Chevotet del.
P. Blondel Sculp.
V.t Toises

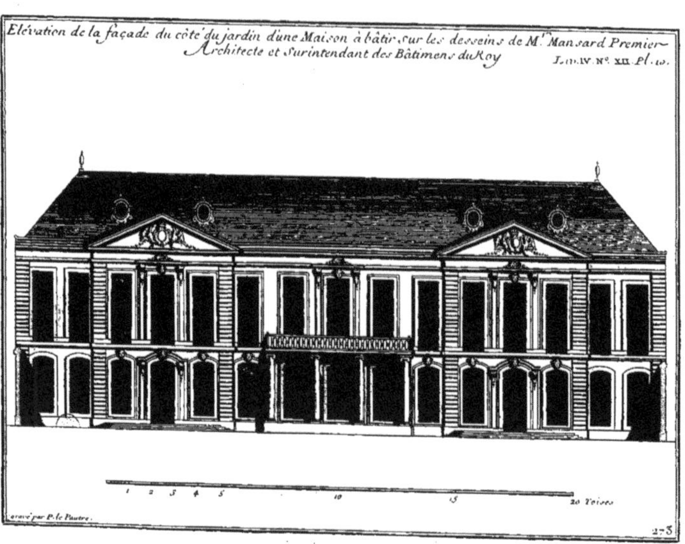

Elévation de la façade du côté du jardin d'une Maison à bâtir sur les desseins de M.r Mansard Premier
Architecte et Surintendant des Bâtimens du Roy
Tom. IV. N°. XII. Pl. 10.
gravé par P. le Pautre.
1 2 3 4 5 10 15 20 Toises

273

Projet d'une maison à bâtir sur les desseins de Jules Hardouin Mansard.

Nous comprenons dans ce Chapitre un bâtiment de près de vingt-huit toises de face, dont Mansard avoit donné les projets ; mais comme en général nous nous sommes proposés dans cet ouvrage de ne parler que des édifices qui sont exécutés , nous observerons seulement que ce bâtiment que nous donnons en sept Planches , est d'une distribution & d'une décoration bien supérieure à celui dont nous venons de parler. La Planche IV donne le plan du rez-de-chaussée : ceux des entresoles & du premier étage se trouvent sur les Planches V & VI. La Planche VII offre l'élévation du côté de la Cour , prise dans le plan du rez-de-chaussée sur la ligne AB. La Planche VIII présente l'élévation du côté de la rue , Figure 1 , & celle du côté de la cour opposée au grand corps de logis , Figure 2 , prise dans le plan sur la ligne CD. La Planche IX donne la coupe sur la longueur du bâtiment , prise dans le plan sur la ligne EF , & l'on voit sur la Planche X, la façade du côté du Jardin.

CHAPITRE XIII.

Description de la Place Royale, Quartier St. Antoine.

NOUS avons remarqué dans le premier Volume, page 182 , & dans celui-ci note *a*, page 134, que Charles IX avoit ordonné la démolition du Palais des Tournelles ; mais il fut procédé avec tant de lenteur à l'éxécution de cet ordre, qu'il y avoit encore une grande partie de ces bâtimens sur pied , lorsque Henri IV parvint à la couronne ; de sorte que ce Prince, comme nous l'avons dit , ayant résolu d'établir en France une Manufacture d'étoffes de soye, d'or & d'argent , en logea les chefs & leurs ouvriers dans ces bâtimens. Par la suite les Directeurs ne se trouvant pas assez commodément logés , ils firent élever un grand pavillon faisant face à une grande place, qui faisoit partie du parc & des jardins de l'Hôtel des Tournelles. La situation & l'aspect de ce pavillon , firent naître au Roi l'idée de faire en ce lieu une Place publique qui seroit nommée la *Place Royale* ; il voulut qu'elle eût soixante-douze toises en quarré , & ordonna des fonds nécessaires pour élever un de ses côtés , qu'il fit vendre ensuite à des Particuliers. Après cela il donna les places des trois autres côtés , aux conditions , de la part des Propriétaires, d'ériger les faces du côté de la Place, d'une Architecture conforme à celle élevée par ses Ordres, ce qui fut exécuté avec assez de simétrie. Tous ces bâtimens forment autant de pavillons, au-dessous de trois desquels est l'entrée des rues Royale , des Minimes, & du Pas de la Mule, qui conduisent à cette Place, non comprise celle de l'écharpe, qui est à découvert & qui interrompt la fermeture des bâtimens continus de cette Place.

Entre tous ces corps de logis se remarquent deux pavillons beaucoup plus élevés que les autres, l'un dont le rez-de-chaussée sert de passage pour la rue Royale , & qui est communément appellé le pavillon du Roi ; l'autre qui lui est opposé, & dont le sol donne entrée de la rue des Minimes dans cette Place, & qui est nommé Pavillon de la Reine. Ces deux pavillons sont décorés de pilastres d'Ordre Dorique, de vingt pouces de diamétre , couronnés d'une entablement composé , audessus duquel s'élevent deux étages terminés par un grand comble qui domine sur tous les autres de cette Place.

Plan de la Place Royale , des périſtyles qui en forment l'enceinte , & de la largeur des terreins qui environnent cette Place.

Place Royale.

Les façades de cette Place , comme nous l'avons déja dit , font compoſées de pavillons , chacun d'eux eſt bâti de pierre & de brique , & couvert ſéparément d'un comble à deux égouts ; au pied de ces façades regne une ſuite d'arcades , formant une gallerie couverte, de douze pieds dans œuvre, tout au pourtour de cette Place, ſur environ douze pieds de hauteur. Ces galleries font voutées en ceintre ſurbaiſſé , conſtruit auſſi de pierre & de brique , & décorées du côté de la Place d'un Ordre Toſcan (*a*) de vingt-deux pouces de diamétre , ſans entablement ni corniche ; au-deſſus de cet Ordre s'élevent deux rangs d'étages, non compris les logemens pratiqués dans les combles.

Au-devant de ces galleries eſt une chauſſée pavée, de quarante pieds de largeur pour le paſſage des voitures ; cette chauſſée, du côté oppoſé aux galleries, eſt bordée d'une grille de fer (*b*) renfermant un grand préau orné de tapis verds & d'allées ſablées. Au milieu de cette enceinte eſt placé un piédeſtal de marbre blanc , ſur lequel eſt élevée la ſtatue équeſtre de Louis XIII, qui y fut poſée le 13 Septembre 1639 : le cheval eſt regardé de tous les connoiſſeurs , comme l'ouvrage le plus eſtimable qui puiſſe être fait dans ce genre ; il a été exécuté par Daniel *Ricciarelli* de Volterre , Diſciple de Michel Ange, qui l'avoit entrepris pour Henry II , Prédéceſſeur de Charles IX ; mais cet habile Sculpteur étant mort en 1556 , il ne pût achever la figure , ce qui fit diſcontinuer cet ouvrage. Biard , le fils , fut chargé de faire la Statue de Louis XIII ; mais elle eſt auſſi médiocre que le cheval eſt inimitable. Sur les faces de ce piédeſtal font gravées des inſcriptions à la gloire de Louis XIII & du Cardinal de Richelieu, ſon premier Miniſtre , que nous ne rapportons point ici étant étrangeres à notre ſujet. Nous remarquerons ſeulement en paſſant , qu'il ſemble que ce Cardinal qui a fait élever ce monument à Louis XIII , ait voulu honorer ſon miniſtere d'une maniere trop faſtueuſe, & qu'il ſeroit convenable en général qu'on affectât plus de retenue dans les éloges que ces ſortes d'inſcriptions contiennent.

Les pavillons des faces extérieures de cette Place , qui dans ſon origine compoſoient intérieurement autant de maiſons particulieres , font répartis aujourd'hui de maniere que quelques-uns des Hôtels qui forment l'enceinte de cette Place , comprennent pluſieurs de ces pavillons , la plupart de ces bâtimens étant occupés à préſent par des perſonnes de la premiere diſtinction, ainſi qu'on peut le remarquer par le renvoi gravé ſur cette Planche qui indique le nom des Propriétaires , ou des principaux Locataires des maiſons dont nous parlons, en marquant la largeur des terreins où ces édifices font plantés. Nous ne donnerons point les élévations extérieures & intérieures , ni les plans particuliers de ces Hôtels , étant preſque tous d'une décoration peu intéreſſante , & la plûpart étant diſtribués ſelon l'ancien uſage, ou relativement à la commodité perſonnelle des Seigneurs qui les habitent. Nous en exceptons cependant l'Hôtel de M. le Maréchal de Richelieu, la maiſon deM. de Nicolai , celle de M. de Gagny, (*c*) & celle de M. Moreau , Procureur du Roi, &c.

(*a*) Cet Ordre eſt actuellement ſans ſocle & ſans baſe , le niveau des rues adjacentes ayant été relevé conſidérablement depuis l'édification de cette Place.

(*b*) Ces grilles ont été faites , dit-on , aux dépens des propriétaires qui occupent les bâtimens qui ont vûe ſur cette Place , & ont monté à 35000 liv.

(*c*) Les appartemens de Mr. de Gagny contiennent une collection de tableaux des plus grands Maîtres des trois plus fameuſes Ecoles , mais principalement de celle de Flandres , rangés dans un ordre & avec un goût digne de la curioſité des amateurs. Comme ces appartemens ſont ouverts aux connoiſſeurs avec une liberté qui fait honneur au propriétaire , on ne peut trop exciter nos jeunes Artiſtes à aller puiſer dans cette nombreuſe collection la connoiſſance de la Peinture , & à mériter l'eſtime que Mr. de Gagny pere & fils accordent aux hommes à talens qui ſuivent les traces des habiles Artiſtes qui nous ont précédés.

CHAP.

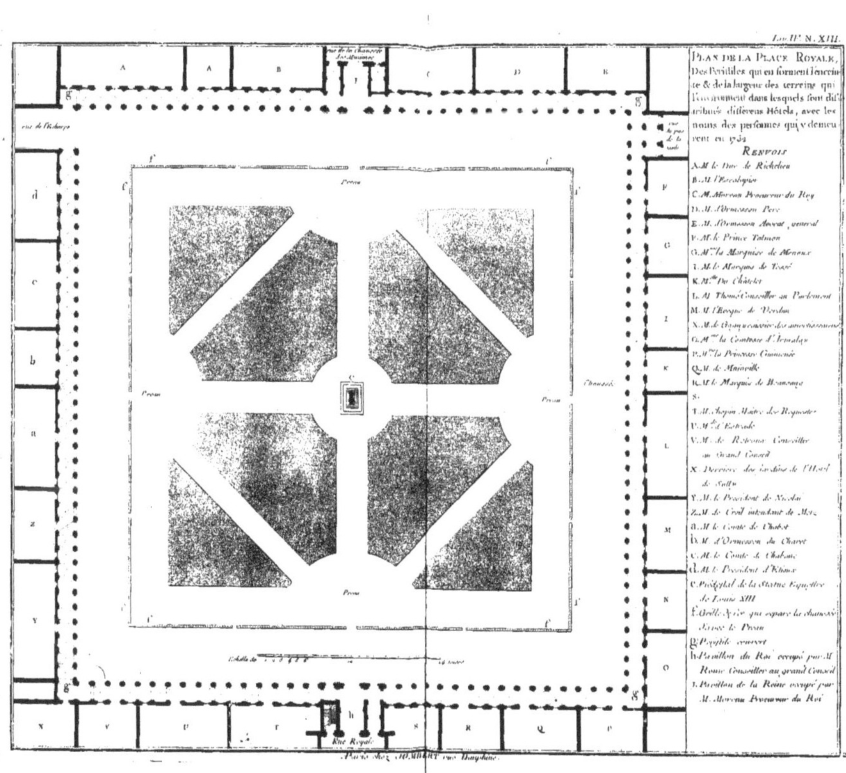

PLAN DE LA PLACE ROYALE,
Des Portiques qui en forment l'enceinte & de la largeur des terreins qui l'environnent dans lesquels sont distribués différens Hôtels, avec les noms des personnes qui y demeurent en 1734
RENVOIS
A. M. le Duc de Richelieu
B. M. l'Escalopier
C. M. Moreau Procureur du Roy
D. M. d'Ormesson Père
E. M. d'Ormesson Avocat général
F. M. le Prince Talmon
G. M.me la Marquise de Meneux
I. M. le Marquis de Tessé
K. M.me Du Châtelet
L. M. Thomé Conseiller au Parlement
M. M. l'Évêque de Verdun
N. M. de Champreaux des amortissemens
O. M.me la Comtesse d'Ivernalar
P. M.me la Princesse Cimecité
Q. M. de Maineville
R. M. le Marquis de Beamange
S.
T. M. Chopin Maître des Requêtes
V. M. d'Estrade
V. M. de Rebours Conseiller au Grand Conseil
X. Derrière des jardins de l'Hôtel de Sully
Y. M. le Président de Nicolai
Z. M. de Creil intendant de Metz
a. M. le Comte de Chabot
b. M. d'Ormesson du Charet
c. M. le Comte de Chabané
d. M. le Président d'Rhune
e. Piédestal de la Statue Équestre de Louis XIII
f. Grille &c.e qui sépare la chaussée d'avec le Preau
g. Préau couvert
h. Pavillon du Roi occupé par M. Roux Conseiller au grand Conseil
i. Pavillon de la Reine occupé par M. Moreau Procureur du Roi
rue de l'Écharpe
rue de la Chaussée des Minimes
Chaussée
Preau
Preau
Preau
Preau
Preau
Échelle de 10 toises
Rue Royale
Paris chez JOUBERT rue Dauphine.

CHAPITRE XIV.

Description du Portail de l'Eglise des Minimes proche de la Place Royale, Quartier St. Antoine.

LA Reine Marie de Medicis fut la fondatrice de l'Eglise dont nous allons donner le Portail, & elle contribua, avec plusieurs Personnes de la premiere considération, aux frais de la construction de l'Eglise & de la Maison des Minimes, qui furent bàtis sur une partie du jardin de l'Hôtel des Tournelles. Voyez ce que nous avons dit de cet Hôtel dans ce Volume, page 134, note *a*. La premiere pierre de cette Eglise (*a*) fut posée le 18 Septembre 1611, au nom de la Reine, par l'Evêque de Grenoble, mais elle ne fut consacrée solemnellement que le 24 Août 1679, sous l'invocation de *St. François de Paule*.

Elévation géométrale du Portail de l'Eglise des Minimes. Planche premiere.

Ce Portail fut élevé peu de tems après que l'Eglise fut entierement construite : François Mansard en donna les desseins & fut chargé de la conduite de ce qu'on voit ici, ce portail n'étant point encore achevé. C'est pour cette raison que nous en donnons le projet général en perspective, tel que Mansard l'avoit conçu, ce qui indiquera non-seulement les parties qui devoient être ajoutées à ce monument, mais même celles exécutées aujourd'hui & qui ne sont pas exprimées dans la Planche dont nous parlons. De ce nombre sont les deux avant corps ou pavillons marqués A (Planche II.) avec leur retour B, la Planche premiere ne comprenant que l'étendue énoncée dans le plan de ce Portail, Planche III. Figure premiere.

Ce frontispice est composé de deux Ordres d'Architecture, Dorique & Composite ; comme le supérieur exprime une ordonnance legere, celui qui le soutient devoit être enrichi de tous les ornemens relatifs à sa solidité, afin de conserver dans la richesse de ces deux Ordres une sorte d'analogie qui ne se peut rencontrer dans leur proportion, le premier n'ayant que huit diametres, & l'autre dix, selon le principe des Anciens le plus universellement approuvé. Cette différence de rapport entre l'Ordre Dorique & le Composite engage ordinairement à placer l'Ionique sur le Dorique, au lieu de celui qui se voit ici, malgré les exemples modernes où l'on voit, par un excès plus outré, le Corinthien immédiatement posé sur le Dorique, comme au Portail de S. Roch, à celui de l'Oratoire, & dans une infinité d'autres Edifices ; de maniere que le délicat se trouvant sur le solide, il en résulte une disparité trop perceptible. Il est vrai que l'Ordre Composite, par sa proportion, tient de la délicatesse du Corinthien, mais il peut être considéré néanmoins comme un moyen entre l'Ionique & celui-ci, à cause de ses ornemens qui participent des deux genres. Cette considération a engagé Scamozzi à le faire succeder à l'Ionique, voulant que le Corinthien, comme le plus délicat, soit placé le dernier des cinq Ordres, ainsi que nous le remarquerons en son lieu. Il est vrai que lorsqu'on veut porter loin la décoration d'un Edifice & lui conserver un caractere de virilité, l'on peut à l'exemple de ce portail, du Châ-

---

(*a*) Le maître Autel de cette Eglise est assez estimé, mais ce qui doit principalement attirer la curiosité des connoisseurs, ce sont plusieurs tombeaux exécutés par les plus habiles Sculpteurs du dernier siécle, aussi bien que quelques excellens tableaux de Vouet, de Daniel de Volterre, de Sarrasin, de Noël Coypel, de le Pape, de Prevost & quelques bonnes copies d'après les tableaux des plus grands maîtres, placés tant dans les Chapelles de cette Eglise que dans la Sacristie, le réfectoire, &c. On voit entr'autres dans le plafond d'une des Chapelles, des bas-reliefs, peints en grisaille qui certainement sont supérieurs à tout ce que nous avons dans ce genre. La bibliotheque est assez considérable & est composée d'environ 20000 Volumes tant imprimés que manuscrits.

 tcau de Clagny, &c, préférer de mettre le Compofite fur le Dorique ; principalement lorfque (comme on peut le remarquer dans la Planche III.) on donne
à la hauteur de l'Ordre fupérieur environ un diametre de moins qu'à celle de l'Ordre inférieur, au lieu d'un module feulement, comme cela fe pratique lorfqu'un
Ordre Ionique fe trouve naturellement fur un Dorique, un Corinthien fur un Ionique, &c.

La diftribution reguliere des Métopes de la frife Dorique, tant recommandée
par les Anciens, & que Manfard a obfervée ici dans fes principaux entrecolonnemens, l'a fait tomber dans un excès plus condamnable que s'il les eut fait irréguliers, tels qu'on les remarque à S. Gervais, & au Luxembourg, dont nous avons
parlé dans les chapitres précédens. Cet excès confifte dans la pénétration des bafes
& des chapiteaux ; genre de licence qui doit être évité dans toutes les occafions,
malgré les exemples que nous en ont laiffés plufieurs grands Architectes du dernier fiécle & la plupart de ceux qui depuis ont eu occafion d'élever des édifices
un peu confidérables.

Nous avons déja recommandé d'éviter une trop grande approximation, chaque
membre, dans une ordonnance d'Architecture, devant fe diftinguer féparément fans
aucune altération ; combien à plus forte raifon doit-on rejetter dans l'accouplement
des Ordres d'Architecture une pénétration qui eft toujours plus ou moins vicieufe
felon qu'elle fe rencontre dans les parties vifibles & apparentes d'un bâtiment.
D'ailleurs n'eft-ce pas éviter un défaut pour tomber dans un autre plus confidérable ?
Ainfi quelque eftime qu'on doive porter aux ouvrages de Manfard, on ne fçauroit applaudir à cette licence dont l'imitation ne s'eft que trop répandue dans nos édifices
modernes, parce que, comme nous l'avons fait remarquer dans ce Volume, page 128,
les hommes négligens ou peu verfés dans l'art prennent ces exemples pour autant d'autorités.

Je remarquerai à cette occafion que jufqu'à préfent nous n'avons pas encore rencontré dans le nombre des édifices que nous avons décrit aucun Ordre Dorique régulier. Nous expliquerons dans le huitiéme Volume la caufe de cette irrégularité & la maniere de l'éviter, lorfque nous traiterons de la
proportion des Ordres, & pour que les réflexions que nous ferons à ce fujet
ayent plus de clarté, nous reprendrons alors en particulier la partie des Ordres
répandue dans les divers bâtimens inférés dans ce Recueil, n'ayant pû en parler
dans les defcriptions que nous en donnons que d'une maniere générale, qui certainement ne feroit ni affez fatisfaifante ni affez inftructive pour préferver à l'a-
venir nos jeunes Architectes du déréglement dans lequel tombent tous les jours à
cet égard ceux qui de notre tems employent les Ordres d'Architecture dans leurs
édifices, & principalement l'Ordre dont il s'agit ici.

Nous remarquerons auffi que Manfard ayant voulu introduire des pans coupés
dans l'ordonnance de la façade de fon portail, il a préféré la corniche denticulaire du Théâtre de Marcellus à la corniche mutulaire de Vignole, afin d'éviter
l'irrégularité indifpenfable du fophite de la corniche que les mutules auroient produite ; à moins qu'on n'eut pris le parti de rendre ces mutules & la faillie du larmier fupérieur plus camus, ainfi que Le Veau l'a pratiqué au Château neuf de
Vincennes & à la maifon de Mr. Lambert, dont nous avons parlé, page 128, ce
que nous avons obfervé être une licence contraire aux principes des Anciens.

Malgré cette préférence il eft certain que l'entablement mutulaire réuffit mieux
dans l'extérieur d'un édifice que le denticulaire, & fi celui-ci peut avoir quelque autorité dans le monument dont nous parlons, ce ne doit être que parce
qu'en général cet Ordre Dorique devoit être fufceptible d'une très-grande richeffe ; encore cela ne nous empêchera-t-il pas de remarquer que l'Ordre Compofite
pofé fur le Dorique ayant des modillons à double face, l'entablement de l'Or-

dre Dorique n'en eut été que mieux fi au lieu de denticules on y eut fait ufage des mutules.

Cet Ordre Dorique ayant dû être enrichi de tous fes ornemens, ainfi que nous venons de l'obferver, fes bafes font Attiques, & fes fufts devoient être ornés de canelures à lifteau, dont les canaux dans le tiers inférieur devoient être remplis par des cannes, des rofeaux, ou des rudentures, ainfi que le même Architecte l'a obfervé au Château de Maifons; le gorgerin des chapiteaux devoit auffi être orné de rofes, & les métopes enrichis de Sculpture, auffi bien que le deffus de la principale porte du rez-de-chauffée, le tympan du fronton triangulaire, &c.

Nous avons remarqué ailleurs que ce Fronton qui divife la hauteur du frontifpice étoit peu néceffaire ici, la faillie des colonnes qui le foutiennent n'étant pas affez confidérable; voyez ce que nous avons dit à ce fujet, pag. 65. Dans les entre-colonnes & pilaftres de cette façade, on remarque de petites croifées ou *barbacannes*, dont celles marquées A éclairent les corridors qui conduifent au petit jubé placé dans l'intérieur de l'Eglife & pratiqué dans la partie fupérieure de la porte du rez-de-chauffée. Ces barbacannes éclairent auffi les efpaces vuides pris dans l'épaiffeur des murs de face, & dans lefquelles font placées les defcentes de plomb qui fervent à écouler les eaux des terraffes du premier Ordre; celles B éclairent de petits efcaliers qui montent dans les corridors & qui communiquent dans l'intérieur de la maifon.

Au-deffus de l'Ordre dont nous venons de parler s'éleve le compofite, qui eft préférable au Corinthien, ainfi que nous l'avons obfervé plus haut; les entrecolonnemens de cet Ordre font affujettis à ceux de deffous. Nous obferverons feulement que la diftribution des métopes ayant déterminé Manfard à ne pas accoupler les colonnes Doriques, à l'exception de celles des angles qui forment des parties rentrantes, il les a feulement groupées de maniere qu'il y a un trygliphe entre deux colonnes, & que dans le fond des petits entrecolonnemens qui accompagnent celui du milieu, fe remarque un pilaftre Dorique, mais que dans l'Ordre fupérieur, au lieu du pilaftre, il a affecté un avant-corps liffe, dont la péfanteur ne peut aller avec l'ordonnance Compofite. La proportion de la croifée en plein ceintre qui fe voit au milieu paroît auffi trop péfante, & ne s'accorde point avec les ornemens legers & d'un goût médiocre qui l'accompagnent : la forme du fronton (b) circulaire qui couronne tout l'avant-corps, n'eft pas plus tolérable, fa maffe paroiffant anéantir l'Ordre de deffous.

A côté de cet avant-corps fe voit le commencement des arriere-corps qui devoient l'accompagner & qui n'ont pas été finis, n'y ayant d'exécuté dans cette partie fupérieure que ce qui fe voit fur cette Planche. Quelques-uns prétendent même que cette partie n'eft pas de Manfard, & que cet édifice ayant été interrompu pendant un affez long efpace, un autre Architecte fut chargé de fa continuation, & que même, felon toute apparence, il s'eft affez écarté du projet de Manfard, ainfi qu'on peut le remarquer en comparant ce frontifpice avec la Planche II, qui donne une idée générale de la totalité de ce monument.

Aux extrêmités du fronton circulaire fe voyent les arrachemens d'une baluftrade qui devoit couronner les arriere-corps dont nous avons parlé. Nous remarquerons qu'à l'imitation du Château de Maifons, de celui de St. Cloud, de Clagny, &c, on a rempli ici un petit intervalle par un feul baluftre, & que cette maniere eft contraire aux loix du bon goût. Voyez ce que nous avons dit à ce fujet dans l'Introduction, premier Volume, pag. 192.

(b) Ce fronton renferme un bas-relief d'une affez belle exécution : il repréfente le Pape *Sixte IV* qui accompagné de Prélats & de Cardinaux, enjoint à *St. François de Paule* d'aller en France, pour répondre à l'empreffement que Louis XI avoit de le voir, Ces bas-reliefs font fans doute préférables aux armoiries dont on fait un trop fréquent ufage dans nos édifices facrés. Voyez ce que nous avons dit à ce fujet dans le premier Volume, page 292, à l'occafion du Portail des Théatins.

Elévation générale en perspective du Portail de l'Eglise des Minimes, tel qu'il fut projetté par François Manfard. Planche II.

Portail des Minimes.

Cette Planche offre dans fa compofition générale toute l'ordonnance de cet édifice, tel qu'il auroit dû être exécuté. Non-feulement tout le rez-de-chauffée que nous avons décrit eft imparfait, mais l'Attique marqué ici fur les pavillons A & fur les retours B qui vont fe terminer contre la partie du Portail proprement dit, n'a point été élevé, non plus que la coupole qui eft exprimée au-deffus du fronton circulaire, laquelle devoit être conftruite fur le milieu de la longueur de la nef de cette Eglife. Cette coupole, felon ce que cette Planche nous indique, devoit être décorée d'une ordonnance Ionique. Au-deffus de cet Ordre s'éleve un dôme couronné par un amortiffement percé à jour, dont la forme n'appartient guere aux édifices de l'efpece de celui dont nous parlons, non plus que ceux qui amortiffent les Attiques des extrêmités de cette façade ; ce qui me porte à croire que cette Planche pourroit bien avoir été gravée par Marot fur un des premiers projets de Manfard, que ce célebre Artifte auroit fûrement rectifié en mettant la main à l'œuvre. Quoiqu'il en foit, & malgré les obfervations que nous venons de faire, on peut regarder ce frontifpice en général comme un de nos beaux monumens François, à en juger par ce que nous en voyons aujourd'hui ; & s'il paroît que nous n'ayons pas applaudi à toutes les parties qui le compofent, ç'a été bien moins pour en faire une critique, que pour empêcher les perfonnes qui fe vouent aux beaux Arts d'imiter indiftinctement dans cet édifice, les licences qui s'y remarquent, dans la crainte qu'en les tranfportant ailleurs avec moins de choix, ils ne perpétuent dans leurs compofitions les abus que nous nous efforçons de leur faire éviter.

Développemens des principaux membres d'Architecture du Portail de l'Eglife des Minimes. Planche III.

La Figure premiere donne la moitié du Plan au rez-de-chauffée, non comprife la face des pavillons marqués A dans la Planche précédente. Ce plan eft fur la même échelle que l'élévation, Planche premiere ; les pans coupés y font exprimés, auffi-bien que la pénétration des bafes, les reffauts des pilaftres, & l'accouplement des colonnes avec ces derniers.

La Figure feconde préfente les mefures en grand de l'Ordre Dorique, avec la dimenfion de la porte bombée, placée dans le grand entrecolonnement du rez-de-chauffée.

La Figure 3 offre l'Ordre Compofite, la baluftrade, & la croifée en plein ceintre du premier étage. Nous remarquerons qu'au-deffous de cet Ordre regne un focle de deux pieds fept pouces fept lignes lequel s'éleve au-deffus & derriere la baluftrade qui couronne l'Ordre inférieur, afin que par cette hauteur la bafe des colonnes de l'Ordre fupérieur ne foit point mafquée par la faillie que forment l'Ordre Dorique, la baluftrade & le fronton de deffus ; précaution indifpenfable à mettre en œuvre pour fe rendre compte de la différence que l'on doit obferver entre les hauteurs réelles & les hauteurs apparentes.

CHAP.

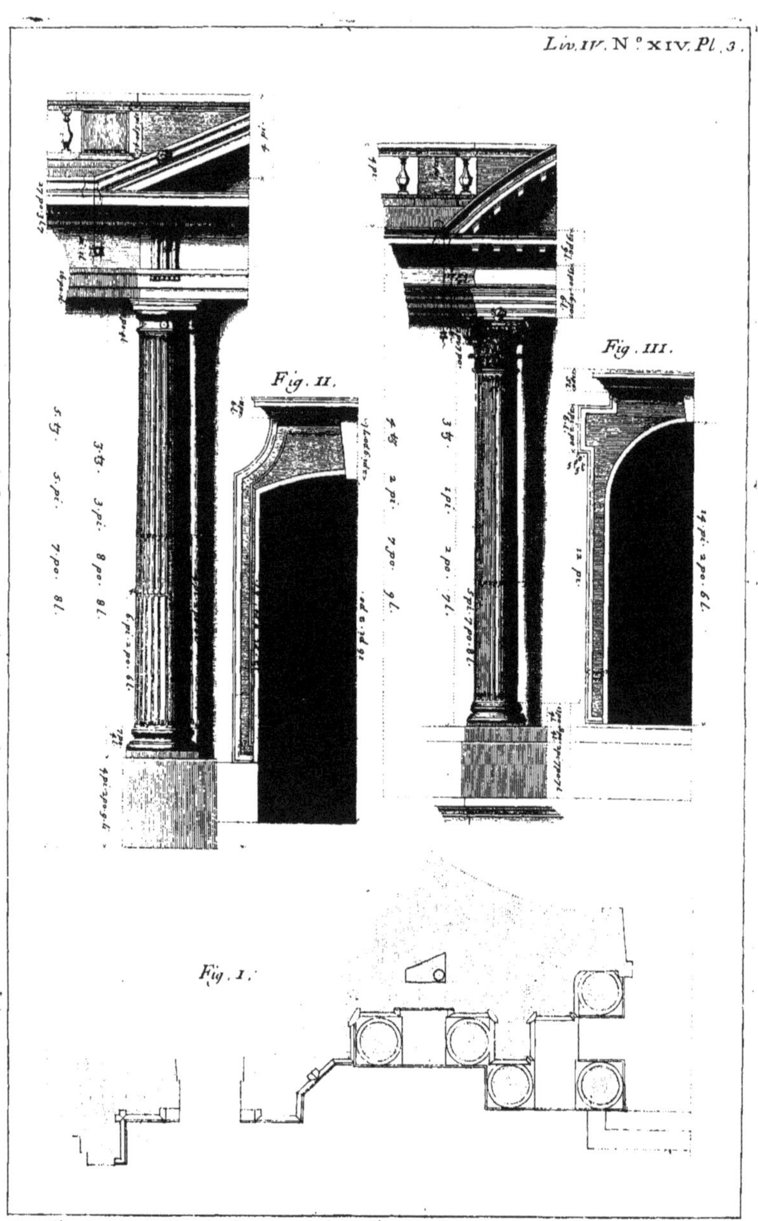

Fig. II.

Fig. III.

Fig. I.

Profils en grand des principaux membres d'Architecture du Portail de l'Église des Minimes.

CHAPITRE XV.

Defcription de l'Hôtel de Carnavalet, rue de la Culture Sainte Catherine.

CET Hôtel, jufqu'en 1578, porta le nom du Préfident *des Ligneris*, qui l'avoit *Hôtel de Carnavalet* fait bâtir fur les deffeins de *Jacques Androuet Ducerceau*, *& de Jean Bullant*; mais Théodore des Ligneris, fils de celui dont nous parlons, l'ayant vendu à *Françoife de la Baune*, Dame de Carnavallet, cet Hôtel prit le nom de *Carnavalet*, qu'il porte encore aujourd'hui, quoiqu'il ait été acheté depuis par *Paul-Etienne Brunet de Ranci*, ancien Fermier Général, & qu'il appartienne à préfent à M. de la Briffe Intendant de Caen.

Il paroît auffi que cet Hôtel a porté le nom d'*Argouges*, felon l'intitulé des Planches que Marot a gravées dans fon recueil des belles maifons de Paris. Nous en donnons ici le plan & les élévations, pour faire connoître les changemens confidérables que François Manfard a fait à cet édifice, lorfqu'il fut chargé de fa reftauration, vers l'an 1634.

Plan au rez-de-chauffée & élévation de l'Hôtel de Carnavalet du côté de la rue. Planche I.

La Figure premiere donne la diftribution au rez-de-chauffée de cet Hôtel, tel qu'il fut érigé par *Jean Bullant*; il n'a reçû depuis de changement que par quelques commodités qui n'étoient pas en ufage du tems de cet Architecte.

La Figure 2 montre la façade du côté de la rue, telle qu'elle fut élevée par *du Cerceau*, & décorée par *Jean Goujon*, Sculpteur du premier mérite, dont François Manfard a fçû refpecter les ouvrages, en augmentant un premier étage à cette façade, ainfi que nous le remarquerons en décrivant la Planche III.

Coupes & élévations de l'intérieur de la Cour de l'Hôtel de Carnavalet. Planche II.

La Figure premiere, prife fur la ligne EF dans le Plan, montre l'intérieur du corps de logis fur la rue, & dont le rez-de-chauffée a été confervé par Manfard, en faveur des ouvrages de Jean Goujon.

La Figure 2 donne l'élévation & la coupe, prife dans le Plan fur la ligne CD. Cette façade a auffi été confervée telle qu'elle fe voit ici, à caufe des figures en bas-relief qui font diftribuées dans les trumeaux du premier étage; ce qui a même déterminé Manfard, pour rendre la décoration de cette cour réguliere, à élever fur le rez-de-chauffée de l'aile de la Cour, à gauche, (Fig. 3) un premier étage pareil à celui de la Fig. 2. Ce premier étage eft d'autant plus néceffaire ici que l'aile à droite étoit décorée de la même maniere, & orné de figures de la main de ce même Artifte, qui font bien fupérieures en beauté à celles qu'on a faites depuis dans l'aile nouvellement conftruite. Ces figures en bas-relief, au nombre de douze, repréfentent les fignes du zodiaque; les huit de Goujon, font autant de chef-d'œuvres, pour la touche, l'expreffion & le choix des attitudes; mais en général elles font d'une proportion trop gigantefque pour la grandeur du bâtiment, & d'ailleurs elles fe trouvent placées fur de petits focles qui ne portant fur rien, rendent cette décoration contraire aux loix du bon goût.

Plan et Elevation de la Façade de l'Hôtel de Carnavalet, sçis rüe St.e Catherine à Paris, bâtie sur les desseins de François Mansard, qui en a conservé l'ancienne porte du dessein de Jacques Androuet du Cerceau, à cause des excellentes sculptures de Jean Goujon dont elle etoit enrichie.

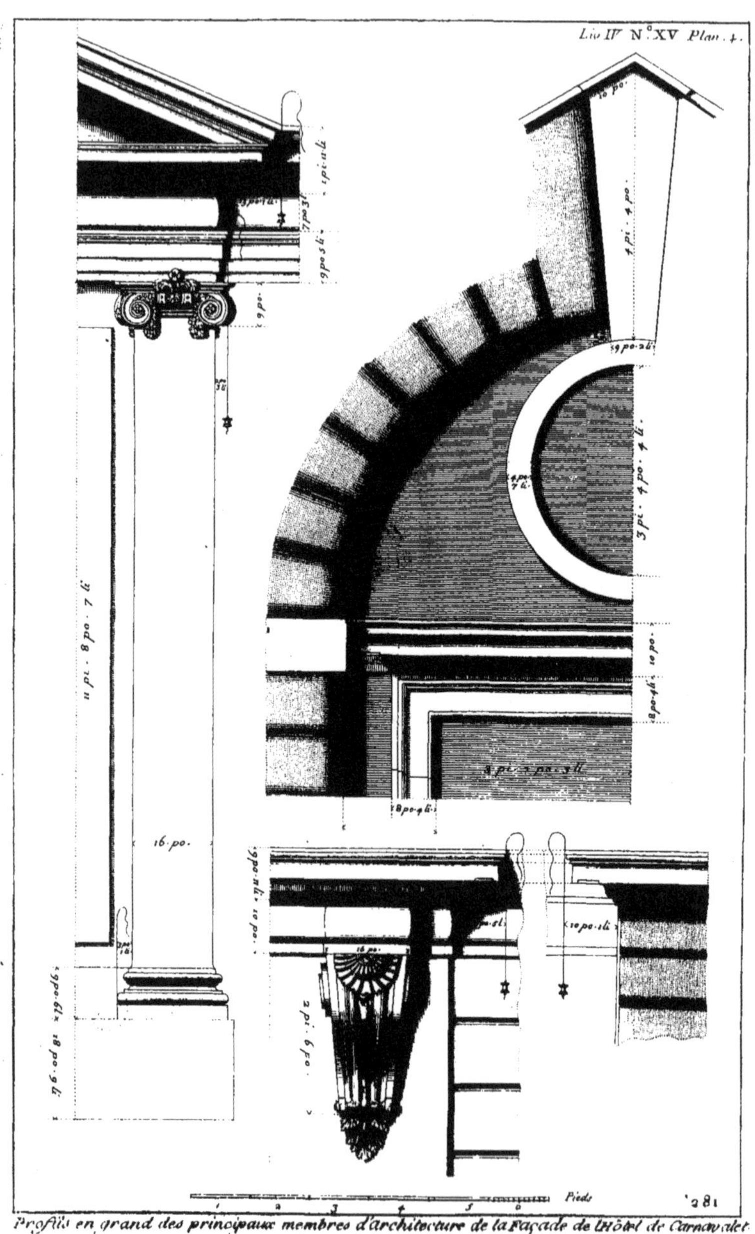

Profils en grand des principaux membres d'architecture de la Façade de l'Hôtel de Carnavalet.

CHAPITRE XVI.

*Description du Portail de l'Eglise & Prieuré de Sainte Catherine de la
Culture ou de la Couture, situé rue de la Culture Ste Catherine.*

L'EGLISE dont nous donnons ici le Portail se nommoit anciennement l'E- Portail de
la Culture
de Ste.
Catherine.
glise de *Sainte Catherine du Val des Ecoliers*. La Reine Blanche, Saint Louis
(qui en posa la premiere pierre, en 1214) Philippe le Hardy, Philippe le Bel,
Louis X, Philippe VI, Charles V, & Louis XI, ont tous contribué, dans des tems
différens, à l'édification de ce monument. Cette Eglise bâtie à la Gothique renferme plusieurs tombeaux de Personnes illustres, dont quelques uns sont d'une assez
belle exécution pour les tems où ils ont été érigés. Elle est précédée d'une cour au
fond de laquelle est le frontispice qui donne occasion à ce chapitre, & qui est
annoncé du côté de la rue par un Portail décoré d'un Ordre de colonnes Corinthiennes dont le plan est ovale, & qui sont nichées dans des renfoncemens quarrés
pris dans l'épaisseur des murs de face, dans l'intention, sans doute, de ne pas
trop anticiper sur la voye publique, ainsi qu'on l'a pratiqué au portail de la Mer-
cy, près de l'Hôtel de Soubise, où des colonnes ovales se trouvent engagées dans
des pilastres. Voyez le Livre d'Architecture de M. Boffrand, page 77, Planche 51,
aussi bien que ce que nous avons dit dans notre *Introduction*, Tome I page 80,
touchant l'abus des colonnes ovales.

La Planche que nous donnons ici est le frontispice extérieur de l'Eglise situé
dans le fond de la cour de ce Prieuré, & élevé sur les desseins du *Pere de Creil*,
Chanoine régulier de cette Congrégation, qui donna aussi ceux du cloître de
cette maison, bâti dans le même tems que ce Portail, sur la fin du dernier siecle.

Le Plan de ce frontispice forme une tour creuse, au milieu de laquelle est pratiqué un porche soutenu par deux colonnes avancées, qui mettent à couvert la
porte d'entrée de cette Eglise. Cette tour creuse est décorée de pilastres, dont
ceux des extrêmités sont pliés ; entre ces pilastres sont placés, de chaque côté,
deux niches circulaires enfermées dans des niches quarrées, distribuées avec syme-
trie & d'une proportion très-réguliere.

Ce Portail est décoré d'un Ordre d'Architecture Composé qui paroît être une imitation de celui du Temple de Salomon, si l'on en croit la description que Josephe
& Villalpand nous ont laissée de cet ancien monument, & que M. de Chambrai paroît justifier dans son parallele d'Architecture, page 74 ; ce qui nous donne à connoître que dès ce tems si reculé du nôtre, l'on avoit déja employé un Ordre
dont la composition étoit toute Corinthienne, quoique les chapiteaux fussent ornés de feuilles de palmier, & que la frise de l'entablement fut enrichie des trigliphes
de l'Ordre Dorique. Le P. de Creil a suivi cet exemple dans cette ordonnance, dans
l'intention sans doute, par la proportion légere de l'Ordre Corinthien, d'annoncer
l'expression virginale, symbole de Ste Catherine, à qui cette Eglise est dédiée,
& tout ensemble une partie des ornemens virils de l'Ordre Dorique, pour marquer la fermeté & le courage avec lequel cette Vierge a soutenu le Martire pour
la défense du Christianisme. Ces attributs pris, dans ce sens mystique, autorisent
ici l'assemblage de ces deux contraires, que nous blâmons ailleurs avec d'autant
plus de vraisemblance que sans une occasion particuliere, telle que celle que nous
rapportons, il seroit à craindre qu'on ne mesusât de cette union, qui ne peut
raisonnablement être admise dans les compositions d'une Architecture réguliere.

Cet Ordre est élevé sur un piédestal dont la hauteur est entre le tiers & le quart
de la colonne. Les membres principaux de ce piédestal, tels que la corniche & la

 bafe, font trop fimples ici, non-feulement à caufe que ce piédeftal foutient un Ordre leger, mais encore parce qu'il eft continu dans l'ordonnance de ce frontifpice, dont la totalité eft fort ornée & fufceptible d'une forme élégante par fon plan, qui fembloit exiger une richeffe égale dans toute les parties qui le compofent. Autrement lorfque dans l'intention de rendre le fol de fon édifice d'une folidité apparente, on veut fupprimer des moulures aux piédeftaux, il vaut mieux fe paffer de ces derniers, & leur fubftituer un focle ou une retraite, qui n'exige aucun membre d'Architecture, & qui étant réduit à une moindre hauteur, procure plus de diamétre & d'élévation à l'Ordre de deffus.

Les bafes de cet Ordre font Attiques, fans doute pour leur conferver une fimplicité analogue aux ornemens folides répandus dans l'entablement; cependant *Vilalpand* prétend qu'elles étoient Corinthiennes à celui du Temple de Salomon.

Les chapiteaux des colonnes font compofés de feuilles de Palmier, ainfi que les caulicoles & les tigettes qui font d'une affez belle exécution & d'un travail fort recherché. La frife de l'entablement, comme nous l'avons déja remarqué, eft ornée de trigliphes, dont les métopes font enrichis d'ornemens allégoriques au martire de Ste Cathérine; la corniche eft denticulaire, quoique celle que M. de Chambray nous donne dans fon Livre, d'après les defcriptions de Jofephe & de Vilalpand, ait des modillons. Au refte, on ne peut douter que ce ne foit un bien d'avoir fupprimé les modillons ou les mutules dans l'ordonnance de ce Portail, la forme de fon plan étant circulaire, & ayant introduit des pilaftres pliés dans fa diftribution, qui autrement auroient apportés une irrégularité, dans le fophite de la corniche, contraire à la fimétrie qui eft affez bien obfervée en général dans la compofition de cet édifice.

Les deux colonnes qui forment un porche quadrangulaire au milieu de cette façade, tenue circulaire dans fes extrêmités, préfentent une difpofition d'ordonnance fort agréable. Au-deffus de ce porche s'éleve un amortiffement, fur le fommet duquel eft la ftatue de Ste Catherine appuyée fur une roue, fymbole de fon martire, & à plomb de chaque colonne font deux génies, lefquels avec deux de chaque côté, qui font diftribués fur les pilaftres des tours creufes, fervent de couronnement à tout ce frontifpice. Ces génies portent les inftrumens qui ont fervi au martire de cette Sainte, & font d'une affez belle exécution, auffi bien que les ornemens de ce Portail: toute cette Sculpture eft de *Desjardins*, Sculpteur de beaucoup de réputation. (*a*)

Dans l'entrecolonnement de ce porche eft une porte en plein ceintre, dont l'élévation, de deux fois & deux tiers fa largeur, eft trop fvelte, pendant au contraire que le claveau de deffus eft trop maffif, quoiqu'on ait affecté, pour divifer la hauteur de ce dernier, de faire régner l'aftragale du fuft fupérieur d'un pilaftre à l'autre, auffi-bien que dans toute l'étendue de cette ordonnance, de même que l'impofte de l'arcade du milieu qui eft auffi continue; de forte qu'entre cet aftragale & cette impofte font diftribuées dans les tours creufes des tables rentrantes ornées de bas-reliefs, lefquelles tombent à plomb des niches quarrées, qui renferment les niches circulaires dont nous avons parlé. Ces niches font ornées de ftatues allégoriques à la dédicace de ce Portail. Dans tous les entrepilaftres, entre l'aftragale continu que nous venons de remarquer & le deffous de l'architrave de l'entablement, font diftribués des feftons qui paroiffent attachés aux parties anguleufes des chapiteaux, & qui font foutenus au-deffus de l'archivolte de l'arcade par un aigle, fymbole du courage & de la fermeté.

(*a*) Martin Desjardins, de l'Académie Royale de Peinture & de Sculpture, nâquit à Breda. Son chef-d'œuvre eft le grand ouvrage qu'il fit pour la Place des Victoires, où il a repréfenté Louis XIV dans l'attitude la plus glorieufe qu'il foit poffible d'imaginer. Nous aurons occafion de parler de cet excellent morceau de Sculpture en décrivant la Place des Victoires dans le troifiéme Volume. Cet Artifte a encore repréfenté Louis XIV en marbre; cette ftatue eft placée dans l'Orangerie de Verfailles. On voit auffi de lui dans les jardins de ce Château une autre figure de marbre repréfentant le foir, & à Paris une très-belle figure de Vierge pofée fur un des Autels de l'Eglife de la Sorbonne. Il mourut en 1694.

Nous

Nous finirons ces remarques en faisant obferver que la diftribution du plan de ce Portail, l'ordonnance de fa décoration, le choix de fes ornemens, & l'exactitude de fon exécution le rendent très-recommandable aux connoiffeurs impartials, malgré les divers affemblages des parties qui le compofent. Cette confidération nous a déterminé à le joindre à ce recueil, la comparaifon des divers monumens qu'il contiendra ne pouvant que contribuer à enrichir l'imagination de ceux qui le parcoureront à deffein de fe rendre compte des opinions des différens Architectes qui nous ont laiffés leurs productions pour exemples.

CHAPITRE XVII.

Defcription de l'Hôtel Amelot de Bizeuil, vieille rue du Temple.

CET Hôtel fut bâti pour M. Amelot de Bizeuil, vers le milieu du dernier fiécle, fur les deffeins de M. Cottart, (a) Architecte. Il a été long-tems occupé par l'Ambaffadeur de Hollande, ce qui le fait encore appeller aujourd'hui l'Hôtel de Hollande, quoiqu'il appartienne à M. Pingot, Sécretaire du Roi, qui l'a loué, depuis environ neuf ans, aux Fermiers des Boucheries de Paris qui y font leurs affemblées deux fois la femaine, y tiennent leurs Bureaux, &c.

Ce bâtiment dont nous donnons fept Planches, fe trouve dans le cas de quelques-autres qui font répandus dans ce Volume & le précédent, c'eft-à-dire qu'il eft bâti dans un goût ancien; on remarque néanmoins dans fa diftribution des formes ingénieufes qui approchent de celles que le Pautre a montré dans fes productions. Il eft vrai que la plus grande partie des décorations extérieures font inférieures à la diftribution, qui cependant dans le tems dont nous parlons, n'étoit pas pouffée au point de perfection où nous la voyons aujourd'hui; mais encore une fois, (malgré ce que quelques critiques qui ont déja porté d'avance leur jugement fur ce Recueil avant qu'il fût au jour, ont pû dire en foutenant hautement que la plupart de ces anciens bâtimens auroient dû être totalement fupprimés de cet ouvrage) nous perfiftons à croire que, de tems à autre, c'eft un bien que de rappeller au Lecteur les changemens que notre Architecture a fubis en France, depuis le commencement du fiécle dernier. D'ailleurs nous pouvons répondre à ces critiques, qui le plus fouvent condamnent fans entrer dans aucun examen, que nous avons retranché le plus grand nombre de ces bâtimens, & que nous n'avons laiffé que ceux qui renfermoient quelque partie véritablement eftimable; ce qui nous a donné occafion, non-feulement d'en faire remarquer les beautés, mais auffi de parler des grands hommes (b) qui ont contribué à faire fleurir les beaux Arts fous le fiecle de Louis XIV, foit parmi les Architectes, foit parmi les Sculpteurs ou les Peintres, dont nous avons tâché, autant qu'il a été poffible, de rapporter des particula-

(a) Nous ignorons jufqu'à préfent l'origine de Cottart & fes autres ouvrages; s'il nous vient quelque éclairciffement à fon égard, nous en ferons part au public dans une autre occafion; nous dirons feulement que nous croyons qu'il étoit contemporain de le Pautre & de le Mercier, fes compofitions tenant beaucoup du goût de ces deux Architectes.

(b) Pour preuve de ce que nous avançons on fe rappellera que dans ce Volume, à l'occafion de l'Hôtel de Bretonvilliers, nous avons donné une idée *du Bourdon*, un des plus excellens Peintres de l'Ecole Françoife: qu'en parlant de l'Hôtel d'Aumont nous avons fait connoître un efcalier de *Manfard* qui a mérité le fuffrage des plus habiles Architectes; qu'à l'occafion de l'Hôtel de Sully

nous avons donné à connoître le goût de *du Cerceau*, &c; & qu'enfin lorfque nous avons donné dans le Chapitre XXXI du premier Volume, les diverfes maifons qui le compofent, nous avons mis fous les yeux du Lecteur les différens genres d'Architecture de *le Muet*, de *le Duc*, de *Gittard*, de *Marot*, &c, tous Architectes du dernier fiécle qui font prefque inconnus aujourd'hui de la plupart des nôtres, & dans les productions defquels il y a d'excellentes chofes à puifer (quoique dans un genre différent de notre maniere de bâtir actuelle) qui ne pourront à l'avenir que nourrir le génie de nos modernes, en les éloignant d'une imitation fervile des ouvrages du tems qui les feroit tous fe répéter en bornant leur imagination & en renfermant leurs productions dans des limites trop reflerrés.

Hôtel Amelot de Bizeuil.

Hôtel A-melot de Bizeuil.

rités capables d'exciter l'émulation de nos Artiftes. Ces abrégés de la vie des grands hommes qui fe font diftingués dans leur Profeffion conviennent d'autant mieux dans ce recueil, qu'infenfiblement, indépendamment des préceptes qu'il contient, il renfermera une defcription hiftorique des plus beaux édifices de Paris, & préfentera aux fiecles à venir le dénombrement des plus excellens Maîtres que la France ait poffédée jufqu'à préfent.

Sans doute que la digreffion que je viens de faire auroit été plus convenablement placée dans un avant propos ; mais outre que ces préliminaires ne font jamais, ou très-peu lûs, j'ai déja obfervé que ce recueil ne demandoit pas l'ordre d'un Livre ; je conviens même que ce que contiendra le huitiéme Volume auroit dû raifonnnablement précéder tout l'ouvrage, mais j'ai averti ailleurs que la diftribution de ce recueil étoit annoncée avant que je m'en fuffe chargé, & que je ne fais que fuivre ici les engagemens que le Libraire avoit contractés avec les Soufcripteurs. En conféquence on doit s'attendre à des écarts que je me permettrai d'autant plus volontiers, que je ferai par-là en état de répondre aux objections qu'on me fera, & de profiter des avis que les perfonnes impartiales voudront bien me communiquer, & dont je promets d'avance de faire un ufage qui tournera à l'avantage du Public. Revenons à l'Hôtel dont nous parlons.

Nous venons d'annoncer fept Planches pour cet Hôtel ; la premiere préfente le plan du rez-de-chauffée. Sans entrer dans le détail de fa diftribution, nous remarquerons qu'elle a deux iffues, l'une par la vieille rue du Temple, qui eft la principale entrée, l'autre par la rue des Singes, qui procure un dégagement aux voitures. Nous obferverons auffi que la premiere cour eft trop petite, & que la feconde eft d'une forme contraire à la proportion que nous avons prefcrite dans le premier volume, en parlant des principaux bâtimens du Faubourg St. Germain. Sur cette Planche & fur celle qui donne la diftribution du premier étage, eft écrit le nom des pieces, relativement aux ufages auxquels elles étoient deftinées lorfque cet Hôtel étoit occupé par M. l'Ambaffadeur de Hollande ; elles ont fouffert quelques changemens aujourd'hui, étant confacrées pour la plupart, comme nous l'avons dit ci-devant, à des falles d'affemblées, à des Bureaux, &c.

La Planche II donne le plan du premier étage, compofé de plufieurs appartemens de Maître, diftribués avec affez de commodité, & dont les murs font revêtus de lambris ornés de fculpture, de dorure, & plafonnés d'un goût noble, quoiqu'ancien, qui eft préférable à bien des égards à notre décoration d'à préfent, s'ils étoient compofés d'une maniere moins péfante, quoique peut-être ils ne foyent parvenus à nous paroître tel que parce que nous tombons de notre tems dans un excès oppofé. Au refte, les principales pieces de cet étage, telles que la chambre à coucher, le cabinet, la gallerie du côté de la rue, la Chapelle, &c, font décorés de maniere à mériter quelque eftime. Nous n'avons cependant donné les deffeins que de cette derniere, quoique les autres fuffent anciennement gravés ; mais ils l'étoient avec tant de négligence, ainfi que la plupart des Planches de ce bâtiment, que cette confidération nous a fait héfiter d'inférer ici ces dernieres, auffi-bien que plufieurs de celles que nous avons tirées des œuvres de Marot. Cependant comme celles-ci font en petit nombre en comparaifon des Planches du fonds de M. Mariette qui ont donné occafion à cet Ouvrage & de celles que le Libraire a fait graver à neuf, nous avons crû que les perfonnes qui veulent faire leur étude de l'Architecture nous fçauront gré de n'avoir pas fupprimé les plus indifpenfables de ces anciennes Planches, qui d'une part aident à abréger le difcours, & de l'autre donnent au Lecteur l'avantage de porter fon jugement fur les obfervations que nous avons faites fur ces anciens bâtimens.

La Planche III donne la vûe en perfpective de l'élévation du côté de la rue, dans laquelle on remarque une fimétrie réguliere, & un rapport affez exact entre

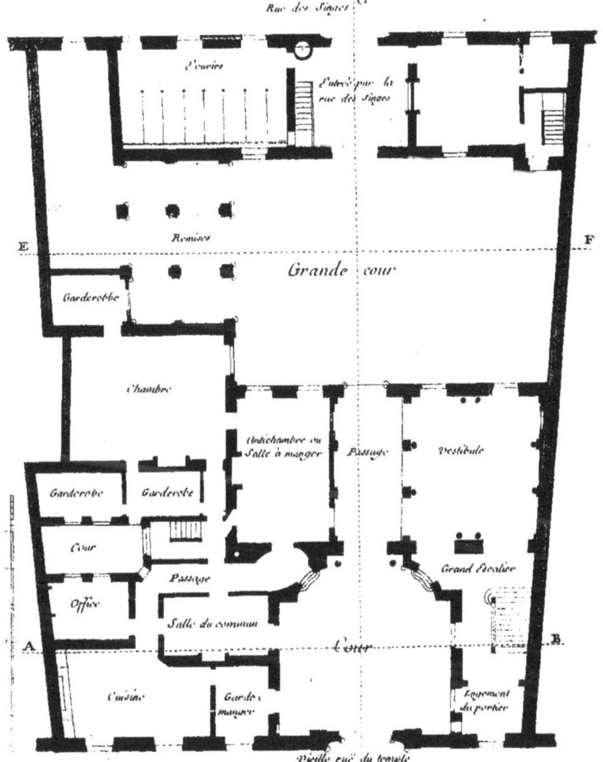

Plan au Rez de Chaussée de l'hostel de Breüil

A Paris chez JOMBERT, ruë Dauphine.

J. Marot fecit

285

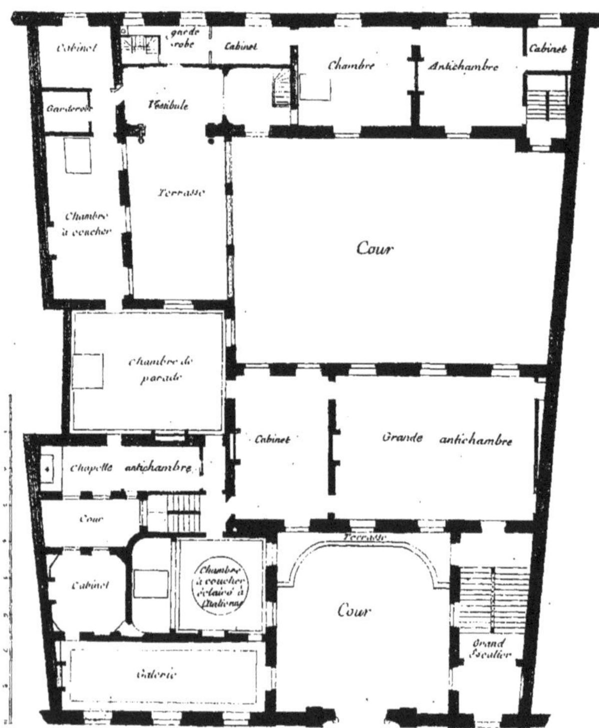

Plan du premier etage de l'hostel de Bizeüil

J. Marot fecit 284

Elevation perspective de l'Hotel de Bizeuil du coté de la rue.

285

Profils des deux faces de la chapelle.

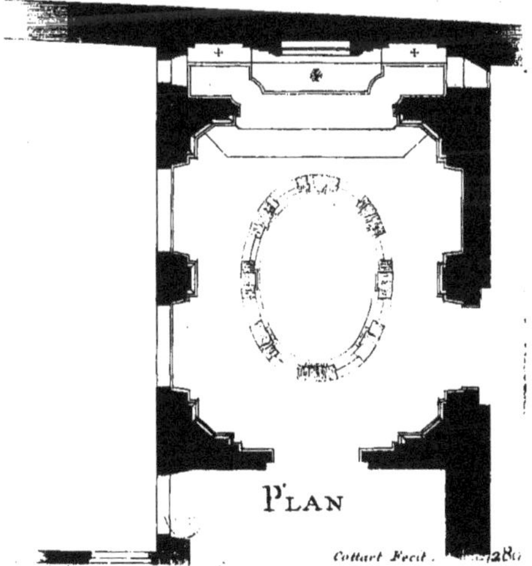

PLAN

Cottart Fecit.

la hauteur des étages, auſſi-bien qu'une proportion aſſez convenable dans la princi-
pale porte & les croiſées de cette façade.

La Planche IV préſente l'élévation de la premiere cour du côté oppoſé à l'entrée, avec la coupe à gauche du commun & de la cuiſine au rez-de-chauſſée, au-
deſſus deſquels eſt exprimé l'intérieur de la chambre à coucher & du cabinet, tous
deux éclairés à l'Italienne. A la droite de cette élévation ſe voit la coupe de la
cage du grand eſcalier ; l'élévation dont nous parlons eſt ornée au rez-de-chauſſée
de deux colonnes & de deux portions circulaires, ſemblables à la décoration de
la premiere cour du Palais Royal, bâtie par le Mercier. Le premier étage eſt d'un
goût d'Architecture bien inférieur & chargé d'ornemens, ce qui nous porte à
croire que ce bâtiment a été ordonné par deux différens Architectes ; dans les
coupes on voit une idée, quoiqu'aſſez imparfaite, de la décoration intérieure dont
nous avons déja parlé.

La Planche V donne la coupe ſur toute la profondeur des deux cours & des
deux bâtimens. La décoration marquée A, qui n'eſt que feinte, eſt enrichie de
ſculpture & de membres d'Architecture réels, ſur un des murs collatéraux & mitoyens de la grande cour. Cette décoration eſt ornée de peintures qui prouvent
que l'on n'a rien épargné, lors de l'édification de cet Hôtel, pour le rendre un des
des plus magnifiques qui fut alors, & que de tous les tems la prodigalité des ornemens & des membres d'Architecture a prévalu, ſelon que les Architectes ont été
plus ou moins perſuadés que la vraiſemblance & la ſimplicité font le premier
mérite de l'art de bâtir.

La Planche VI offre la décoration d'une des façades de la grande cour, dont
nous ne dirons rien ici, ſon ordonnance étant compoſée de parties qui ont ſi peu
de liaiſon enſemble, qu'elle préſente plutôt un exemple à éviter en général qu'à
imiter, à l'exception de quelques détails moins vicieux, mais qui n'étant pas d'accord avec le tout ne méritent ici aucun ſuffrage particulier.

Enfin on voit en particulier ſur la Planche VII le plan & l'élévation de la Chapelle dont nous venons de parler. Nous la donnons ſeulement ici pour préſenter
une idée du genre de décoration employé dans l'intérieur des appartemens de cet
Hôtel, ſelon le goût du dernier ſiécle. On n'y peut remarquer qu'une ordonnance
mâle, réguliere, & ſymétrique qui prouve, ainſi que nous l'avons dit ci-deſſus,
que de tels exemples ne ſont pas tout-à-fait à rejetter.

CHAPITRE XVIII.

Defcription de l'Hôtel de Soubife, & de l'Hôtel de Rohan, dont les Jardins font communs : l'un fitué rue de Paradis, & l'autre vieille rue du Temple, Quartier du Marais.

HOTEL DE SOUBISE.

LA plus grande partie du terrein qu'occupe aujourd'hui l'Hôtel de Soubife a appartenu anciennement à *Olivier de Cliffon*, Connétable de France, mort en 1393, qui y fit élever les vieux édifices dont on voit encore les reftes du côté de la rue du Chaume. Ces bâtimens furent dans la fuite vendus à *la Maifon de Guife* qui y joignit en 1545 l'*Hôtel de Laval*, & en 1560 l'*Hôtel de la Roche-Guyon*. De ces trois Hôtels & de quelques Maifons particulieres, que les Ducs de Guife avoient acquifes en différens tems, & qu'ils joignirent enfemble, ils compoferent ce vafte Hôtel de Guife qui a porté leur nom jufqu'en 1697, que *François de Rohan, Prince de Soubife*, l'acheta des Héritiers de cette Maifon, en formant le deffein de réédifier prefque à neuf tous les bâtimens qui étoient peu commodes & d'un goût fort ancien.

Nous donnerons le plan général de cet Hôtel, qui comprendra la diftribution au rez-de-chauffée de celui de Rohan, à préfent au *Cardinal de Soubife*, & qu'*Armand-Gafton de Rohan*, Cardinal, Evêque de Strasbourg, Grand Aumônier de France, avoit fait bâtir.

Plan de la grande Cour & du mur de face du principal corps de logis de l'Hôtel de Soubife.
Planche I.

L'Hôtel dont nous entreprenons la defcription fut commencé à bâtir en 1706; & ce fut *M. de la Maire*, dont nous avons parlé dans le premier Volume, page 236, note *a*, qui en fut l'Architecte. Nous avons dit dans le Chapitre où eft inféré cette note, en décrivant l'Hôtel de Pompadour élevé par ce même Architecte, que nous aurions occafion d'applaudir à l'ordonnance du bâtiment dont il eft queftion. En effet, non-feulement cet édifice pris en général eft un des plus beaux, des plus grands, & des plus fomptueux de Paris, mais auffi l'on peut dire qu'il eft un des plus réguliers, des plus commodes, & des plus richement ornés de cette Capitale. La cour principale qui précede ce bâtiment eft une des plus belles que nous ayions dans aucune de nos maifons particulieres ; cette cour a trente toifes & demi de longueur fur vingt-deux de largeur, non comprifes les galleries qui ont chacune huit pieds & un quart dans œuvre & qui tournent au pourtour de cette cour, laquelle du côté oppofé aux bâtiment eft de forme circulaire. Cette gallerie eft couverte & foutenue par des colonnes accouplées d'Ordre Compofite, contenant treize entrecolonnemens de chaque côté, foutenant des plate-bandes de onze pieds & demi de portée qui donnent à cette colonnade un air de grandeur & de majefté peu commun. Nous remarquerons cependant qu'à l'entrée principale de cette cour, eft un plus grand entrecolonnement accôté de pilaf-tres d'une forme vicieufe, au point de n'avoir point d'exemple ; car non-feulement leurs faces diffemblables produifent un mauvais effet, mais les reffauts que font les retours de l'entablement qui profilent camus fur les angles obtus de ces pilaftres, préfentent une licence à rejetter dans toute Architecture réguliere. La néceffité de la folidité a fans doute contraint l'Architecte à en ufer ainfi; mais fi je ne me

trompe

trompe on auroit pû employer les colonnes & les pilaſtres, comme ils ſe voyent en A, ou comme ils ſont exprimés en B. Dans le premier cas, cette ordonnance auroit encore procuré plus de ſolidité & de régularité : dans le ſecond on remarque plus de legéreté, mais moins de ſimétrie. Nous laiſſons au Lecteur à décider lequel de ces exemples il auroit été mieux de ſuivre.

Nous ferons obſerver auſſi en paſſant que les galleries dont nous venons de parler ont ici le défaut de n'être que de parade, ainſi que celles du Palais du Luxembourg, dont il eſt fait mention dans ce Volume, pag. 49. Ne conviendroit-il pas au contraire qu'une dépenſe ſi conſidérable fût de quelque utilité, pour que les perſonnes qui n'ont pas droit d'arriver dans leur équipage juſqu'au pied du bâtiment, pûſſent par ces galleries couvertes, arriver à pied ſec dans les antichambres qui ordinairement précédent les appartemens? Cette commodité joindroit à la magnificence de ces galleries, une utilité louable, & ſans laquelle elles devroient être exclues, la vraie beauté d'un bâtiment conſiſtant dans l'utile, le commode, & le grand.

Comme la rue de Paradis eſt peu ſpacieuſe, pour rendre l'entrée de cet Hôtel plus commode, on a pratiqué une tour creuſe qui annonce avantageuſement l'ordonnance de la porte; nous parlerons de ſa décoration en expliquant la Planche IV.

Au fond de la cour eſt exprimé ſeulement le mur de face du principal corps de logis, le veſtibule & le grand eſcalier. A la gauche du veſtibule eſt auſſi marqué le paſſage qui communique à la cour des anciens bâtimens, laquelle a une porte C dans la rue du Chaume, auſſi-bien qu'une autre D donnant ſous la colonnade, & vis-à-vis de laquelle en eſt encore une marquée E, qui dégage dans les baſſes cours, qui ont leur iſſue particuliere par la vieille rue du Temple, ainſi qu'on va l'obſerver dans la Planche II.

Plan général, au rez-de-chauſſée, de l'Hôtel de Soubiſe & de celui de Rohan.
Planche II.

Pour donner plus en grand dans cette Planche la diſtribution de ces Hôtels & leur dépendances, on n'a marqué ici qu'une partie de la grande cour dont nous venons de parler. L'entrée principale des appartemens du corps de logis de cet Hôtel donne de ce côté; on arrive dans le veſtibule A par un grand perron, ainſi que par le paſſage couvert marqué B. Ce veſtibule conduit au grand eſcalier qui monte au premier étage, & il communique au rez-de-chauſſée à une antichambre, ſuivie d'une ſalle du Dais & d'une ſalle d'Audience, qui donne entrée à une belle chambre de parade, ſuivie d'un ſallon & d'un cabinet en retour, précédé d'une antichambre pour les petites entrées de cet appartement par le paſſage C, ſous lequel les voitures arrivent à couvert. Tout ce grand appartement eſt décoré avec une magnificence incroyable, & eſt orné de ſculpture, de dorure, de glaces & de meubles de prix, auſſi-bien que de tableaux originaux des plus habiles Peintres de l'Académie; le tout diſtribué & ordonné avec un goût exquis. Ces embelliſſemens qui ont été faits dans ce rez-de-chauſſée, auſſi-bien que dans le premier étage dont nous parlerons en ſon lieu, ont été exécutés depuis environ douze ans, ſur les deſſeins & ſous la conduite de M. Boffrand, Architecte du Roi. Voyez les dix Planches contenant les principales parties de ces décorations, que ce célebre Architecte a données à la fin de ſon Livre d'Architecture, page 97.

Comme les bâtimens dépendans de cet Hôtel n'ont aucune ſimétrie, & que l'on reconnoîtra leur uſage par le nom marqué dans chaque piece, qui indiquera les cuiſines, offices, remiſes, écuries, &c, nous obſerverons ſeulement ici que ces dernieres, ainfi que le logement des Officiers, font diftribuées dans des bâtimens placés en aile le long du paffage qui communique de cet Hôtel dans la vieille rue du Temple, & que les dépendances de l'Hôtel de Rohan font pratiquées à droite dans un terrein nouvellement acquis, & dont nous ferons mention ailleurs.

Nous avons déja obfervé que le jardin de l'Hôtel de Soubife étoit commun à celui de Rohan, qui eft placé à l'autre extrêmité, & en face de celui-ci. Nous remarquerons feulement que la façade de l'Hôtel dont nous parlons, du côté de ce jardin, eft très-peu de chofe en foi, ayant été feulement reftaurée lorfqu'on a embelli les appartemens, de maniere qu'il n'y a que les façades du côté de la rue, du côté de la cour, & les colonnades, qui méritent véritablement quelque eftime; nous en donnerons les deffeins dans les Planches IV, V & VI, & nous avertiffons que nous ne ferons point ici la defcription des bâtimens du rez-de-chauffée de l'Hôtel de Rohan, auquel nous reviendrons après avoir décrit celui de Soubife.

Plan du premier étage du principal corps de logis de l'Hôtel de Soubife.
Planche III.

On arrive aux appartemens de cet étage par le grand efcalier, qui eft décoré avec une très-grande magnificence; toute fa cage eft ornée d'une Architecture feinte, enrichie de fujets coloriés, peints avec beaucoup de goût & d'une compofition très-ingénieufe par M. Brunetti, dont nous avons parlé dans ce Volume, page 102, & dans le tome I, page 255. De ce bel efcalier on arrive dans une grande antichambre, qui donne entrée d'une part à la Chapelle, & de l'autre à une falle d'affemblée qui précede une chambre à coucher, dont l'ordonnance & la décoration font au-deffus de tout éloge, auffi-bien que celle du fallon qui vient enfuite. Nous n'entrerons point à préfent dans les détails & dans la defcription particuliere que méritent ces appartemens, non-feulement parce que, comme nous venons de le remarquer, M. Boffrand, qui en a été l'Architecte, les a inférés dans fon Livre, mais auffi parce que nous nous propofons d'en donner quelques développemens dans le feptiéme Volume, auffi-bien que quelques augmentations qui viennent d'y être faites fous les ordres de M. Contant, Architecte du Roi, & qui l'eft actuellement de M. le Prince de Soubife. Après le fallon dont nous venons de parler, dans trois ailes formant autant de retours, font diftribués plufieurs autres appartemens dégagés par différens efcaliers, & pourvûs des garderobes qui leur font néceffaires. Ces appartemens, quoique moins vaftes que les précédens, font néanmoins décorés avec beaucoup de goût, & chaque piece renferme des beautés de détail qui méritent l'attention des perfonnes intelligentes.

Elévation de la principale entrée de l'Hôtel de Soubife, du côté de la rue.
Planche IV.

Cette Porte eft d'une ordonnance très-eftimable, & l'on ne peut trop applaudir à la proportion des maffes & des parties qui la compofent; fa hauteur totale piramide fur les murs qui l'accompagnent, & enfin elle eft amortie (a) d'une maniere très-avantageufe. Comme l'Ordre Corinthien préfide dans l'ordonnance de cet-

---

(a) Cet amortiffement eft compofé des armes & fupports de la Maifon de Rohan-Soubife, accompagnées de deux figures, l'une repréfentant Hercule & l'autre Pallas. La feconde de ces figures paffe pour être de Bourdy, mais elles n'en font pas moins toutes deux de Guillaume Couftou, pere, & quoiqu'en pierre, elles font regardées comme un des chef-d'œuvres de cet illuftre Artifte. Voyez ce que nous avons déja dit de ce grand homme, page 110 de ce Volume, note f.

te porte, l'entablement fait retour fur les colonnes accouplées, & annonce un Hôtel de Soubife, caractere de légereté qui eft du reffort de cet Ordre. Une niche quarrée renferme la porte en plein ceintre; nous avons recommandé cette attention, autant qu'il eft poffible, à l'imitation des plus beaux édifices, en évitant néanmoins la continuité de l'impofte, qui ici auroit dû mourir dans la profondeur de la niche quarrée & être tout-à-fait fupprimé dans l'intervalle des colonnes accouplées.

Les revêtiffemens des murs qui accompagnent cette porte font auffi très-bien compartis & bien couronnés par les baluftrades continues, & les trophées qui portent à plomb de chaque chaîne de réfend. Comme une partie de ces murs eft fur un plan de forme circulaire concave, (dont nous avons fait mention, Planche I) cela procure à cette porte un point de diftance qui en laiffe confidérer l'enfemble. A l'une des extrêmités de cette façade, fe remarque une fontaine faifant l'encoignure des rues du Chaume & de Paradis, dont le deffein, quoique fimple, eft d'un affez bon goût d'Architecture.

Elévation du principal corps de logis de l'Hôtel de Soubife, du côté de la Cour.
Planche V.

Avant que d'entrer dans aucun examen fur cette façade, nous obferverons qu'elle a été conftruite fur l'ancien mur des bâtimens de l'Hôtel de Guife, & que la pofition des murs de réfend, placés dans l'intérieur de ce vieux bâtiment, n'a pas permis de changer beaucoup les percés des croifées de ce mur de face. C'eft une des raifons effentielles qui fait qu'on remarque ici les trumeaux de l'avant-corps égaux au vuide des arcades, & que ceux des ailes furpaffent de beaucoup la largeur des croifées. Prévenu de cette fujettion, il eft aifé de convenir qu'il n'étoit pas poffible à M. de la Maire de tirer un parti plus avantageux de l'ordonnance extérieure de cette façade, dont on ne fçauroit trop louer la proportion des Ordres, leur affemblage (b), la répartition des membres d'Architecture en général, le choix des ornemens, &c; mais comme malgré ces beautés, les fujettions dont nous venons de parler plus haut ont porté l'Architecte à quelques licences contraires aux principes de notre Art, nous allons difcuter les plus effentielles parce que malgré leur autorité ici, elles ne peuvent fervir ailleurs d'exemple.

La premiere remarque que nous ferons au fujet de ces licences, tombe fur la largeur de l'avant-corps du milieu, qui eft trop confidérable pour fa hauteur, & qui eft couronné d'un fronton (c) trop peu élevé; cette trop grande largeur de l'avant-corps, vient fans doute de ce que toutes les colonnes qui le compofent font accouplées deux à deux, au lieu qu'il n'y auroit dû avoir que celles des extrêmités, ainfi qu'on le remarque dans prefque tous nos édifices modernes, & même dans la plus grande partie des bâtimens de Palladio. Deux raifons ont porté l'Architecte à en ufer ainfi : premierement la néceffité d'affujettir l'axe de l'une de ces arcades aux principales enfilades de l'intérieur des appartemens; l'autre que toutes les colonnes dans cet édifice font accouplées, & quoi que ce foit un ufage dont nos modernes abufent le plus fouvent, notre Architecte a fans doute craint de pécher contre l'uniformité de la fimétrie, en employant alternativement des colonnes ifolées & accouplées dans la même ordonnance. Cette diverfité peut cependant être regardée comme une variété néceffaire, prin-

---

(b) Dans cette élévation l'Ordre Compofite fe trouve fous le Corinthien, felon le fiftême de Scamozzy, ce qui devroit être imité dans tous les ouvrages de quelque importance, malgré ce qu'en a dit un Ecrivain de nos jours qui a donné la defcription de cet Hôtel, & qui par un prétendu trait d'érudition puifé dans Vigniole, nous veut perfuader qu'il eft contre les principes de l'art d'élever le Corinthien fur le Compofite.

(c) Le tympan de ce fronton eft orné des armes de Rohan-Soubife, qui comme nous l'avons remarqué, font déja fur l'amortiffement de la porte d'entrée. Cette Sculpture, les figures de deffus, les groupes d'enfans & les ftatues qui ornent cette façade font des ouvrages de *le Lorrain*, Sculpteur qui étoit fort eftimé de fon tems.

cipalement lorfqu'il s'agit dans un bâtiment d'exprimer par des accouplemens une folidité réelle & apparente dans les extrêmités d'une façade, d'un avant-corps, ou d'un pavillon ; & c'eft pour cette confidération que plufieurs de nos Architectes, à l'imitation des anciens, préferent les pilaftres aux colonnes dans les angles d'un édifice.

La feconde licence qui fe remarque dans ce bâtiment & qu'il faut éviter autant qu'il eft poffible, eft d'avoir employé des arcades d'une largeur diffemblable dans une même ordonnance & fous un entablement commun ; car ces arcades étant toutes affujetties à une même hauteur, elles ont une proportion différente & une variété de forme qui ne réuffit jamais bien dans une Architecture où les Ordres préfident. Sans doute que la communication pour les voitures, qui de la cour principale doivent paffer dans les baffe-cours, a occafionné la largeur des arcades furbaiffées qui fe voyent ici ; mais il falloit réduire la largeur de ces dernieres à fept pieds & demi, paffage fuffifant pour les équipages, les enfermer dans des niches quarrées, & affecter la même largeur aux arcades de l'avant-corps. Par ce moyen on auroit d'une part évité l'accouplement des colonnes des deux trumeaux du milieu, & de l'autre toutes les arcades de cette façade fe feroient trouvées réduites à une même forme ; avec cette différence cependant que celles qui font ici en plein ceintre auroient été d'une proportion plus courte, à caufe des marches du grand perron qui donne entrée au veftibule. C'eft un autre genre de licence à la vérité, mais elle eft moins condamnable que celle d'employer des arcades d'une forme fi oppofée dans une façade où l'on a affecté de faire continuer l'Ordre de colonnes dans toute la longueur du bâtiment. Il faut encore obferver que les refends qui revêtiffent les piédroits & les claveaux de ces ouvertures furbaiffées ne vont point avec l'Ordre placé dans les trumeaux, & qu'en fuppofant ces réfends de quelque utilité pour détacher l'avant-corps, du moins falloit-il retrancher l'impofte qui ne doit jamais régner avec les réfends & qui devroit toujours être fupprimé dans les entrecolonnemens, ainfi qu'on l'a pratiqué dans l'avant-corps, ce membre devant être feulement deftiné à fervir de couronnement à chaque piédroit d'arcade ; autrement les lignes horifontales qui le compofent divifent d'une maniere peu convenable la hauteur du nud du mur fur lequel les pilaftres ou les colonnes font adoffées.

Les croifées des arriere-corps, au premier étage, font d'une bonne proportion ; mais on pourroit regarder comme une troifiéme licence, que l'appui inférieur de ces croifées defcende au-deffous du focle qui foutient les bafes de ces colonnes. Nous avons remarqué ailleurs qu'il étoit effentiel d'obferver une retraite à chaque étage d'un bâtiment, qui exprimât le fruit néceffaire à la conftruction d'un mur de face ; mais indépendamment de cette loi de folidité, il eft auffi très-important, pour fatisfaire aux loix de l'ordonnance, d'éviter l'inégalité de hauteur dans des parties qui doivent avoir une bafe commune. Il eft vrai que ce focle, s'il eût été continué, auroit racourci confidérablement cet étage fupérieur, & qu'il eut été néceffaire alors, pour que ce focle puiffe fervir d'appui aux croifées, de donner moins de grandeur à ces dernieres, quoique cette diminution eut rendu les trumeaux encore plus confidérables. Ainfi en confidérant cette décoration dans fon état actuel, il faut convenir que l'Architecte n'a pû faire autrement ; mais il ne faudroit pas fuivre ces licences indiftinctement dans un bâtiment où l'on n'auroit pas les mêmes fujettions, qui ont obligé M. de la Maire à recourir ici à différens expédiens, lefquels malgré leur peu de févérité, n'en prouvent pas moins le génie & l'expérience de cet Artifte. Nous obferverons encore que les quatre groupes de colonnes placés dans les arriere-corps de cette façade, & qui chacun portent une figure des quatre faifons, font couronnés d'un focle au-deffus de l'entablement, égal à celui de l'avant-corps. Cette ordonnance annonce une legéreté qui

eft

est assez agréable, considérée séparément, mais qui ne réussit pas avec la forme des arcades surbaissées du rez-de-chaussée, sur-tout ayant pour fond, au premier étage, les trumeaux dont nous avons blâmé la pesanteur trop considérable. Hôtel de Soubise.

Nous finirons nos observations sur cette façade, en remarquant que le comble qui la couronne est ici hors d'œuvre : non-seulement il n'est d'aucune utilité pour l'usage intérieur du bâtiment, mais sa trop grande élévation semble affaisser l'ordonnance de dessous. La balustrade qui couronne cet édifice auroit suffi pour lui servir d'amortissement, & ce comble qui sert de couverture à tout le bâtiment dont nous parlons, & dont les distributions générales se trouvent comprises entre deux murs de face, auroit été suffisant réduit au tiers. Alors n'ayant pas été apperçû, cet Hôtel auroit paru couvert par une terrasse, & cette apparence de couverture est préférable, dans une maison d'importance, à la hauteur démesurée des combles, dont nos Architectes François du dernier siecle & ceux du commencement de celui-ci ont fait parade dans leurs édifices, sans autre nécessité réelle que l'opinion dans laquelle ils étoient que ces couvertures ainsi élevées étoient un genre de beauté.

Coupe & élévation de la colonnade de l'Hôtel de Soubise, vûe sur la profondeur de la grande cour. Planche VI.

Nous avons déja remarqué, en décrivant la Planche I, que la colonnade dont nous parlons étoit composée de chaque côté de la cour de treize entrecolonnemens, & que les colonnes étoient accouplées deux à deux. Nous ajouterons ici que sur ces colonnes regne un entablement Composite régulier du quart de l'Ordre de dessous, lequel est terminé par une balustrade qui a la même hauteur. Cette balustrade sert d'appui à une terrasse pratiquée sur tout le pourtour de cette colonnade. Sur chaque accouplement de colonne sont des piédestaux, entre lesquels sont des travées de quinze balustres, sans qu'on ait observé d'alete à côté des piédestaux, à l'imitation des balustrades du Palais du Luxembourg. Cependant nous avons reconnu ailleurs la nécessité de ces alètes, qui sont préférables à des demi balustres. (Voyez ce que nous avons dit à ce sujet dans l'Introduction, premier Volume, page 192.) Il est vrai qu'ici il n'y a point de demi balustre; mais comme les travées sont considérables, c'étoit une raison de plus pour introduire des aletes, quoique dans les grands entrecolonnemens de dessous il n'y ait point de piédroits, qui ordinairement les autorisent. Ces entrecolonnemens qui appartiennent à l'Ordre Composite, auroient dû avoir une proportion plus élégante, soit en en mettant un de plus de chaque côté de cette colonnade, soit en évitant l'accouplement des colonnes, selon la méthode des anciens, pour multiplier la quantité des entrecolonnemens. Ces colonnes sont élevées sur un socle ou retraite, dont la hauteur est inégale par la pente du pavé ; cette inégalité de hauteur donne une proportion plus convenable aux entrecolonnemens placés dans la portion circulaire, & principalement à celui du milieu qui sert de passage à la porte d'entrée. Cet entrecolonnement à la vérité ayant une largeur plus considérable que les précédens, avoit besoin de cette élévation, quoiqu'on puisse dire qu'elle n'est pas encore suffisante, en sorte que sa forme paroissant trop écrasée, elle devient un défaut contraire à l'ordonnance Composite qui préside dans toute cette colonnade. Cette considération auroit dû déterminer, ou, comme nous venons de le dire, à augmenter un entrecolonnement de chaque côté, ou à grouper les colonnes au lieu de les accoupler, comme il semble qu'on ait voulu le faire ici; ces colonnes accouplées ayant plus d'intervalle dans cette colonnade, que dans celle qui décore la façade du principal corps de logis.

La partie A exprime l'accouplement des colonnes vû de profil, avec le pilastre dont nous avons parlé dans ce Chapitre : B eſt la largeur de la colonnade du côté de l'entrée , C la coupe de la porte de cet Hôtel, & D eſt un des arcs de la tour creuſe dans le fond de laquelle eſt élevée cette porte.

A l'autre extrêmité de cette Planche eſt exprimée au rez-de-chauſſée la coupe du veſtibule, avec une partie de l'antichambre à qui il donne entrée , & au-deſ-ſus ſe voit le commencement de la grande antichambre du premier étage , avec une partie de la couverture de ce bâtiment dont nous avons fait remarquer que la hauteur étoit auſſi inutile qu'exceſſive.

HOTEL DE ROHAN.

Hôtel de Rohan.

Nous avons dit , à l'occaſion de la Planche II , que cet Hôtel étoit compris dans une des extrêmités du terrein de celui de Soubiſe, & que le plan général du rez-de-chauſſée y étoit exprimé ; c'eſt pourquoi avant que d'entrer dans le détail des anciennes Planches de l'Hôtel de Rohan, cottées 7 & 8 , qui donnent ſeulement la diſtribution du principal corps de logis & de la grande cour, nous allons dire quelque choſe de ſes dépendances , dont les diſtributions ſont exprimées ſur la Planche II.

Cet édifice, qui a été auſſi bâti par M. de la Maire, a été conſidérablement augmenté depuis quelques années, pour ce qui concerne les baſſe - cours, de ſorte que celles de l'Hôtel de Soubiſe , qui autrefois lui étoient communes, appar-tiennent aujourd'hui toutes à ce dernier, & les nouveaux bâtimens dont nous par-lons à l'Hôtel de Rohan, ceux-ci ayant une iſſue particuliere dont l'entrée donne rue des quatre-fils. Ces nouveaux bâtimens conſiſtent en écuries & remiſes , & dans des logemens pour l'Ecuyer, le Concierge & les autres Officiers de l'Hôtel ; les cuiſines étant reſtées de l'autre côté de la grande cour, dans les anciens bâti-mens qui font une partie des baſſe-cours de l'Hôtel de Soubiſe. A l'égard des appartemens du principal corps de logis , nous en parlerons en expliquant la Plan-che ſuivante.

Plan au rez-de-chauſſée des principaux bâtimens de l'Hôtel de Rohan. Planche VII.

Cette Planche offre le plan du rez-de-chauſſée de l'Hôtel de Rohan, (appartenant aujourd'hui à M. le Cardinal de Soubiſe, Grand Aumônier de France,)tel qu'il étoit avant qu'on y fit les augmentations dont on vient de parler. Une grande cour de 11 toiſes de largeur ſur 17 de longueur donne entrée à un grand veſtibule, lequel conduit dans une antichambre ou ſallon qui communique au jardin. A la droite de cette piece en font trois autres ſervant à contenir une bibliotheque très-nombreuſe & bien choiſie ; à gauche eſt un Cabinet, qui autrefois ſervoit de ſalle à manger, avant qu'on en eût pratiqué une au premier étage. Le veſtibule dont nous venons de fai-re mention donne entrée à droite à un grand eſcalier qui occupe un eſpace con-ſidérable, & que l'on peut dire être plus ſingulier que beau, étant d'ailleurs mal éclairé ; à l'autre bout du veſtibule, à gauche, eſt un eſcalier ſervant de dégage-ment & de communication aux appartemens de deſſus le rez-de-chauſſée, auſſi-bien qu'à l'étage Attique.

Plan du premier étage du principal corps de logis de l'Hôtel de Rohan. Planche VIII.

Depuis que M. le Cardinal de Soubiſe occupe cet Hôtel, on a décoré à neuf tous les appartemens du premier étage, avec une magnificence extraordinaire ; il n'y a que la grande antichambre que l'on a reſtaurée, toutes les autres pieces ont

été changées & embellies de peintures, de dorure, de glaces, & de meubles *Hôtel de Rohan.*
dans le goût plus moderne. La falle à manger eft toute peinte en grifaille par M.
Brunetti, connu par la fupériorité de fes talens. La falle de compagnie eft décorée
de ménuiferie pour la plus grande partie; la fculpture & les cadres de cette menuiferie font dorés fur un fond blanc, & cette piece eft garnie de meubles &
d'étoffes de prix. Le cabinet eft auffi revêtu de ménuiferie, dont les ornemens
font dorés; mais les paneaux & le plafond font enrichis d'Arabefques, embellis
de fujets Chinois, le tout peint par M. Huet, Peintre fort habile dans ce genre.
A la place de la garde-robe A l'on a pratiqué une piece pour les bains, un cabinet
d'aifance, &c, & l'on a fait de la piece B une chambre en niche qui a fa principale
entrée par la falle de compagnie : le refte de ce petit appartement du côté de la cour
a fouffert peu de changement. Toutes ces augmentations ont été faites l'année derniere fur les deffeins & fous la conduite de M. de Saint-Martin, Architecte. Au-
deffus de ce premier étage eft un Attique dans lequel font diftribués plufieus appartemens de commodité, auxquels on arrive par l'efcalier marqué D, qui monte de fond.

Elévation de l'Hôtel de Rohan du côté de la cour. Planche IX.

La décoration de cette façade ne nous arrêtera pas long-tems dans ce Chapitre ;
fa fimplicité, la maigreur des piédroits des arcades au rez-de-chauffée, la difpro-
portion des croifées du premier étage, la fuppreffion de la retraite de ce même
étage, le fronton placé fur l'Attique, les trophées appliqués fur les corps de réfend, & qui portent à faux fur l'entablement, toutes ces irrégularités nous dif-
penfent d'un examen trop févere, & nous permettent à peine d'applaudir à la
forme des combles dont la hauteur eft plus modérée dans cet Hôtel que dans le
précédent ; nous en excepterons auffi la plupart des profils, qui dans l'exécution
de cette façade ne laiffent pas que de montrer l'expérience de l'Architecte qui
en a donné les deffeins.

Elévation de l'Hôtel de Rohan du côté du jardin. Planche X.

Cette façade qui a vingt toifes de longueur, eft compofée dans fa hauteur de
deux étages réguliers & d'un Attique. Au milieu de cette façade eft un avant-
corps qui a un défaut contraire à celui que nous avons remarqué à l'Hôtel de
Soubife, Planche V, c'eft-à-dire que celui de l'Hôtel dont nous parlons eft trop
étroit pour fa hauteur, par la raifon que les colonnes font toutes ifolées, au lieu
d'avoir accouplé celles des angles feulement. La diftribution des métopes de l'Ordre Dorique du rez-de-chauffée, femble être la caufe de la fuppreffion de l'accouplement que nous défirons; cependant cette raifon paroît ici une bien foible
excufe, puifque dans les angles rentrans de cet avant-corps & dans ceux des extrêmités de cette façade, les trigliphes pénetrent les retours de la frife. D'ailleurs la corniche de cet entablement n'a ni mutules ni denticules, ce qui eft une
preuve affez convainquante que ce n'eft pas la févérité qu'exige cet Ordre qui
a retenu l'Architecte pour l'accouplement des colonnes, tandis qu'au contraire
il les a prodigués, j'ofe dire, avec excès dans l'Hôtel de Soubife, mais plutôt le
goût dominant de nos Architectes qui fe font un mérite de percer les murs de
face de maniere à ne conferver aucun rapport entre les pleins & les vuides, afin
de procurer, difent-ils, une très-grande lumiere à l'intérieur des appartemens. Cette
raifon, qui n'eft cependant pas fans fondement, ne doit pas néanmois porter à fa-
crifier la décoration extérieure d'une maifon d'importance à la feule commodité
intérieure, & fans tomber dans l'excès de la plupart de nos anciens Hôtels, ni
trop imiter celui dont nous parlons, il convient de concilier l'ordonnance de de-

hors avec la diftribution des dedans, de forte que le grand, le noble & le majef-
tueux, puiffent s'accorder avec l'utile, le commode & l'agréable.

L'Ordre Ionique du premier étage eft affujetti à l'efpacement de celui de
deffous, & comme ces Ordres font compofés de colonnes, fur l'entablement
Ionique on a mis des vafes, de maniere qu'il femble que cet avant-corps foit terminé à cette hauteur. Ce moyen étoit néceffaire pour empêcher que cette partie
du milieu du bâtiment, qui eft déja trop fvelte par rapport à fa largeur, ainfi
que nous l'avons remarqué, ne parut encore plus élevée. Les croifées du
premier étage font d'une affez belle proportion, mais ce dernier a le défaut des
façades précédentes, n'ayant point de retraite apparente ; de forte que le focle
qui foutient les bafes des colonnes n'étant pas continu, il en réfulte un défaut de
liaifon entre ces colonnes & le refte de l'ordonnance de la façade.

Ordinairement les extrêmités de l'élévation d'un bâtiment font terminées par
des avant-corps, ou pavillons, ici au contraire elles font marquées par des
arriere-corps. Il n'y a point de doute que ce moyen eft préférable dans le cas
dont il s'agit, parce qu'autrement ce bâtiment ayant trois étages, cela auroit formé un avant-corps trop étroit, & auroit non-feulement rétreci l'efpace confervé
entre l'avant-corps du milieu & ces arriere-corps, mais auffi auroit donné un trumeau dans le milieu de ces pavillons, au lieu que ce trumeau peut être autorifé
ici, n'étant placé que dans un arriere-corps ; ainfi l'on ne pouvoit tirer un meilleur
parti des extrêmités de cette façade, à moins qu'on n'eût voulu, pour éviter ces
reffauts réïtérés, fupprimer l'arriere-corps dont nous parlons : par cette fuppreffion les trumeaux feroient devenus un peu plus grands, & les arcades au rez-de-
chauffée auroient toûjours été en nombre impair.

Coupe fur la longueur du bâtiment de l'Hôtel de Rohan. Planche XI.

Cette Planche repréfente une des ailes de bâtiment qui regne fur la longueur
de la cour : fon ordonnance n'eft pas mieux traitée que la façade du principal
corps de logis de ce côté, dont nous avons parlé, Planche IX. On voit dans la
coupe la hauteur des deux étages réguliers & celle de l'Attique, auffi-bien que le
profil du mur de face du côté du jardin, lequel exprime les deux Ordres de colonnes qui forment l'avant-corps du milieu de cette façade.

La décoration des lambris de l'intérieur des appartemens eft exprimée ici affez
imparfaitement, mais, comme nous l'avons remarqué, la plupart de ces lambris
ne font plus les mêmes ; d'ailleurs nous nous propofons de donner, dans le VII
Volume quelques parties des nouveaux lambris de cet Hôtel, avec ceux de l'Hôtel de Soubife, que nous avons promis au commencement de ce Chapitre, page 158.

Fin du fecond Volume.

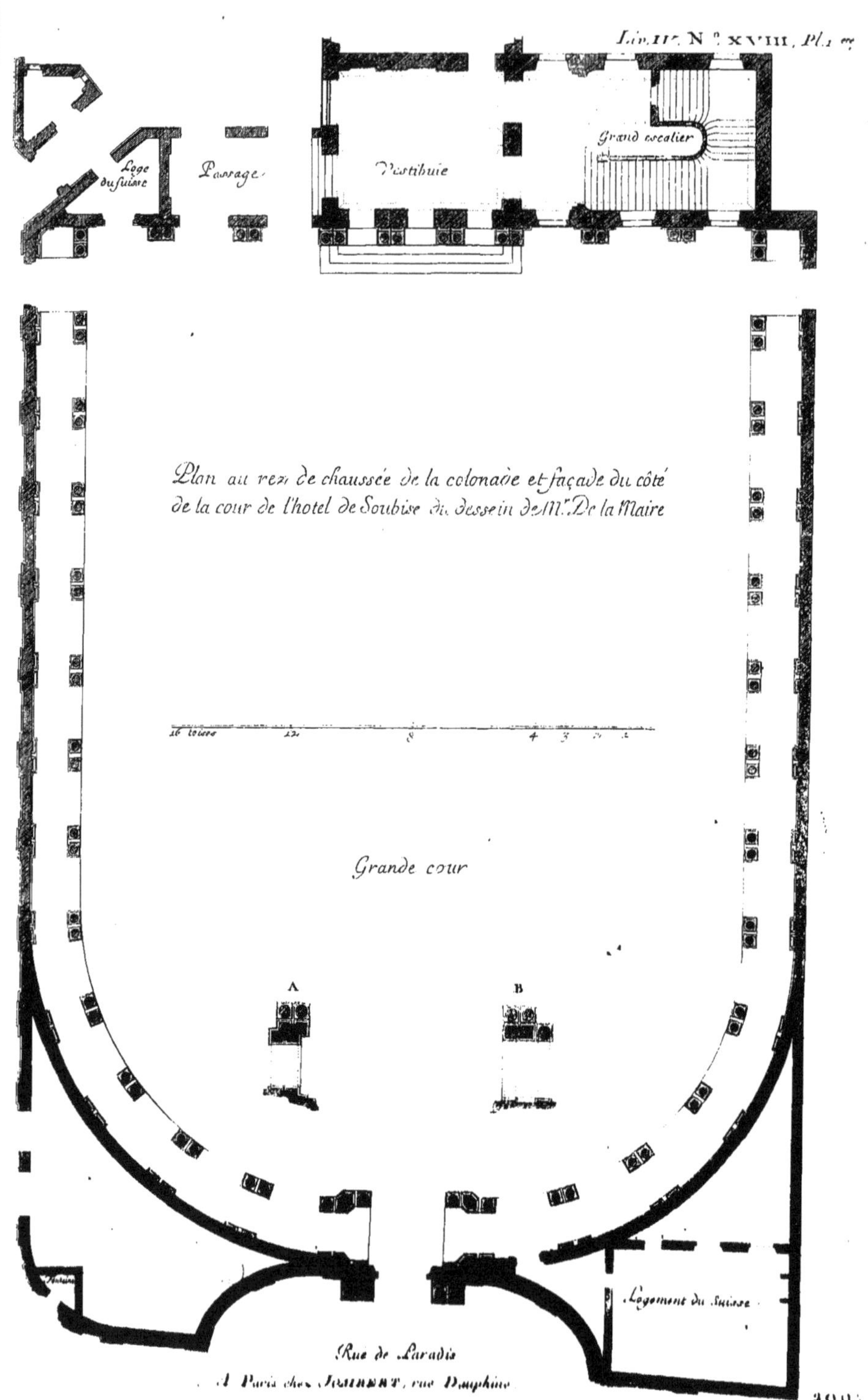

Liv. IV.e N.° XVIII. Pl. 1.re
Grand escalier
Loge du Suisse
Passage
Vestibule
Plan au rez de chaussée de la colonade et façade du côté
de la cour de l'hotel de Soubise du dessein de M.r De la Maire
16 toises   12   8   4   3   2   1
Grande cour
A
B
Logement du Suisse
Rue de Paradis
A Paris chez Jombert, rue Dauphine
304

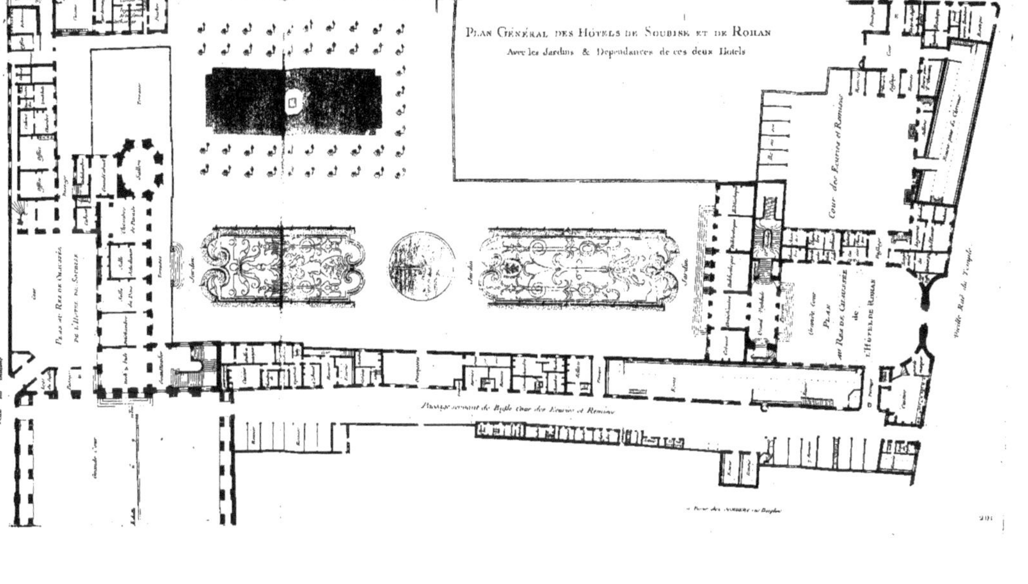

Plan Général des Hôtels de Soubise et de Rohan
Avec les Jardins & Dependances de ces deux Hotels
Rue des quatre fils
Rue des quatre fils
Plan du Rez de Chaussée de l'Hôtel de Soubise
Plan au Rez de Chaussée de l'Hôtel de Rohan
Cour des Ecuries et Remises
Passage servant de Belle Cour des Ecuries et Remises
Vieille Rue du Temple
Rue de Chaume
Jardin
Jardin

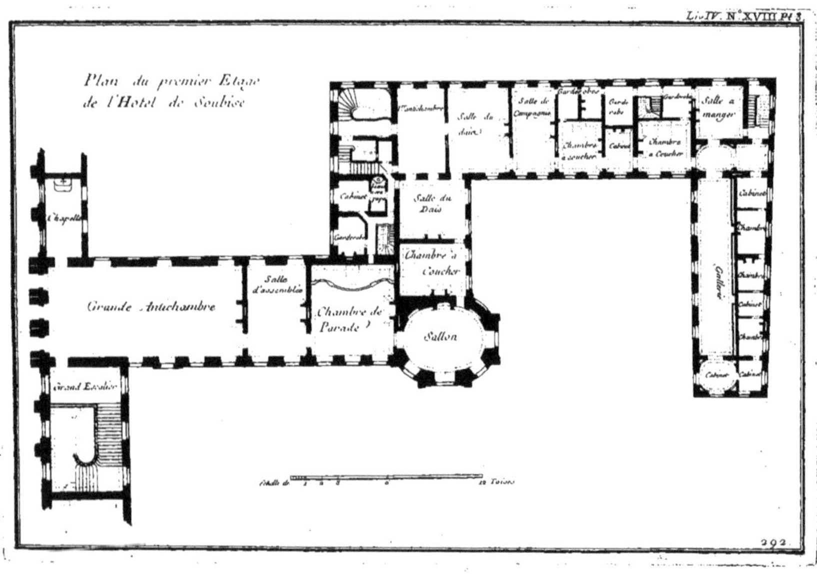

Liv. IV. N.° XVIII Pl. 3
Plan du premier Etage
de l'Hotel de Soubise
Chapelle
Grande Antichambre
Salle d'assemblée
Chambre de Parade
Grand Escalier
Antichambre
Cabinet
Gardes robe
Salle du Dais
Chambre à Coucher
Sallon
Salle du Dais
Salle de Compagnie
Gardes robe
Chambre a coucher
Cabinet
Garderobe
Chambre a Coucher
Salle a manger
Cabinet
Chambre
Gallerie
Cabinet
Chambre
Cabinet
Echelle de
12 Toises
292

Elevation de l'entrée principale de l'hotel de Soubise et de la fontaine attenat du coté de la rue de Paradis.

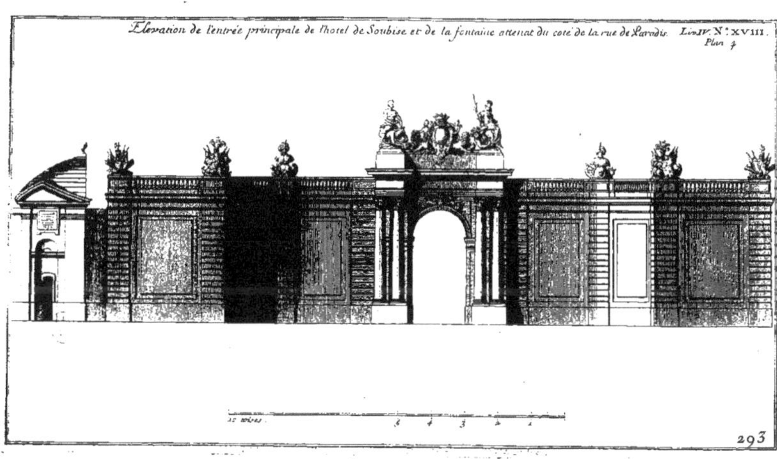

Profil et Élévation de la colonnade de l'hôtel de Soubise

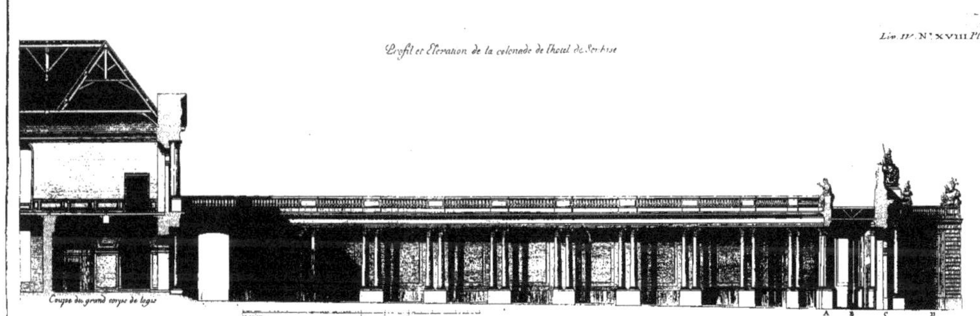

Blondel sculp.

295

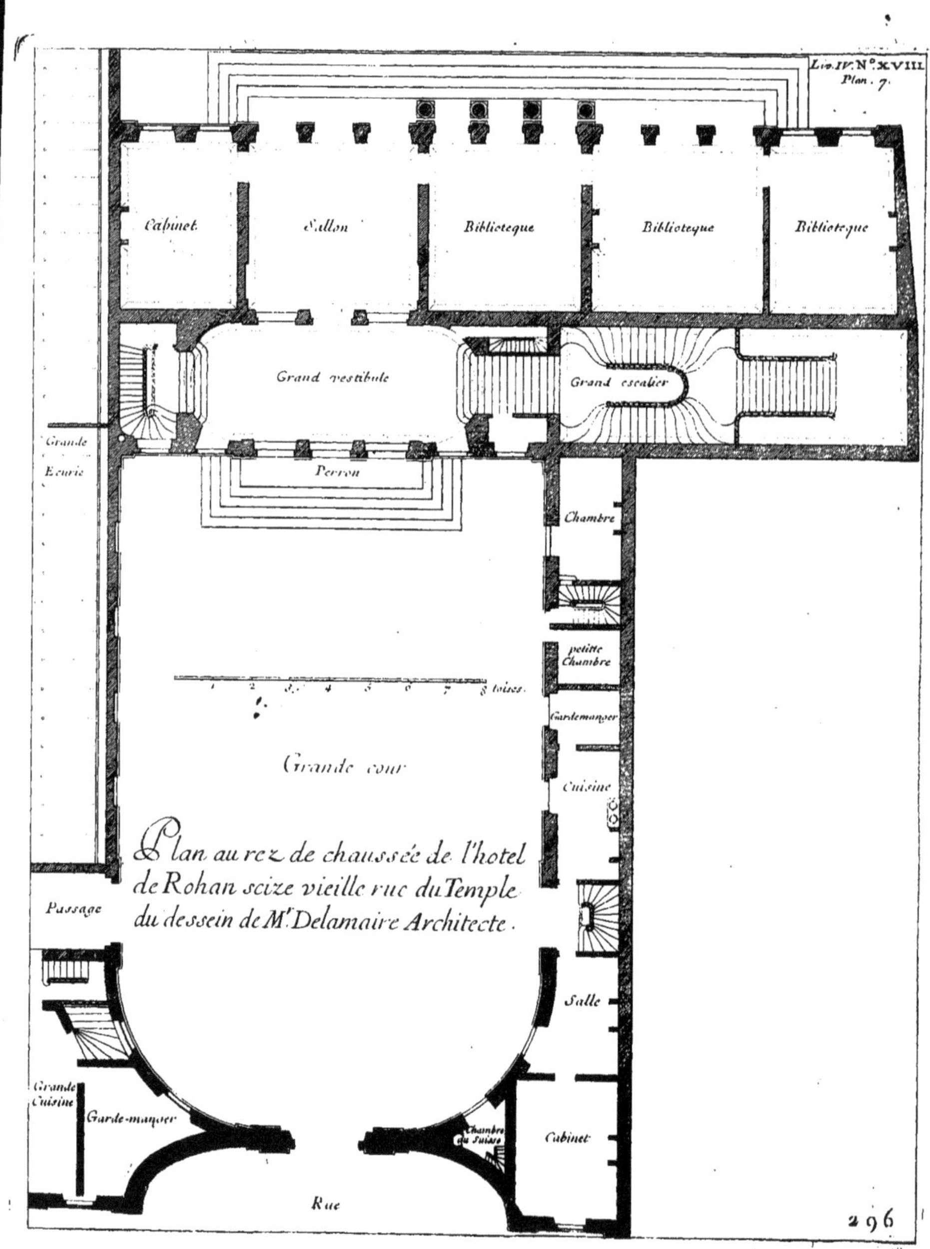

Liv. IV. N.º XVIII.
Plan. 7.
Cabinet
Sallon
Biblioteque
Biblioteque
Biblioteque
Grand vestibule
Grand escalier
Grande Ecurie
Perron
Chambre
petitte Chambre
Gardemanger
Cuisine
Grande cour
Plan au rez de chaussée de l'hotel de Rohan scize vieille rue du Temple du dessein de M.r Delamaire Architecte.
Passage
Salle
Grande Cuisine
Garde-manger
Chambre du Suisse
Cabinet
Rue
296

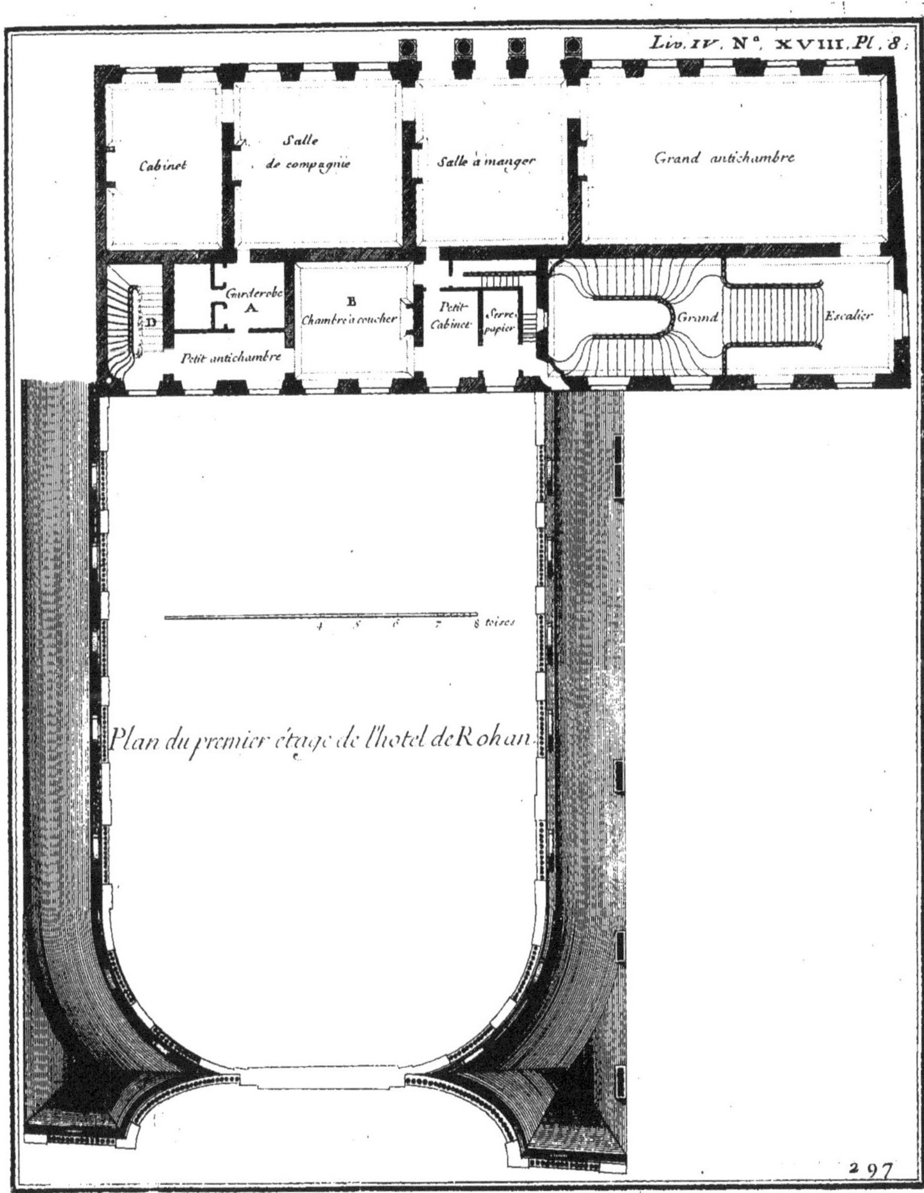

Plan du premier étage de l'hotel de Rohan.

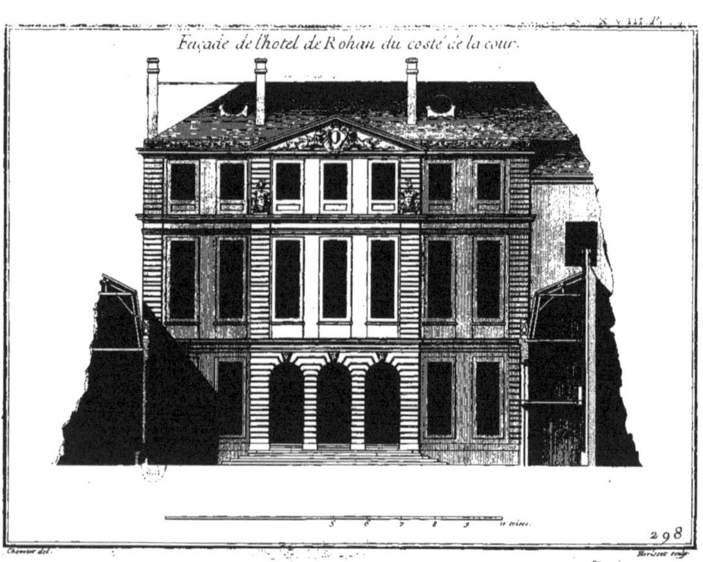

298

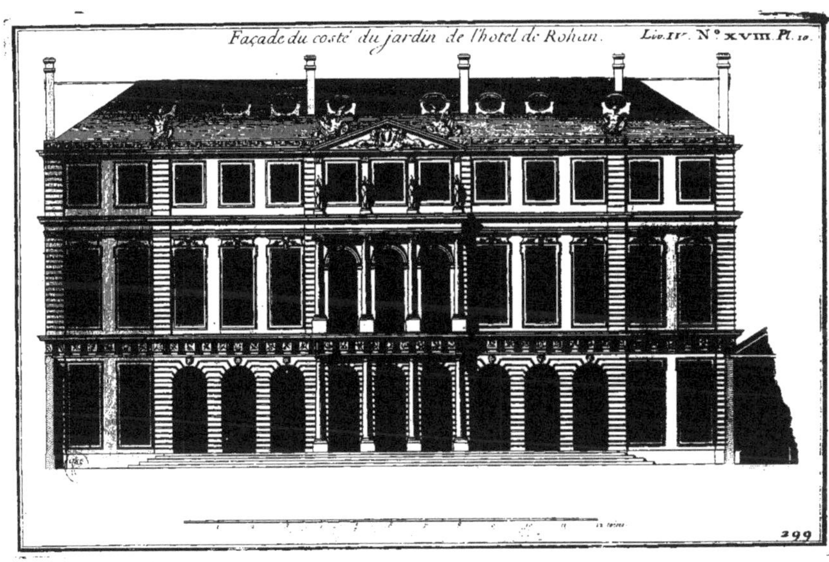

Façade du costé du jardin de l'hotel de Rohan.
Liv. IV. N.º XVIII. Pl. 10.